돈과 재물, 속담 속에 길이 있다

'황금 덩이와 돈이 입을 열면 모든 혀가 조용해진다'

돈과 재물, 속담 속에 길이 있다
'황금 덩이와 돈이 입을 열면 모든 혀가 조용해진다'

정종진 지음

서 문

'돈은 돈다고 돈이라'는 속담이 있다. '돌고 도는 것이 세상사'이니, '돈은 돌고 돈다'는 게 당연하다. 그래서 '돈은 발이 없어도 잘 돌아다닌다'고 말한다. 사람과 돈이 뒤섞여 돌고, 종종 소용돌이도 만들며 열심히 돌고 있다. '돈은 눈이 멀었다', '돈은 눈이 없다'니까, '돈에 걸신이 들렸다'는 사람을 따라 돈도 부지런히 돈다. '돈하고 팽이는 돌아야 한다'니까 말이다.

돈이 있으면 무서울 것이 없다는 뜻으로 '돈에 범 없다'는 말을 쓴다. 돈이 범처럼 제 곁을 지키고 있으면 두렵지 않으니, 돈으로 성곽을 쌓으려는 욕심이 사실 이상할 것도 없다. 그러나 '욕심은 낼수록 는다'고, 한번 돈맛을 들여 '수레가 대마루판을 넘은 꼴'로 치닫기 시작하면 스스로 제동을 걸기 쉽지 않은 법이다. 다만 '돈에 눈이 가리면 삼강오륜도 석 냥 닷 푼으로 읽는다'고 할 정도에 이르면, '어질병이 지랄병 된다'니 문제가 될 뿐이겠다.

돈은 바꾸는 기능, 즉 교환기능이 으뜸이다. 그런데 사람들은 될 수 있는 한 오래, 그리고 많이 돈을 제 곁에 붙잡아 두려고 한다. '돈은 뱅뱅 돌면서 가는 사람에게만 간다'고 했는데, '돈의 길'을 막고 있는 이들이 한껏 대우를 받는 세태다. '돈의 교통체증'이 무척 심각한 시대인 것이다. '돈의 길'에 동맥경화·하지정맥이 극심한 때인데 치료할 가능성이 없다. 처방전을 내지 못하는 시대를 '다람쥐 쳇바퀴 돌 듯', 그저 열심히 살고 있을 뿐이다. '장님이 장님을 인도하면 둘이 다 개천에 빠진다'고 하는데, 그 상황과 다름없다.

많고도 많은 사물 중에 사람들이 유독 돈에 집착하는 걸 당연하게 여긴다. '집념은 사람을 귀신으로 만든다'고, 돈에 관해서 귀신이 다 된 사람이 적지 않다. '돈 냄새는 천 리를 풍긴다'는데, 개처럼 후각 기능이 좋고 순발력, 기동력, 추진력이 뛰어나면 '돈에 곰팡내가 난다'고 할 정도로 쌓아둘 수도 있겠다. '돈에 침 뱉는 사람 없다'니까 '세상만사가 돈 놓고 돈 먹기'고, '세상만사가 돈이면 다 된다'는 언행이 부끄럽기는커녕 당당한 시대다. '돈이 없으면 못난 놈 된다'고 무시를 당하면서, 대부분 사람이 굳세게 살고 있다. '있다가도 없고 없다가도 있는 것이 돈이라'는 말에 위안을 받으며 살아내야 한다. '개똥밭에 뒹굴며 이슬 받아먹고 살아도 이승이 좋다'고 했다. '죽은 정승이 산 개 돼지만 못하다'고 하지 않는가.

속담은 세상사의 요약이다. 속담집은 인간 세상의 요약본이다. 속담에 능통하면 세상사를 꿰뚫어 보는 지혜를 얻게 된다. 지식의 경계를 벗어나면 비로소 지혜를 터득할 경지에 들어서게 된다. 돈과 재물에 대한 속담은 다른 영역에 비해 훨씬 풍성하다. 이 책에 인용한 숱한 속담을 통해, 돈과 재물에 대한 지혜를 터득하는 데 도움이 되길 바란다.

돈과 재물이 되지 않는 책을 열심히 만드는 윤재민 사장께 감사의 말씀을 드린다.

손자 테오Theo의 탄생을 기념하며
뉴올리언즈에서, 저자 삼가 씀.

차례

서문 • 5

1. '황금 덩이와 돈이 입을 열면 모든 혀가 조용해진다' / 돈의 위세 • 13
   1) '돈 귀신은 만능 귀신' · 19
   2) '돈 가지고 안 되는 일 없다' · 22
   3) '돈만 있으면 가는 곳마다 상전 노릇을 한다' · 24
   4) '돈만 있으면 개도 멍 첨지 행세를 한다' · 27
   5) '돈만 있으면 못난 놈도 없다' · 29

2. '구실을 뒤집으면 이기심이 드러난다' / 돈과 이기심 • 34
   1) '일에는 굼벵이고 먹는 데는 귀신이다' · 39
   2) '세상인심이 감기 고뿔도 남 주기 싫어한다' · 42
   3) '염치없기가 양푼 밑구멍 푼수라' · 45
   4) '제 배 부르면 남의 배 고픈지 모른다' · 49
   5) '이웃집 곳간이 차면 배가 아프다' · 51
   6) '욕심 없이 세상 살려면 제 창자 뽑아서 남 주어야 한다' · 54

3. '돈에 대한 사랑은 돈이 자랄수록 커진다' / 돈의 빛 • 58
　1) '사람도 돈이 있어야 값이 나간다' · 61
　2) '땀 흘려 벌어야 돈 귀한 줄 안다' · 64
　3) '있는 놈은 돈으로 일을 시키고, 없는 놈은 힘으로 일한다' · 68
　4) '사람은 자도 돈은 자지 않는다' · 72
　5) '부자는 여러 사람의 밥상이다' · 75

4. '부자가 될수록 욕심은 늘어난다' / 돈의 그늘 • 79
　1) '아홉 가진 놈이 하나 가진 놈 부러워한다. · 83
　2) '재물 있고 세력 있으면 밑구멍으로 나발을 분다' · 86
　3) '재주는 곰이 넘고, 돈은 왕서방이 다 챙긴다' · 91
　4) '만석꾼은 만 가지 걱정, 천석꾼은 천 가지 걱정' · 95
　5) '욕심에 눈이 어두면 제 손가락으로 제 눈 찌른다' · 99

5. '가난에는 백전노장도 별수 없다' / 가난의 그늘 • 102
　1) '돈 없으면 호걸도 없다' · 105
　2) '돈 없는 놈 서러워 못 산다' · 109
　3) '가난한 놈은 못 하는 일이 없다' · 112
　4) '없는 놈은 꿈으로 산다' · 116
　5) '천하면 귀하고, 귀하면 천하다' · 119

6. '가난도 비단 가난' / 가난과 도리 • 122
　1) '일이 황금이라' · 125
　2) '가난해도 절개는 지켜야 한다' · 129
　3) '가난해도 정만 있으면 산다' · 132
　4) '참으면 가난도 간다' · 136
　5) '초가에도 양반 살고 기와에도 상놈 산다' · 138

7. '세상에 공밥이 없고 헛일이 없다' / 돈과 직업 • 141
　　1) '사람이란 아무리 반신이라도 한 가지 재간은 있다' · 144
　　2) '돈은 악해야 번다' · 148
　　3) '돈은 벌수록 더 벌려고 한다' · 151
　　4) '작은놈은 쥐 먹듯 하고, 큰놈은 고래 물 삼키듯 한다' · 154
　　5) '먹고 사는 데만 급급하면 천하게 여긴다' · 159
　　6) '돈 벌면서 인심 얻기는 어렵다' · 161

8. '성격이 팔자라' / 돈과 성격 • 165
　　1) '돈 떨어지면 적막강산이라' · 169
　　2) '돈이란 아무리 많아도 많지 않다' · 171
　　3) '돈도 여문 사람에게 태인다' · 174
　　4) '돈은 쓰는 멋에 번다' · 176
　　5) '재물을 모으면 흩어 쓸 줄 알아야 한다' · 178

9. '먹고 죽은 놈이 굶어 죽은 놈보다 낫다' / 돈과 의식주 • 183
　　1) '먹는 것보다 더 큰 것은 없다' · 186
　　2) '없는 놈은 못 먹어서 병나고, 있는 놈은 너무 먹어 병난다' · 191
　　3) '아흔아홉 칸이라도 자는 방은 하나' · 194
　　4) '집치레 말고 밭치레 하라' · 198
　　5) '속에 옥을 지닌 사람은 허술한 옷을 입는다' · 201

10. '빚지면 본심도 잃게 된다' / 돈 거래 • 205
　　1) '빚 줄 때는 부처님이고, 갚을 때는 염라대왕이다' · 208
　　2) '빚을 질수록 간은 더 커진다' · 210
　　3) '빚지면 문서 없는 종 된다' · 213
　　4) '돈을 빌려주면 돈도 잃고 사람도 잃는다' · 215
　　5) '남의 돈 떼어먹는 놈 잘 되는 것 못 봤다' · 218

11. '자식은 주고 싶은 도둑놈이다' / 돈과 자식 양육 • 221
  1) '나무의 보배는 열매고, 인간 보배는 자식이다' · 225
  2) '사람은 가르쳐야 사람값을 제대로 한다' · 228
  3) '거지도 돈복보다는 자식 복을 더 바란다' · 233
  4) '돈이나 없었더라면 자식이나 버리지 않았지' · 236
  5) '형제는 남이 되는 시초라' · 239
  6) '자식에게는 금 상자를 물려주지 말고 책을 물려 주랬다' · 242

12. '권력과 재물은 실과 바늘이라' / 돈과 권세 • 246
  1) '돈에는 권세가 따라야 한다' · 250
  2) '돈은 법도 이긴다' · 252
  3) '법이라는 게 돈하고는 친형제요, 권력하고는 부부간이라' · 255
  4) '돈은 있을 때 아끼고, 권력은 있을 때 쓰랬다' · 258
  5) '권세와 재산 앞에 부모 형제간이 없다' · 261

13. '행복과 불행이 하나의 오솔길로 이어져 있다' / 돈과 행불행 • 264
  1) '제 복만 있으면 빈손으로 만나도 잘 산다' · 268
  2) '제 복 짙은 놈은 소가 디뎌도 안 꺼진다' · 271
  3) '돈은 재운이 따라야 한다' · 273
  4) '돼지꿈도 세 번이면 과하다' · 276
  5) '복은 화가 숨어 있는 곳에 있다' · 279
  6) '인간이 게으름을 피우면 행운도 잠든다' · 281

14. '악으로 모은 돈은 악으로 망한다' / 돈과 선악 • 285
  1) '돈은 만악의 근본이라' · 289
  2) '돈은 부정한 데서 모인다' · 292
  3) '악인도 운을 타고 난다' · 294
  4) '돈이 농간을 부린다' · 297
  5) '악한 끝은 없어도 후한 끝은 있다' · 299

15. '돈은 지키기도 어렵다' / 낭비와 절약 • 301
   1) '돈은 쓰는 재미로 번다' · 304
   2) '돈은 쓰는 사람이 임자' · 307
   3) '사람이 좋으면 돈이 헤프다' · 309
   4) '돈은 있을 적에 절약해야 한다' · 311
   5) '집안을 일으킬 자식은 똥도 돈같이 아낀다' · 314

16. '재물이란 천지 간의 의리도 배추 밑 도리듯 한다' / 돈과 의리 • 317
   1) '돈독이 오르면 사람이 안 보인다' · 319
   2) '돈은 사람의 마음을 검게 한다' · 322
   3) '돈은 있어도 걱정이고 없어도 걱정이라' · 324
   4) '돈에는 부자지간에도 남이다' · 326
   5) '돈주머니를 채우면 인색 주머니가 된다' · 329

17. '늙으면 자식 촌수보다 돈 촌수가 더 가깝다' / 돈과 노년 • 332
   1) '늙으면 용마도 삯마만 못하다' · 335
   2) '늙으면 돈도 안 따른다' · 338
   3) '노인 오기 고집이 황소를 잡아먹는다' · 341
   4) '노욕이 지나치면 삼대를 망하게 한다' · 343
   5) '사람이 죽더라도 돈이 있어야 한다' · 346

18. '병이 도둑이다' / 돈과 병 • 349
   1) '병의 화근은 마음에 있다' · 352
   2) '사람의 염량 후박은 병 중에 알기 쉽다' · 354
   3) '병자랑은 해도 돈 자랑은 말라' · 357
   4) '땡감도 떨어지고 물렁감도 떨어진다' · 360
   5) '병 늙으면 산으로 간다' · 362

19. '돈으로 비단은 살 수 있어도 사랑은 살 수 없다' / 돈의 한계 • 365
   1) '악착스럽게 번 돈 져서 못 간다' · 368
   2) '돈도 명예도 죽은 후 소용없다' · 371
   3) '지혜는 돈 주고도 못 산다' · 373
   4) '청풍명월은 돈 주고도 못산다' · 375
   5) '편안하고 즐거운 것은 돈하고도 안 바꾼다' · 379
   6) '쇠똥에 굴러도 이승이 좋다' · 382

20. '사노라면 사막도 낙원이다' / 마무리 • 386
   1) '가난이 스승이다' · 388
   2) '이래도 한세상 저래도 한세상' · 392

미주 • 397

1. '황금 덩이와 돈이 입을 열면 모든 혀가 조용해진다' / 돈의 위세

'세상만사가 돈이면 다 된다', '세상만사 돈 놓고 돈 먹기라'고 했는데, 세상사를 잘 요약한 말들이다. 사람은 돈으로 벌이는 지상 최고의 연극에 참석한 배우이자 관객인 셈이다. 사람 일거수일투족이 모두 돈에 연결되어 있다면, 죽어 사라지기 직전까지 돈놀이 판에서 끝내 벗어날 수 없게 된다.

'소는 꿈적이면 똥 싸고, 사람은 꿈적이면 돈 쓴다'는 말이 그르지 않다. 흙수저는 '소같이 벌어서 쥐같이 먹는다'는 신념으로, 금수저는 '고래 물결, 악어 파도'처럼 휘몰아 제 입속이나 주머니로 돈을 삼키려 하는 것이다. 누구든 '돈을 벌려면 이마에 소 우牛 자를 붙여야 한다'고 했으니, 기왕이면 우 자 문신을 새기고 출사표를 던져 볼 일이다.

'황금산에 오르려면 먼저 거름 산에 올라야 한다'는 말은 농사꾼에게 평생의 경구다. 이 말은 돈에 환장한 시대에 사는 사람들에게도 여전히 경구가 된다. 돈을 많이 벌려면 투자를 잘해야 한다. 투자는 헤아릴 수 없을 만큼 많은 방법이 있다. 손발을 부지런히 움직이는 것부터, 잔머리 큰머리를 굴리는 것, 온몸을 던지는 것까지 많고도 많다. 그게 다 투자인데, 당연히 돈과 함께한다. 그래서 "돈 산 황금산에 오르려면 먼저 투자 산에 올라야 한다"는 말을 뇌까리고 다녀야 한다. 일용직, 월급쟁이, 사업가, 정치꾼 모두 예외 없다.

세상은 평등하지 않다. '배 터져 죽는 놈 있고, 배곯아 죽는 놈 있다'

는 말이 그냥 해보는 소리가 아니다. 돈이 평등하게 움직이지 않으니, 세상이 평등하기는 불가능한 일이다. 입으로 내세우는 평등은 있어도 실현되는 평등은 거의 없다. 자본주의 사회에서 평등이란 불가능한 일이다. "시장 자본주의는 공헌했던 약속을 지키지 않았고, 오히려 우리 사회에 엉뚱한 비용을 떠안겼다. 시장 자본주의는 불평등, 환경 오염, 실업을 낳았고, '무엇보다도' 모든 것이 용인되고 어느 누구도 책임을 지려 하지 않는 가치의 타락을 낳았다"는 말이 맞다. 평등은 요원한 일이니 그저 입에 담기 좋은 말, '인격적 평등'만을 떠들고 다닐 수밖에 없는 세태가 됐다.

불평등이 돈 때문이라고 누구나 생각한다. 그러니 돈을 더욱 많이 벌려고 애를 쓰게 된다. '사람은 돈과 싸우다 죽는다'는 말이 맞다. 문제는 사람들이 돈에 끊임없이 갈증을 느낀다는 데 있다. 돈을 쌓아놓고서도, 돈이 없으면 못 산다고 불안에 떤다. '사람은 돈이 없어서 못 사는 것이 아니라, 명이 모자라 못 산다'는 말에 아랑곳하지 않는다.

'사람 노릇도 돈이 있어야 한다', '사람값도 돈이 있어야 값이 나간다'는 생각이 참 안타깝다. 돈이 이토록 흔하지 않았던 시대엔 무엇으로 사람값을 측량했을까. 돈이 없으면 제아무리 덕을 쌓아도 사람값에 들지 못하는 것일까, 하는 생각에 괴로울 것이다. 예컨대 '온 생명에 온 정성을 다하면 오대五代 적덕과 한가지라'고 했을 때, 5대 동안 덕을 쌓아 오지만 돈이 없는 집안이니 '말짱 도루묵이라'고 무시하겠는가.

'사람 나고 돈 났다', '사람 나고 돈 났지, 돈 나고 사람 났는가' 하는 말만 아무리 되씹고 다니면 뭘 하겠는가. 그런 생각이 인품으로 스며들지 않고, 실천하지 않는 사람이 천지인데 말이다. '빈말은 냉수 한 잔만도 못하다'고 했다. 여전히 세상은 그렇게 돈이 사람을 지배하며 꿈쩍 않고 있다. 세상이 온통 자본주의 시장이 된 터라, 아무리 제 인품을 고

결하게 지키려는 사람도 돈의 물결에 휩쓸릴 수밖에 없다.

땅과 하늘로 난 모든 인간의 길들이 자본주의로 포장되어서, 돈 없이 그 길에 들어설 수가 없는 세태다. 돈을 쥐어야 사람 취급을 하고, 돈이 많을수록 삶이 편안해지니 돈 욕심으로 살고 죽게 된다. '바다는 메워도 사람 욕심은 못 메운다', '바다는 메워도 사람 욕심은 못 채운다'는 말이 조금도 과장이 아니다.

'돈이면 안 되는 일 없다'는 자본주의 세상에서, 욕심은 습관이 될 수밖에 없다. '습관이란 처음에는 거미줄 같다가 나중에는 쇠사슬이 된다'고 했는데, 너나없이 돈이라는 쇠사슬에 마음도 몸도 묶여 있는 처지가 된다. '똥 마다는 개 없고, 돈 마다는 사람 없다'고, 스스로 쇠사슬을 감고 '돈으로부터 자유'를 포기하고 있는 셈이다.

본래 '욕심欲心'과 '욕심慾心'은 구별해야 한다. '욕심欲心'은 긍정적인 감정을 뜻한다. 무엇인가를 성취하기 위한 마음이기 때문에 삶의 추진력이 되니 권장되어야 마땅하다. 이에 반해 '욕심慾心'은 부정적인 감정을 뜻한다. 소유하거나 누리고자 하는 마음이 지나치게 많아, 삶의 고귀한 가치를 훼손하는 마음이다. 엄연히 구분해야 할 것인데 그러지 않을 뿐이다. '욕심欲心'이 '욕심慾心'으로 자연스럽고도 강력하게 이어지는 세태라서 그렇다.

과욕은 정상적인 것일까. 에릭 프롬은 병으로 규정한다. "욕심 많은 사람이 돈이나 재물만을 생각하고 또 야심가가 명예만을 생각할 때, 사람들은 그들을 미쳤다고 보지 않고 단지 난처한 존재로 생각한다. 사람들은 대체로 그들을 경멸한다. 그러나 탐욕, 명예욕, 정욕 등을 보통 사람들은 병이라고 생각하지 않지만, 사실상 그것들은 일종의 비정상적인 정신상태"[2]라고 지적한다. 그래서 '지나친 욕심은 패가망신의 장본이라'고 한 것이겠다.

'욕심쟁이는 돈과 재물을 쌓아두지 않으면 걱정이 된다'고 했다. 욕심은 한이 없으니 '걱정이 열 섬이면 근심이 스무 섬이라'는 격으로, '걱정도 팔자'가 된다. '많이 먹으려고 산으로 오르면 덤불에 발 걸려 이울어서 죽는다'고, 제 마음이 낸 제 욕심에 치여 장엄한 전사를 하게 되는 경우를 허다하게 본다. 돈에 욕심을 내다 소용돌이에 휩쓸려 때로는 돈에 증오심을 갖지만, 이내 또 돈을 열망하게 된다. 무한 반복이 일상이고 죽고 나서야 끝나는 일인 셈이다. 그래서 '돈과 욕심은 늘수록 커진다'고 했다.

돈에 대한 증오심은 돈에 무한 욕심을 내는 사람에게서 나온다. 매우 가난한 사람들이 돈에 증오심을 갖는 것이 아니라, 돈을 향한 광증이 뜻을 이루지 못한 사람에게서 발동된다. '돈이 원수라'고 생각하는 사람도 결국은 원수를 사랑하게 된다. '돈에 침 뱉는 사람 없다'고 했다. 증오심에서 그치지, 실제로 돈을 모욕하는 경우는 드물다. 돈에 대한 증오심을 표현한 예를 에밀 졸라의 장편소설 《돈》에서 볼 수 있다.

주인공 사카르의 애인인 카롤린 부인의 탄성이 그렇다. "아! 돈, 인간을 부패와 중독에 빠뜨리고, 영혼을 메마르게 하고, 타인을 위한 선의, 애정, 사랑을 앗아가는 그놈의 돈! 돈이 바로 인간의 온갖 잔혹하고 더러운 행위를 유발하는 촉매제요 대죄인이었다", "무한한 권력 속에서 덧없는 인간의 양심보다 더 높이 추앙받는 돈, 피와 눈물보다 더 높이 군림하는 돈, 돈이라는 제왕, 돈이라는 신!"[3]이라고 부르짖는 부분이다. 돈을 향한 욕심으로 쫓고 쫓기다가 뜻대로 안 되니 절망감으로 탄식하는 것이다.

돈을 두고 제왕, 신이라 했다. 카롤린 부인의 탄성과 똑같은 생각을 요약한 우리 속담이 많다. 하나같이 돈의 위세를 표현한 것들이다. '돈이 왕이라', '돈이면 귀신도 부린다'는 말들이 그저 재미 삼아 하는 말이 아니다. 경험을 요약한 말들이겠다.

로렌스의 장편소설 《채털리 부인의 사랑》에는 돈을 탐하는 인간들에 대한 비판이 곳곳에 제시되고 있다. 여주인공 코니는, 남편을 비롯한 사람들이 쫓는 돈과 명예를 두고 '암캐 여신'이라는 은어를 사용한다. "잘 차려입고 번지르르한 오락계의 수캐들은 암캐 여신의 총애를 차지하기 위해서 다투고 으르렁거렸다"고, 남편 클리포드와 주변인물들을 비판하는 것이다. 그러면서 모든 계층의 사람들이 오로지 돈만 추구한다고 비난한다. "오늘날에는 오직 하나의 계급만이 존재하고 있으니, 그것은 바로 돈에 환장한 계급이었다. 돈에 환장한 사내와 돈에 환장한 계집뿐. 유일한 차이점은 얼마나 많이 갖고 있는가, 그리고 얼마를 원하는가 하는 것뿐이다"[4]는 부분이 그렇다.

따뜻한 사랑은 하지 못하면서 돈과 명예에만 환장하는 사람들을 시종일관 비판하고 있다. 돈과 명예의 신이지만 '암캐 여신'은 악의 신이 되어있다. 주로 남자들이 설쳐대고 쫓아다니니까 '암캐 여신'인 것이다. 어쨌든 돈은 신으로 여겨지고 있다.

돈과 재물의 위세에 대해 새삼 말을 덧붙일 필요가 있을까? 그야말로 '두말하면 숨 차는 소리'가 되든지, '두말하면 잔소리고 세 말하면 개소리'가 될 것이다. 돈이 치유의 수단이 될 수 있는 건 당연하다. 없는 사람이 돈을 갖게 될 때 얻는 효과가 크다는 말이다. "돈은 극단적인 마음 상태까지 완화시킨다. 또 다른 실험은, 돈이 버림받은 기분을 이겨낼 수 있게 하고 더 나아가 죽음의 공포도 줄여준다는 것을 보여준다. 돈은 거의 마약과 같다"[5]는 말에 당연히 동의하게 된다. '돈이라면 부처님도 웃는다', '돈이라면 뱃속의 아이도 뛰어나온다'는데 더 말해 무엇하랴.

'때를 잘 만나면 범이 되고, 때를 잘못 만나면 쥐가 된다'고 했다. 맞는 말이다. 이 말을 비틀어 요즘 세태에 더 맞는 말로 한다면, '돈을 잘 만나면 범이 되고, 돈을 잘못 만나면 쥐가 된다'고 하면 어떨까. '미련한 놈 잡아들이라면 가난한 놈 잡아들인다'고 했다. 잡아들일 명분이 왜 바뀌겠는가. "세상에 돈이 저토록 많은데도 가난하게 사니, 미련한 놈 아니고 무엇이겠는가" 하는 생각 때문일까.

인간이 사는 곳이면 어디든지 돈이나 재물이 있기 마련이다. 심지어 인간이 상상하는 유토피아, 즉 이상향에도 돈과 금은이 통용된다. 돈이나 황금을 아무리 배척하려고 해도 가능한 일이 아니다. 황금을 밝히는 인간들의 습성을 고치기 위해, 유토피아에서는 해괴한 생각을 해내기까지 한다. "가정이나 공동식당에서 쓰는 요강과 같은 더러운 일상용품은 금이나 은을 재료로 사용해서 만듭니다. 또한 그들은 노예를 묶어 두는 사슬이나 족쇄를 순금으로 만들며, 참으로 부끄러운 죄를 범한 죄수에게는 귀와 손가락에는 금귀걸이와 금반지를 끼워 주고 목에는 금목걸이를 매어 주며, 머리에는 금관을 씌워줍니다. 사실 그들은 은이나 금을 경멸하게 하는 모든 방법을 사용합니다"[6]고 했다. 참으로 어이가 없는 소리라 할 것이다. '찬물로 닭을 튀기려 한다', '작대기로 하늘을 괴는 짓이라'고 할 것이며, '장마 도깨비 여울 건너가는 소리'라며 하품을 할 말이다. 인간이 상상하는 이상향이란 이렇게 불완전하기 짝이 없다. 완전하지 않은 인간이 어떻게 완전한 세상을 설계할 수가 있겠는가. 유토피아에서도 돈과 재물에서 벗어나지 못하는 것이다.

돈과 황금의 위세를 인정하지 않는다고 해서, 그 위세가 줄어드는 것은 아니다. 위세를 인정하고 위세에 눌리지 않도록 제 욕심을 잘 조절하는 것이 지혜다. 돈이 곧 덫이 될 수 있다는 것을 깨우쳐야 돈에 굴복하지 않게 된다.

1) '돈 귀신은 만능 귀신'

돈의 위세를 보려면 돈을 소유해야 한다. 살려니 돈에 대한 소유욕은 당연하다. 그러니 인간사는 소유의 역사가 되는 것이고, 서로 더 많이 소유하려고 아귀다툼을 해대니 고통의 역사가 되는 것이다. "만약 인간의 역사가 소유사에서 무소유사無所有史로 그 방향을 바꾼다면 어떻게 될까. 아마 싸우는 일은 거의 없을 것이다. 주지 못해 싸운다는 말은 듣지 못했다"[7]는 법정 스님의 말이야 당연하다. 그러나 무소유라는 게 개인이고 나라고 가능할 수가 없다. 돈뿐만 아니라 하찮은 물건 하나를 두고도, 마음속에서는 소유욕과 무소유욕이 대립하는 경우가 허다하다.

"나의 소유와 무소유는 서로 동거하지 못한다 / 만나기만 하면 서로 싸운다 / 하루는 내가 바닷물을 한입에 다 마셔버리자 / 소유는 나를 부러워하느라 잠을 못 자고 / 무소유는 나를 질책하느라 밤을 새운다"[8]고, 〈무소유에 대한 명상〉이란 시에서 정호승은 말한다.

돈을 두고 누구나 마음속에서 소유욕과 무소유욕이 대립하는 건 사실이다. 정당한 대가를 받는 것이라면 대립할 일이 거의 없겠다. 그러나 만약 정당하지 못한 돈이라면 갈등의 정도가 예사롭지 않을 것이다. 돈은 정당하든 부당하든, 인간의 마음을 심하게 흔들어대기에 위세가 대단한 것이 틀림없다.

돈의 위세가 정말로 대단하다고 표현하는 속담은 많고도 많다. 대부분 과장된 말이어서 터무니없지만, 인심과 세태 그리고 재물에 대한 사람들의 태도를 제대로 아는 데 도움을 준다. 돈의 위세를 말하기 위해 저승과 이승의 존재까지 총동원한다. 염라대왕, 귀신, 도깨비들인데, 주로 죽음을 해결하는 능력이 있는 신들이다. 돈이면 해결하지 못

할 것이 없다는 생각의 정점인 것이다. '저승의 귀신을 부를 수 있는 유일한 이승의 것은 돈이라'는 생각과 말이 재미있다.

아예 돈을 전능全能한 귀신으로 여겨, '돈 귀신은 만능 귀신'이라 못 박는다. '돈만 있으면 귀신도 부하로 거느릴 수 있다', '돈만 있으면 귀신도 사귄다', '돈만 있으면 귀신도 연자매를 돌리게 한다', '돈만 있으면 귀신도 부린다', '돈만 있으면 두억시니도 부린다'고 한다. 두억시니는 아주 모질고 독한 귀신을 뜻한다.

'돈은 귀신도 싫어하지 않는다', '돈으로는 귀신하고도 통한다', '돈이면 저승사자도 서슬이 가라앉는다', '돈 앞에는 귀신도 울고 간다', '돈만 있으면 귀신도 달랜다', '황금은 귀신도 부린다'는 속담들이 또한 그렇다. 돈의 위세를 새삼 더 말할 것도 없다는 생각으로 내세우는 말들이다.

돈에 쥐여사는 신이나 귀신들이 있다는 생각은 지극히 인간다운 발상이다. 그러니 현대의 거대종교에서도 신도들이 돈으로 신神의 환심을 사려고 무진 애를 쓰게 된다. 자기들이 떠받드는 신을 모신 곳을 성지聖地라 하고 성지순례를 한다. 천문학적인 돈을 거두어 궁전을 방불하는 집을 지어놓고 성전聖殿이라 한다. 돈이 없으면 도저히 가능하지 않은 일이다. 이른바 성지와 성전에 돈이 많이 드니, '돈이 있으면 하늘에 사다리를 놓는다', '돈이 있으면 극락도 간다'는 생각을 가능하게 한다. 미국에는 전용기를 여섯 대씩이나 가지고 있는 목사가 있다고 한다. 하느님을 만나러 가려면 전용기가 있어야 한다고 해서, 신도들이 거금을 다투어 내놓는단다. 그야말로 '지나가던 개가 배꼽을 잡고 웃겠다'고 할 일이다. "인간의 어리석음을 무시하지 말라"고 하는데, 그 결정판이다.

그런가 하면 돈으로 신조차 능멸하는 속담도 적지 않다. 신성모독이라 할 정도다. '부처도 돈 마다는 부처 없다', '부처도 돈이라면 뒤로 손 내민다', '부처님인들 동전 싫다 할까', '부처님 영험도 돈이 있어야 난다', '돈이면 하느님 불알도 고아먹을 수 있다', '돈 앞에 부처님 있나' 하는 말들이 그렇다.

이러니 돈은 신성불가침이 아니라 신성능가침神聖能可侵일 정도다. 인간들의 생각이나 말이 참으로 고약하다. 돈으로 신성을 넘볼 수 있으니, 그 위세가 절정일 수밖에 없다. 아무리 돈의 위세가 대단하다고는 하지만, 그 힘은 돈을 썼을 때야 발휘된다. 꼭 필요할 때 돈을 써야 한다고 말들을 하지만, 생각하기 나름이다. 꼭 써야 할 때와 장소를 판단하는 것도 쉽지 않은 법이다.

"인생에는 하룻밤의 향락이 뜻밖에 비싸지만 동시에 뜻밖으로 신기하기 때문에 지갑을 터는 것과 마찬가지로, 마음을 활짝 여는 순간이 있는 법이라"[9]고, 힐튼은 그의 소설 《잃어버린 지평선》에서 말한다. 앞뒤 계산하지 않고 즉흥적으로 돈을 쓸 수도 있다는 뜻이다. '기분이 넌출지고 덩굴지다'는 말이 있는데, 기분이 아주 좋다는 뜻이다. 이런 기분이 들 때 지갑을 열어야 마땅하리라. 돈이 위세가 있다고 거기에 맞게 쓰려면 구두쇠로 여겨질 수밖에 없다. 때때로 위세를 생각하지 말고 써야 돈의 하인이 되지 않고 하인으로 부릴 수 있다.

돈의 위세는 세상의 많은 것들을 움직이게 할 수 있다는 데에 있다. 짐멜이 《돈의 철학》에서, "세계의 절대적인 역동적 성격을 화폐만큼 분명하게 보여주는 상징물은 없다. 화폐의 의미는 그것이 곧 지출될 것이라는 사실에 있다. 고정되어 있는 화폐는 화폐로서의 특별한 가치와 의미를 상실한다. 정지하고 있는 화폐가 미치는 영향력은 그것이 곧 다시 운동을 시작할 것이라는 기대 때문에 나타난다. 화폐는 운동하지 않는 모든 것을 완전히 제거시켜 버리는 운동의 대표자다"[10]하는 주장

정종진 21

은 분명히 옳다. 세상을 움직이게 하는 힘 때문에 돈을 만능 귀신이라고 하는 것이다.

2) '돈 가지고 안 되는 일 없다'

'못난 개 울타리 믿고 짖는다', '빽 있고 돈 있으면 죽은 사람 되살리는 것만 빼놓고 안 되는 것 없다'고, 돈 믿고 언행을 개차반으로 하는 사람 적지 않다. 개가 믿는 울타리는 여러 종류가 있을 것이다. 지위나 권력, 돈 따위겠다. 돈과 권력이 있으면 아주 간단하게 처리할 일들이 얼마나 많겠는가. 오죽하면 '억울한 놈은 죽을 때 빽 하고 죽는다'는 말이 있겠는가. 돈은 가장 강력한 빽이다.

돈과 권력은 보이지 않는 곳에서 엄청나게 많은 밀거래를 하고 있을 것이다. '발짝소리 없다 하여 고양이를 못 찾을까' 하는데, 찾더라도 인정이 오가니 법도 눈을 감아버린다. 법은 다만 걸린 자에게 적용될 뿐이다. 육법전서 맨 앞에, "이 법은 걸린 자에 한하여 적용된다"고 명시해야 한다는 우스개가 정곡을 찌른다.

사람의 힘으로 해결할 수 없는 것 중 하나가 죽음이다. 죽음의 문제를 해결해보려고 숱한 사람들이 종교에 평생 귀의한다. 그런데 돈으로 이것을 해결할 수 있다니, 얼마나 대단한 일인가. 돈을 질러대면 천당이나 극락을 갈 수 있다는데, 누가 덤비지 않을 것인가. 피 같은 돈을 던지기는 하는데, 배달이 잘 되는지가 문제일 뿐이다.

돈이 있으면 인간이 초능력을 발휘할 수 있다는 뜻으로, 신 또는 그 사자使者와 연관시키는 속담이 많다. '돈만 있으면 염라대왕 문서도 고친다', '돈만 있으면 염라대왕 문서도 뺀다', '염라대왕도 재물 앞에서는 한눈을 감는다', '이문利文이 있는 일이라면 염라대왕 수염이라도 벤다', '돈만 있으면 저승길도 바꾼다', '돈만 있으면 죽음도 면한다', '돈만 있으면 지옥문도 여단는다', '돈만 있으면 죽은 사람 살릴 수 있다'고 한다. 아무리 많은 돈을 가져도 죽음만큼은 해결할 수 없다는 것을 뻔히 알면서도 능청을 떠는 말들이다.

'돈만 있으면 중원천자도 걸음시킨다'고 한다. 중원천자中原天子란, 천제天帝의 아들로 하늘의 뜻을 받들어 천하를 다스리는 사람이라는 뜻이다. '돈만 있으면 뛰는 호랑이 눈썹도 뽑는다', '돈만 있으면 산 범의 눈썹도 산다', '돈만 준다면 호랑이 생눈썹도 뽑아 온다', '돈은 범도 이긴다'고 하여, 돈만 얻을 수 있다면 어떤 위험도 달게 받을 수 있다는 뜻으로 쓰는 말들이다.

'돈으로 틀어막아서 안 되는 것은 재채기뿐이라'고 했다. 돈으로 될 수 없는 것을 말하는데, 참으로 재기발랄하다. 가장 하찮은 것을 택하여 오히려 돈의 위세를 훨씬 높이는 표현이다. 그러나 돈은 많아도 걱정이라고 하듯, 돈이 아무리 많아도 걱정거리를 모두 없애지는 못한다.

다소간 속된 말, 특히 성 속담으로 돈의 위세를 말하기도 한다. '돈 가지고 안 되는 건 처녀 불알 못 만드는 일밖에 없다', '돈만 있으면 처녀도 불알도 산다', '돈만 있으면 처녀 불알 파는 가게도 차릴 수 있다', '돈이라면 중놈 상투, 처녀 불알도 살 수 있다'는 말들이 그렇다. 입에 즐겨 담기에는 쑥스럽지만, 백성들이 오랜 세월을 두고 즐긴 말이어서 기억해둘 필요도 있다.

'돈이라면 덫에라도 들어간다'고 했다. 사람들 사는 세상에 보이거나 보이지 않는 덫이 얼마나 많은가. 특히 돈에 눈이 멀면 뻔히 알 수 있는 덫에도 들어가기 일쑤다. 그러니 세상에서 가장 큰 덫은 돈이라는 말이 된다. 덫은 사람이 가장 경계해야 할 것이라면, 돈이 가장 경계할 대상이 되는 건 당연하다. 경계하면서 쫓아다녀야 하니, 양날의 칼이라 하겠다. '천금이면 사람을 움직이고, 만금이면 귀신도 움직인다'는 돈 때문에, 사람은 한평생을 전투하듯 산다. 돈을 소비한다고 하지만 삶을 소비하는 것이니, 사는 것에 대한 세금치고는 지나치게 비싼 것 아닌가.

돈이면 안 되는 일 없다는 생각 때문에, 돈이 수렁이 되고 덫이 된다. 사람을 죽이기도 하도 살리기도 한다는 생각에 온통 돈 걱정이다. 그러니 자유인인 김삿갓일지라도 돈에 대해서는 풍자시가 아닌 진지한 시로 남긴다. 〈돈錢〉이라는 시를 보면 알게 된다. "천하를 돌아다니되 / 다 환영하여 / 나라를 일으키고 집을 일으키는 / 그 세력이 가볍지 않다. // 갔다가 다시 오고 / 왔다가 다시 가는 사이에 / 산 사람을 능히 죽이고 / 죽은 사람을 능히 살구어"[11] 하는 시구는, '돈이 마패라'고 인식하는 것과 같은 어조다.

돈 가지고 안 되는 일은 헤아릴 수 없이 많다. 어떤 일을 만나면 우선 돈으로 해결하려는 생각 탓인데, 사람마다 그 버릇을 버리지 못할 뿐이다.

3) '돈만 있으면 가는 곳마다 상전 노릇을 한다'

지위의 높낮이로 사람을 구분하는 것이 당연한 것으로 여긴다. 위아래 서열이 있어야만 사회가 잘 돌아갈 것처럼 생각하는 것이다. 그래서 '사람 위에 사람 없고, 사람 아래 사람 없다'는 말을 수상하게 여기기도 한다. 좋지 않은 사회적 관습 때문이다. 그런 관습을 돈이 확실하게 굳힌다. 가문이나 직업, 학력이란 돈에 비하면 그다지 주요한 요인이 아니다. 돈을 앞장세워 벌인 농간 때문에, 사람 간의 상하 차등이 더욱 확고하게 된 것이다. 돈만으로도 얼마든지 사람을 지배할 수 있는 세태다. 좋은 집, 좋은 차, 별장을 병풍처럼 두르고 호의호식하니 부러움을 살 수밖에 없다.

'돈이 있을 때 마음과 없을 때 마음이 다르다'고 했는데, 왜 아니겠는가. 다른 정도가 아니라 천양지차다. 삶과 죽음, 천당과 지옥을 오가게 할 수 있으니 그렇다. '돈이 없으면 죽을 목숨이다', '돈이 있으면 극락도 간다'고 하지 않던가. '돈 떨어진 자리가 그대로 초상난 자리'라는 말이 과장만은 아니다.

'가난한 양반도 하인에는 허세'라고 했다. 돈이 있어야 힘이 나는데, 말 한마디를 하더라도 힘이 실리지 않으니 허세라 할 수밖에 없다. 닳고 닳아빠진 하인이 그걸 모르겠는가. '눈칫밥을 먹는' 하인의 동물적 감감은 예나 지금이나 다를 바 없겠다. '가난한 양반 상청에 들어가듯' 하는 모습에서 눈치를 챌 것이다. 잔뜩 주눅이 든 모습에서 냄새를 맡는 것이다. 윗사람일수록 아랫사람에게 많이 베풀어야 하는 요즈음 세상에서도 마찬가지다. 돈이 당당한 언행을 하게 만드는 것이다, 그래서 돈은 요물이다. 물론 주눅 든 모습이 꼭 돈 때문은 아니다. 돈이 많아도 힘 못 펴고 사는 사람들이 얼마나 많은가.

'못난 강아지 들거나 나거나 상전치레라'고 하는데, 사람이라면 못나서가 아니라 돈이 없어서 그렇다. 돈 많은 아랫사람은 자신감으로 윗사람을 모신다. 겸손한 언행이 아닌 당당한 수행 또는 보좌라서 대등하거나 오히려 윗사람처럼 여겨지는 경우도 허다하다. '돈만 있으면 종도 상전 노릇 한다'는 속담은 바로 이런 느낌을 말한 것이다.

'돈은 좋은 하인이고 나쁜 상전이다', '돈은 좋은 하인이고 나쁜 주인이라'는 말처럼, 돈은 하인과 상전을 구별하는 기준이었다. 돈 없는 양

정종진 25

반이 적지 않았던 시대에 양반은 다만 허울이나 허세, 가식적 삶을 살았다. '양반은 추위도 떨린다고 하지 않고, 흔들린다고 한다', '양반은 배가 고파도 밥 먹자고 하지 않고, 장맛 보자고 한다'는 말들에서 유추할 수 있다. 그러니 양반에 대한 조롱이 넘쳐난다. '양반 양반 개 팔아 두 냥 반, 돼지 팔아 석 냥 반, 소 팔아 넉 냥 반이라', '양반 양반 개꼬리 두 냥반'이라 하여 개 돼지 소와 같은 가축보다 못하게 여겼던 것이다. 이뿐인가. '양반은 고집 센 짐승하고 한가지라', '양반이란 조상의 뼈로 양반이다', '상놈 양반에 씨가 없다'고 조롱하며, '양반 놈들과는 일을 도모하지 말라'는 선언성 속담을 쓰게 되었던 것이다. 돈이 많아 하인들에게 한껏 베푸는 양반이라면 이런 조롱을 받지 않았을 것이다.

이토록 허세로 살았으니 '양반 가난이 더 무섭다'고 한 것이다. 허세로 현실을 견디기에는 너무나 힘들었다. '돈 있으면 종놈도 마부 부린다', '돈 있으면 도둑놈도 양반'이라는 세상이 되는 게 필연이었다. '돈만 많으면 상놈도 양반이 될 수 있다'고 하여, 상전과 상놈이 갈라치는 세상을 바꿔야 한다는 생각으로, 돈을 간절히 염원하게 되는 것이다.

양반과 상놈, 주인과 머슴이라는 구분은 아직도 가슴 속에 희미하게 남아 있다. 양반의 횡포가 컸던 만큼, 상전에 대한 강박증이 속담에 고스란히 담겨 전해진다. 아직도 윗사람이라는 비합리적 권위를 벗지 못해 비난받는 사람이 적지 않다. 사람 위에 군림하거나 지배하려는 것은 전근대적인 사고방식이어서 비난받을 수밖에 없다.

'똥오줌 받지 않은 알곡이 없고, 악덕의 신세를 지지 않는 대의도 없다'는 것을 알아야 한다. 누구의 덕택에 돈을 벌었는지, 누구 덕에 상전 노릇을 하는지 근본을 알아야 한다. 제 주제를 잘 생각하면 지혜가 트인다. '생각이 팔자라'고 했다. '생각하고 생각하면 귀신도 통할 수 있다'고 했는데, 사람과 통하기는 훨씬 쉽겠다.

'모르는 것도 돈이 가르쳐 준다'는 말이 있다. 돈을 쓰다 보면 많은 것을 알게 된다는 뜻으로 하는 말이다. 그러나 제 생각으로 깨닫게 되면 돈에 덜 의지하게 된다. '사람과 곡식은 가꾸기에 달렸다'고 했다. 저를 스스로 가꿔, 돈을 좋은 하인으로 두는 것이 현명한 일이다. '돈이 제갈량보다 한 수 위라'고 하는데, 돈을 잘 다스리면 제갈량보다 두세 수 위가 될 것이다.

4) '돈만 있으면 개도 멍 첨지 행세를 한다'

'사람이면 다 사람이냐, 사람이 사람의 짓을 해야 사람이지' 했다. 사람보다 못하면 흔히 짐승이라 한다. 사람이 되는 기준이 따로 없지만, 몹쓸 언행을 하면 사람이 아니라고 했다. 양반을 가축보다도 못한 짐승으로 낮추어 보는 속담은 많다. 양반들이 몹쓸 짓을 일삼았기 때문이다. 못된 인간을 동물과 같이 취급하니, 죄 없이 비하당하는 동물들만 억울하겠다. 어쨌든 몹쓸 짓을 해도 돈만 있으면 사람으로 쳐주는가 하면, 짐승도 사람과 동격으로 생각하며 빗대었다. 그러니 돈의 능력은 지극한 것으로 믿고 살 수밖에 없겠다.

집짐승을 의인화하면서 돈의 위세를 말하려는 속담이 적지 않다. 아무리 하찮아도 돈을 많이 지니면 최상의 대우를 받는다는 뜻으로 해 대는 말들이다. 제일 많이 등장하는 동물은 역시 개다. 개는 사람과 가장 가깝게 지내는 동물이지만, 지난 시절 제일 업신여겨졌던 집짐승이었기 때문이다.

'돈만 있으면 개도 멍 첨지가 된다', '돈만 있으면 개도 풍헌질을 한다', '돈만 있으면 개도 멍 첨지라'고 했다. 첨지란 조선시대 정3품에 해당하는 무관을 뜻하거나 나이 먹고 무능한 사람을 빗대어 쓰는 말이다. 풍헌이란, 조선시대 유향소에서 지금의 면面이나 리里의 일을 맡던 사람을 뜻한다. 비교적 높은 벼슬아치를 낮추고, 동시에 가장 천하게 여겼던 짐승을 높여 사람답지 못한 사람을 비꼬거나 돈의 위세를 높이려는 말이다.

'돈만 있으면 강아지 새끼도 멍 영감 멍 사장이라', '돈만 있으면 개도 흉한 짓을 한다'는 말도 있다. 흉한 짓이란 돈을 믿고 사람을 함부로 대하는 짓을 뜻하겠다. 사람이 사람다운 점, 즉 내면의 인격과 외양의 점잖은 행동 여부로 평가돼야 한다. 그런데 그 모든 것을 생략한 채, 돈이 있고 없음으로만 평가하는 세태가 경박스럽다는 뜻을 담고 있는 말들이다. '상놈도 돈 있으면 양반 된다'는 말도 마찬가지다. 양반과 상놈의 차이가 단지 돈이 있느냐 없느냐는 것밖에는 없다는 말이 된다.

돈은 이렇게 인간의 인간다움, 즉 인간성을 생략하게 하는 역기능을 가졌다. 하늘은 사람값에 들지 못하는 사람을 내지 않는다고 했는데, 그렇다면 악인은 모두 후천적으로 만들어졌다는 말이 된다. 거기에 돈이 주된 역할을 한다. 악인이 되면 하늘 밖으로 쫓겨나야 할 신세다. 돈으로 악인이 되는데, 오히려 돈을 붙잡고 있어 죄를 면한다. 돈은 악을 상쇄하는 힘을 가졌다는 말이 된다.

'황금은 선비의 마음조차 검게 만든다'고 했다. 선비란 누구인가. 공부로 도道를 닦는 사람이었다. 도를 닦는다는 것은 속세의 부귀공명을 하찮게 여기는 것으로부터 시작한다. 문제는 먹고사는 일을 소홀히 해서 의식주가 구차해지기 일쑤라는 데 있다. '사람은 먹고살기 마련이라'는 말을 너무 믿다 보면 입이 구차해진다. 마음 한구석에서 돈에 대한 욕심이 싹트게 된다는 말이다. 인간의 품격이란 것이 돈에 의해 쉽게 무력화되는데 얼마나 허무하겠는가. 오로지 인간의 품격을 높이기 위해 전력투구한 한평생이 허사로 여겨질 것이다.

돈 자랑을 하는 것은 특히 금기로 여겨졌다. 자랑한다는 것은 다른 사람들에게 시기, 질투심을 생기게 하여 고통을 주기 때문이다. 그래서 돈 자랑하는 사람을, 제 자식과 아내 자랑하는 사람과 함께 삼불출로 취급했다. '돈 자랑 계집 자랑 자식 자랑 말랬다', '돈 자랑 계집 자랑 자식 자랑은 삼불출이라'는 말이 그것이다. 심지어는 돈 자랑하는 사람을 제 '거시기 자랑'하는 못된 부류로 취급해버린다. '돈 자랑 계집 자랑 × 자랑은 말랬다', '돈 자랑 ×자랑하는 놈과는 살지 말랬다', '돈 자랑 × 자랑하는 놈은 낳지도 말랬다'고 했다.

돈 자랑하는 맛을 알기에 이제는 대놓고 자랑하고, 그러면서 죄책감을 느끼지 않는 세태다. 돈 자랑을 하면, 사람들이 제 주위로 모여들 뿐만 아니라, 아랫사람이 되길 자청하는 사람까지 생겨나기 마련이다. 사람의 품격을 보지 않고 돈만 보기 때문이다. 그러니 개라도 돈이 많으면 떠받들 수밖에 없는 시대인 것이다.

5) '돈만 있으면 못난 놈도 없다'

'돈 없고 잘난 놈 없고, 돈 있고 못난 놈 없다'고 한다. 돈이 많으면 무능력한 사람도 능력 있게 보일 수 있다는 것은 속일 수 없는 사실이다. 그것을 요약하는 것이 '사람이 잘났나, 돈이 잘났지' 하는 말이다. 만약 돈 많고 무식한 것과 돈 없고 유식한 것을 택하라면 결과가 어떨까. 많은 사람이 돈 많고 무식한 쪽을 택할 것이다. 일단 돈을 많이 가지고 난 후에 열심히 노력해 무식을 면하겠다고 생각하는 쪽일 게다. 대부분 빨리 돈 벌기를 염원하지만 쉽게 성취하지 못한다. 그만큼 돈을 벌기도 어렵다는 말이 된다.

똑똑하다는 것과 무식하다는 것, 능력과 무능력이 크게 다른 것일까. 돈 많고 무식하다는 사람은 돈 버는 데 능력이 있다는 말이다. 돈 나올 모퉁이는 죽을 모퉁이라 하지만, 돈이 나오는 구멍을 잘 찾아다니고 그쪽 비위를 맞춰, 돈 긁어내는 방법을 잘 아는 능력은 인정해야 하겠다. 사실은 이게 지혜다.

지혜는 유무식과 상관이 없다. 무식하면 경험에서 얻은 지혜로 살아야 한다. '말글 배워 되 글로 써먹는' 지식인보다는, 종종 '되 글 배워 말글로 써먹는' 무식쟁이가 낫다. 그 무식쟁이는 지식은 없겠지만 처세에는 강자다. '잘난 사람은 못난 사람을 보고 배우지만, 못난 사람은 잘난 사람의 흉만 찾는다'고 하는데, 극소수의 사람들만 그렇다.

'잘난 놈은 저 잘난 맛에 살고, 못난 놈은 인심 덕분에 산다'고 하는데, 맞는 말이다. '돌 멍청이는 담이나 쌓고, 나무 멍청이는 불이나 때고, 소 멍청이는 잡아나 먹지만, 사람 멍청이는 무엇에 쓰랴' 했는데, '사람과 그릇은 있는 대로 쓴다'고 했다. 겉보기에 멍청이지, 속에 어떤 세상을 담고 있는지 누구도 알 수 없다.

'뒤통수에 학문이 들었나, 이마빼기에 상식이 묻었나', '가갸 뒷다리도 모른다', '똬리 놓고 이응 자도 모른다', '땅에 앉아 따지자 암클도 모른다', '흰 것은 종이요, 검은 것은 글씨다'고 할 정도로 무시를 당할 수 있다. '손바닥에 쥐어줘도 모른다', '소 뼈다귀인지 말 뼈다귀인지 모른다', '사람이 못났거든 돈이 있거나, 돈이 없으면 사람이나 잘나야지', '저런 걸 낳지 말고 호박이나 낳았더라면 국이나 끓여 먹지' 할 정도로 모욕을 당해도, 돈만 많으면 못났다는 말이 쑥 들어갈 것이다. '들은 풍월 얻은 문자'로 버텨가며 돈이라도 잘 벌면, 여하튼 재주는 재주다. '돈만 있으면 무식도 감춰진다'는 말보다, 무식이 거름 되어 지혜의 싹이 돋는다고 해야 하리라.

  가정교육이나 학교 교육이 일정 기간 계속되는 것은, 우선 똑똑하고 능력 있는 사람이 되면 돈은 따라오게 돼 있다는 생각에 근거한다. 돈 많고 무식한 사람은 가정교육이나 학교 교육을 충분히 받지 못하고 일찍 돈 버는 방법을 찾는다. 아니면 교육받을 기회는 많았지만 길들기 싫어한다든지, 돈 많은 부모 슬하에서 돈 벌 필요성을 느끼지 못하는 사람도 있다. 이런 사람들은 배우지 못한 데 대한 약점을 돈 가진 것으로 상쇄할 수밖에 없다.

  '돈 있는 집 도련님은 더 똑똑하다고 한다'고 말하는데, 선입견일 뿐이다. 똑똑하다는 잣대가 한두 면만을 보고 판단한 것일 뿐이다. 사람이 아무리 똑똑하다 해도 저를 위해 똑똑한 것이라서 부러워할 것도, 주눅이 들 일도 아니다. 공공선公共善이 웬만큼 있어야 진정으로 똑똑한 것이겠다. '똑똑한 사람도 몰라주면 머저리가 된다'고 했는데, 바로 그 말이다. 오로지 저를 위한 똑똑함을 누가 알아주겠는가.

  사람들은 영웅을 못 만들어 안달이다. 주위에 온통 평범한 사람만 있으니 진력이 나고, 작은 영웅이라도 나타나 지루함을 달래주기를 간절히 바란다. 연예인, 스포츠맨에 열광하는 이유다. 알고 보면 그들도 한 가지 재주에 골몰한 덕이며, 멍청한 구석은 필부필부와 크게 다를 바 없는 데도 그렇다.

  '똑똑한 새가 그물에 걸린다'고 하는데, 제 속만 채우다 보면 그렇게 된다. '똑똑한 체하는 놈이 못난 체하는 놈을 못 당한다'는 말이 그래서 있다. 똑똑하다는 사람들도 완전히 똑똑하지 않기에, 조금 모자란 사람도 숨 쉴 구멍이 있다. 돈 때문이라고 생각을 하게 된다. '사람 멍청한 데는 약이 없다'고 하지만 돈이 약이다. '돈 힘이 사람 힘보다 세다', '돈만 있으면 제왕도 살 수 있다'고 했다. 제왕은 최고 지위인데 돈으로 살 수 있으니, 과연 돈이 사람의 힘보다 세다. 사실 막강한 금력을 수단으로 왕이 된 사람들이 세상 여러 곳에 있다. 실제로 왕의 지위에 있는 것보다는 돈이 많으면 왕보다 더 오래도록 권력을 유지하기도 한다.

돈만 있으면 못난 것이 감춰진다는 말이 적지 않다. '돈만 있으면 등신도 똑똑이가 된다', '돈만 있으면 무식도 감춰진다', '돈만 있으면 바보도 똑똑해진다', '돈 없고 잘난 놈 없고, 돈 있고 못난 놈 없다', '돈 없으면 못난 놈 된다', '돈 없으면 아무리 잘난 놈도 별수 없다', '돈 없으면 잘난 놈도 못난 놈 되고, 돈 있으면 못난 놈도 잘난 놈 된다', '돈 없으면 잘난 놈도 용빼는 재주 없다'는 속담들이 그렇다.

진짜로 못난 사람은 돈이 없다고 하소연하며 다니는 사람이다. 돈 있는 사람들 앞에서 괜히 불쌍한 제 처지를 보이려 한다면 계산을 잘못한 것이다. 심리학자들이 말한다. 남이 힘들다고 하면 열에 아홉은 그 사람이 안 된 걸 마음속으로 즐기고, 나머지 하나는 기뻐한다지 않는가. 동정심을 얻으려다가 오히려 남의 우월감, 만족감을 주는 대상이 된다는 말이다. '없는 놈이 우는소리를 하면 있는 놈도 우는소리를 한다', '없는 놈이 울면, 있는 놈도 운다'는 걸 모를 리 없을 것이다. 있는 사람이 펼치는 아주 간단한 방어전략이다.

정말 더 어리석은 사람은 없으면서 있는 체하는 사람이다. '사람에게는 세 가지 체병이 있다'고 하지 않는가. '없는 놈이 있는 체, 못난 놈이 잘난 체, 모르는 놈이 아는 체한다'는 게 그것이다. '없는 놈이 있는 척은 더한다', '없는 놈이 자두 치 떡을 즐긴다', '없는 놈이 큰 떡은 먼저 든다'고 했다. 어차피 이런 행동도 없는 사람의 방어기제다.

참으로 똑똑한 사람은 지식 너머에 있는 지혜를 터득하는 사람이다. 요즘은 똑똑한 무식쟁이가 너무도 많다. 정보나 지식, 지혜를 구분하지 못해, 휴대전화기 속에 그 모든 것이 몽땅 들어있는 줄 알고 있다.

그건 정보다. 지식의 파편이다. 지식은 일정한 정보를 체계화하며 제 독창적인 생각을 조금 덧붙이는 것일 뿐이다. 삶에 최적인 언행을 찾아내 한껏 이용하는 것이 지혜다. 지혜로운 사람이 결국 삶에 승자가 된다.

2. '구실을 뒤집으면 이기심이 드러난다'
/ 돈과 이기심

　돈이 오고 가든 돌고 돌든 날아다니든, 돈을 움직이는 힘은 모두 이기심에서 나온다. 사람들 이기심이 모여서 돈을 쌓기도 하고 흩어지게도 한다. 자석처럼 돈을 끌어당기기도 하고, 밀어내기도 한다. 이기심은 세상을 움직이는 힘이다. 그러니 이기심을 나쁘다 할 수 없다. 이기심은 때에 따라 돈으로 환산될 수도 있다.
　'밥그릇이 앞에 가고 촌수가 뒤에 간다'는 말은, 인간관계보다 제 이익을 먼저 생각한다는 뜻이다. 일해서 제 밥값을 벌어야 하는데도 일보다 밥을 먼저, 남보다 저를 우선으로 생각하는 이기심이 앞선다. '손바닥에 털이 나겠다'고 할 정도로 게으름을 피우면서도, '비둘기가 산에 있어도 마음은 콩밭에 있다', '부엌에 가면 더 먹을까, 방에 가면 더 먹을까' 하는 생각으로 산다는 말이다.
　인간 이기심의 절정은, '이 세상이 나를 위하여 생겼거니 한다'는 것이다. 이 세상은 어느 특정한 사람을 중심으로 돌아가지 않는다. 그렇지만 모든 사람은 일의 중심에 저 자신을 세워둔다. 사실 이런 생각은 자연스럽고 당연하다. 제가 없으면 이 세상도 없는 것과 마찬가지라서 그렇다. 그러니 누구나 이기심이 앞서는 것은 기본이라 할 것이다. 다만 남다르게, 유달리 이기심이 강할 때 문제가 될 것이다.
　이기심이 없으면 제 존재가 위태로워진다. 이타심·희생심은 아주 작은 부분을 차지하고 있다가, 정말 가끔 작동한다. 불교에서 강조하는 이타행利他行은 오랜 수련이 있어야만 가능하겠다. 숱한 사람들이 각자 제 이익을 탐하려니, '세상인심 오동지 설한풍'으로 돌아가는 것이 정상이라 하겠다. '한 길 사람은 겪어봐야 알고, 쉰 길 물은 건너봐야 안다'고 했지만, 인간은 다만 이기적일 수밖에 없다.

이기심 외에 인간의 공통적 인간성이란 것이 있는가. 이에 대해 에릭 프롬은 다음과 같이 주장한다.

> 인간은 동물과 달리 거의 무한한 적응력을 가지고 있다. 사람은 거의 무엇이나 먹을 수 있고 어떤 기후조건 아래서도 자신을 적응시키며 살아갈 수 있을 뿐만 아니라 사람이 참고 버텨나갈 수 없을 만큼 어려운 정신적 상황이란 거의 없다. … 이렇게 생각해 볼 때 인간에게 공통된 성질이란 것은 존재하지 않으며 생리학적·해부학적인 의미 이외에는 종種으로서의 '인간'이란 것은 없다는 가설이 정당한 것처럼 생각된다.[12]

위와 같은 논리라면 인간성을 몇 마디 말로 규정한다는 것은 불가능한 일이 된다. 개인마다 심성이 다르다는 말이다. 그러니 '사람이란 겪어봐야 안다'는 말을 할 수도 없다. 기껏 안다는 것이 '코끼리 코 만지는 격'이라 할 수밖에 없다.

'남의 일은 오뉴월에도 손이 시리다', '남의 일은 한여름에도 손이 시리다' 하는 속담이 인간의 이기심을 기막히게 요약한 말이다. '저 하고 싶은 일은 힘든 줄 모른다'고 했듯이 때때로 저 좋은 일에 부지런할 수도 있는데, 대부분 사람이 그렇다. '저절로 입에 들어오는 떡 없다'고, 살려면 저 좋은 일이든 싫은 일이든 하지 않을 수 없다. '저 먹을 것과 묻힐 땅은 누구나 타고난다'고 했지만, 결코 믿을 만한 말이 아니다.

누구든 저 손해 되는 일을 하지 않는다는 뜻으로 '의붓아비 돼지고

기 쓰는 데는 가도, 친아비 나무 패는 데는 가지 말라', '의붓아비 떡 치는 데는 가도, 친아비 도끼질하는 데는 안 간다'는 말을 한다. 아무리 부자지간이라 하더라도 위험을 무릅쓸 필요가 없다는 것은 당연하다. '땡감 한 개라도 생기는 게 없으면, 가는 길도 뺑 돌아간다'는 게 세상인심이다. '마음은 좋다 하면서 이웃집 불붙는 것 보고 좋아한다'고 하는데, 그것 또한 사람 심성의 한 부분이다.

마크 카니 Mark Carney는 그의 저서 《초超가치》에서 프란치스코 교황의 말을 소개한다. 인간성을 와인과 그라파(포도주로 만든 독한 술)에 비유하면서 경제인들의 사명감을 강조했다고 한다.

와인이 여러 가지가 섞여 있는 것이라면, 그라파는 와인을 증류하여 알콜만 남은 독한 술이다. "(와인처럼) 인간성에는 많은 것이 포함됩니다. 열정, 호기심, 이성, 이타주의, 창의성, 이기심……그러나 시장에는 단 하나, 이기심만 있습니다. 시장은 인간성을 증류한 것이지요"라고 했단다. "여러분이 할 일은 그라파를 다시 와인으로 돌려놓는 것, 시장을 다시 인간성으로 돌려놓는 것입니다"[13]하고 말했다는 것이다. 아주 상쾌한 비유이자 탁월한 식견이기는 하다.

과연 시장에서만 인간의 이기심이 발동되는 것일까? 아니다. 어느 때, 어느 곳에서든 이기심은 우쭐대며 나온다. 물론 가끔은 비정상적으로 사는 사람도 있다. 자기 자신은 자린고비로 살면서, 모은 돈을 남을 위해 몽땅 던져넣는 사람이 있다. 그래서 '세상은 요지경 속'이다.

윌리엄 포크너의 《내가 죽어 누워 있을 때》라는 장편소설이 있다. 임종을 앞둔 여주인공은 남편, 그리고 4남 1녀의 자식들과 함께 살고 있다. 어머니 관을 짜고 있는 아들 '달' 외에는 모두 저만의 일에 충실한 인간상들을 본다. 철저히 이기심으로 무장한 가족들이다. 두 아들은, "엄마의 임종을 지키진 못해도 3달러를 벌 수 있는 기회를 놓칠 아이는 아니다'"[14] 하고 말할 정도로 이기심이 강하다. 딸은 제 애인에게 마음이 쏠려 있고, 남편도 애인에게 마음을 두고 있다. 한 가족 구성원 간에도 이럴 정도니, 남들과 인간관계에서 이기심은 어찌할 도리가 없다고 할 것이다.

'쌀독 속과 마음속은 남에게 보이지 말랬다', '쉰 길 물은 건너봐야 알고, 한 길 사람은 겪어봐야 안다', '수박은 속을 봐야 알고, 사람은 지내봐야 안다'고 했다. '내 속에 들어갔다 나온 것 같다', '내 속에서 빠진 사람 같다'고들 하지만, 아무리 가까운 사람 속을 수십 수백 번 드나들어도 알 수 없는 게 사람 마음이다. '열 번을 아는 것 같아도 모르는 게 사람의 마음이라', '열 길 물속은 알아도 두 치 사람 속은 모른다', '얼굴 비춰지는 어루쇠는 있어도, 사람의 넋이 비춰지는 어루쇠가 없다'는 말들이 괜히 하는 소리가 아니다.

이기심이 곧 욕심이고, 제 생각에 빠져 있으면 덫을 보지 못한다. 덫을 먼저 생각하며 욕심을 부려야 한다지만, 욕심에 덫을 분별하는 눈이 있을까. 너나없이 욕심은 필요하겠지만, 그것을 너무 키우다 보면 세상이 팍팍하게 돌아간다. 욕심 없이 세상을 살려면 제 창자를 뽑아서 남 주어야 한다고 했다. 살아 있는 동안 인간은 뭔가를 끊임없이 요구해야 하니까, '욕심은 끝이 없고 불평은 한이 없다'고 하는 것이다.

욕심 많은 사람을 두고 비유하는 동물이 있다. '욕심은 부엉이 같다', '욕심은 곰의 발바닥 같이 두껍다', '욕심이 구렁이다', '욕심이 까마귀다', '욕심이 돼지다', '욕심이 족제비다', '다람쥐 도토리 탐하듯 한다', '가을 다람쥐처럼 욕심도 많다'는 말들에서 알 수 있다. 부엉이, 곰, 구렁이, 까마귀, 돼지, 족제비, 다람쥐보다 사람 욕심이 덜할까? 사람 욕심에 비하면 그야말로 '새발에 피, 병아리 눈물'이다. 사물을 제대로 보거나 판단하지 못하는 좁은 소견 탓이다. 욕심을 다룬 좋은 예가 있다.

안톤 체호프의 단편소설 〈돈지갑〉은 세 사람의 뜨내기 연극배우가 욕심을 부리다 동시에 함께 죽는 이야기다. 셋이서 철둑길을 따라 걷다가 5,000루블 넘는 돈이 들어있는 돈지갑을 줍게 된다. 세 사람이 각각 돈을 더 많이 차지하기 위해 음모를 꾸민다. 두 사람의 폭행으로 한 사람은 죽고, 나머지 두 사람은 각자의 잔에 독을 넣은 보드카를 먹고 동시에 죽는다. 과욕 때문에 서로를 죽이게 된 것이다.[15] 사이좋게 나눠 가졌으면 예지적 인간이었을 것이다. '노루고기 한 점 먹으려다 제 고기 열점 잃는다'는 말이 꼭 맞다. 아니 한 점 먹으려다 동료를 죽이고 자신도 죽었다. '제가 놓은 덫에 제가 먼저 걸려든다'는 말 그대로다.

인간을 두고 '예지적'이란 수식어를 붙이려면 욕심을 절제하는 존재라야 한다. 욕심이 자신을 망치고 공동체를 망치는 첩경이기 때문이다. 아무리 '선 미련 후 슬기'일 수밖에 없는 인간이라지만, 최소한 제 주제를 알아야 하기 때문이다. 욕심을 '필요한 최소'로 부리면 선남선녀가 된다. '불필요한 최대'까지 욕심을 부리면 피차 감당할 수 없는 상대가 되어, 인간말종의 길로 들어서게 된다.

제 얄팍한 이익 때문에 주위 사람들을 고통스럽게 하면, 그 고통 저에게 되돌아오기 쉽다. '이 샘물 다시 안 마시겠다고 똥 누고 가더니, 그 샘물이 다시 맑아지기도 전에 다시 와서 마신다'는 말 새겨둬야 한다. '네 병이야 낫든 말든 내 약값이나 내라'고 똥고집을 부리면 그렇다. 제 이익을 위해 떼쓰는 것도 마찬가지다. '억지가 나을 때는 사촌보다 낫다', '억지가 경오보다 나을 때도 있다', ' 억지가 논 서 마지기보다 낫다', '억지가 반 벌충이라'고 하는데, 순리로 해결하지 않으면 역효과를 보는 수가 있다. 우선 제가 이익을 본 것 같지만, 후에 더 큰 손실을 볼 수도 있다.

'일 다 하고 죽은 무덤 없다', '일 다 하고 죽은 귀신 없다'지만, 한평생 스스로 흡족할 만큼은 해야 한다. '놀고먹는 밥벌레', '놀고먹는 것은 개 팔자', '놀고먹는 상팔자'라 하는데, 제 건강과 장수를 위해 부지런하게 움직이는 것이 좋다. '놀다가 죽은 암소나 밭갈이하다 죽은 암소나 죽기는 마찬가지라' 하면서 놀기를 결심하면, '놀고먹으면 부자도 망한다', '놀고먹으면 태산도 모자란다'는 말을 절실히 깨닫게 될 날이 온다.

'내 텃밭 배추가 주인 밭 배추보다 속살이 더 여물게 찬다', '넉 달 가뭄에도 하루만 더 개였으면 한다', '내 집 궂은일 하려고 남의 집 좋은 일 해야 한다'는 정도는 애교 어린 이기심일 것이다. 사람들이 이해하는 정도를 넘는 이기심은 화를 부른다. 이기심으로 돈을 절약하든지 벌 수도 있겠지만, 푼돈에 지나지 않는다. '사람이 커야 포부도 크다'고 했다. 마음 씀씀이가 크면, 그가 대인이다.

1) '일에는 굼벵이고 먹는 데는 귀신이다'

돈을 벌기 위해 일해야 한다는 것을 누구나 알고 있다. '너른 마당에 번개 치듯, 좁은 마당 벼락 치듯', 재빠르게 일을 해내면 누구나 기분이 유쾌할 것이다. 게으름을 피우고 먹을 것만 밝힌다면, 제 이익을 좀 먹는 것은 뻔한 일이다. 저 편하려고 게으름을 피우는 것은 서로 간의 이익을 해치는 이기심이겠다.

'사람은 움직이면 돈이라'고 했다. 움직이며 돈을 쓰고, 움직여 돈을 번다. '일복이 돈복이다', '이마 위에 소 우 자 붙이고 산다'고 하며, '일이 보배라' 했다. '일이 되면 입도 되다', '일이 바쁘면 입도 바쁘다'고도 했는데, 일을 열심히 하면 돈 많이 벌고 잘 먹게 된다는 말이다. '일이 사랑이라', '일이 곱지 얼굴이 곱나' 했다. 일하는 사람이라야 호감이

간다는 뜻이다. 그래서 '삼대독자 외아들도 일해야 곱다'는 말이 있는 것이다.

사람들 이기심은 먹는 것에서부터 시작한다. '이 세 저 세 해도 먹세가 제일'이라면서 달려든다. 다만 먹어 치우는 건 좋지만 먹은 값을 하지 않으니 문제가 될 뿐이다. '먹을 밥인지 안 먹을 밥인지 모르고 숟가락 든다'고 했지만, 알고 능청을 떤다. '밑 빠진 항아리는 막을 수 있어도, 코 아래 가로 걸린 것만은 막기 어렵다'는 것을 새삼스럽게 확인할 수 있는 행동이다.

'목구멍이 자물통 고개라'는 말이 재치 있다. 음식을 넘기면 자물통이 열려 살게 되고, 음식을 넘기지 않으면 잠겨서 죽게 된다는 뜻이다. '목구멍을 봉해서 시렁 위에 얹는다'고 했지만, 가능할 수 없다. '목구멍에 때도 못 벗긴다', '목구멍에 풀칠하기도 바쁘다', '목구멍에 거미줄이나 걷어낸다'고 할 정도로 가난할 수도 있다. 실제로 그런 궁핍을 겪은 민족이기도 하다. 그러나 그다지 배가 고프지 않은 데도 먹을 것을 유난히 탐하는 사람이 있다, 식탐을 억제하지 못하고 염치없이 대드는 부류다. '사촌네 집에 가도 부엌부터 들여다본다'고, 무의식적으로 우선 먹는 것에 관심을 두는 게 일반이다. '먹는 것이 남는 것이라'는데, 그 남는다는 것을 돈으로 바꿀 수도 없다. 정도가 지나쳐 남들에게 미움을 살 수밖에 없는 사람들이 있다.

'퍼먹기는 나발로 퍼먹고, 일은 송곳으로 한다', '먹는 데는 귀신이요, 일하는 데는 장승이라', '먹는 데는 앞장서고, 일하는 데는 뒷장선다', '먹는 데 빠져본 일이 없고, 일하는 데 참견해 본 적이 없다', '일 않는 놈이 밥은 두 그릇씩 먹는다', '일에는 꾀바리 먹을 때는 악바리', '일에는 굼벵이고 먹는 데는 돼지다', '일에는 배돌이 먹는 데는 악돌이', '일솜씨는 아이 일, 먹성은 황소', '일에는 베돌이 술에는 감돌이 싸움에는 차돌이' 같다는 비난을 받는 사람들이 적지 않다. 오죽하면 '밥충이는 약으로도 못 고친다'는 말이 있겠는가. 공짜로 먹거나 많이 먹으면, 그것도 돈을 버는 일이라고 생각하는 것이다.

'빈대도 콧등이 있고, 족제비도 낯짝이 있다'는데, '염치가 놋그릇 밑바닥 같다'고 하겠다. 눈치도 빠르고 능청도 잘 떤다. '눈치가 빠르면 절간에 가서도 새우젓 찾아 먹는다', '눈치가 안는 씨암탉 잡아먹겠다'는 정도는 일도 아니다. '목구멍이 화륜선 같다'고 하는데, '못 먹는다 못 먹는다 하면서, 껍질까지 다 먹는다'는 정도는 예사로운 일이다.

'사람 일이 다 먹자고 하는 짓이라'는 말은 만고불변의 진실이다. '사람 죽는 것은 셈 치지 않고, 초상에 팥죽 들어온 것만 셈 친다', '제사도 산 사람 먹자고 차린다'고 할 정도인데 더 말할 필요가 없다. 그렇다고 먹는 일에만 걸신이 들린 듯하면 더없이 천해 보인다. '먹고만 산다면 개도 산다'고 했다. 예지적 인간이 되길 포기했다면 모를까, 그렇지 않다면 먹는 것은 '필요한 최소'에서 만족해야 할 것이다. '있는 사람은 배 터져 죽고, 없는 사람은 굶어서 죽는다'는 말처럼, 세상은 참으로 불공평하고, 사람은 점점 우둔해지고 있다. 돈 욕심에 갇혀, 인간다움에 대해 거의 성찰하지 않기 때문이다. '있는 놈이 많이 먹으면 식복이 있어서 잘 산다고 하고, 없는 놈이 많이 먹으면 먹어서 못 산다고 한다'고, 편견과 오해에 살고 있다.

이기심이 지나치면 탐욕이 되니, '지나친 욕심은 패가망신의 장본이라'고 했다. '지나침은 모자람보다 못하다'는 말이야 늘 듣지만, 일단 탐욕의 길로 들어서면 막을 방법이 없다. 탐욕을 줄이는 방법 중 하나가 일을 즐기는 것이다. '일은 내 몫이 더 많아 보이고, 먹을 것은 남의 것이 더 커 보인다'는 이기심을 벗어나야 일이 즐겁다.

'일을 하려면 어처구니 독 바르듯 하고, 삼동서 김 한 장 쳐부수듯,

메로 새알 부수듯 해라'는 말이 있다. 게으름을 떨어봤자 미움만 사고, 돈도 제대로 벌지 못한다. '일당으로 하면 게으름 피우는 것 속 터져 못 보고, 도급제로 하면 죽을까 봐 겁난다'는 말이, 사람들 이기심을 제대로 요약한 말이다. 매일매일 품삯을 주면서 일을 시키면 한없이 게으르게 일하고, 도급으로 맡기면 빨리 끝내고 또 다른 일로 돈을 벌려고 지독하게 무리를 한다는 뜻으로 하는 말이다.

박노해 시인은, "묵묵히 일하고 시키는 대로 따르고 / 주는 대로 받고 성은에 감복하는 복종과 충직만이 / 산업평화와 안정된 사회를 이루는 / 훌륭한 노동자의 도리라고 생각할지 모르지만 / 인간이란 / 동등하게 존중하며 일치할 때 안정이 있고 / 민주적이고 평등하게 서로를 받쳐 줄 때 / 큰 힘이 나온다는 걸 / 우리는 체험으로 안다"[16]고 했는데, 정말 타당한 생각이다.

지나친 이기심으로 일을 하면, 몸도 마음도 좇아붙는다. 먹는 이기심을 줄이고, 하는 일에 최적의 즐거움을 찾는 것이 지혜일시 분명하다.

2) '세상인심이 감기 고뿔도 남 주기 싫어한다'

'복은 나누지 못해도 돈은 나눈다'고 했는데, 돈을 나눌 수 있는 정도면 더할 나위 없이 건전한 세상이다. 돈을 나누는 사람들이 없지는 않아 세상의 훈기가 사라지지는 않았지만, 매우 제한적이어서 불평등은 좀처럼 고쳐지지 않는다.

있는 사람만 즐거운 세상이라면 그야말로 '떡 해먹을 세상'이다. '세상에서 제일 무서운 짐승이 사람이라'는 말이 그르지 않다. '세상이 사람을 만든다'고 했는데, 사람이 제일 무섭다고 할 정도면 세상이 무서운 것이다. 무서운 이유 중 큰 부분은, 있는 사람들의 횡포 때문이다. '배우면 잘난 사람 되고 못 배우면 못난 사람 된다'고 하는데, 잘났다는 사람도 못난 사람들 속에서 배운 것이다. '돈이란 남의 눈에 피눈물을 내야 버는 것이라'고 했는데, 남들의 피눈물을 딛고 선 부자가 많다. 다른 세상에서 배우고 부자가 돼서 온 것처럼 행동하는 사람이 적지 않은 것이다.

'있는 놈이 왕이고 있는 놈이 법이라', '있는 놈이 욕심은 더 많다', '있는 놈이 죽는소리는 더 한다', '있는 사람은 없는 사람 사정 모른다'는 말들은, 없는 사람이 욕하는 말들만은 아니다. 돈은 많은데 처세술이 부족해 듣는 비난이다.

처세술이 부족하다는 것 중 큰 부분은 인색하다는 것이다. 평범한 사람들 속에서 대접을 받고 돈을 벌었으면 마땅히 나눌 줄 알아야 한다. 공기업 사기업 할 것 없이 비자금이나 마련해 등 따습게 살며, 권력에 줄을 대는 것은 비겁하다. 권력자들이 뒷돈까지 챙기는 것은 구제불능의 불의不義다. 누구 때문에 돈을 벌고 권력을 쥐었는지 깨우치지 않으면 안 된다.

'말은 타봐야 알고, 사람은 친해 봐야 안다', '범을 그리되 뼈를 그리기가 어렵고, 사람을 사귀어 그 마음을 알아내기 어렵다'고 했다. 아무리 친한 사람이라도, 그 사람에 대해 아는 것보다 모르는 것이 많은 게 사실이다. 없는 사람의 인색함이란 충분히 이해할 수 있지만, 있는 사람들의 인색함을 이해하기란 쉽지 않다.

'나그네 보내고 점심 한다'는 정도는 이해할 수도 있다. 끼니 잇기가 힘든 사람이 있으니 별 흠이랄 것도 없다. '이웃집 장도리 없으면 내 장도리' 하는 정도면 아끼는 것을 넘어 인색함이다. '내가 먹기는 싫지

정종진 43

만, 개한테 던져주기는 아깝다', '된장 아껴 잡은 개도 먹지 않는다', '먹다 남은 쉰밥 저 먹자니 싫고, 개 주자니 아깝다', '똥 누고 개가 똥 먹는 것도 아까워한다', '먹자니 군동내요, 남 주자니 아깝다', '명태 만진 손 씻은 물로 사흘 국 끓인다', '저 먹기는 싫고 개 주기는 아깝다', '쉰 밥 고양이 주기 아깝다', '저 먹기 싫은 떡 남 주기는 아깝다'는 말들은 숨을 막히게 하는 파렴치다.

왜 이렇게 인색해야 하는가. '좁은 집에서는 살아도 마음 좁은 사람과는 못 산다'고 했다. 소견이 좁아, 제 약은 것대로만 산다는 게 그럴 것이다. 견문이 좁고 그릇이 작아서 그렇다. '세상모르고 약은 것은, 세상이 너른 줄 아는 못난이만 못 하다'고 했는데, 그를 리 없는 말이다.

인색하다는 비난에 대한 핑계는 있을 것이다. '명태 대가리 하나가 아까운 것이 아니라, 고양이 소행이 괘씸하다', '멸치 한 마리는 어줍잖아도 개 버릇은 사납다', '개 꼬라지 미워서 낙지 사온다'는 정도면 인색함의 중증이 아닐까. '며느리가 음식 맛보는 것도 주전부리라고 한다'는 것도 마찬가지다. 이들 말에서 개를 사람으로 바꿔도 마찬가지다. 가진 사람들이 가난한 사람한테 오히려 더욱 혹독한 감정을 갖기 쉽다.

'문어 회식하는데 개 밤샘한다'는 정경을 상상해보자. 아무리 짐승이라고 해도 측은지심이 생겨나지 않겠는가. '잉어를 낚았을 적엔 미꾸리는 버리는 법'이라 하지만, 아주 작은 것까지 알뜰하게 챙기려는 욕심쟁이가 적지 않다. '송이밭은 딸에게도 알리지 않는다', '송이밭은 부자지간에도 안 가르쳐 준다'는 경우에는 부모와 자식 사이인 데도 그렇다.

'부자 되려고 애쓰지 말고 심사를 고치랬다' 했는데 우이독경, 마이동풍이다. '세 살 먹은 아이도 제 손에 것 안 내놓는다'고 했으니, 있는 사람이 인색한 것도 당연하다고 할 것인가.

'있다가도 없고 없다가도 있는 것이 돈이라', '있는 사람도 없을 때 있고, 없는 사람도 있을 때 있다'고 했다. 있을 때 인색하다는 말을 듣는 것은 욕된 삶을 살고 있는 것이다. 나가는 돈에 인색하면, 들어오는 돈도 인색할 수밖에 없다.

3) '염치없기가 양푼 밑구멍 푼수라'

살다 보면 '염치가 밥 먹여 주나' 하고 뻗대는 사람이 적지 않다. 안면을 몰수한다고 말들 한다. 얼굴을 거두어들인다는 뜻이니, 부끄러움 느끼는 신경을 아예 차단해버리는 것이다. '염치도 사람 믿고 산다'는데, 염치도 비빌 언덕을 잃는 셈이다. 상대방의 감정을 외면하는 배짱이 두둑하다 할 것이다.

'염치없기로는 무당 쌀자루보다 더하다', '염치없기로는 쥐새끼다', '염치가 꽹과리 밑바닥 같다'는 비난에 들는 시늉도 하지 않는다. '없다 없다 하면서 떡만 해먹는다'는 정도는 예사고, '너 죽고 나 살자 판'으로 나서기까지 한다.

체면을 차리지 못하거나 부끄러워할 줄 모르는 사람을 두고 염치없다고 한다. 염치없다는 생각이나 비난을 무시하는 배짱을 비윗살이 좋다고 한다. '비윗살 좋기가 오뉴월 쉬파리를 집쪄먹겠다', '비윗짝이 두껍기는 소 엉덩짝 같다'는 말처럼 쓴다. 제 이익이 되는 일이면, 상대방이 피해를 받거나 말거나 함부로 언행을 한다.

'콩 반쪽이라도 나의 것이라면 손 내민다'는 건 당연하다. 아무리 사소하더라도 제 것을 찾아 먹는 데야 누가 뭐라 할 수도 없다. '큰 떡은 내 앞에 놓는다', '말은 바르게 하고 큰 고기는 제 앞에 두어라', '큰 고기는 잡아 제 망태에 넣는다'는 정도라면, 누구나 부릴 수 있는 욕심 정도라서 염치에 연관시킬 것도 없이 당연하다고 해야겠다. '제 논부터 물 댄다'는 짓도 당연한 이기심이다. '떡 줄 놈은 생각도 않는데 김칫국부터 마신다'는 것도 누구나 가능한 욕심일 것이다.

'미워하던 시아버지도 죽으면, 밭을 갈고 씨 뿌릴 때 생각난다', '미워하던 시어머니도 죽으면 방아찧을 때나 생각난다', '아비와 아들이 범벅을 먹어도 금 그어놓고 먹으랬다', '아비와 아들이 말 타고 가면, 자기 말 매어두고 아비 말 맨다', '외할미 떡도 싸야 사먹는다', '외할미 보리개떡도 커야 사먹는다', '손자 밥 떠먹고 천장 바라본다', '손자 뺨에 붙은 밥풀도 떼어먹겠다'는 일들은 비록 가족 사이에서 일어나지만, 사람의 기본 이기심이라고 여길 수도 있다. 애교 어린 마음과 이기심이 뒤섞인 마음이라 할 수 있다.

있는 사람이든 없는 사람이든 관계없이 인격의 밑바닥을 보여주는 경우는, 당연히 염치와 관련해서 생각하게 된다. 물론 가난한 경우가 더 심할 수도 있다. '가난하면 염치도 없어진다' 했으니 말이다. '돈은 싫든 좋든 없어서는 못 산다'는 말대로, 돈은 없고 욕심은 굴뚝 같으니 어쩔 수 없는 경우가 허다할 것이다.

'성복술로 권주가 부른다'는 말이 있다. 성복술이란 초상이 나서 처음 상복을 입으며 먹는 술이다. 초상집에서 권주가를 부른다는 것이니, 예의나 염치가 말도 아니라는 뜻이다. 살다 보면 '상주 쌀에 낯 내기', '상주 술에 벗 사귄다'는 때도 있을 것이다. '미친 체하고 떡목판에 엎어진다', '밉다고 차버리면 떡고리에 자빠진다', '비위가 사돈집 떡함지에 넘어지겠다'고 할 정도로 비윗장을 내보이는 사람도 있겠다.

'네 소뿔이 아니면 어찌 우리 담이 무너지랴', '네 담장 아니면 내 쇠뿔이 부러지랴' 하는 말이 있다. 일이 잘못된 원인을 다른 사람에게서 찾는다는 말이다. '네 병이야 낫든 말든 내 약값이나 내라'고 하는 말처럼, 남이야 어떻게 되든 제 이익만 챙기겠다는 욕심만 내세우는 것도 분명 염치없는 짓이다.

'무당은 병이 생기라고 빌고, 관 짜는 목수는 사람 죽기만 기다린다'는 욕심은, 직업의식이니까 이해할 수 있을 것이다. 열심히 일해야 돈을 버는데, 무당이나 관 짜는 사람에게는 사람이 죽어 뒤처리하는 것도 틀림없는 일이다. '봇짐 내어주면서 하룻밤 더 묵으란다'는 정도는 어떨까. '손님과 백로는 일어서야 예쁘다', '손님과 생선은 사흘이면 냄새가 난다'는데, 그 심사를 충분히 이해할 수 있을 것이다. '아이 핑계하고 남의 감 딴다'는 정도는 애교와 이기심이 섞여 있어, 크게 미워할 수도 없는 짓이다. 더구나 아이 핑계를 댄다면 상대방이 오히려 더 권하는 포용심을 보일 수도 있겠다.

'아저씨 아저씨 하며 떡짐 지운다', '아저씨 아저씨 해가면서 종일 짐만 지운다', '사돈 사돈 하며 가다가 들리고 오다가 들리고 한다', '얻어먹는 술이 시니 다니 한다', '얻어먹는 놈이 큰 떡 먼저 든다', '얻어먹는 놈이 보리밥 이밥 가린다', '얻어먹는 놈은 부엌 먼저 쳐다본다', '밥 얻어먹을 짬은 있어도, 추수하는 데 갈 짬은 없다', '성님 성님 하면서 짐 지운다', '삼촌 삼촌 하면서 짐 지운다', '보자 보자 하니까, 얻어온 장 한술 더 뜬다'는 언행은 염치는 좀 없지만, 사람 살아가는데 늘 있을 수 있는 일이다. 가벼운 정도의 몰염치로 여길 수 있겠다.

'마루를 빌리더니, 안방까지 빌리란다', '밉다 하니 서까래 빼서 팽이 깎는다', '밉다니까 돈 꿔달란다', '얻어먹는 놈에게 밥상 차려주니까 떠먹여 달란다', '언제는 외갓집 콩죽으로 살았나', '얻어먹는 인절미보다는 훔쳐먹는 보리 개떡이 더 맛있다', '생일잔치에 개고기 부조하고 뺨 맞는다', '뺑덕어미 살구값이 쉰 냥이라', '뺑덕어미 엿값이 서른 냥이라'

는 정도면 중증의 파렴치로 생각해야 한다. 경중에 비해 욕심이 크고, 상대방에게 큰 손실을 줄 수도 있는 심사다. 은혜를 잊는 언행이라 하겠다.

'엉덩이 부러진 소, 사돈 아니면 못 팔아먹는다', '쉰 떡 사돈 준다', '선 떡 사돈집에 준다' 정도면 절정에 이른다. 사돈이면 가장 어렵고도 예의를 정중하게 지켜야 할 판에 업신여기고 손해를 끼치니 말이다. '뒷집 짓고 앞집 뜯어내란다'는 언행은 파렴치의 끝판이다. '물에 빠진 놈 건져 놓으니, 망건값 내놓으란다'는 언행은 은혜를 원수로 갚으려는 짓이다. '검은 머리 짐승은 구제를 말라'고 했는데, 이런 경우에 해당하는 말이겠다. '아흔아홉 섬 추수한 자가 한 섬 추수한 자보고, 백 섬을 채우게 네 땅을 나 달란다'는 말에 분기탱천해도 좋을 욕심이자 파렴치다. '쉬는 김에 아이 업고 집이나 지키면서, 보리방아 두서 말 찧어 놓으라고 한다'는 사람이 있다면, 제 욕심을 끝 모르게 부릴 사람이니 상종하지 말아야 할 것이다. '욕심이 놀부 뺨치겠다' 할 지경이다. '성난 김에 서방질이나 한다', '얼굴에 돼지 그려 붙이고 달려든다'는 행동은, 제 감정을 다스리지 못해 패가망신할 파렴치다.

'바구미 눈깔만한 양심도 없다', '벼룩에도 낯짝이 있고, 빈대에도 체면이 있다', '욕심이 불같으면 담膽이 동이 덩어리같이 커진다', '뻔뻔하기는 너구리 낯짝이라', '생쥐도 낯짝이 있다', '새우 간을 빼 먹겠다', '노래기 간을 내먹지' 하는 말은 염치가 없는 사람들을 비판하는 것이다. 파렴치는 제 인격에 손해를 입힐 뿐이며, 그보다 큰 손실은 없다. 작든 크든 당연히 돈이 될 수도 없다.

'사람 오장과 부룩소 오장은 뱃속에서 그려서 낳는다'는 말이 있다. 사람의 됨됨이는 타고 난다는 뜻이다. 선과 악을 누가 그려 넣었는지 섞어 넣었는지 알 수는 없지만, 파렴치는 누구나 '참을 수 없는 존재의 절망감'을 느끼게 할 뿐이다.

'입은 삐뚤어졌어도 말은 바로 해라', '입은 삐뚤어졌어도 피리는 바로 불어라'고 하듯이, 사정이 안 좋더라도 심사를 바르게 가져야 함은 물론이다. 사람에게 기대하는 최소한의 도리가 있을진대, 그에 못 미치면 인간 이하의 취급을 받게 됨은 물론이겠다.

사람들은 '나'를 제 몸과 마음으로 한정하지 않는다. 저를 확대하는 방법은 '내가 가진 모든 것'으로 생각한다. 존재적 사고가 아니라 소유적 사고인 것이다. "'나=내가 가진 것'이기 때문에 소유가 내 정체성의 기초라면, 소유하려는 생각은 필연적으로 많이 소유하려는 욕망, 더 많이 소유하려는 욕망, 가장 많이 소유하려는 욕망을 낳을 것"[17]이라는 프롬의 지적은 타당하다. 욕심이 더해지면 파렴치도 더해지는 것은 당연하다.

4) '제 배 부르면 남의 배 고픈지 모른다'

마음을 잘 쓰고 언행을 잘하는 것도 제 삶에 대한 투자다. 주위 사람을 잘 살피고 그들에게 어떤 도움을 줄 수 있는가를 생각하면서 살면, 제 삶도 풍성해진다. 남과 비교해서 내가 위에 있어야 한다는 마음을 지워야 한다. 남과 더불어 산다는 것은 시소 타기가 아니다. 남이 내려가야 내가 올라가는 것이 아니란 말이다. 윈윈win—win, 승승勝—勝을 생각하면 마음도 언행도 서로 상쾌하게 오고 간다.

'정이란 서로 나눌수록 커진다'고 했다. '정은 쏟을수록 붇는다'고도 했다. 인간으로서 정을 바르게 주고받는 것은 가장 중요한 일이며, 저 자신 인자하고 덕스러운 인품을 닦는 데 중요하다. '남을 위해주는 일엔 북두칠성도 굽어본다'고 했다. 나를 희생하거나 큰 손해가 나지 않는 한에서 정을 나눈다는 것은, 그야말로 인지상정이라 할 것이다.

중국과 우리나라 학자들은 인간성에 대해 아주 오래전부터 사단칠정론을 펼쳤다. 타고난 심성이어서 변하지 않는 것을 사단四端이라 하면, 감정에 해당하는 칠정七情은 자주 변하는 것으로 설명해왔다. 인의예지仁義禮智 중 인에서 비롯되는 측은지심惻隱之心을 맨 앞에 둔 것은, 인간성의 바탕에서 가장 중요한 요소이기 때문이다.

인정은 남의 어려운 처지를 알아준다는 뜻을 포함하고 있는 감정이다. 이것을 소홀히 하거나 무시한다면 인간성에 흠이 있다는 것을 뜻하게 된다. '상전 배부르면 종놈 배고픈 줄 모르고, 제 등 따뜻하면 남 추운 줄 모른다', '상전이 배가 부르면 종 배고픈 줄 모른다', '상전이 배부르면 종 보고 밥 짓지 못하게 한다'는 말들은 다 같은 의미다. 이러니까 '양반은 고집 센 짐승과 한가지라'는 말이 있는 것이다.

'남의 사정 봐주다 망한다'고 했는데, 망할 정도로 남을 봐주라는 말은 아니다. '남의 사정 다 들어주면 동네 시아버지가 아홉이라'는 말도 있지만, 그 정도로 온몸을 다하라는 뜻은 아니다. '남의 정을 모르면 죄로 간다'고 했지만, 자신의 정을 내놓지 않는 것은 더 큰 죄에 해당할 것이다.

'남의 사정이 내 사정될 때가 있다'고 했는데, 왜 아니겠는가. '양지가 음지 되고, 음지가 양지 된다'는 것은 정한 이치다. '네 배앓이에 내 무슨 상관이냐 한다', '노새 탄 사람이 걸어가는 사람의 다리 아픈 줄 모른다'고 할 정도가 되면, 냉정, 무정, 몰인정 따위 그 어떤 비난도 받을 수밖에 없겠다. '모르는 게 사람의 마음이라'지만, '얼굴에 쇠가죽을 뒤집어 썼다'는 것도 모르겠는가.

'제 배 부르면 종이 굶어 죽어도 배탈 나 죽은 걸로 보인다'고 했다.

대부분 사람이 제 위주로 생각하기 때문에 그럴 수밖에 없다. '내 속 짚어 남 말한다'고, 내 추측으로 하는 말이기 때문에 남의 처지에 맞는 말이 될 수 없는 건 당연하다. 남의 처지를 충분히 이해한다고 말은 하지만, 전혀 충분할 수 없다.

'제 발등이 제일 뜨겁다'는 건 사실이다. 그러니 '제 발등에 불을 먼저 끄고, 아비 발등의 불을 끈다'는 건 당연하다. 제가 먼저 위험에서 벗어나야 다른 사람에게 도움을 줄 수 있다. 제가 아주 긴급한 경우가 아니라면, 남에 대한 배려가 필요하다. 대인과 소인의 기준이 될 수 있다. '제 돈 칠 푼만 알지 남의 돈 열네 잎은 모른다'는 격으로 행동하면 소인이다. '자기 밥그릇 큰 것 챙기는 사람하고는 말도 하지 마라'고 하는 말은, 소인을 경계하라는 뜻이다. 어떤 정황이 되었든 나보다 남의 처지를 먼저 생각하는 여유를 갖는다면, 그를 두고 대인이라 할 것이다. 대인은 큰 것을 생각한다. 작은 이익보다 아주 큰 이득, 즉 인간의 품격을 생각한다는 말이다. 남을 먼저 배려하는 것은, 손해는커녕 시쳇말로 크게 남는 장사다.

이기심이 본성의 한 부분이기는 하지만, 그것을 극복하려는 언행 또한 천성을 이루는 한 부분이다. 스스로 계발해낼 때라야 이익이 된다.

5) '이웃집 곳간이 차면 배가 아프다'

사람 마음의 여러 부분 중 가장 도움이 되지 않는 게 시기심 질투심이다. 탐욕이라든지, 인색함, 몰염치, 몰인정 따위는 제 작은 이익을 지키거나 얻어내는 데 도움이 될 수도 있다. 그러나 시기 질투심은 제 마음을 끓이는 대서 그친다. '마음이 흔들 삐쭉이라'고, 제 마음을 가누지 못해 중심을 잃는 것이다. 이것에 대한 보상은 없다. 전혀 제 이익으로 되돌아오지 않는다.

시기나 질투는 누구의 마음속에도 섞여 있기 마련이다. 그걸 잘 삭이는 사람이라야 제 신세 제가 들볶지 않는다. '소용없는 질투로 귀여운 아기가 해를 받는다'는 말처럼, 괜한 질투 때문에 애먼 사람이 불행을 당하는 경우가 허다하다. '불난 끝은 있어도 질투 끝은 없다'고, 질투하면 남는 것 없이 서로 손해만 본다.

'사랑에는 질투가 양념이라'고 해서, 때에 따라 질투가 필요하겠다. 이런 경우 새로운 에너지나 생기를 재생산하기 위한 것이어서 웬만큼은 긍정적이다. 인간관계에 상처를 내고 손해를 끼치는 질투나 시기심이 솟는 마음은 스스로 빨리 막아버려야 할 것이다.

'손가락은 구부러졌어도 건너집은 제대로 가리켜라', '손가락은 구부려도 길은 바로 가리켜라'고 했다. 비록 마음이 틀어졌어도 언행은 모양을 갖춰야 한다. '푸석돌에서 불을 내려 한다'고, 소견이 트이지 않으면 애써도 모자란 사람이 있다. '심술만 먹어도 삼 년은 더 살겠다'고 할 만큼, 심사를 고칠 수 없는 사람도 있기 마련이다.

열등감을 느끼게 되면, 남이 잘못되기를 원한다. 남이 잘못되었을 때 잠시 열등감이 해소되어 마음이 평정된다. 나와 남이 함께 잘되기를 바라는 것보다 남이 추락하여, '하향 평준화'되기를 바라는 경우가 적지 않은데, 이게 열등감이다. 남이 잘되는 것을 기꺼이 축하해 줄 수 있다면 열등감에서 벗어난 것이다.

시기 질투심을 아주 가볍게 보여주는 경우가 있다. '이웃집 닭이 더 커 보인다', '내 집 쌀밥보다 이웃 보리밥이 맛이 난다', '네 집의 금송아지가 우리 집 송아지만 못하다', '매부 밥그릇이 커 보인다'는 말들이 그렇다. 약간의 시기 질투와 오기 또는 자존심이 조금 섞여 있는 마음이 표현된 속담이다.

'내 집 송아지 낳는 것보다 이웃집 황소 죽는 게 기분이 좋다', '사촌이 기와집을 지으면 배가 아프다', '사촌이 땅을 샀나, 배는 왜 앓아', '사돈이 땅을 사면 배가 아프다', '심사는 좋아도 이웃집 불붙는 것 보고 좋아한다', '심사는 좋아도 남 안 되는 것을 좋아한다', '심사는 없어도 이웃집 불난 데 키 들고 나선다', '먹지 못할 감 찔러나 본다'는 말이 모두 시기 질투심이 중증이라는 걸 보여주는 속담들이다.

'사촌이 명주 옷고름만 달아도 따습다' 하는 마음이 있는가 하면, '사촌이 논을 사면 배가 아프고, 친구가 논을 사면 간 끝이 탄다', '사촌이 기와집 지으면 배가 아프다'는 심사도 있다. 사람의 됨됨이는 조금씩 다 다르다. 스스로 얼마나 자기단련을 하느냐에 따라 품격도 높아질 수 있다.

남이 잘되면 내가 그를 도와주지 않아도 되니 다행이라고 생각해야 한다. 남이 잘되고 나면 다음 행운은 내 차례일 것이라고 기대하면 좋다. 남이 잘되어 축하해 주면, 내가 잘됐을 때 나도 축하받을 수 있다고 생각하면 좋다. 나만 잘되면 남들의 시기 질투에 견딜 수 없으니, 모두가 잘살아야 한다고 생각하면 좋다.

'사람의 마음처럼 간사한 것은 없다'고 했다. '나무는 먹줄을 받아 곧아지고, 사람은 충고를 받아야 크게 된다'고 했다. '돈궤 속과 마음은 남을 보이지 않는다'고 하지만, 흔들리고 있는 마음을 눈치채지 못할 리 없다. '싸고 싼 향도 냄새는 숨길 수 없다'고 하지 않던가. 얼굴을 살짝 스쳐 지나가는 열등감의 그늘을 상대가 느낄 수 없다고 생각하면 오산이다. 혀가 움직이지 않더라도 최선을 다해 축하를 해줘라. 그게 스스로 인품을 높이는 길이다.

시기심, 질투심을 끊어낼 때부터 행운은 찾아든다. 시기심 질투심이 솟는 샘을 막아버리고, 비록 입에 발린 소리일지라도 좋은 말을 해줘라. 남의 충고를 잘 받아들이고, 갈피를 못 잡는 제 마음을 견고하게 잡아두어야 할 것이다. 그런 마음이라야 돈도 흩어지지 않고 쌓일 것이다.

6) '욕심 없이 세상 살려면 제 창자 뽑아서 남 주어야 한다'

사람을 아는 방법에 대해 여러 가지로 충고를 한다. '사람은 함께 노름을 해보면 알 수 있다', '사람은 함께 동업을 해보면 알 수 있다', '사람은 함께 술을 마셔보면 알 수 있다', '사람은 함께 여행을 해보면 알 수 있다', '사람을 알자면 하룻길을 같이 가보라', '말 타고 먼 길을 가 봐야 말 힘을 안다'고 했다.

이익이 걸린 일 또는 본성이 쉽게 드러나는 일을 함께 해보든지, 오래도록 사람을 겪어봐야 상대를 제대로 알게 된다는 뜻으로도 쓰는 말이다. 그러나 '사람을 안다는 것은 얼굴을 아는 것이지, 마음을 아는 것은 아니다'고 했다. 아무리 애써도 마음속을 훤히 알 수 없다는 말이다. 한평생을 살아도 알까 말까 하는 판인데, 짧게 겪어보고 그 복잡한 속내를 어찌 알 수 있을까. "누군가를 안다는 것은 그 사람을 잘 모른다는 것과 동의어일 때가 많다. 누군가를 안다고 믿지만, 그 사람에 대한 나의 생각과 감정을 믿는 것이다. 또한 누군가를 좋아하고 싫어하지만, 사실은 나의 판단과 편견을 신뢰하는 것이다"[18] 하는 말대로라면, 남을 아는 게 아니라 나를 아는 정도에 지나지 않는다는 말이 된다.

'더위가 가면 그늘 덕을 잊는다'고 했다. '덕 보는 줄은 몰라도 해害 보는 줄은 안다'는 게 인간 심사다. 제 이기심을 취하면 '언제 네 떡 내 먹었느냐', '언제는 외할아버지 콩죽 얻어먹고 살았나' 하는 게 예사다. 그래서 '검은 머리 짐승은 구제를 말라'고 한 것이다.

반면에 '사람과 그릇은 있는 대로 쓴다', '사람과 쪽박은 열이라도 다 쓴다'고 했다. '사람에 버릴 사람 없고 물건에 버릴 물건 없다'고도 한다. '사람 농사가 가장 귀한 농사라' 했다. 그러니 인간에 대한 절망과 희망이 뒤섞인 속에서 살아가는 것이다. '두더지라서 땅을 파 뒤집고 갈 것인가, 천산갑이라서 비상천을 할 것인가' 하고 스스로 생각해 봐도 다른 도리가 없다. 순간순간 최선을 다하며 그냥 살아야 한다.

살아가자면 '돌 드는 놈 따로 있고, 가재 잡는 놈 따로 있다', '닭 잡는 놈 따로 있고, 먹는 놈 따로 있다', '닭 잡아먹는 놈 따로 있고, 닭값 무는 놈 따로 있다', '밥하는 놈 따로 있고, 밥 먹는 놈 따로 있다'고 여겨지는 때가 수없이 많다. '비는 하늘이 주고, 절은 부처가 받는다', '뛰기는 역마가 뛰고, 먹기는 파발꾼이 먹는다', '떡메 치는 자 따로 있고, 떡 먹는 자 따로 있다', '병은 귀신이 낫게 하고 돈은 무당이 챙긴다'고 생각하는 때가 수시로 있겠다. 순진한 마음으로 사람의 욕심을 감당하기란 쉽지 않다. 의리나 도리를 지키려면 늘 손해를 보게 되는 게 세상사라서 그렇다.

'내 것 쥐고 인심 잃는다', '만만한 놈은 제 닭도 못 잡아먹는다', '내 고기 열 점 나가야, 남의 고기 한 점 먹는다'고 했다. 남들이 만만하다고 여기면, 여지없이 손실을 보게 되는 것이다. 이익을 보게 내버려 두지를 않는 경우가 허다한 게 세상사다.

'원두막 삼 년 놓으면 상두꾼이 없어진다', '원두쟁이 사촌을 모른다'는 말들이 그렇다. 원두막을 짓고 참외 수박 장사를 시작하면, 주위에 아는 사람이 몰려든다. 공짜로 대접받지 못하면 아예 관계를 끊거나 멀어지는 경우가 많았다. '흥정을 잘했다는 말을 들으려면 제 돈을 보태야 한다'고, 대접을 잘해 인심을 잃지 않으려면 이익은커녕 본전도 포기해야 한다. '얻어먹는 입 죄 묻는 법 세상에 없다'고 하니까, 먹으려 대들면 어찌할 도리가 없다.

'떡 훔쳐먹은 놈이 증인 세운다'는 경우를 만나면 더없이 황당할 것이다. '밥 퍼주고 주걱으로 뺨 맞는다', '떡 주고 인심 잃는다', '시룻번 얻어먹고 떡값 문다', '초롱불로 남의 길 밝혀 주려다 제가 웅덩이에 빠진다', '봉사 기름값 물어주나, 중이 회 값 물어주나 일반이라'는 정도가 되면 억울하기 짝이 없을 것이다.

욕심을 내지 않고 소박하게 살려고 할수록 무시를 당한다. '동네북이요, 제삿날 떡 접시라'고 할 정도로 당하기만 한다. '얻어먹는 사람에게도 밥을 떠주는 사람 있고, 상 차려 주는 사람 있다', '배 주고 속 얻어먹는다'고 할 만큼 베풀어주게만 된다. 모르는 사람이 보면 '똥만 빼면 부처님이라', '오지랖이 열두 폭이라'고 생각할 것이다. '오장육부가 홍어 속이 된다'고 했는데, 누가 알아주겠는가. 세상은 마음 좋은 사람이 손해를 보기 마련이다. 맛좋은 샘물이 쉽게 마르고, 반듯하게 큰 나무가 먼저 잘리는 이치와 같다. 사람이 좋으니까 만만하게 여겨, '먹을 콩인 줄 알고' 잽싸게 입을 대는 것이겠다.

'열 가지 이로움은 있어도, 한 가지 해로움이 없어야만 변통시킬 수 있다'는 신념으로 산다는 것은 힘들다. '눈이 너무 밝은 것도 병, 귀가 너무 밝은 것도 병, 생각이 너무 빠른 것도 병'이라니, 무심하게 살아야 하는데 그게 쉽지 않다. '소 잃은 놈은 소 찾고, 말 잃은 놈은 말 찾는다'고, 내버려 두면 된다는데 그게 안 된다. '사람은 구하면 원을 품고, 짐승은 구하면 은혜를 안다'고 생각하다가 또 바뀐다. '사람의 마음은 하루에도 열두 번씩 변한다'는 말이 맞다.

'밑을 내려다보고 살지, 위를 쳐다보고 살지 말라'는 말도 대수롭지 않다. 인간성이 크게 다르지 않은 바에야, 위와 아래를 구별한다는 것이 의미가 없다. '소 입에서 소 말 나오고, 개 입에서 개 말 나온다'고 해도, '한쪽 귀로 듣고, 다른 귀로 흘리면 된다'고 마음 단단히 먹는 수밖에 없다.

가난에서 벗어나지 못하면 누구나 '백 번을 돌아도 물레방아 팔자라'고 생각하며, 희망을 가질 수 없을 것이다. '만사가 욕심대로라면 하늘에다 집도 짓겠다'고 하는데, 사람 욕심대로 되지 않는 게 얼마나 다행인지 모른다. '사람의 마음, 물이요 구름이라'고 했다. '자고 나면 인심도 변하고 세상도 변한다'고 했는데, 사람 욕심은 쉽게 변하지 않는다. '인仁을 행하려면 파산하고, 축재하려면 인을 행할 수 없다'고 했다. 인을 행해 군자나 현자가 되고 싶은 생각은 아닐 것이다. '사람에게 홀리면 덕을 잃고, 물건에 홀리면 본심을 잃는다'고 했는데 사람이나 물건에 홀리지 않고, 욕심 때문에 소중한 생애를 망치지 않으면 더 바랄 게 없으리라. '크게 슬기로운 사람은 크게 어리석은 사람이라'는 말을 따르고 싶은 것이다. 모든 걸 돈으로 환산하는 버릇을 들이지 않으면, 지혜의 길로 들어설 수 있게 된다.

3. '돈에 대한 사랑은 돈이 자랄수록 커진다'
/ 돈의 빛

'제 돈은 제 제갈량이라'는 말이 있다. 제가 가지고 있는 돈은, 제 문제를 해결하는데 가장 중요한 수단이라는 뜻으로 하는 말이다. '돈이 있으면 없는 힘도 난다', '돈이 참 장사라', '돈이 조상이라', '돈이 충신을 만든다', '돈 없이 되는 일 없고, 돈 있고 안 되는 일 없다'고 했다. 이럴진대 돈을 원하지 않는 사람이 있을 것인가. '돈에 대한 사랑은 자랄수록 커진다'는 말은, 부자일수록 돈을 더 바란다는 뜻이다. '족제비 욕심 다른 데 없고, 부자 욕심 다른 데 없다'는데, 가진 사람일수록 더 많은 돈을 원하는 것이다. '부자 칭찬은 돈 칭찬이라'고 하는데, 누군들 돈에 끝없는 갈증을 느끼지 않을 수 있겠는가.

돈이 운으로 해결되는 게 아닌 바에야, 돈에 대한 공부도 필수적이겠다. 무엇에 대해 철저하게 알려면 '알기 위한 공부 삼 년, 잃어버리기 위한 공부 칠 년'이라지만, 돈에 대한 공부는 평생을 하는 셈이 된다. '십 년 적공이면 한 가지 성공을 한다'고 했지만, 돈에 대한 것은 십 년 적공으로 장담을 할 수 없다. '십 년을 보고 있으면 생돌멩이에도 구멍이 뚫어진다'고 하는데, 돈이 오가는 것을 십 년 본다고 한들, 돈구멍이 쉽게 뚫리지 않는다. '십 년 적공이 도로아미타불이 되었다'고 한탄하는 사람도 적지 않다. 십 년은커녕 한평생을 공부해도 이르지 못하는 사람이 훨씬 많다.

'돈이 있으면 겉부터 의젓해진다', '돈이 있으면 담도 커진다'고 하는

데, 사람의 외모와 속내가 다 자신감으로 무장된다는 말이겠다. 그러니 '돈이 없으면 무서운 것이 없다'는 말이 나올 만하다. 돈이 많은데 세상에 살맛이 나지 않을 까닭이 없다. '돈이 있으면 금수강산이고, 돈이 없으면 적막강산이라', '돈이 있으면 적막강산도 금수강산 되고, 돈이 없으면 금수강산도 적막강산 된다'는 말이 그를 리 없다. '있는 놈이 왕이고 있는 놈이 법이라'는데, 세상 거리낄 것이 없겠다.

'마음도 하나, 길도 하나'라고, 오로지 돈을 향한 마음으로 돈의 길로 내달리니, 돈의 생애를 이룰 것은 뻔한 일이다. '마음 가는 데 발끝이 돌린다'는 말이 더없이 자연스러울 것이다. '돈을 벌면 도량도 커진다', '돈을 벌면 배짱도 커진다'는 말에서 돈을 빼보자. 돈이 없으면 도량도, 배짱도 커질 수가 없다는 말이 되니 사람의 언행이란 결국 돈에 의해 조종이 된다고 하겠다.

돈이 사람을 정말로 바꿀 수 있을까? 적은 돈은 몰라도 많은 돈이라면 그럴 수 있다. 대부분 사람의 성격은 바꾸기 어렵다고 하지만, 큰돈이라면 성격조차도 능히 바꿀 수 있을 것이다. '돈이 요사를 부린다'고 했는데, 그까짓 인간의 성격 하나 바꾸지 못할 리가 없다고 생각하겠다.

밥 푸록터란 사람은, "돈은 우리를 더 좋은 사람으로 만들어주지는 못하지만 이미 갖춰진 우리의 모습을 더욱 강화하는 성질이 있다. 우리가 친절한 사람이 아니라면 돈 때문에 더욱더 비열해질 수 있다. 반대로 친절한 사람이라면 돈으로 훨씬 더 친절해질 수 있다."[19]고 말한다. 그러니 '돈이 재간을 부린다'고 하는 것이다.

남다른 노력 없이 부자가 되었겠나? 정당하든 부정하든 힘껏 벌어들였을 것이다. '말 갈 데 소 갈 데 가리지 않는다'고 했듯, 진자리 마른자리 가리지 않고 뛰어들어 열심히 일을 했겠다. '모르는 데 큰 이득이 숨어 있다'고 하니, 남모를 불구덩이 속으로도 자주 뛰어들었을 것이다. 그러니 누구에게 쉽게 제 돈을 내주겠는가. 어찌 아끼지 않겠는가.

'부자는 땀이 낳고 인물은 시대가 낳고, 효자는 부모가 만든다'고, 피땀 흘리며 열심히 일했을 것이다. '부잣집 떡메는 작다'고, 아끼고 아껴 모았을 것이다. '세상인심은 있는 집으로 쏠린다', '말은 적어야 하고, 돈은 많아야 한다', '부자는 존대를 받는다', '돈 앞에는 웃음이 한 말이요, 돈 뒤에는 눈물이 한 섬이라', '돈 있는 놈이 흥정 끝낸다'는 생각에 부풀어, 돈을 굴리고 굴려 부풀렸으리라.

'돈이 있는 사람은 살고, 돈이 없는 사람은 죽는다', '돈 있으면 존대 받고, 돈 없으면 천대 받는다' '돈을 벌면 없던 일가도 생긴다', '감옥에서도 돈만 있으면 뒷문으로 나간다'고 하는데, 그 누가 돈에 한평생을 걸지 않겠는가. 돈 모으는 재미에 빠지면, 다른 일은 모두 뒷전으로 밀어놓게 된다. 저도 모르게 돈 모으는 습관이 몸에 밴다.

"부자가 되는 비결은 두 가지다. 하나는 부를 창출하는 것이고 다른 하나는 다른 사람들로부터 부를 빼앗아 가지는 것이다. 앞의 방법은 사회의 부를 늘이지만, 뒤의 방법은 대개 사회의 부를 감소시킨다. 부를 빼앗는 과정에서 부를 파괴하기 때문이다"[20] 하고 스티글리츠는 주장한다. 제가 내놓은 상품을 독점 공급하기 위해 지나치게 높은 가격을 매겨, 돈을 가로챔과 동시에 생산을 제한하기 때문이란다. 이렇게 기업윤리의 수준이 낮은 나라나 사회에서는 불평등이 더욱 심화 될 수밖에 없다.

자본주의건 사회주의건, 돈 없는 세상이란 상상할 수도 없게 됐다. 돈은 옛날부터 사람들을 옥죄어왔지만, 이제는 생사의 갈림길이 되는 경우가 허다하다. 없는 사람에겐 돈 자체가 목숨일 수 있고, 많은 사람에겐 다만 숫자일 수 있다. 어쨌든 돈을 향한 집념은 갈수록 강할 수밖에 없는 세태다.

1) '사람도 돈이 있어야 값이 나간다'

'대부는 하늘이 낸다', '만석 부자는 하늘이 낸다', '대복은 하늘이 주는 복이고, 소복은 근해야 먹고 산다'고 하니까, 돈이 많은 사람은 하늘이 특별히 점지한 줄 안다. 부자는 여느 사람과 뭔가 달라도 다르다는 생각으로 만들어 낸 말들이다. '대복은 누워 먹고, 소복은 손톱 발톱 닳아야 먹고 산다'고 하면, 가진 사람의 품위가 조금 다르게 보일 것이다. 게다가 부자의 돈이 '도깨비 살림 붓듯'하면, '도깨비 감투를 뒤집어썼다'고 말을 보탠다.

'인물은 돈이 가꿔준다'는 말이 맞다. '부유하게 되면 예의가 생긴다'는 말은 부분적으로 맞다. '돈은 제 손에 있어야 제구실을 한다'고 하니까, 많은 돈을 쥐고 그럴듯하게 행동을 하면 인물이 돋보일 것이다. 게다가 사람들에게 조금 선심이라도 써봐라. 감지덕지로 소문이 파다하게 될 것이다.

해외나 국내에서 벌어지는 미술품이나 골동품 경매 광경을 봐라. 값을 점점 높여 가다가 마치 화룡점정을 찍듯 최후의 임자가 가격을 부른다. 주위가 한순간에 조용해진다. '돈 쥔 놈이 흥정 끝낸다'는 말이 한 치도 틀림이 없는 말이다. 이런 광경은 시장통이나 법원의 경매장에서도 항상 일어나는 일이다. '돈 댄 사람이 주인이라'는 말은, 가장 높은 돈을 내는 사람이라는 뜻이다. 흥정을 끝낸 사람은 뭔가 특별한 게 있어 보인다. 다만 돈이 있다는 것만 보여줬는데, 덩달아 그 사람의 결단력이라든지 배포, 예술품에 대한 식견들까지도 덩달아 높아 보이게 된다. 한 마디로 사람값이 높아진다.

'돈이란 모을수록 욕심이 난다'는 건 당연한 말이다. '첫 부자 늦 가난보다는, 첫 가난 늦 부자가 낫다'고, 돈을 향해 가속페달을 계속 밟아대야 한다. '이십 안 자식이요, 삼십 안 재물이라', '이십에 자식이요 삼십에 재물이라', '이십 전 자식이요, 삼십 전 천 냥이라'고 했는데, 평균 수명이 지극히 짧았던 시대의 말이다. 돈을 벌어들이는데 어찌 그침이 있을까. 중단 없는 전진만 아는 게 부자들 속성이다. 이른바 브레이크 없는 벤츠다. 요즘에는 팔십이 된 노인의 돈 쥔 손을, 자식들이 다 덤벼도 풀지 못하는 세태다.

입에 풀칠하는 것에 만족하는 사람 드물겠다. 적어도 한 번쯤은 '돈 더미 위에 올라앉았다'고 할 만큼 벌어 떵떵거리며 살고 싶을 것이다. 그러기 위해서는 이익이 되는 일을 해야 할 것이고, 하찮게 벌어서는 성에 차지 않을 것은 물론이다. 이익에 이익이 더해지는 일을 늘 갈망하겠다. '도랑 치고 가재 잡는다'는 정도로 시작하여, '도랑 쳐서 물도 대고 가재도 잡는다'는 과정을 거쳐, '도랑 치고 가재 잡고 돈 줍고 논에 물 댄다'는 것처럼 불어나야 정상이라고 여길 것이다.

끝없이 돈에 욕심을 내는 사람에게 물어봐라. 왜 그리 돈을 많이 벌려고 하느냐고 말이다. 틀림없이 '잡새가 봉황의 속을 알까' 하는 표정을 지을 것이다. 부자는 없는 사람보다 걱정이 덜할 것 같지만, 오히려 반대다. '있어도 걱정, 없어도 걱정'이다. '있는 집 계집은 개소리에 잠 잃고, 없는 집 계집은 귀뚜리 소리에 잠 나간다'고 했다. 돈이나 재물을 집에 쌓아둬 도둑맞는 시대는 아니지만, 이런저런 이유로 잃을까 봐 걱정이 크다.

'손으로 천금을 희롱한다', '밑에 돈이 숨 못 쉰다'는 사람도, '잘난 건 돈이라'는 걸 잘 안다. '돈 있으면 형님 형님 하다가 돈 없으면 애야 재야 한다'는 말처럼, 돈에 따라 사람의 마음도 쉽게 변한다. 그래서 '믿을 것도 못 믿을 것도 없는 것이 사람이라'고 하는 것이다. '모자는 빨리 벗고, 지갑은 늦게 꺼내랬다'고 했는데, 부자가 그랬다가는 파렴치한으로 몰리기 일쑤다.

부자는 그동안 맛본 돈의 위력이 계속되길 바라는 마음 간절하다. '돈과 권력으로 안 되는 일 없다', '배가 불러야 흥정에 유리하다', '돈이 있으면 합격이고, 돈이 없으면 떨어진다', '지옥도 돈만 있으면 극락 된다', '불공에도 돈이 많아야 영험도 많다'고 할 정도의 위세 말이다. 하다못해 '돈 준다면 뱃속의 아이도 기어 나온다'고 할 정도인데, 돈맛보다 더한 맛이 세상에 없다는 것을 잘 알고 있다. 그러니 '가을 다람쥐처럼 욕심만 난다'는 제 마음을 막을 수 없는 것이다. '말 타면 종 앞세우고 싶다'는 욕심은 당연하다. '마음만 맞으면 태산도 옮긴다'고 하는데, 그까짓 황금산 또는 돈더미를 내 곁에 못 옮길까 하는 태세로 덤벼드는 것이겠다.

'있다 있다 해도 없는 것이 돈이고, 없다 없다 해도 있는 것이 빚이라'고 했다. 돈 빌린 것만 빚이 아니다. 사람들 속에서 무사히 자라나서 떵떵거리는 것도 알고 보면 남에게 진 빚이다. '가난뱅이 조상 안 둔 부자 없고, 부자 조상 안 둔 가난뱅이 없다'고, 부자로 사는 것도 어쩌면 가난뱅이 조상 덕이라는 것을 깨달아야 한다.

'있노라고 자랑을 말고, 없노라고 기죽지 마라'고 했다. 있는 사람이나 없는 사람이나 제정신 갖고 사는 일이 중요하다. '돈바람 맞고 신세 온전한 사람 없다', '돈에 홀리면 부모 자식도 몰라본다'고 했으니, 돈이 많을수록 근신 또 근신할 일이다. 밥술이나 먹고 사는 사람들은, '부유한 사람과 친하게 지내지 말고, 가난한 사람과 소원하게 지내지 말라'는 충고를 잘 새겨야 할 것이다.

2) '땀 흘려 벌어야 돈 귀한 줄 안다'

'만석꾼 부자하고 정승은 하늘이 낸다', '큰 부자는 하늘이 내고, 작은 부자는 부지런하면 된다'고 흔히 말하지만, 해보는 소리일 뿐이다. 만석꾼과 정승이 보통사람들에게는 높아만 보였던 시대에는 그랬다. 그러나 하늘이 할 일 없어 어느 한 인간을 부자로 만들어주는 일이나 하겠는가. 만석꾼이든 정승은 오히려 보통사람보다 훨씬 욕심이 많거나 더 교활한 사람이다. 오죽하면 '부자 한 집이 생기려면 세 동네가 망한다', '부자 한 집이 생기면 삼십 리 안이 망한다'고 했겠는가. 물론 농경시대 치부致富의 유일한 수단이 땅이었던 때에 있었던 말이다. 대지주가 엄청난 땅을 소유하고, 주변의 숱한 사람들이 소작농이나 머슴으로 전락하던 시대에 생겨난 일이다. 숱한 사람들을 착취하는 큰 부자를 두고 하늘이 낸 큰사람으로 취급해선 안 된다. 하늘이 악한 사람을 낸 것으로 생각하는 논리다.

지난 시절 사농공상士農工商으로 계층을 나누면서 가장 아래에 둔 것이 상商, 즉 상업이다. 아주 노골적으로 이문을 남기기 때문에 다소간 천하게 여겼는데, 이제는 모든 계층의 사람들이 장삿속으로 살고 있다고 해도 지나친 말은 아니다. '이문 먹자는 장사고, 호강하자는 시집이라'는 말이 모든 사람에게 해당한다는 말이다. 겉으로만 점잖은 척했지, 속으로는 모두 이문을 생각하고 있다. 다만 방법이 조금 다를 뿐이다. 현대인의 속셈은 장사의 속성하고 거의 다를 바 없다고 보면 된다. 될 수 있으면 많은 손님을 모아놓고 저 자신을 파는 일이다. 정치가나 기업인, 학자가 모두 한가지다.

장사는 '개미 금탑 모으듯', '새발의 피, 병아리 눈물'만큼이라도 이문을 모아 재산을 만든다. '장사는 먹는장사가 제일이고, 아무리 하찮은 장사라 해도 이문 없이 밥 굶는 일 없다'고 했다. '장사꾼은 늘 밑진다면서 땅 산다', '장사꾼은 늘 밑진다고만 한다', '장사꾼 남는다면서 파는 사람 없다'는 것처럼, 이익을 남기기 위해 작고 큰 거짓말을 예사롭게 한다. 사소한 거짓말이니 애교 수준일 때가 많다. 그나마 자존심이나 체면을 한껏 내려놓아야 이문을 챙기게 된다.

이런저런 장사를 해보겠다고 나서는 사람이 많지만, 대부분 온갖 고생을 다 한다. '장사도 발로 하랬다'고, 부지런하지 않으면 바로 망하게 된다. '장사도 이골이 나야 한다'고, 오랫동안 '말 갈 데 소 갈 데 다 간다'고 해야 이골이 날 수 있다. 어차피 '이 먹자는 장사요, 속 먹자는 만두라'고, 욕심을 내보여도 누가 뭐랄 수 없다.

'장사해 먹으려면 속창자를 다 빼놔야 한다'고 했다. '장사치고 눈속임 귀속임 하지 않으면 장사가 아니다', '장사치고 안 남는 게 없다', '장사 속에서 장사가 된다'는 말들은 꼭 상업에 종사하는 사람들에게만 적용되는 게 아니다. 예컨대 공부로 지식을 쌓았다는 사람도 마찬가지다. '황금은 선비의 마음조차 검게 만든다', '선비가 목구멍 때문에 구차해지면 백 가지 행실이 이지러진다', '선비의 창자가 아무리 곧아도 채우고 봐야 한다'고 하지 않던가. 돈을 초월해 산다는 선비도 돈 때문에 고통을 겪는데, 하물며 내놓고 돈을 갈구하는 사람들은 말할 것도 없겠다.

돈을 벌려면 투자금이 있어야 한다. '밑천 안 드는 장사가 없다'는 말은 지당하다. 장사의 경우 적은 돈으로 시작한 사람들을 소상공인이라 부르고 있다. 이익은 작지만, 그야말로 '티끌 모아 태산'을 만들 수 있는 사람들이다. 큰돈도 적은 돈이 모여 이루어진다. '작은 물결 일으켜 큰 물결 돕는다'는 격이다. '남자가 버는 것은 황소걸음이고, 여자가 버는 것은 거북 걸음이라'고 했는데, 남자들만 바깥 활동을 하던 때의 얘기다. 요즘은 황소걸음처럼 벌어들이는 여자가 부지기수다.

어떤 장사를 해야 더 많은 이익을 남길 수 있는가 고민하는 것은 필연이다. '먹어 없애는 장사를 해라', '먹는장사는 흉년을 타지 않는다'는 말을 하지만, 망하는 집이 얼마나 많은가. '사기장수는 사 곱이고, 옹기장수는 오 곱, 칠기 장수는 칠 곱'이라 하는데, 당연히 언어유희, 말장난에 불과하다. 음식 장사는 배가 남고 물장사는 다섯 배, 열 배가 남는다고 하는데 조금 부풀린 말이겠다. 여하튼 발로 뛰는 장사 대부분은 작은 이익을 목적으로, 부지런함을 수단으로 살아가는 것이다.

'사람 밥 빌어먹는 구멍은 삼천 몇 가지'라 하는데, 한없이 많다는 말이다. 사람들은 어떻게든지 필요한 물건을 만들어 낸다고 하듯이, 자꾸 새로운 물건을 필수품으로 둔갑시킨다. 그러다 보니 물건이 넘쳐나고, 먹고 사는 직업도 무척 다양해졌다. 그러나 인간 삶의 패턴이란 크게 달라질 수가 없는 법이다. 무엇보다도 부지런히 움직이지 않으면 안 된다는 것이다. '작은 복과 재물은 부지런함에 있다', '작은 부자는 사람에 있고, 큰 부자는 하늘에 있다'는 말이 그를 리 없다.

'뱃속에서 은순가락 물고 나온 사람 없다', '뱃속에서 부귀를 가지고 나온 것은 아니다'는 말은 당연하다. 그러나 낳자마자 부자가 돼 있는 어린이는 많다. 아버지나 할아버지, 어머니나 할머니 덕이다. 돈이나 재물이 무엇인지도 모를 나이에, 돈을 벌기 위해 일 한번 해본 적이 없는 나이에 아파트가 몇 채, 주식이 수십 억, 땅이 수만 평씩 있는 부자가 있다. 참으로 불합리한 세상이다. 그러니 "억울하면 출세를 하라"는 노래가 있는 것이다.

부지런한 사람들은 빈손으로 태어난 것을 억울해하지 않는다. 아니 억울해도 별 수가 없다. 자수성가라는 부푼 꿈으로 제 몸을 한껏 부리는 방법밖에 없다. '새벽잠이 없으면 부자 된다', '부지런한 농사꾼에게는 나쁜 논밭이 따로 없다', '부지런한 사람은 앓을 여가도 없다'는 정도의 부지런은 시골이건 도시건 일상이어서 새로울 것도 없다.

　게으른 사람보다는 부지런한 사람이 대접받는 건 당연하다. '자는 놈 몫은 없어도 나간 놈 몫은 있다', '부귀는 사람이 힘써 일하면 다가온다', '어렵게 번 돈은 어렵게 나가고, 쉽게 번 돈은 쉽게 나간다', '부지런한 부자는 하늘도 못 막는다'고 했다. 사소한 근면이라도 쌓여 커지면, '부지런이 반복半福이라'는 성과가 생기는 것이다.

　부지런을 바탕으로 얻는 재물이 아니고, 가난한 사람이 갑자기 부자가 되는 것은 좋지 않은 것으로 여겼다. '벼락부자는 상서롭지 못하다', '벼락부자는 오래 가지 못한다', '벼락부자는 욕 부자다', '벼락부자 사흘 못 간다', '벼락부자 잘 사는 것 못 봤다'고 했다. 가난하게 살면서 제 분수를 옳게 유지했는데, 갑자기 찾아온 돈벼락에 작은 그릇이 산산조각 나는 것이겠다. 그래서 돈이나 재물을 차근차근 늘리고, 거기에 맞게 제 그릇도 키워가는 게 정상이라 생각한 것이다.

　'돈에 침 뱉는 놈 없다', '돈에 침 뱉는 놈 못 봤다'고 했다. '있는 것 같으면서 없는 것이 돈이라'고 했으니, 있는 사람도 자꾸 더 돈을 벌려고 한다. '돈은 많을수록 더 갖고 싶어진다', '돈에는 욕심이 따라다닌다', '부자라야 더 부자가 된다'고 했으니, 부자는 더 부자가 될 수밖에 없다. 그렇지만 '부유하게 되면 일이 많다'고 했다. 돈은 있는데 쓸 시간이 없다고 할 정도면 행복한 삶은 아니다. '부자는 큰 소만큼 벌고 큰 소만큼 쓴다'고 생각하기 쉽다. 그러나 제가 힘들여 모은 돈은 아까워 쓰지 못하는 게 일반적인 마음이다. 그러니까 '쓰는 만큼 부자라'는 말이 있는 것이다. 돈이 많아서 부자가 아니라 마음이 풍성해야 부자라는 뜻이다.

　어차피 모든 사람의 언행은 이기심으로 귀결된다. 예외가 없다. 도를 닮아 이타행을 실천하는 사람도 뒤집어보면 이기행利己行이라 할 것이다. '중이 절 위해서 시주하나, 제 몸 위해서 시주하지' 하는 말을 잘 새겨보면 알 것이다. '진주를 찾으려면 물속에 들어가야 한다', '잎거미도 줄을 쳐야 벌레를 잡는다'는 말처럼, 돈을 벌려면 온몸으로 밀고 나가야 한다. 애써 모은 돈이지만 쓸 때는 꼭 쓰며 살아야 후회하지 않는 삶이 될 것이다.

3) '있는 놈은 돈으로 일을 시키고, 없는 놈은 힘으로 일한다'

돈은 사람들과 함께 사람 속에서 벌어야 한다. 개인사업, 또는 월급쟁이라서 혼자 버는 것 같지만 사실상 동업이다. 농사도 하늘 땅과 함께하는 동업이라는데, 사람들 속에서 돈을 얻는 것이 동업 아닐 리 없다.

모든 사업이 동업이지만, 일머리를 알고 시키는 사람이 있고, 일머리를 몰라 시키는 대로 따라 하는 사람이 있겠다. 사용자나 고용인이 구분되기는 하지만, 동업이기에 이익은 정당하게 나눠야 한다. 그 정당함이란 물론 상호 간의 타협으로 결정되는 것이다.

사용자는 고용인을 잘 설득해 동업자로 생각하도록 하는 게 좋다. '달리면서 쇤네, 뛰면서도 소인 한다'는 것처럼, 주인과 하인의 관계를 만들고 휘두르는 맛으로 사는 것은 좋지 않다. 민주적이고 아니고를 따지는 것이 아니다. 자유로운 분위기 속에서 인간의 능력은 가장 크게 발휘된다는 원리 때문이다. 양반 상놈을 가르고, 상관과 졸병을 가르는 옛날의 인습으로 동업을 한다면 큰 성과를 내기 힘들다. 구시대의 관행을 그리워하면 꼰대 소리나 듣게 된다.

 돈이 있든 없든 누구나 일을 해야 세상이 제대로 돌아간다. '배부르고 등 따스하면 음란한 마음이 생기고, 춥고 배고프면 도둑질할 마음이 생긴다'니까, 음란하거나 도둑이 판치는 세상을 구원하는 것이 대의명분이 있는 일이다. 일없이 모두 잘사는 세상이 가능하겠는가. 그러면 누가 일을 하겠는가. '배부른 매는 사냥을 않는다', '배부른 고양이는 쥐를 잡지 않는다'는 말이 틀리지 않다.

 '배부르고 할 일 없으면 창자 구멍이 막힌다'니까, 있는 사람도 계속 일을 해야 한다. '부유하게 되면 교만하게 되고, 교만하게 되면 게을러진다'는데, 어쩔 수도 없는 노릇이다. '배부른 상전이 배고픈 하인 사정 모른다'는데, 알고서도 시치미를 떼고 능갈 부리는 것이겠다. '매는 굶겨야 사냥을 하지, 배부르면 날아간다'는 생각에 사로잡혀 있는 것이다. 배부른 하인이라도, '배부르니까 평안감사도 부럽지 않다', '내 배부르니 부원군이 부럽지 않다'고 생각한다면 일을 제대로 하겠는가.

 '부자는 돈으로 일하고, 가난한 놈은 힘으로 일한다'고 했지만, 가난한 놈이 불쌍한 처지라고 생각할 일도 아니다. 어차피 세상 사는 세금이 노동인 바에야 열심히 일하면서 사는 게 정한 이치다. 머슴이 아니고 사용자라도 열심히 일해야 한다. '머슴은 일로 주인을 잡고, 주인은 밥으로 머슴을 잡으랬다'는 말은 옳다. 머슴이라는 어휘가 적절하지 않으니 고용인으로 알아들어야 하겠다. 밥을 많이 주라는 것은 품값을 충분히 주라는 말이다. 돈을 많이 받아 신명이 나면, '뛰는 호랑이 눈썹도 뽑고, 날아가는 새 똥구멍도 맞힌다'는 재주를 보이게 될 것이다. '상금이 크면 용감한 사람이 나온다'고 하지 않는가.

 고용인과 사용자 관계는 국제적으로, 아주 큰 규모로 이루어지는 경우가 허다하다. 예컨대 전쟁이 끊이지 않는 이스라엘과 팔레스타인

정종진 69

의 관계가 그렇다. "소련 이주민들이 오기 전, 이스라엘은 가자나 웨스트뱅크의 팔레스타인 사람들과 잠시도 단절될 수 없었다. 이스라엘의 경제는 팔레스타인의 노동력 없이는 생존할 수 없었기 때문이다. 마치 캘리포니아가 멕시코인들이 없이는 돌아가지 않는 것처럼 말이다"[21] 하고 두 나라를 거론하지만, 세계 곳곳에서 부자 나라는 돈으로 가난한 나라 사람들을 부린다. 가난한 나라 백성은 제 나라를 원망하며 어쩔 수 없이 몸을 부려야 한다. '나라 없는 사람은 집 없는 개만 못하다'고 하지만, 가난한 나라 백성도 거의 비슷하다. 이러니 온 세상이 있는 자와 없는 자, 사용자와 고용인으로 나뉘어 있는 듯 여겨지는 것이다.

사용자가 고용인을 골라 쓰는데 충고도 많다. '뜨는 소가 부리기 좋고, 성깔 있는 머슴이 일 잘한다'고 했다. '뜨는 소는 부리기에 달렸다', '뜨는 소는 씩 소리도 하지 않는다', '말은 좋은 말을 타고, 하인은 못난 놈을 써야 한다', '말은 상등 말을 타고, 소는 중등 소를 부리고, 사람은 하등 사람을 부리랬다'고도 한다. 문제는 못난 하인을 쓰랬다고, 요즈음 세태에서도 무능력한 사람을 선호한다는 것이다. 능력 있는 사람이 많은데, 그보다는 말 잘 듣는 사람을 선택한다. 이른바 충성심으로 사람을 택한다. 심지어 능력 있는 사람을 뽑아다 윽박지르고 기를 못 펴게 해서 무능력자로 만들어버린다. 이러니 사회가 발전하기는커녕 정체되거나 퇴보하게 된다. '똑똑한 사람도 몰라주면 머저리가 된다'고 하지 않던가. 돈을 더 많이 벌 수 있는데, 저 잘난 맛 때문에 생산성이 아주 낮아진다.

'먹성 좋은 소가 부리기도 좋다', '밥 많이 먹은 머슴이 일도 잘한다'고 했는데, '나무는 소가 다 때고, 양식은 머슴이 다 먹는다', 머슴이 '배로 먹고 등으로 먹는다'고 생각하면 동업은 어긋난다. 사실 인간이 모두 이기심으로 무장하고 있어서 게으름을 피우기 일쑤다. '일하는 데는 병든 주인이 아흔아홉 몫이라', '병든 주인이 열 일꾼보다 낫다', '병든 주인이 아흔아홉 몫이다'이란 말이 가능하다. '주인 보태주는 나그네 없다'고, 고용인을 나그네 취급하면 좋은 사용자는 아니다.

'배도 고파본 사람이 알고, 고생도 해본 사람이 안다'고 했다. 자수성가한 사람과 아버지 잘 둬 주인이 된 사람과 다를 것은 분명하겠다. '배고픈 정 아는 게 사람으로서는 제일가는 정이라'고 했는데, 어느 쪽 주인이 더 나을 것인가. '돈 후하게 줘서 인심 잃거나 욕먹는 법 없다', '머슴 밥도 많이 주고, 닻 밥도 많이 주어라'는 충고를 잘 받아들여야 한다.

기업의 대표나 이사들은 연봉이나 성과급, 스톡옵션으로 수십억에서 수백억을 연봉으로 받아간다. 물론 중소기업은 규모가 좀 작을 것이다. 고용인 연봉의 수십 배에서 수백 배를 가져가는 그들이, 과연 고용인보다 수십 배에서 수백 배 더 일을 많이 했느냐를 생각하면 할 말을 잃을 것이다. 이렇게 따지면 우리나라 기업인들은 흔히 미국을 예로 든다. 미국의 경우는 훨씬 더하다는 것을 말이다. 왜 남들의 좋은 점을 배우는 데는 인색하고, 나쁜 점은 즉시 흉내를 내는지 모를 일이다. 선진국이라고 모든 게 장점은 아니다. 못된 걸 흉내 내면 그게 후진성이다.

'머슴은 일로 주인을 잡고, 주인은 밥으로 머슴을 잡으랬다'고, 서로 간의 예의다. 이 시대의 말로 바꾸면, "사원은 일로 사장을 잡고, 사장은 돈으로 사원을 잡으랬다"는 격이 되겠다. '머슴 굶긴 집구석 후끝 안 좋다', '머슴 먹일 것 아끼다가 그해 농사 다 망한다'고 했다. 사용자는 달리 생각할 것이 뻔하다. 고용인들 '배때기에 기름이 끼면 눈에 보이는 것이 없다'고 말이다. '내 배 다치랴' 하며 배짱을 부리고, '배만 부르면 제 세상인 줄 안다'며 게으름을 피울 것이라고 말할 게 뻔하다. '명절날 닮으면 상덕 받을 사람 없다'고, 늘 잘사는데 누가 사람 밑에서 일하려 하겠느냐고 말할 것이 뻔하다.

다 같이 먹고 사는 세상이다. 더구나 동업자라면 함께 잘 먹고 잘 살도록 보살펴야 한다. 고용인의 에너지가 완전히 소모될 때까지 부려 먹다가, 열정이 식기 시작하면 쫓아버릴 생각만 하면 안 된다. 함께 일하면서 건강도 챙겨주고 정서도 안정되게 보듬는 것이, 일머리를 아는 사람이 할 일이다.

4) '사람은 자도 돈은 자지 않는다'

돈은 잠을 자지 않는다는 것이, 한쪽에는 복이고 한쪽에는 불복이다. '빚 준 사람은 오금을 못 펴고 자도, 빚진 사람은 다리 뻗고 잔다'고 했지만, 꼭 그렇기만 하겠는가. 빚진 죄인이라고 했는데 말이다. 빚 준 사람은 가만히 있어도 돈이 불어나는데, 그보다 좋은 일이 있겠는가.

'되는 집은 가지나무에도 수박이 열리고, 나갔던 강아지도 동무를 달고 들어온다', '되는 놈은 엎어져도 금덩이에 코 깬다'고 했는데, 이런 일보다 훨씬 좋은 게 이자놀이다. 작고 큰 복이야 어쩌다 만나는 것이지만, 이자놀이는 끊임없이 돈을 만들어 낸다. 금융권, 사채업자, 각종 카드회사들이 다 이자놀이로 떼돈을 벌어들인다. '돈이 돈을 낳는다', '돈이 돈을 모은다', '돈이 돈을 번다', '돈이 돈을 새끼 친다'는 말대로다.

부자들은 돈이 아니라도 돈을 찍어내는 또 다른 것이 있다. 집, 건물, 땅이다. 이런 부동산의 위치가 좋다면 돈이 자지 않고 버는 것보다 훨씬 더 많은 돈을 벌어줄 것이다. 갑자기 개발지역이 된다든지, 전철역, 인터체인지, 휴게소 따위가 들어선다면 수십 배씩 땅값이 뛰는 건 일도 아니다. 그야말로 순식간에 금싸라기 땅이 되어, 다른 땅들의 부러움을 살 정도가 된다.

'땅은 화수분이라'는 말이 있다. 화수분이란 재물이 계속해서 쏟아지는 보물단지라는 뜻이다. 이 속담은 여러 면으로 해석될 수 있다. 농사꾼에게는 일하면 먹고 살 양식들이 생산되니까 화수분이다. 부동산 투자자들은 개발이익이 예사롭지 않으니 화수분이다. 만약 석유나 희토류가 나왔을 경우도 화수분이겠다. 관광단지는 수입이 지속적이니 역시 화수분이다.

'땅을 열 길을 파도 돈 한 잎 안 나온다', '땅을 열 길을 파도 고리전 한 푼 생기지 않는다'고 하는데, 그냥 내버려 두면 화수분이 되는 경우가 허다하다. '땅이 좋아야 곡식이 잘 된다'는 말은 농부에게나 해당할 뿐이다. 땅이 아무리 나빠도 위치만 좋으면 화수분이다.

'돈이 돈을 먹고, 땅이 땅을 먹는다'고 했다. 돈 많은 사람이 적게 가진 사람의 돈을 차지하게 되고, 땅을 많이 소유한 사람이 적게 가진 사람의 것도 차지하게 된다는 뜻으로 하는 말이다. 장사도 '목이 좋으면 돌도 구워 판다'는 말이 있다. 사람이 많이 드나드는 곳에서는 뭐를 해도 돈을 번다는 말인데, 목이란 곧 땅이자 위치다. 역시 땅이 화수분이다. '도갓집 우물은 물도 돈이다'는 말이 참 신기하다. 우물만 솟아나면, 그 물이 다 술이 되니 화수분이다.

'땅 사려 애쓰지 말고 입을 덜랬다'고 하지만, 농사꾼에게는 땅을 조금이라도 더 마련하는 것이 소원이다. '땅마지기에 사주팔자를 맞춘다'고, 규모가 작은 땅에 농사를 지면서 일생을 건다는 뜻이다. '땅에서 넘어진 사람은 땅을 짚어야 일어난다'고 했는데, 땅에 의존해 사는 사람은 땅 외에 어떤 것에서도 의지할 수 없다는 뜻으로 하는 말이다.

'도깨비 땅 마련하듯 한다'는 말이 있다. 갑자기 재물이 불어나는 것을 두고 하는 말이다. 농사를 목적으로 하는 땅은 그렇지 않겠지만 화수분이 된 땅은 그렇다. '도깨비 돈은 땅을 사야 한다'고 하는데, 갑자기 생긴 돈으로는 땅을 사두는 게 좋다는 뜻이다. 벼락부자도 갑자기 몰락할 수 있으니, 돈보다는 땅을 가지고 있는 게 안전하다는 뜻으로 이르는 말이다.

근근생계로 사는 사람이야 돈이 불어나는 걱정이 아니라, 빚이나 이자가 늘어나는 걱정을 해야 한다. 가난해도 빚이 없으면 산다는데, 세태가 빚을 안 지고는 안 되게 만들어 놓는다. 좁은 나라, 좁은 지역에서 터질 듯이 사노라니, 작은 집을 마련하려 해도 엄청난 돈이 든다. 은행 신세를 지지 않고는 어찌해볼 도리가 없다. '집 마련에는 빚 좀 져도 괜찮다'고 하지만, 은행의 돈을 쓴 때부터 꼼짝달싹 못 하는 빚쟁이가 되고 만다. 이자와 원금을 다 갚으면 얻은 돈의 세 배에서 다섯 배가 된다니, 어찌 마음 편히 잘 수 있겠는가. '한 되 주고 한 섬 받는다'더니, 딱 그 짝이다.

'떡 장수 떡 안 먹고, 두부 장수 두부 안 먹는다'는데, 돈 장사는 돈을 잘도 먹는다. 사채업자, 은행은 말할 것도 없고, 회사니 공공기관까지 오로지 돈 먹을 생각이다. '떡 쥔 놈 따라다니다 보면 고물이라도 흘린다'고 우두머리는 물론 수하에 있는 사람들까지 눈매가 초롱초롱하다. 카드를 쓰도록 해놓으니, 결국 대부분 사람을 일시적인 빚쟁이로 만들어 놓는다. 사람이 자든 자지 않든, 돈은 사람의 처지를 아랑곳하지 않고 계속 세포증식을 한다. 그 증식되는 세포가 누구에게는 돈덩이로, 또 다른 누구에게는 암덩어리로 여겨질 것이다.

'찰떡은 굴려야 고물이 묻고, 돈은 돌려야 이문이 붙는다'고 했다. '사람이 자지, 돈이 자나' 하고 물을 필요도 없다. 큰돈을 굴릴수록 돈은 '어둑서니 커가듯' 한다. 어둑서니는 어둑귀신이라고도 하며, 아무것도 없는 밤중에 뭔가 있는 듯 여겨지는 것이라는 뜻이다. '어둑서니는 볼

수록 커만 간다', '어둑귀신은 올려다 볼수록 크다'고 했는데, 굴리는 돈이든 내야 할 이자든 무섭게 커지게 된다. 그래서 '백석지기는 천석지기가 못 되어도, 천석지기는 만석지기가 된다'는 말이 있다. 작은 부자는 큰 부자가 되기 어렵지만, 큰 부자는 더 큰 부자가 될 수 있다는 뜻이다.

5) '부자는 여러 사람의 밥상이다'

'작은 나무는 큰 나무 덕을 못 봐도, 사람은 큰사람 덕을 본다', '작은 나무는 큰 나무 덕을 못 입어도, 사람은 큰집 덕을 입는다'고 했다. '큰사람'은 과연 누구를 두고 하는 말일까. 큰 권력이 있는 사람이나 큰 부자일까. 아니면 인품이 훌륭한 사람이나 내공이 남다른 예능인일까. 여러 부류가 있겠지만, 그중 부자를 말해보자. 남부럽지 않은 재력가가 큰 나무로 여겨지려면 손이 커야 한다. 남을 위해 돈을 충분히 쓸 줄 알아야 한다. '오지랖이 너르다'는 정도로는 안 된다. '오지랖이 쉰댓 자', '오지랖이 열두 폭이라'는 정도는 돼야 한다.

오지랖이 너르디너른 주인공을 스콧 피츠제럴드의 장편소설 《위대한 개츠비》에서 볼 수 있다. 주인공 개츠비는 30대 초반인데, 대단한 부자로 등장한다. 유산을 상속받기도 하고, 3년 동안 큰돈을 쓸어모았다는데 그 과정은 간단한 정보로만 제시된다. "대리석 수영장과 40에이커가 넘는 잔디밭과 정원도 펼쳐져 있었다. 이게 바로 개츠비의 저택이었다"[22]고 간단히 묘사하지만, 곳곳에서 궁궐 같은 대저택이 얼마나 호화스럽게 치장되어 있는지 알려준다. 주인공이 하는 일이란 거의 매일, 될 수 있는 한 많은 사람을 초대하여 실컷 먹이고 놀게 하는 파티를

여는 것뿐이다. '부자는 여러 사람의 밥상이라'는 말대로 베풀어댄다. 물론 목적은 있다. 오로지 5년 전 애인이었던 데이지를 손에 넣겠다는 욕심이다. 데이지가 살고 있는 곳 건너편에 저택을 샀지만, 1910~1920년대니까 그런 방법밖에 없었을 것이다. 돈이 없어 놓쳤던 여자를 다시 잡을 일념으로 재산을 과시하고 돈을 물 쓰듯 한다. 돈에 원수를 갚고, 이미 결혼해버린 애인 데이지를 찾았지만, 그녀 남편의 교활한 계책과 데이지의 묵인으로 총에 맞아 죽게 된다. 과연 '위대한' 개츠비인가, 하는 의구심이 들 것이다. 돈이 원수라고 했는데, 원수를 갚았으니 위대한가. '사랑이란 둘이 없다', '사랑은 깊어질수록 고통은 커진다', '사랑에는 수고를 아끼지 않는다'는 신념을 갖고 굵고 짧게 살았으니 위대한가. 재산을 아끼지 않고 누구에게나 베풀었으니 위대한 인물일까. 돈이 없었다면 개츠비는 위대할 수 없을 것이다.

'있는 사람은 명년 일을 걱정하고, 없는 사람은 눈앞 일을 걱정한다'고 했다. '당장 떨어지는 벼락 밑에서 가랑잎이라도 뒤집어써야 할 형편이라'는데, 여유가 있을 리 없다. 없는 사람은 '제 코가 석 자나 빠졌다'는데 남을 돌볼 겨를이 없다. '제 코도 못 닦는 것이 남의 코 닦으려고 한다'는 핀잔이나 들을 것이다.

'돈이 있어야 인심도 낸다'고 했다. '돈에 환장하면 사람도 보이지 않는다', '돈에 환장하면 돈밖에 보이지 않는다'는 사람이 대부분인 세태 속에서, 큰사람이라야 남에게 눈을 돌리고 측은지심을 행동으로 옮길 수 있다. '부귀한 처지에 있으면 빈천한 처지의 고통을 알아야 한다'는 말을 하기는 쉽지만 실제로, 행동하기는 쉽지 않다.

'장자가 되려면 삼 대가 걸린다'고 했다. 삼대에 걸쳐 부를 쌓아야 진정한 부자로 본다는 것이다. '장안 갑부라도 삼대 가기 어렵다'는 것이 현실이기 때문이다. '큰 부자는 하늘이 만들고, 작은 부자는 새벽별이 만든다'는데, 큰 부자는 없는 사람과 크게 나누어야 하늘에 보답하는 것이고, 작은 부자는 없는 사람과 작게 나누어도 새벽별에 보답하는 것이 되리라.

'큰 북에서 큰 소리 나고, 큰 나무가 큰 집을 짓는다', '큰 산그늘이 백 리를 덮고, 큰 물줄기가 천 년을 간다'고 했다. '산이 커야 그늘도 크다', '산이 크면 그늘도 짙다'고도 했다. 사람의 됨됨이가 크면 남들에게 베푸는 것도 클 수밖에 없다는 뜻으로 이르는 말이다. '돈주머니가 커야 인심도 후하다'는 말과 같다. '부유하게 되면 나누어 쓰는 것이 있어야 한다'고 했다. 앞에서는 이타행이지만 속내에서는 이기행이다. 그러니까 오지랖 크게 베풀어야 한다는 충고다.

'부자는 마을 사람들의 밥상', '부자는 많은 사람들의 밥상'이라고 한다. 그러나 부자 쪽에서 보면 얼마나 귀찮은 일인가. 도와주러 오는 사람은 없고, 뜯어가려는 사람만 있으니까 말이다. 마음이 착하지 않으면 피하든지 쫓아내려고만 할 것이다. '도깨비는 방망이로 떼고, 귀신은 경으로 떼고, 상것들은 능장으로 뗀다'고 하듯, 부자 눈에 없는 사람들은 상것으로 보일 테니 말이다.

'부귀를 누리면 남들이 모여들고, 빈천하면 친척도 멀어진다', '부자는 깊은 산골에 가 살아도 먼 친척까지 찾아온다', '부자가 되면 아는 친척보다 모르는 친척이 더 많다', '파리는 냄새를 맡아 날고, 사람은 먹을 것이 있어야 모여든다'는 말이 그르지 않다. 그래서 '부잣집 문턱은 닳아 없어진다'고 했다. 사람들이 개떼처럼 모여들어 마치 '벼락 맞은 소고기 뜯어 먹듯 한다'고 할 정도로 양식을 축내도 삭여야 한다. '천 사람이 소 천 마리를 먹는다'는데, 기껏해야 얼마나 먹겠느냐는 생각으로 받아들이는 게 좋다.

'잘 살면 찾아오는 사람도 많다'는데, 반대로 말하면, 못 살면 찾아오는 사람도 없다는 말이다. 적막강산 속에서 혼자 호의호식하는 게 낙원일까 지옥일까 상상해봐라. '열매 많은 나무가 돌팔매 맞는다', '부자 한 집이 있으면 천 집이 이를 미워한다'고 했다. 많은 사람에게 미움 사는 것처럼 무서운 게 없다. '천 사람이 손가락질하면 병이 아니라도 죽는다'고 했다. 우선 살고봐야 되지 않겠는가.

양심 있는 부자가 있어봐라. '한 사람 복으로 열 식구도 먹여 살린다', '한 사람은 열 사람을 꾸려도, 열 사람은 한 사람을 꾸리지 못한다'는 것을 알게 된다. 한 사람이 지극 정성을 다하면 많은 사람을 도울 수 있지만, 많은 사람은 서로 미루기 때문에 한 사람조차 챙기지 못한다는 뜻이다. '한 놈이 놓은 다리는 열 놈이 건너도, 열 놈이 놓은 다리는 한 놈도 못 건넌다'는 말과 같다. 무슨 일을 해도 정성이 문제라는 뜻이다.

'배가 부르면 흉포한 짐승도 순해진다'고 했다. 부자가 되면 측은지심이 커져야 한다. '돈은 개같이 벌어 정승같이 쓰랬다', '돈은 더럽게 벌어도 깨끗이 쓰면 된다', '돈은 더럽게 벌어 보람있게 쓴다'고 했다. '부잣집 떡 돌리듯 한다'는데, 기왕 베풀 거라면 풍성하게 베풀어야 한다. 없는 사람하고 나눠쓰면, 돈 벌며 낀 때를 씻어낼 수 있다. '큰 부자는 망해도 십 년은 간다'고 했다. 조금 베푼다고 망할 염려는 없다. 왜냐하면 '큰 부자는 천명으로 이루어지고, 작은 부자는 근면으로 이루어진다'고 하듯, 천명이기 때문이다. 천명을 세상 사람들의 덕이라고 생각하면 좋다.

4. '부자가 될수록 욕심은 늘어난다' / 돈의 그늘

　부자도 부자 나름이다. '촌 부자는 일 부자다', '촌 부자는 밭 부자다' 하는 말을 즐겨 쓴다. 시골에서 농사를 짓는 사람들 외에는, 이런 부자가 되고 싶지는 않을 것이다. 물론 밭이라도 많으면 든든하겠지만, 시골에 익숙하지 않은 사람에게 밭이 돈으로 변하기 전에는 탐탁하게 생각지도 않겠다.
　'소나무 심으면 정자 욕심난다'고 했는데, 그런 정도야 뭐 큰 탈이 있겠는가. 문제는 '천석꾼이 되면 만석꾼이 되고 싶다'는데 있다. 높이뛰기 선수처럼 점점 높이 눈금을 올리고 싶은 욕심을 갖게 된다. 부자는 먹고사는 걸 훨씬 넘어, 통장의 숫자를 점차 높게 찍고 싶은 마음이겠다. 없는 사람과는 단위가 다르다는 것을 스스로 확인하고 싶은 욕심이다.
　'돈으로 도배를 한다', '돈으로 맥질을 한다', '돈이 자가사리 끓듯 한다', '배가 부르면 제 세상인 줄 안다'는 대로 한번 해보고 싶은 것이다. 권력 아니면 돈으로 휘둘러보고 싶은 것이다. 속물근성의 절정에 다다르고 싶은 욕심이겠다. '부자가 될수록 물욕은 커진다', '부자가 될수록 욕심은 늘어간다', '부자라야 더 부자가 된다'고 했다. 내 욕심 내가 키워 가는데 뭐라고 할 사람 없다.
　부자를 욕하면서도 대부분 사람은 부자가 되기를 원한다. '부자 욕하는 것은 없는 놈'이라는 말이 그를 리 없다. '돈 앞에 당할 장사 없다'

는 걸 모두가 잘 안다. 그러나 '욕심이 사람 잡는다', '욕심이 사람 죽인다'고, 남들에게 큰 피해를 준다면 욕먹어 마땅하다. '부잣집 인심 얻기가 가난한 집 쌀 얻기보다 더 힘들다', '부잣집 음식에는 가시가 있다', '재물이 모이면 인심은 흩어진다'고 하잖는가.

'돈을 벌면 사치하게 되고, 지위가 높아지면 교만해진다', '부자가 되자면 사람 노릇을 못 한다', '부자가 되자면 어질 수가 없다', '부자에게 양심이 있으면 강물이 거꾸로 흐른다', '사람의 심보란 버릴 것은 있어도 남 줄 것은 없다'는 말들은 현실에서 얼마든지 예를 들어 증명할 수가 있다.

부도를 내는지 부도가 나는지, 거덜 나는 기업들을 보면 안다. 경영자가 얼마나 부도덕 한가를. 회사원들 임금은 수년 또는 수개월씩 밀렸으면서, 저는 수십억씩 꼬박꼬박 챙겨간다. 그것도 욕심에 안 차, 수백억씩 횡령을 해댄다. 대표라고 있는 허세 없는 허세 다 부리지만, 하는 짓은 더없이 치졸하다. '마음을 옳게 먹으면 죽어가 옳은 귀신 된다'고 했는데, 악귀가 될 게 뻔하다. 욕망만 커서 허세만 부렸을 것이다. '마음은 호랑이고 행동은 쥐새끼라'라고 하겠다. '마음은 걸걸해도 왕골자리에 똥싼다'는 격이다. '마음을 잘 쓰면 남산 호랑이도 사귄다'고 했는데, 호랑이 뱃속에 장사를 지낼 인간들이 적지 않다.

'돈을 밝히면 두 눈이 합쳐져 애꾸눈이 된다'고 했는데, 사실이라면 현대인 대부분이 외눈박이를 하고 다닐 것이다. 돈을 밝히지 않는 사람이 몇이나 되겠는가. '탐욕 많은 놈은 재물 때문에 죽는다', '탐욕은 한이 없다'고 했다. 돈 많고 교만한 사람을 두고 지난 시절에는, '변소에 기와 올리고 살겠다'고 비꼬았다.

'가진 놈이 더 가지려 한다'는 것이 진실이니, 더 가지려면 남의 것을 빼앗든지 인색하게 굴어야 한다. 그런 궁리를 하려니 '부자일수록 근심은 더 많다'고 하는 것이다. '부자 인심이 더 무섭다', '욕심 많은 사람치고 인색하지 않은 사람 없다', '있는 놈이 궁상은 더 떤다', '있는 놈이 더 무섭다', '있는 놈이 더 인색하다', '있는 놈이 더 짜다', '있는 놈치고 허욕 없는 놈이 없다', '돈에 눈이 가리면 삼강오륜도 석 냥 닷 푼으로 보인다', '재물에 가린 눈은 삼강오륜도 안 보인다'는 말들처럼, 부자를 나무라는 속담들이 아주 풍성하다.

에밀 졸라의 장편 《돈》에서도 부자가 더 부자가 되기 위해 애쓰는 모습을 비난한다. 유태인 재벌인 군데르만이라는 인물에 끊임없이 적대감을 가지고 있는 사카르는, 그가 여전히 돈을 벌기 위해 열심히 일하는 것에 분노를 참지 못한다. 머리는 숫자로 가득 채우고 수많은 걱정거리로 두개골은 터져나갈 듯한 상태로 마치 노예 같은 삶을 사는 이유가 무엇인지 이해가 가지 않는다는 것이다. "거리에서 1파운드의 체리를 사서 먹을 수도 없는데, 지나가는 계집애를 호숫가 별장으로 데려갈 수도 없는데, 사고파는 모든 것을, 게으름도 자유도 향유할 수 없는데 왜 이미 가진 수많은 황금에 쓸모없는 황금을 더할 것인가?"[23] 하고 불만을 토한다.

그렇지만 정작 사카르는 군데르만보다 더 심각한 광증을 가진 자로 평가된다. 아들 막심은, "아버지가 수전노로서, 돈을 태산처럼 쌓아 지하실에 감춰두기 위해 돈을 사랑하는 건 아녜요. 정말 그건 아녜요! 아버지가 도처에서 돈이 쏟아지기를 바란다면, 어떤 샘에서도 돈을 퍼올린다면, 그것은 돈이 자기 집에서 격류처럼 흘러다니는 걸 보기 위해서이고, 돈이 가져다주는 사치, 쾌락, 권력을 즐기기 위해서죠 … 아버지는 돈의 시인이니까요. 그 정도로 돈은 아버지를 미친 불한당으로 만들어요. 오! 그야말로 미친 불한당이죠!"[24]하고 비판한다.

이렇듯 부자는 광증을 발휘해 더 부자가 되려고 애쓴다. 인색함은 부자의 또 다른 얼굴이다. '부잣집 인심 얻기가 가난한 집 쌀 얻기보다 더 힘들다', '부자치고 인정 있는 사람 없다', '부자치고 인색하지 않은 사람 없다', '부자치고 모질지 않은 놈 없다', '부자치고 극락 갈 놈 하나 없다'는 비판을 받아도 마땅한 사람이 적지 않다.

'이밥 먹으면 고기 먹고 싶고, 고기 먹게 되면 명주옷만 입고 싶다'는 욕심 정도는 누구라도 가지고 있다. 그러나 '부자라고 뽐내봤자 한 끼에 석 되 밥 못 먹는다'고 했다. '동해 바닷물을 다 먹고 나서야 짜다고 하겠다'는 말을 들어야 하겠는가.

개인뿐만 아니다. 자본주의 국가뿐만 아니라 사회주의 국가까지도 몽땅 부자가 되기 위해 내달리고 있다. 세계 경제를 두고 브레이크 없는 질주에 비유한다. 이 질주에 누군가 제동을 걸면 전 세계는 치유가 되는 게 아니라 전부 무너져내릴 것이라고 주장하는 사람은 유발 하라리다. 그는 질주를 멈출 수 없는 이유를 두 가지로 요약하는데, 그 하나는 브레이크가 어디에 있는지 아무도 모른다고 했다. 둘째 이유에 대해, "만일 어떻게든 브레이크를 밟는다면, 경제가 무너지고 그와 함께 사회도 무너질 것이다.…오늘날의 경제가 살아남기 위해서는 끊임없는 무한성장이 필요하다. 만에 하나 성장이 멈춘다면, 경제는 포근한 평형상태에 안착하는 것이 아니라 추락해서 산산조각이 날 것이다"[25] 하고 주장한다.

온 세상 풍조가 이러하니, 개인이야 말할 것도 없겠다. 각자의 가치관에 따라, 돈을 향해 질주하든, 자발적 가난을 선택하든 할 것이다. '자식과 불알은 짐스러운 줄 모른다'고 했는데, 아무리 부자라도 돈을 짐스러워하지 않는다. 그래서 이 속담에 돈을 추가해야 하겠다. "자식과 불알과 돈은 짐스러운 줄 모른다" 하고 말이다.

1) '아홉 가진 놈이 하나 가진 놈 부러워한다'

'부잣집도 거지 집에서 얻어오는 것이 있다'는 말이 흥미롭다. 제아무리 부자라 해도 다 갖추고 살지는 못한다는 뜻이다. 서로 부족한 것을 빌리고 빌려주면서 살면 얼마나 좋으랴. 그런데 그게 아니다. 빼앗으려 한다. 없는 자가 빼앗으려 한다면 측은지심이라도 조금 생기지만, 많이 가진 자가 탐욕을 부려 없는 사람의 것을 빼앗으려 한다는 것이다. '황금이 흑심이라'고 하겠다.

없는 사람은 왜 없을까. '내 것 아니면 개똥같이 볼 일이다', '내 것 아니면 남의 밭머리에 있는 개똥도 안 줍는다'는 마음으로 살기 때문이다. '내 것도 내 것, 네 것도 내것'이라는 욕심으로 사는 사람과는 인격이 천양지차. '없는 놈이라야 없는 놈 딱한 줄을 안다'는 말이 딱 맞다.

돈맛을 알 게 되면 배포가 커지는 건 당연하다. '덤불이 커야 도깨비도 크다'고, 크게 놀아서 크게 한탕 하려는 욕심으로 가득 찬다. 욕심이 많으면 걱정도 당연히 많다. '욕심쟁이는 돈과 재물을 쌓아두지 않으면 걱정이 된다'는 말이다. 결국 있는 걱정이다. '없는 놈은 없는 걱정이고, 있는 놈은 있는 걱정이라'는 것이 달라질 수 없다.

'돈 앞에는 인정사정도 없다'는 것이 세상인심이다. 인정사정없다는 것은 마음 씀씀이가 한없이 작다는 뜻이다. '담배씨보다 더 잘다'고 하는데, 먹고사는 것이 충분치 않으면 한껏 위축될 수밖에 없다. 다 같이 못 살면, 서로 돕고 격려하며 살 것 같은가? 다 같이 잘살면 한데 어울려 매일 주지육림 속에서 남에게 해를 안 끼치며 살겠는가? 아닐 것이다. 없으면 아귀다툼이요, 있으면 오만불손일 것이다. 이게 인간의 한계다.

제인 구달이 걱정과 희망을 동시에 갖는 게 바로 인간의 영적인, 정신적인 진화다. 인간이 아직 충분히 진화하지 못해 사회가 요 모양 요 꼴이라는 것이다. 너무도 풍부한 물질에 현혹되어 정신의 진화에 아예 관심이 없어졌다는 뜻이 되겠다.

정신의 진화란 정신단련이겠다. 호의호식에 유혹당하지 않는 것, 숱한 상품에 현혹당하지 않고 의연히 버텨낼 수 있는 정신력이다. 이와 달리 부자는 호의호식을 즐기고, 좋은 상품으로 병풍을 두르고 사니, 뭇 사람들의 시기와 질투를 받는 것이다. 부자든 가난한 사람이든 정말로 부족한 건 정신단련이다.

'부자치고 극락 갈 놈 하나도 없다', '부자치고 모질지 않은 놈 하나도 없다', '부자치고 욕심 없는 부자 없다', '부자치고 인정 있는 사람 없다', '부자하고 재떨이는 모일수록 더럽다', '오뉴월 뒷간 다른 데 없고, 부자 다른 데 없다', '똥과 부자는 건드릴수록 구리다', '똥과 지주는 건드릴수록 구리기만 하다', '부자가 되면 눈물은 마른다'는 말들이, 부자를 못마땅하게 여기는 마음에서 쏟아지는 것이다.

부자의 앞만 보면 화려하다. 뒤를 자세히 봐야 한다. 그들이 남기는 쓰레기가 훨씬 많다는 것을 말이다. 전 세계의 상품들이 쏟아져 들어가 풍성하게 사는 미국을 보면 안다. 부자나라의 뒷모습이 어떤지를 객관적으로 봐야 한다. 먹고 마시고, 고급차로 오가며 남기는 건 거대한 쓰레기 더미다. 지식과 지혜, 문명과 문화의 수준이 높다 하는데, 인류공영에 이바지하는 것은 약하디약하다. 부자 개개인도 이와 다를 게 없다. 부자에게 기대할 게 없다는 것을 빨리 간파하는 게 중요하다.

'부자도 한이 있다'고 한다. 부자라고 해서 재산이 한없이 불어나기만 하는 건 아니라는 뜻이다. 재산은 멎는 곳이 있을지 몰라도, 부자의 욕심은 멈추지 않는다. '있으면 더 있고 싶다'고, 끝도 없는 게 욕심이란 말이다. '아흔아홉 마지기 가진 놈이, 한 마지기 가진 사람 것 빼앗아 백 마지기 채운다'는 말이 부자의 마음속을 잘 요약한다. 부자라는 자만심을 충족시키기 위한 목표가 있을 것이다. 그것을 채우려고 무리수를 두는 얄궂은 행동이다. 아흔아홉 마지기나 백 마지기가 별 차이 없는데도 욕먹으며 그 짓을 감행하는 게 부자다.

'시루에 물은 채워도, 사람의 욕심은 못 채운다', '한 섬 빼앗아 백 섬 채운다'는 부자도 걱정이 많다. '돈 많은 부자는 잠을 못 잔다'고 했다. 제 목표량을 못 채울까 봐 전전긍긍이고, 남에게 빼앗길까 봐 전전반측이다. '부자의 땅은 온 들에 연달아 있지만, 가난한 사람은 송곳 꽂을 땅도 없다'고 하는데, 제 너른 땅을 둘러보면서 안도의 숨을 쉬곤 할 것이다. '부자 제 몸 아낀다' 했는데, 누군들 제 몸을 아끼지 않겠는가. 다만 부자는 가진 것이 많으니, 일찍 죽는다면 가난한 사람에 비해 더 억울할 것이다. 그러니까 제 몸을 금쪽처럼 여기겠다.

큰돈을 가진 사람은 또 다른 부자를 사냥한다. '포수가 호랑이를 잡을 적엔 그 골 노루 좋으라고 잡을까' 하는 말이 있는데, 가난한 사람 좋으라고 하는 짓은 당연히 아니다. 제 재산을 더욱 키우는 것은 물론, 홀로 우뚝 솟아 관심을 한 몸에 받고 싶은 욕심이겠다. 있는 거만 없는 교만 다 모아, 부처님이 말했다는 천상천하유아독존을 따라 하고 싶은 마음이겠다.

'부자 되려고 애쓰지 말고 심사를 고치랬다'는 말은 에누리 없이 들어 새겨야 한다. 돈 때문에 걱정 근심이 무거우면 홀가분하게 살고 싶어질 때가 있다. 잠깐 머물다 가는 인생인데, 홀가분한 시간을 한껏 즐겨야 할 것이다. "자발적 가난 less is more"라는 경지를 빨리 터득해야 삶이 즐겁다.

2) '재물 있고 세력 있으면 밑구멍으로 나발을 분다'

　돈이 크게 불어나면 비위도 배짱도 한껏 부풀어 오른다. '왕지네 회 처먹을 비위'라 하겠고, '왕벌이 똥침 하나만 믿고 대든다'고 할 정도가 되기 쉽다. '동쪽이 훤하면 세상만 여기고, 밥그릇이 높으면 생일만 여긴다'고 했다. 어떤 조짐만 있으면 자기에게 유리한 쪽으로 끌어들이기 위해 나댄다는 뜻으로 하는 말인데, 사업이 번창해지면 세상이 자기중심으로 돈다는 착각을 하게 된다. 그러나 '노는 돈에는 난봉 나기가 쉽다'고 했다. 돈에 여유가 생기면 방탕해지기 쉽다는 뜻이다.

　밑구멍으로 나발을 분다는 것이 무엇일까. 여러 가지를 말할 수 있겠지만, 예로부터 주색잡기를 말해왔다. '인생삼락은 주색잡기'라는 것이다. '인생삼락은 노래 술 색이라'고 했는데, 사람에 따라 조금씩 다를 수 있다. 노래 대신 노름을 넣는 사람도 있을 것이다. '술 계집 노름은 패가의 삼대 장본이라'고도 하니 말이다. 시대 풍조에 따른다고 할 수도 있고, 사람마다 다른 취향 때문이라 할 수도 있다. 세 가지 즐거움이라는 뜻인데, 막다른 길은 패가망신이란다. 즐거움이 넘치면 바로 나락으로 떨어진다는 말이다. 즐기되 가볍게 즐기라는 얘기다.

　'주색은 함정이다', '주색은 패가망신할 장본이다', '주색잡기는 선생이 따로 없다', '주색잡기로 패가망신 않는 놈 없다', '주색에 미치면 도리를 잃는다', '주색에 미치면 집안이 망한다'는 말들을 보면 느낄 것이다. 아주 강력한 경고라는 것을 말이다.

　인생을 한번 즐기기 위해서 그야말로 뼈 빠지게 일해 돈을 모은 사람도 있다. 반면 부모를 잘 둬서 일찍부터 삼락의 길에 들어선 사람도 있겠다. 어쨌든 돈이 남아돌아야 이 길에 들어설 수 있다. '부자는 음탕하게 된다'고 하는데, 물론 일부 사람들에 한한다.

'돈이 있으면 활량이고, 돈이 없으면 건달이라', '돈 잘 쓰면 한량이고, 잘못 쓰면 개망나니라'는 말이 있다. 활량은 한량이 변한 말인데, 일정한 직업이 없고 놀고먹는 사람을 일컫는 말이다. 하는 일 없이 말썽이나 부리며 다니는 빈털터리가 건달이다. 어쩌다 한때 돈을 잘 벌게 되면 본 모습을 따르게 된다.

한량이나 건달처럼 대놓고 나서지 않고 은밀하게 유혹에 빠지는 사람도 많다. '등 따숩고 배부르면 음탕해진다'는데, 많은 사람이 그렇게 수렁으로 찾아든다. 스스로 무슨 역사적 사명을 띠고 이 땅에 태어난 것도 아니라는 생각을 굳히고 나선다. 잘 먹고 잘사는 것 외에 할 일이 뭔가 더 있다고 생각하지도 않는다. '인생 육십이 풀잎의 이슬 같다'고 생각하며, 제 에너지 소진시한을 짧게 잡는다.

삼락 중에 아마도 돈이 가장 크고 빠르게 오가는 것이 노름일 것이다. '노름판에는 돈 잃은 놈만 있고, 돈 딴 놈은 없다'는 말이 맞다. 그것도 아주 큰 돈을 두고 하는 말이다. '노름판은 도깨비 살림이라'는 말이 그래서 있다. '도둑 자식은 두어도, 노름꾼 자식은 두지 말랬다'고 말하는 것은, 노름이 오로지 잃기만 할 수밖에 없다는 걸 잘 알기 때문이다.

'돈 잃은 것은 도둑맞은 폭 치고, 기름 닳은 것은 개가 핥은 폭 친다', '노름하다 밤샌 건 제사 지낸 셈 치고, 돈 내버린 건 도둑맞은 셈만 친다'고 합리화를 시키면, 속이 덜 쓰릴 수 있다는 뜻이다. 예전에는 기름으로 등잔이나 남포에 기름을 부어 불을 밝혔기 때문이다. 이 말에서 나온 것이, '돈 잃은 것은 폭만 잘 치면 된다'는 말이다. '돈 잃고 속 좋은 사람 없다', '돈 잃고 속 편한 놈 없다'는 말은 노름을 즐기는 사람들 입에서 늘 내뱉는 소리다. '돈 잃고 병신 된다', '돈 잃고 사람 잃는다', '돈 잃고 친구 잃는다', '술은 해장에 망하고, 투전은 본전 추다 망한다'는 말도 노름꾼이 새겨야 할 말들이다.

노름판에서 기본 도리가 통용되리라는 생각은 접어두는 게 좋다. '노름판에서 돈 빌려주는 놈도 병신이고, 빌렸다가 되갚는 놈도 병신이라'는 말부터, '노름판에는 부자지간도 없다', '노름판의 삼대 병신은, 속아서 병신, 못 속여서 병신, 돈 잃어서 병신이라', '노름에 미쳐 나면 여편네도 팔아먹는다'는 것까지, 정상적으로 돌아가는 게 없다. 문제는 '노름에 미친 놈은 죽어야 고친다'는 것이니, 밑구멍으로 나발을 불다가 가장 장엄한 전사를 한다 하겠다.

애써 번 돈 술값으로 날리고 건강까지 잃는다면, 한평생의 대차대조표가 어긋날 것이 뻔하다. '술과 계집 노름은 사내의 삼도락이라'는데, 잠시 얻는 즐거움에 비해 후유증이 너무 큰 도락이다. '술과 늦잠은 가난이라'는 말이 정곡을 찌른다. 술에 대한 말도 색色에 관한 말처럼 긍정과 부정이 크게 대조적이다. 그러나 아무래도 술을 경계하라는 말이 훨씬 더 많다.

'술은 즐겁게 하는 약이고, 슬픔을 잊게 하는 약이다', '술은 백약의 왕이다', '해장술은 땅 판 돈으로 사 먹어도 아깝지 않다', '해장술은 빚 내서라도 사먹는다', '술은 기뻐도 먹고, 슬퍼도 먹는다', '술은 요기로 먹으면 요술, 맛으로 먹으면 마술이라'는 정도가 긍정의 말인데, 부정적인 말은 헤아릴 수 없을 정도다.

'해장술에 맛 들이면 땅 팔아먹는다', '주색에 미치면 집안이 망한다', '주색에 빠지면 도리를 잃는다', '물에 빠진 사람은 건져도, 술에 빠진 사람은 못 건진다', '술잔은 작아도 빠져 죽는다', '숲속의 꿩은 개가 내몰고, 오장의 말은 술이 내몬다', '술이 들어가면 지혜는 달아난다', '술이 들어가면 혀는 나오게 된다', '주색은 사람을 함정에 빠지게 한다', '제일 무서운 매가 술 매라', '술은 발광주다', '술꾼은 상감님 망건 사러 가는 돈으로도 술 사먹는다', '술꾼 술 끊는다는 것과, 노름꾼 노름 끊는다는 것은 멀쩡한 거짓말이다', '술과 안주를 보면 맹세도 잊는다', '술은 예절로 시작하여 소란으로 끝난다'와 같이 숱하게 많다.

술과 타협을 잘해야 한다. 마시되 지나치지 않아야 한다는 뜻으로 하는 말이다. '술 잘 먹고 돈 잘 쓰면 금수강산이고, 술 못 먹고 돈 못 쓰면 적막강산이라', '술은 적게 먹으면 약이요, 많이 먹으면 독주라', '술은 잘 먹으면 약주가 되고, 잘못 먹으면 망주가 된다', '술은 먹어도 술에게 먹히지는 말랬다', '술을 보거든 간장같이 대하랬다', '술이 아무리 독해도 먹지 않으면 취하지 않는다', '술은 기분으로 먹고, 음식은 맛으로 먹는다', '술은 반만 취해야 좋고, 꽃은 반만 피어야 곱다', '술은 백약의 장이요, 만병의 근원이라'는 말인데, 술버릇을 잘 들일 수 있도록 해주는 좋은 충고다.

색色, 여색女色, 계집질이라고 한다. 이 방면에서는 주로 사내들이 대놓고 활약을 해왔기 때문에, 상대적으로 여자들의 활약상은 아주 적게 속담으로 전해지고 있다. 여성의 권위가 점점 강해지면 묻혀 있었거나 새로 만들어지는 속담이 등장하게 될 것이다. 인생삼락 중 색色의 문제는 가장 위험한 영역이고, 있는 속담도 다 내놓을 수 없을 정도로 노골적이다. 그래서 상말 속담, 성 속담 정도로 모아놓은 것이 따로 있다.

돈이 많으면 허세도 커진다. 왕골자리에 똥을 싸도 마음은 걸걸하다고, 괜스레 우쭐해진다. 속에 바람이 들어서 그렇다. '차돌에 바람이 들면 삼만 리를 날아간다', '차돌에 바람이 들면 석돌만도 못하다'는데, 꼭 맞는 말이다. 큰 병이다. '어지럼병이 지랄병 되기는 수월하다'고 하는데, 그렇게 될 수밖에 없다. '똥깨나 뀌고 방귀깨나 날린다', '밥술이나 먹게 되니까 눈에 보이는 게 없다'는 게 평범한 사람의 감정 상태다.

'밥술이나 먹게 되니까 두 계집도 모자란다'는 지점으로부터 시작된다. 예전의 여색 문제는 기생이나 첩에 초점이 맞춰진다. '볶은 콩과 기생첩은 옆에 두고는 못 참는다', '볶은 콩과 젊은 여자는 곁에 있으면 그저 못 둔다'는데, 사내의 심리가 요약된 말이다. '기생의 정이란 장마 때 물같이 갈래 없이 흐른다', '기생이란 일 원 삼십 전짜리 사랑이라'는 말은 기생과 정분은 오래 가지 못한다는 것을 깨우치게 하려는 말이다.

'기생첩이 제일 무섭다'고 했다. 돈이 무척 많이 든다는 뜻이다. 사내가 빠져들면, 돈이 '망태에서 외 빠져나가듯' 할 것이다. '물에 빠진 사람은 건져도, 여자에 빠진 사람은 못 건진다', '여우하고 계집은 피가 안 나게 사내를 잡아먹는다'고 했다. 피가 안 나게 잡아먹는 방법은 돈을 몽땅 빼내는 것이다. '돈에는 반해도 사내에게는 반하지 말랬다'는 것이 화류계 제일의 수칙일 것이다. 그 많던 돈도 '마포 바지에 방귀 빠져나가듯' 할 건 당연하다. 그나마 '막걸리 거르려다 지게미도 못 건지게' 되고 만다. '눈물로 사귄 정은 오래 가지만, 돈으로 사귄 정은 잠깐이라네' 하는 말을 새겨들어야 한다.

'여자는 백 가지 약 중 으뜸이지만, 잘못 쓰면 비상이라'는 말을 믿고 덤비지만, 애초 당할 수 없는 경기다. '여자는 무자본 대상이라', '여자는 밑천 없이 큰 장사를 한다'는 의미를 알 때가 되면 때는 이미 늦게 된다. '한량은 죽어도 기생집 울타리 밑에서 죽는다'고 하는데, 전혀 장렬하지도 못한 죽음이며 '망신살이 무지개 뻗치듯' 할 뿐이다.

이 정도면 인생삼락이 아니라 "인생나락奈落으로 빠지는 세 길"이라 할 것이다. 삼락을 경쾌한 즐거움 정도가 아니라 한껏 탐닉을 한다면, '비싼 밥 먹고 비지개떡 같은 짓을 한다', '제 얼굴 가죽을 제 손으로 벗긴다', '쫓아가서 날벼락 맞는다'고 비난받을 것이 뻔하다. '놀아본 놈이 놀 줄 안다'고 하지만, '놀아보아야 부처님 손바닥이라'는 것도 깨우쳐야 한다.

'두 도끼로 한 나무를 친다'는 말이 기막히다. 주색酒色, 즉 술과 여자로 몸을 망친다는 뜻이다. 그런데 여기에 노름까지 더한다면 세 도끼가 된다. "세 도끼로 한 나무를 친다"고 해야 할 것이다. '팔아먹어도 내 땅 팔아먹는다'는 오기로 버티면, 곧 바로 벼랑이다. 가끔 반성을 하고 결심을 한다지만, '지어먹은 마음 사흘 못 간다', '지어먹은 마음 종짓굽에도 안 찬다'고, 결코 쉽지 않다. 아무리 돈 많고 체력이 좋다고 해도 배겨날 수 있겠는가? '니나노 바람에 문전옥답 다 날린다', '억지로 모은 재물 삼대 가기 어렵다'는 말이 그래서 있는 것이다.

3) '재주는 곰이 넘고, 돈은 왕서방이 다 챙긴다'

누가 곰이고 누가 왕 서방인가. 이제는 돈을 거두어가는 과정이 하도 복잡해져 왕 서방이 잘 드러나지 않는 경우가 허다하다. 그저 맨 우두머리에게로 가겠거니 할 뿐이다. 보이지 않는 손도 많아져, 거둬들인 돈을 다시 잘 쓰고 있는지도 알 수가 없다. '보이지 않는 곰팡이가 기둥을 썩게 한다'고, 잘못 흘러간 돈 때문에 기둥뿌리가 썩어도 뒤늦게 눈치만 챌 뿐이다. '도둑이 부자 된 사람 없다'지만, 도둑질마저도 왕서방이 한다고 해야 할 것이다.

'눈 뜨고 남의 눈 빼먹는 세상', '눈 감으면 코 베어먹을 세상'이라는 말을 자주 한다. 그만큼 세상이 흉흉하게 돌아간다는 말이다. 세상 겉보기에는 화려한 것 같아 '눈도 풍년이요, 입도 풍년이라'고 여길 수도 있지만, 속내는 허황하기 짝이 없다. 알고 보면 '속 빈 강정' 같은 세태다. '입으로 먹고 배로 먹고', '아귀 먹듯 한다'는 말이 맞다. 아예 아귀 뱃속에 들어있는 것까지 몽땅 삼키니, '아귀 먹고 가자미 먹는다'고 할 왕서방이 많고도 많은 세상이다.

왕서방은 서민들에게, 없으면 빚으로 살라고 한다. 간신히 먹고 살 만큼만 나누어 주고 허리띠를 졸라매라고 한다. '허리띠가 양식이라'는 격이다. 눈을 현혹하는 물건들을 만들어 내고, TV·인터넷에서는 끈질기게 광고를 해대 사람들 혼을 빼놓는 세태다. 없어도 사는 데 전혀 지장 없을 물건을 필수품으로 둔갑시켜 돈을 빼간다. 다들 '눈 가진 봉사, 입 가진 벙어리'가 되어 '속이 쥐 집 같다'는 느낌으로 살아간다. 속내가 엄청 복잡하다는 말이다. '하자는 놈하고 먹자는 놈하고는 당할 수가 없다'더니, 애써 일하고 돈은 쉽게 털리니 '눈 뜨고 도둑 맞는다'는 기분이겠다.

소비자한테는 적은 돈일 수 있지만, 모두에게서 몽땅몽땅 휩쓸어 가니 어마어마한 돈이 된다. 은행과 기업, 매스컴이나 연예계 할 것 없이, 매출과 영업이익 그리고 증가나 감소 폭을 발표한다. 좀 더 분발한단다. 소비자를 더욱 현혹하겠다는 결심인 셈이다. '다람쥐한테서 도토리 빼앗는다'는 생각은 안 하는가 보다. '꿀 쏟은 땅에 개미 꾄다'고, 대중의 마음을 잘도 읽어낸다. '꿀이란 많이 먹으면 독약이라'는 걸 뉘라서 잘 알 것인가.

예컨대 자식 교육에 부모들이 쓰는 돈은 천문학적 규모다. 사교육에 종사하는 사람들이 돈을 몽땅 쓸어간다. 내로라하는 학원 강사와 학원이 왕서방이다. 사교육은 학생들을 문제 푸는 기술자로 만들 뿐이지, 나라의 백년대계에는 전혀 이바지하지 못한다. 이바지하기는커녕 과잉경쟁으로 인간성을 왜곡시킨다. 그런 걸 알면서도 부모는 빚을 내서라도 사교육에 많은 돈을 쓴다. '길이 아니거든 가지를 말고, 말이 아니거든 듣지를 말라'고 했지만, '길이 없으니 한길을 걷고, 물이 없으니 한물을 먹는다'는 심정을 알 것이다. '깨끗한 돈도 잘못 쓰면 화를 입는다'

고 했는데, 자식이 문제 푸는 기술자는 됐지만, 극단적 이기주의자가 되었으니 그게 화를 입은 것이다.

'누구 돈을 받을 줄 모른다'고 할 정도로 호황인 학원에서 무슨 소리를 듣겠는가. 하는 소리가 그저 좋은 대학에 가야 잘 먹고 잘 살 수 있다는 말일 것이다. '까마귀 소리 열 소리에, 한 마디 신통한 소리 없다', '까마귀 열두 가지 소리 다 잘 해도, 마지막에는 저 맞아 죽을 소리 한다'고 부모들도 알기는 안다. 그러니 '두 눈 멀쩡하게 뜨고 있는 사람, 삼수갑산 부엉이 만든다'는 말이 딱 맞다.

월급쟁이들 돈은 통장 숫자로 들어온다. 벌었는데 만져보지도 못하는 돈이다. '꿩 구워먹은 자리는 재나 있지' 하는데, 돈이 빠져나가는 자리엔 숫자만 남는다. '꼭 꿈에 만져본 돈꾸러미' 같다. '송편으로 목을 딸 일'이다. '꿈에 나타난 돈도 찾아먹는다'고 했는데, 왕서방이 그 짝이다. '눈먼 돈도 먹어본 놈이 먹는다'는 걸 아는 왕서방들이 길목에 그물을 치고 기다리고 있다. '까치 내려앉는 보리밭이 있고, 까마귀 내려앉는 보리밭이 따로 있지 않다'고, 끼리끼리 모여 희희낙락하고 있다.

'성주에 놓고, 조왕에 놓고, 터주에 놓으니까 남는 것이 없다', '성주에 붙이고 조왕에 붙인다'는 말이 있다. 집 곳곳에 신령이 있다고 믿으며 제물을 놓던 풍습에서 비롯된 말로, 아주 적은 분량인데 여기저기에 다 뺏긴다는 뜻으로 빗대는 말이다. 매달 조금 들어오는 돈이 순식간에 흩어지면 '끈 떨어진 조롱박 신세'가 되어, 다음 돈 들어올 날을 기다리며 빨리 세월 가기를 바란다. '망할 놈 나는 세상 흥할 놈도 난다'고, '부자는 더욱 부자가 되고, 가난한 사람은 더욱 가난해진다'는 건 틀림없는 이치다. 이러니 언제나 빚으로부터 해방이 될 것인가. '까마귀 대가리가 희고, 말 대가리에 뿔이 나면' 가능할까.

'고생 끝에 낙이 온다'고 했지만 꼭 그렇지 않다. '고생해 본 사람이라야 세상 물정도 안다'는 말이야 맞다. 하지만 '고생은 주야 고생이요, 호강은 주야 호강이라', '고생 끝에 병 난다'고 해야 하리라. 세상 돌아가는 것이 뻔히 보이니, 희망 고문일 뿐이라는 것을 사람들은 잘 터득하고 있다. '누구는 인삼 먹고, 누구는 도라지 먹나' 하는 말을 해봤자, 눈 하나 깜빡하지 않는다. '꽃도 이슬 맞으며 피는 나팔꽃이 있고, 이슬 맞으며 지는 달맞이꽃이 있다'고 했다. 같은 사람이라도 어떤 일 때문에 흥하는 사람이 있고, 망하는 사람도 있다는 뜻으로 빗대는 말이다. '꼭지 떨어진 감이요, 강 건너간 임이라'는 말이, "꼭지 떨어진 돈이요, 강 건너간 돈이라"고 들릴 것이다.

'재주는 곰이 넘고, 돈은 되놈이 먹는다', '재주는 곰이 부리고, 돈은 대국 놈이 번다', '재주는 곰이 넘고, 돈은 주인이 받는다'는 말들이 다 같은 뜻이다. 돈에 환장한 왕서방들을 말릴 재간은 없다. '꽃 본 나비가 불을 헤아리며, 물 본 오리가 어옹을 두려워 할까' 하며 덤벼드는데 당해낼 수 없는 것이다. '까마귀가 공작 깃을 달아도 역시 까마귀라'고, 아무리 그럴 듯하게 꾸미고 있어도 속에는 탐욕스런 왕서방이 들어 있다는 것을 잘 안다. '꽃도 한 철, 나비도 한 철'이라 했으니, "왕서방 죽어도 괜찮다"는 왕서방 타령을 부르고 있어야 하는가.

안목을 넓혀 전 세계가 돌아가는 것을 보면 왕서방은 곳곳에 그물을 놓고 있다. 돈으로 요술을 부리는 걸 넘어서, 예전에는 돈이 될 것 같지도 않았던 것을 찾아내어 휩쓸어 가기도 한다. "국가의 협력을 얻어 자연자원과 생물 형태에 특허나 가격표를 붙여 부를 창출하는 경우도 있다. 가령 전에는 재산으로 생각하지도 못했던 씨앗, 유전자, 대기권의 탄소 등이다"[26]란 지적대로, 기상천외한 방법으로 왕서방은 돈을 휩쓸어 간다. 이거야말로 봉이 김선달처럼, '대동강 팔아먹는 놈'이라 하겠다. 그러나 엄연히 지금 현실에서 일어나고 있는 일이다. 끼니마다 우리 입으로 들어가는 채소나 과일 값의 일부를 알 수도 없는 왕서방 주머니를 채워주고 있는 것이다.

왕서방이 돈을 휩쓸어 가는데 도덕성을 따지는 것은 헛되다. "월스트리트의 주식 거래인, 은행가, 헤지펀드 매니저들은 맹렬히 돌진하는 사람들이다. 금융 소득을 챙기는 것이 이들의 밥벌이다. 직업이 이들의 인격에 영향을 미쳤다한들 도덕성이 주식시장에 따라 오르락내리락할 리는 없다"[27]는 마이클 샌델의 말이 딱 맞다.

4) '만석꾼은 만 가지 걱정, 천석꾼은 천 가지 걱정'

'소도 대우라면 좋아하고, 말도 용마라면 좋아한다'고, 부자들도 만석꾼 천석꾼이라면 더 없이 좋아한다. 지금은 안 그런가? 백만장자를 넘어서 억만장자라면 공연히 들뜨게 될 것이다. '있는 놈치고 허욕 없는 놈이 없다'는 말이 맞다. 그러나 많이 가진 사람은 그만큼 걱정과 근심이 많다. '있는 집 계집은 개소리에 잠 잃고, 없는 집 계집은 귀뚜리 소리에 잠 나간다'고 했다. 이제는 돈을 은행에 맡겨둔다고 하더라도, 가진 게 많으면 여전히 불안 속에 살게 된다. 그래서 '있노라고 자랑을 말고, 없노라고 기죽지 말라'는 말도 있는 것이다.

'있는 것이라고는 몸에 이밖에 없고, 집에 쥐밖에 없다', '있는 것이라고는 불알 두 쪽밖에 없다'고 하니까, 그래도 재물 있는 놈 쪽이 훨씬 낫다. 궁핍하고 천해 보이는 것이 좋다고 말할 수는 없는 일이다. '있는 놈은 구리반지를 껴도 금반지로 보이고, 없는 놈은 금반지를 껴도 구리반지로 보인다'고 하지만, 그게 그다지 즐겁다거나 억울한 일은 아닐 게다.

'누워 먹는 팔자라도 삿갓 밑을 도려야 한다', '누워 먹는 팔자도 움직여야 한다'고, 부자든 가난뱅이든 일을 해야 한다. '대붕은 한 번 나래를 펴, 오 년 먹을 양식을 구하지 않으면 날지 않는다'는 생각으로 부자는 대들 것이고, '살다 보면 끙끙 앓는 소리도, 허허 웃음소리도 있다'고 스스로 위로하며 돈을 찾아 나서겠다.

'대붕의 뜻을 참새가 어이 알랴' 하며 뻐겨 봤자. '부자가 망해도 삼대를 간다', '부잣집 그루터기가 삼 년 간다', '부자가 망해도 삼 년은 먹을 게 남는다'고 했다. 그러나 '강물도 쓰면 준다'는데, 부잣집 재산인들 늘기만 할까. '부자 되는 것보다 지키는 것이 어렵다', '돈바람 맞고 신세 온전한 사람 없다'고 했으니, 늘 조심해야 하는 사람은 정작 부자들이다. '부자는 몸조심을 한다'는 게 그 말이다. '부귀해지면 그 친척들도 무서워하고 두려워한다'고 하는데, 저를 두려워하게 내버려 두는 것은 가장 큰 잘못이다. '비싼 밥 먹고 헐한 걱정 한다'면서 넘어가는 일이 나중에 큰 화가 될 수도 있다.

'만족할 줄 아는 사람은 항상 넉넉하다'고 했듯이, 마음이 넉넉해야 진짜 부자다. 진짜 부자가 아니고, 돈만으로 부자면 고난이 따르게 되는 게 이치다. '메는 오를수록 높고, 길은 갈수록 멀다', '노루를 피하면 범을 만나고, 산을 피하면 태산을 만난다', '달이 둥글면 이지러지고, 그릇이 차면 넘친다'는 말들에서 이치를 깨우쳐야 할 것이다.

'부귀하여 교만하면 스스로 재앙을 입게 된다'는 예들을 많이 보고 겪을 것이다. 조금 가졌다고 없는 사람을 깔보는 언행은, 없는 사람을 고통에 빠뜨린다. 그래서 '대붕이 연작을 같으면, 연작만도 못한 법이라'고 한 것이다. '명사십리에도 눈 찌를 막대가 있다'는 뜻을 안다면 없는 사람을 오히려 조심해야 한다. 큰돈 벌고 관리하는 데만 마음을 쓰다 보면 허술한 곳이 한두 군데가 아니다. '손톱 밑에 가시 드는 줄은 알아도, 염통 밑에 쉬스는 줄 모른다', '손톱 밑에 비접 드는 줄만 알았지, 염통에 쬥 기는 줄 모른다'는 꼴이 되기 일쑤다.

　많은 사람이 허세에 산다. '집에 금송아지 안 매어둔 놈 없다'고 한다. 사람에게 있는 '체 병' 중 하나, 즉 없는 놈이 있는 체하는 병이다. 남에게 무시당하기 싫어 허세를 부렸지만, 명실상부하지 않고 들통이 날까 봐 그것도 걱정거리다. '부잣집 곳간도 빌 때가 있다', '비단옷 속에 눈물이 괸다', '비단옷 속에 눈물이 들었다', '부귀한 집에 재난이 많다', '쌍가마 속 설움은 남도 모른다', '쌍가마 속에도 근심 걱정은 있다', '없는 사람은 없는 걱정이 있고, 있는 사람은 있는 걱정이 있다'고 했다. 사업을 하다 여의치 않은 경우가 한두 번일까. 때로는 '이리를 피하니 범이 앞을 막는다'는 일도 있겠다. 작은 어려움을 해결하면 더 큰 어려움에 부딪친다는 말이다. '부자도 패가하면 등신이 된다'는 말은 특히 잘 새겨들어야 한다.

　돈을 헤프게 쓰는 자식이 있으면 곳간이 쉽게 빌 것이다. '집안 도둑이 더 무섭다'고, 자식이 집안 도둑이 되는 경우가 허다하다. '집안 도둑은 기르지 말랬다'고 하지만, 그게 쉬운 일인가. '집안이 망하려면 자식부터 잘못 낳는다'는 말이 맞다. 사람 도리에 좀 어긋나지만, '부잣집 아들 일생 중 가장 기쁜 날이 아버지 죽는 날이라'는 말이 있다. 아버지가 없어지면 유산을 마음껏 쓰겠다는 심보다. '자식 보는 눈은 남의 천 눈이 아비 두 눈만 못하다', '자식을 보기에 아비만한 눈이 없고, 제자를 보기에 스승만한 눈이 없다'고 하지만, 꼭 그렇지 않다. '자식 겉 낳지 속은 못 낳는다'고, 부모도 실수할 때가 있는 법이다. '자식 속에는 앙칼이 들었고, 부모 속에는 부처가 들었다', '자식들은 평생 부모 앞에 죄짓고 산다'는 말들이 그를 수 없다. 집안을 일으킬 자식은 똥도 금같이 아낀다고 했다. '집안을 망칠 자식은 돈을 똥 버리듯 한다'면 이미 그른 집

구석이 된다.

'여편네 통은 커봤자 깡통이라'고 하지만, 그렇지 않다. 가끔 어마어마한 일을 저지르는 여장부 아닌 여장부가 나타나지 않는가. 각종 사기, 횡령 사건에 적지 않은 여자가 통 큰일을 저지른다. '여편네가 활수하면 벌어들여도 시루에 물 붓기'라 한 것이다.

'천인이 찢으면 천금이 녹고, 만인이 찢으면 만금이 녹는다', '천 입으로 천금을 녹이고, 만 입으로 만금을 녹이다'는 말이 있다. 아무리 많은 돈이라도 많은 사람이 입을 대고 있으면 쉽게 없어진다는 뜻이다. '망해도 부잣집 끝머리라'고, 부잣집은 아무리 망하더라도 완전히 가난해지지는 않는다고 한다. 그러나 '부잣집 업 나가듯 한다'고, 병들어 시름시름 하듯 많은 돈이 소리 없이 흩어지는 경우가 허다하다.

부자들은 특히 제 몸을 아낀다. 아낀다고 호의호식하는데, 오히려 그것이 건강을 해치는 경우가 허다하다. 병원에 주치의를 두고 자주 찾아가 몸을 맡겨 건강검진을 하며 요란을 떠는데, 그게 오히려 긁어 부스럼을 만드는 경우가 많다. '부자는 보약에 망하고, 가난뱅이는 굿에 망한다'고 했다. 너무 챙겨 오히려 독이 되는 경우가 허다하다. '우환에 드는 돈은 귀신도 모른다', '우환이 도둑이라'고 했는데, 부자도 예외는 아니다.

'베개를 높이 하고 잔다'는 말은, 근심거리가 없어 아주 편히 잔다는 뜻이다. 돈이 아무리 많아도 근심거리가 많으면, 잠조차 편하게 잘 수 없다. 돈을 줄이더라도 걱정거리부터 없애야 만수무강을 이룰 것이다.

5) '욕심에 눈이 어두면 제 손가락으로 제 눈 찌른다'

'행복이나 기쁨은 기다리는 것 자체가 행복이요 기쁨이라'는 말이 모두에게 맞는 것은 아니겠지만, 수긍하는 사람도 꽤나 있을 것이다. 욕심이 이루어져야 행복이나 기쁨을 누릴 수 있다면, 영영 행복은 가능할 수가 없다. 사람 욕심은 끝없기 때문이다. '바람이 불려거든 돈바람이 불고 풍년이 들려거든 임 풍년이 들랬다'고 하지만, 만약 이런 소원이 성취된다 해도, 그 너머에는 또 다른 욕심이 더 큰 똬리를 틀고 있을 것이다.

행복이나 기쁨은 사람 삶의 목적이 아니다. 흔히 '최후에 웃는 사람이 잘 웃는 사람이다', '끝이 좋으면 다 좋다'고 말한다. 삶의 종착점에, 혹은 일의 끝에 행복과 기쁨을 목표로 삼고, 과정은 아무래도 좋다고 생각한다. 그러나 행복과 기쁨은 인생 끝자락에 거대하게 버티고 있는 게 아니다.

행복과 기쁨은 작고 자주 느껴야 하는 에너지 같은 것이다. 마라톤을 뛰는 코스 곳곳에 놓여 있는 음료수 같은 정도로 생각해야 한다. 한 모금 마시고 새로운 마음으로 또다시 달릴 힘을 주는 것, 그것이 행복과 기쁨이다. 그러니 행복과 기쁨은 얼마나 작으며 또 자주 느껴야 하는지 알 것이다.

'허욕에 들뜨면 눈앞이 어둡다', '허욕에 들뜨면 한 치 앞도 못 본다', '여색과 욕심은 죽어야 없어진다', '먼지와 욕심은 쌓일수록 더럽다'는 말들처럼, 욕심에 대해서는 거의 부정으로 여긴다. 욕심이 지나치면 자신은 물론 남까지 망치기 때문이다. 그래도 욕심을 부리는 것은 뭔가 잡아끄는 것이 있기 때문인 것은 당연하다. 한번 살다가는 인생인데, 호의호식 해보자는 생각이다. 남들에게 한껏 과시하고 싶은 욕심도 있겠다. 굵고 짧게가 아니라 굵고 아주 길게, 화끈하게 살고 싶다는 욕망이겠다. 과연 이런 욕심의 절정에 다다른 사람이 얼마나 될까.

'자루도 채우고야 일어선다'고 하는데, 욕심을 다 채워야 그만둔다는 뜻이다. 그런데 사람의 욕심을 다 채울 수 있을까. 바다는 메워도 사람 욕심은 못 메운다고 했는데 말이다. '오래 엎드린 새가 높이 난다'고 했다. 준비를 많이 한 사람이 크게 이룬다는 뜻인데, 그럴 때야 사정은 달라지겠다. 깨우치는 것도 있을 테니 말이다. 그러나 '오래 앉은 새가 살 맞는다'고 했다. 제 자루를 다 채울 때까지 위험한 곳에 주저앉아 있으면 사달이 나는 법이다. '돈 나오는 모퉁이 죽을 모퉁이'라고, 워낙 이해 상충이 큰 곳에서는 욕심을 한껏 채우기 전에 빠져나와야 화를 입지 않을 것이다.

욕심을 이루려면 얼마나 많은 고통을 겪겠는가. '비루먹은 강아지 범 복장거리 시킨다'고, 만만하게 보았던 것이 속을 더 썩이는 때도 있겠다. '업신여긴 나무에 불알 퉁긴다', '업신보이는 나무에 눈이 찔린다', '업신여기던 나뭇가지에 상투 걸린다'고 할 경우도 적지 않을 것이다.

'소망은 먼 곳에 있고, 탐욕은 가까운 곳에 있다'고 했다. 마치 '법은 멀고 주먹은 가깝다'는 이치와 같다. 하면 더하고 싶다고, 가까운 탐욕에 빠지게 된다. 당연히 판이 큰 곳을 찾게 된다. '판돈이 많아야 노름판도 크다'는 건 당연하다. '간덩이가 몸뚱이보다 크다'고 할 만큼 변하게 된다. '간장에 전 놈이 초장에 죽으랴' 하고 스스로 부추기며, 덫 속에 뛰어들기도 한다. 자신도 모르게 '돈 다음에 나온 놈'이 돼가는 것이다. '칼 가진 놈은 칼로 망하고, 돈 가진 놈은 돈으로 망한다'는 소리는 들어도, 설마 내가 그러랴 할 것이다. '매미는 버마재비가 노리는 줄을 모르고, 버마재비는 새가 노리는 줄을 모른다'고 했다. 욕심에 빠져 있으면 다가오는 위험을 느끼지 못한다는 뜻으로 빗대는 말이다.

'송충이가 솔잎을 먹어야지, 갈잎을 먹으면 탈이 난다', '송충이는 솔잎 먹고, 부엉이는 산에서 울어야 한다'고 했다. '송충이가 궁해도 갈잎은 못 먹는다'고도 했다. 제 주제를 알고 처신하라고 이르는 말들이다. 사람이 별수 없다. 스스로 남보다 낫다고 자부하지만 '오십 보 백 보'다.

'주린 배 채우려는 도둑질보다, 부른 배 터지려고 하는 도둑질이 더 무섭다'고 했다. '호강에 요강을 탄다', '밥 위에 떡'으로 더 얻으려고 하다가는 '형틀을 지고 와서 매 맞는다'는 꼴로 전락하기 쉽다. 세금 잡아먹는 하마라 할 수 있는 직책에 있으면서도, 뇌물 먹기를 '부잣집 별식 먹듯' 한다면 그야말로 '호강에 겨워 요강에 똥 싼다'고 할 것이다. '맞아 죽어도 큰 칼에 맞아 죽으랬다'고 했는데, 진정 그러기를 원하는가.

'사람은 재물을 탐내다 죽고, 새는 먹이를 탐내다 죽는다'고 했다. '백 년 가는 부자 없고, 십 년 가는 권세 없다', '십 년 세도 없고, 백 년 부자 없다'고도 했다. 있는 사람이 아무리 욕심을 내도 욕심껏 가질 수는 없는 일이다. 그래서 '없는 것이 있는 것보다 많다'고 했다. '부귀에 눈이 어두우면 부끄러움을 모른다'고 했다. '먹을수록 양양이라'지만, '먹이를 탐내는 고기가 잡힌다'는 것을 알아야 한다.

'깊던 물이라도 얕아지면 오던 고기도 아니 온다'고 했다. 그득했던 돈이 서서히 줄어들면 주위 사람도 떠나간다. '돈으로 사귄 사람은 돈 떨어지면 그만이라'는 말이 꼭 맞다. '부귀에 눈이 멀게 되면, 서로 덕으로 돕지 않게 된다'는 것을 절감하게 된다. 천 사람이 손가락질하면 병이 아니라도 죽는다는 이치를 깨우치게 되는 것이다.

5. '가난에는 백전노장도 별수 없다' / 가난의 그늘

 '돈에는 근심 걱정이 따라다닌다'고 했는데, 있는 근심보다는 없는 근심이 큰 것은 당연하다. '없으면 친부모의 제사도 못 지낸다', '없으면 맏아들 돌떡도 못 해준다'는데, 그럴 수밖에 없다. '없을수록 마음을 바로 먹으랬다', '없을수록 사람의 도리를 해야 한다'고 하지만, 옴짝달싹을 할 수 없는데 가능하겠는가. '없으면 염치만 는다'는 말이 당연하다.
 '돈이 없으면 아무 일도 이루어지지 않는다', '돈이 없으면 될 일도 안 된다'는 말에, 아니라고 자신 있게 우길 사람은 극히 드물 것이다. 돈이 없으면 할 수 없이 몸을 팔아야 한다. '몸 밖에 재물이 없다'고, 몸도 재물이니 최후에 돈하고 바꿀 수가 있겠다. 우선 피를 팔 수 있을 것이다. '피 같은 돈'이라고 흔히 말하는데, 정말 피는 돈이다.
 중국인 소설가 위화는 장편 《허삼관 매혈기》에서 꾸준히 제 몸의 피를 팔아 연명해가는 인간상들을 실감 나게 보여준다. 일자리가 없으니 병원에 가서 피를 팔아 가족을 부양한다. 더 많은 피를 뽑아 팔기 위해 물과 소금을 무리할 정도로 먹고, 피를 뺀 후엔 돼지 간과 황주로 기력을 보충한다.[28] 가난한 사람들이 눈물겹게 살아가는 모습을 이토록 절절하게 보여준 작품도 흔치 않다.
 피를 파는 다음 단계가 장기臟器를 파는 것이겠다. 장기매매는 법으로 금지되어 있으나, 검은 세력들에 의해 몰래 매매가 되고 있는 현실이다. 제 몸의 피나 장기를 팔아서라도 목숨을 이어가야 하는 사람들이 많지만, 현실은 눈 하나 꿈쩍 않는다. '가난한 놈 걱정은 결국 돈 한 가지 없는 걱정이라'고 하는 말은 간단하지만, 돈 없는 사람의 삶은 고통스럽기만 하다.

"유럽에서는 돈이 없는 것은 머리가 없는 것과 마찬가지다. 손발이 없는 것과 마찬가지요, 아무것도 없는 것과 마찬가지다. 너는 돈을 지니지 않으면 안 된다. 돈은 먹는 일과 마시는 일과 잠자는 일과 마찬가지로 소중하다[29]"고 말한, 남태평양 섬의 추장 투이아비의 말은 크게 과장된 것은 아니다. 추장이 유럽밖에 몰라서 그렇지, 이제는 사람 사는 모든 곳이 돈이 없으면 머리가 없는 것과 마찬가지라 해야겠다.

'주머니가 가벼워지면 걱정은 무거워진다', '주머니가 가벼워지면 어깨는 무거워진다', '주머니 빈 옷이 더 무겁다'는 표현이 기막히다. 돈이 생겨 '주머니가 무거워지면 마음은 가벼워진다'는 건 말할 나위도 없다. '주머니를 열어두면 돈은 나가게 된다'고 하는데, 돈 안 쓰고 살 수가 없다. '깊은 물에 고기가 모이고, 깊은 산에 짐승이 모인다'고 돈이 있어야 세상이 외롭지 않거늘, '물에 빠져도 주머니 하나밖에 뜰 것이 없다'면, 그야말로 '살다가 병신 된다'고 할 것이다.

'돈과 자식은 마음대로 되지 않는다'더니 정말 그런 줄을 알겠다. '오죽해야 송충이가 갈잎을 먹을까', '오죽하여 호랑이가 개미를 핥아 먹겠는가' 하는 말은 누구 입에서든지 나올 수 있다. 돈을 벌려다 있는 돈 말아먹는 경우가 허다하니, 어찌 마음대로 된다고 할 수 있겠는가. '눈은 풍년이나, 입은 흉년이라'고 저 먹을 차지가 오지 않으니, 아픔은 더욱 커지기만 할 뿐이다.

'목구멍이 원수다', '목구멍이 죄다', '목구멍이 포도청보다 무섭다'고 했다. 아무리 '사람이 궁할 때는 대 끝에서도 삼 년을 산다'고 하지만, '배고픈 것보다 더 큰 설움은 없다', '세상에 답답한 일 가난밖에 없다',

'배고프면 죄도 모른다', '배고프면 죄도 무섭지 않다'는 말들이 과장 아니다.

밖에 나가면 제 땅 한 조각이 없으니, '제 땅이라고는 메밀 씨 모로 박을 땅도 없다', '송곳 꽂을 땅뙈기도 없다'는 처지다. '땅 열 길을 파도 동전 한 잎 안 나온다'니 땅이 있어도 소용없지, 하고 스스로 위로할 수밖에 없다. 집안에 들면 '서 발 장대 휘둘러야 생쥐 볼가심하던 감자 한 쪽 걸릴 게 없다'고 할 정도로 아무것도 없는 살림이다. '물로 씻은 듯이 가난하다'는 말이 차라리 덜 아리다.

'못난 놈 잡아들이라면 가난한 놈 잡아들인다', '못난 놈 잡아들이라니까 없는 놈 잡아들인다'고, 가난하면 못난 놈이 된다. '가난하면 만사가 안 된다'고 하더니, 만사가 거꾸로 되는 느낌일 것이다. 그럴 때 '가난이 죄라'고 장탄식을 하게 된다.

'살다 보면 마른 길 두고 진창 걷는 날도 있다'고 했다. 가난하면 천대받고 돈이 있으면 존대 받는다는데, 가난하면서 존대 받을 방법은 없을 것인가. '사람이 굶어 죽으라는 법 없다'고, 궁지에 몰렸을 때 방도가 날 것이다. 내 자존심을 내려놓거나, 운이 트이거나 할 것이다. '사람이 궁하면 안 하는 짓이 없다'고 했다. 내 삶을 사는데, 남의 눈치를 볼 것이 없다. 다만 남의 도움을 앉아서 기다리지 말자. '노름 뒷돈은 대도, 가난 뒷돈은 안 댄다', '노름돈은 대줘도, 먹는 뒤는 안 대준다'는 게 세상 인심이니까, 기대를 말아야 한다.

내 것은 아니지만, 세상에 먹을 것은 넘쳐난다. '든 거지 난 부자'든, '든 부자 난 거지'든 가로 세로 설쳐대는 세상에서 빈주머니로 살려니 한 없이 처량할 것이다. 그러니 심리적으로는 박탈감에 무기력해질 뿐이다. 아무도 빼앗아간 사람이 없는데, 모두한테 빼앗긴 기분인 것이다. '배꼽이 등가죽에 들러붙겠다'고 할 정도로, 심리적 허기에 시달린다. '배가 고프면 만사가 귀찮다', '배가 고프면 아무 음식이나 잘 먹는다', '배가 고프면 역정만 난다'고, 심리적 기갈 상태에 있으니 별수 없는 인간이 된 기분이겠다.

가난한 사람은 단순히 돈이나 재물을 갖지 못한 사람으로 생각해서는 안 된다. "가난은 결코 용인할 수 없는 재능 낭비를 낳는다고 주장했다. … 가난은 단순히 돈이 부족한 상태가 아니라 한 인간이 자신의 잠재력을 온전히 실현할 가능성이 없는 상태를 뜻한다[30]"고 했다. 한 사람이 재능을 충분히 발휘하도록 도와주는 것은 사회적 책임이다. 교육은 물론 독립할 수 있도록 필요한 최소의 지원이 필요하다. 가난은 개인의 문제라고 생각해서는 안 된다. '없는 사람은 조금만 도와줘도 산다'는 말을 잘 새겨야 한다.

1) '돈 없으면 호걸도 없다'

지혜와 용기, 기개와 풍모가 남다르게 뛰어난 사람을 호걸이라 한다. 돈 없으면 호걸도 없다는 말이 가능할까. '세상에 배고픈 장사는 없다'고 했으니 말이다. 그래서 '풍신이 아무리 좋아도 돈이 있어야 영웅이지' 하는 말도 있다. 남다르게 뛰어났다면, 돈을 만드는 데도 출중해야 할 것이다. 그런데 돈을 만들다 보면 여러 가지 구차한 일을 겪고 찌들게 된다. 허세와 배짱으로 버틴다. 그게 사람들에겐 용기와 지혜로 보이는 것이다. '대적大賊이 그릇되면 놀음판에서 개평 뜬다', '대호大虎라도 배를 주리면 가재를 뒤진다'는데, 허세와 배짱이 먹히지 않으면 그런 처지로 돌아오는 셈이다. '돈 없는 천하에는 조무래기 영웅뿐이다'는데, 영웅호걸은 다 뭇 사람들이 만들어내는 법이다. '호걸은 장 호걸이요, 고생은 장 고생이라'이라 하는데, 사람들이 늘 이런저런 뒷바라지를 해주니까 장 호걸이 되는 것이다.

영웅호걸이든 필부필부든 가지고 있는 잠재적 능력은 거기서 거기다. 다만 어떤 일에 제 인생을 걸며, 때를 잘 선택하느냐에 따라 성패가 결정될 것이다. 물론 그 시기 선택이라는 게 우연인 경우도 적지 않다. 이 과정에서 돈이 많으면 일이 쉽게 성사되는 것이다. '돈 있고 안 되는 일 없고, 돈 없고 되는 일 없다'고 했는데, 돈이 있어도 안 되는 일이 있고, 돈이 없어도 되는 일이 있는 건 분명하다.

돈 없는 영웅은 대부분 전쟁이 만들어준다. 영웅이라는 말 자체가 전쟁이나 스포츠처럼 이기고 지는 게임에서나 어울리는 말이다. 전쟁 영웅은 전쟁 때 만들어지고, 스포츠 영웅은 수시로 만들어진다. 돈이 없어도 되는 영웅들이며, 오히려 영웅이 되고 나서야 훨씬 더 많은 돈을 거머쥐게 된다. 특수한 상황에서 솟아난 사람을 두고 영웅이라 하지, 그렇지 않은 경우 '인물' 정도로 부르는 게 좋겠다.

인물 또는 성공한 인생이라는 소리를 듣기 위해서는 제 몸과 가지고 있는 것을 던져넣어야 한다. '돈 한 푼 쥐고 벌벌 떤다', '돈 한 푼 쥐면 펼 줄 모른다', '돈 한 푼 쥐면 손에 땀이 난다'는 소리를 들을 정도면, 큰 수확을 기대할 수 없는 것은 자명한 이치다. '왕손도 세상을 잘못 만나면 나무꾼이 된다', '돈 없고 빽 없는 놈은 시체라' 했으니 돈이든 빽이든 있어야 한다.

세상인심이 돈 있는 사람에게 쏠리면, 호걸이 나기 어렵다. 돈 많은 사람을 무조건 호걸이라 할 수는 없는 일이다. '독불장군 없다', '독불장군치고 끝이 좋은 놈 없다'고 했는데, 주위에 사람이 있어야 호걸이든 소영웅이든 될 것이다. '영웅은 제 방구석에서 죽지 않는다'고 했다. '영웅은 색을 좋아하고, 호걸은 술을 좋아한다'고도 했다. 움직이면 돈이고, 주색에는 돈이 '밑 빠진 독에 물 붓기'인데 어찌 움치고 뛸 수 있겠는가. 돈부자이자 사람 부자여야 호걸이 될 확률이 높다.

정치가로서 인물도 마찬가지다. '사람 모이는 속은 호두엿 장수가 먼저 알고, 신명 속은 광대놈들이 먼저 안다'고 했는데, 인물이 사람들의 그런 심리를 모를까. 마음만 알아서 될까? 뒤에서는 다 돈이 농간을 부리는 것이다. 현대판 인물은 거의 돈이 만든다. 물론 사람들을 모으는 돈이 다 인물의 주머니에서 나오는 건 아니다. 주위 사람들이 보험을 든 돈이다. '이득 없는 일에는 부자지간에도 삼간다'고 했는데, 이익 되는 것 없는데 주변에 모여들 까닭이 있겠는가?

지난 시절에는 가난하게 태어나 청빈하게 어른이 된 사람에게 측은지심을 가졌다. 그러나 이제는 사람들 생각이 많이 달라졌다. 정치적 인물이 되기 위해서 미리미리 돈 준비를 한다. 돈을 쉽게 긁어모을 직업을 선택하고 그걸 눈덩이처럼 굴린다. 주식 시세조종을 하는 무리와 결탁해 큰돈으로 튀기는 경우도 있다. 국회의원이 되면 누구나 대통령 욕심을 갖게 된다고 하는데, 실제로 준비하는 사람이 한둘이겠는가. 정치판으로 나간 사람들은 '돈 안 주고 되는 일 없다'는 것을 아주 일찍부터 터득한다. 영웅이 되기 위해 돈부터 준비하는 세대다.

신흥종교의 경우는 좀 다르다. 소위 사이비 교주들의 공통점은 학력이 형편없고 가난하게 자랐다는 것이다. 그들이 내세울 수 있는 남다르다는 점이다. 보통사람들처럼 학교 교육을 받았다면 별다를 게 없는 인간 취급을 받는다. 학교 교육을 포기하고 주체적인 학습자가 되어 성경이든 불경이든 수없이 읽고 크게 깨달았다고 해야 먹힌다.

죽음에 저당 잡힌 사람들은 죽음을 해결해 준다는데 돈을 우선 투자한다. 사이비 교주는 순식간에 부자가 된다. 영원한 삶을 얻어보겠다는 욕심보다 더 큰 욕심이 어디 있겠는가. 정치가들이 백성을 행복하게 만들겠다고 나서는 것과 비슷하다. 그런 욕심 때문에 다 하수인이 될 뿐이다. '양반은 머슴이 만든다'는 격으로, 정치나 종교의 인물들은 돈이 만든다. 돈 속에서 비로소 남다르게 만들어진 인물이 생겨나는 것이다. 모두 다 제 욕심이 하늘을 찌른다는 것을 아는데, 사람과 돈을 지배하여 신과 흡사한 영웅이 되려 한다.

양반 가난이 더 무섭다는 것을 알 것이다. 선비나 양반도 목구멍 때문에 구차해지면 백 가지 행실이 이지러진다는 것은 뻔한 이치다. 가난한 양반이나 선비가 살아가는 모습은 일상인들에게 흥미로운 관찰의 대상이었다. 가난하지만 현실의 때를 묻히지 않고 인간의 도리를 어떻게 실천할 수 있는가, 하는 것이었다. 가난 속에서 체면을 유지할 수 있는 것은 오로지 고집이었던 셈이다. 고집을 권세와 권위로 잘못 생각했다. '양반은 문자 쓰다가 저녁 굶는다'고 했다. 고집이 때로는 양식이 되기도 했다. '선비의 창자가 아무리 곯아도 채우고 봐야 행세한다'는 것은 알지만, 고집으로 며칠씩을 버텼던 것이다. '양반도 사흘만 굶으면 된장 맛좀 보자며 덤빈다'고 했으니, 아마도 사흘 고집은 되었겠다.

선비는 공부로 도道를 닦는 사람이다. 종교인들처럼 죽은 뒤의 세계를 위해 수도修道하는 사람이 아니라 현실의 진리를 탐구하기 위한 공부를 하는 사람들이다. 돈이나 재물과 거리를 두었던 계층이다. 그러니 실생활에서 가난하게 살 수밖에 없었다. 대부분 양반계층의 자손이어서 걱정 없이 사는 사람들이었지만, 평생 가난을 벗어나지 못하는 사람도 적지 않았다. 양반은 벼슬을 목표로 공부하는 사람이지만, 선비는 일단 공부가 목표였으며 벼슬은 그 후에 선택할 일이었다.

사농공상이 수직적 질서에서 수평적 질서로 바뀐 덕분에 곳곳에서 인물이 나타난다. 이제는 그들을 흔히 '레전드'라고 부른다. 그들은 돈을 몰고 다닌다. 저 자신이 투자한 돈이 없더라도 인물이 될 수 있는 시대다. 다른 누군가가 이들에게 많은 돈을 투자한다는 것이다. 더 많은 돈을 회수하기 위해서다. '연도 연줄이 있어야 창공을 난다'고 했다. 연줄은 곧 돈줄이다.

2) '돈 없는 놈 서러워 못 산다'

'명 짧아 죽은 무덤은 있어도, 서러워 죽은 무덤은 없다'고 했다. '돈 나무라다 돈에 울고, 사람 나무라다 사람에 운다'는데, 서러움이 없다? '제 것 없으면 설움이라'는 말이 당연하다. 돈도 집도 땅도 없으면, 그야말로 설움의 절정이리라. 세상은 풍년처럼 돌아가는데, 없이 사니 더 서럽다. '입은 풍년이라도 내 입에 들어가는 건 없다'는 말이 그 뜻이다. '입에 종 노릇 하기가 바쁘다', '입에 먹는 것이 안 따라가랴' 하니까, 더욱 더 서럽다. '죽자니 청춘이요, 살자니 고생이라', '비상을 사 먹고 죽으려고 해도 돈이 없어 비상을 못 산다', '비상 사 먹고 죽으려 해도 노랑 동전 한 푼 없다'는 처지인데, 너무 서러우면 눈물도 안 나온다는데 그 말이 맞다.

'사람은 가난하면 무식하고, 말은 마르면 털이 길어진다', '사람은 가난하면 지혜도 적다'고 했는데, 가난한 사람에게는 참으로 복장 터지는 말이겠다. 가난하게 사는 것도 억울한데, 무식하고 지혜가 적다고 여겨지니 말이다. 그건 일부 가난한 사람들에 대한, 있는 사람들의 생각일 뿐이다. '가난하면 천대받고, 돈이 있으면 존대 받는다'는 이 세상을 살아가기 정말 힘들 것이다.

사람이 걱정으로 사는 건 매일반이다. '걱정이 열 섬이면, 근심이 스무 섬이라'는데, 쌓이고 쌓이면 '걱정이 태산 같다'고 할 것이다. '걱정

없는 사람 사돈네 개 밥 안 먹는 것 걱정한다'고 하니, 세상사는 걱정으로 요지경 속일 수밖에 없다. '걱정도 팔자에 있으면 모면하기 어렵다'고 했는데, 모든 사람의 팔자는 걱정이라는 터전 위에 펼쳐진다고 하겠다. "걱정한다고 걱정이 없어지면 걱정이 없겠네" 하는 다른 나라 속담이 경쾌하다.

가난한 사람에게 최우선 걱정은 대부분 돈 걱정이겠다. '없는 사람 걱정은 돈 없는 걱정이라'는 말이 그를 수 없다. '돈을 벌려면 이마에 소 우牛 자를 붙여야 한다'고 했는데, 소 우자 옆에 말 마馬 자를 더 붙여도 가난의 수렁에서 빠져나오기 쉽지 않다. '돈은 좋은 사람이 쓰면 약이 되고, 나쁜 사람이 쓰면 독이 된다'는 말이 그럴듯하지만, 선악의 구분이 그리 명확할 수 있는 것인가. 선하게 쓰려 해도 돈이 있어야 쓰지, '돈은 임자가 따로 없다'는 말이 허황하게 여겨질 것이다.

가진 게 없는 사람일수록 돈 들어갈 일들이 자주 생긴다. '없는 논 팔게 생겼다'고 한탄할 일들 말이다. '없는 놈 돈이 더 헤프다'고 한 것이다. 없이 살다 보니 워낙 구멍 뚫린 곳이 많아 그렇다. '집안이라고 서 발 막대 거칠 것이 없다'는 말부터 시작해서 '가진 것이라고는 알몸밖에 없다', '가진 것이라고는 그림자밖에 없다', '가진 것이라고는 쥐뿔도 없다', '가진 것이라고는 호두 두 알밖에 없다'고 말한다. '없는 집에 싸움 떨어질 날 없다', '집안이 가난하면 싸움이 잦다'고 했는데, 헛말이 아니다. 없이 사는 설움을 어디다 분풀이 하겠는가. 하소연하다가 분풀이 할 곳은 집안 외에 어디 있을까.

없는 사람은 늘 위축되어 살기 일쑤다. 아무리 성격이 활달하고 오지랖이 넓다 해도 한계가 보인다. '없는 활달과 있는 옹졸은 맞서지 못한다', '없는 활협과 있는 인색은 맞서지 못한다'고 했다. 아무리 옹졸한 부자라 할지라도 활달한 가난뱅이보다는 낫다는 말이다.

'없는 놈은 성도 없다'고 했다. 일터에서 성씨로 부르기는커녕 "어이" 하니, 성조차도 잃었다고 여겨지겠다. '없는 놈은 쓸개도 없다'고 한다. 쓸개는 자존심의 상징이다. 자존심을 내세울 수 없으니 쓸개가 없는 것과 한가지다. 제 감정을 내보일 수 없으니, '없는 놈은 소가지도 없다', '없는 놈은 입 두고도 말을 못한다'고 말한다. 가난해 일가도 찾지 않으니, '없는 놈은 일가도 없다'고 한다. 돈이 없어 선택할 자유와 권리가 없으니, '없는 놈은 이밥 조밥을 가리지 않는다', '없는 놈은 찬밥 더운밥을 가리지 않는다', '없는 놈은 허리띠가 양식이라'고 한다. 없으니 친구인들 제대로 사귈 수 있겠는가. 그러니 '없는 놈은 친구도 없다'고 말한다. 없으면 오로지 일에 몰두할 수밖에 없다. '없는 놈은 앓을 여가도 없다', '없는 놈은 죽을 날도 없다', '없는 놈은 허리 펼 날이 없다'고 하는 것이다. 없으니 관혼상제冠婚喪祭를 제대로 치룰 수가 없다. 그러니 '없는 놈은 찬물 떠놓고 혼례한다', '없는 놈은 아비 제사도 못 지낸다'고 한다.

없는 사람은 설상가상雪上加霜, '엎친 데 덮친다'고 할 경우가 많이 생긴다. '없는 놈은 고기 한 점을 맛봐도 배탈이 난다', '없는 놈이 남의 것 먹자면 말이 많다', '얼어 죽고 데어 죽는다', '진 근심 마른 근심'이 모두 없는 사람 차지다. '집도 절도 없다', '없는 놈은 소금밥도 대접 못한다', '없는 놈은 비단도 한 끼라'는 설움을, 설움으로 다질 수밖엔 없다.

'죽을 판 있으면 살 판도 있다', '죽을 지경에 빠져야 살길을 찾게 된다', '죽을 자리에 살 자리가 있다'는 말이 맞기는 맞을 것이다. '질기고 모진 것이 삶이라'고 하니 그렇다. '두견새 목에 피 내먹듯이 산다', '생밤송이를 맨겨드랑이에 끼고 산다'는 말은 극한상황에 몰려 있는 사람이라는 뜻이다. '빈자는 소인이 된다'는 걸 절실히 깨우치게 된다. 그래서 '멀건 죽사발에 떨어지는 눈물을 먹어본 사람만이 인생을 안다'는 말도 하게 된다.

　없었을 때 서러움을 만회해 보려 하는 걸까. 품성이 급변하는 경우도 있겠다. '없는 놈이 부자가 되면 안하무인이다', '없는 놈이 잘살게 되면, 거지 쪽박을 깬다', '없는 놈이 돈을 벌면 교만해진다', '없는 놈이 돈을 벌면 없는 놈 사정 더 모른다', '없는 놈도 말 타면 말몰이꾼 생각난다'는 대로 언행을 할 수도 있다.

　'못이 마르면 고기도 궁하게 된다'고, 돈이 마르면 사람도 궁하게 된다. '없는 놈이라야 딱한 줄도 안다'고 동병상련하는 사람도 있겠지만, '없는 놈이 우는소리를 하면, 있는 놈도 우는소리를 한다'고 정서 교감이 전혀 안 되는 사람도 있다. '빈천하면 처자도 업신여기고, 부귀하면 남들도 소중히 여긴다'는 것이 정한 이치라는 것을 모를 수가 없게 된다.

3) '가난한 놈은 못 하는 일이 없다'

　'직업에는 귀천이 없다'고 하는 말에 동의하는 사람 많지 않을 것 같다. 왜 그렇게 의대를 가려고 하는지를 봐도 알 것이다. 의사가 되면 수억의 연봉에다가 존경받는 사람으로 여겨지니 그렇다. 게다가 인터넷, TV의 단골손님이 될 경우가 많다. 많은 의사가 반 연예인으로 이류을 낸다. 의사가 되면 평생을 호의호식할 수 있다는 생각으로 학부모는 자식을 몰아붙이는 것이다. 적성은 전혀 고려하지 않는다. 아무리 히포크라테스 선서를 외워댄들 무슨 소용이 있겠는가. '염불에는 마음이 없고, 잿밥에만 정신이 팔려 있다'고 하는데 말이다.

　'의술은 인술仁術이라'고 하지만, 재테크나 재술財術로 전락한 지 오래다. '상급 의사는 병이 나기 전에 예방하고, 중급 의사는 병이 나려

할 때 고치고, 하급 의사는 병이 난 뒤에 고친다'는 말이 있다. 요즘 의사 대부분은 하급 의사라 할 수 있다. 그것도 병을 고쳐야 하급이다. 만약 병을 고치지 못하면 완전 등외급 의사라 해야겠다. 부모는 그래도 좋다는데 어쩔 것인가. 최상급 의사는 병든 사회가 병자를 양산한다는 생각에서, 사회의 병폐를 고치는 일을 소홀히 하지 않아야 존경받을 수 있다.

 법조인이 되면 안 그런가. 판검사나 변호사가 주로 상대하는 사람은 죄인이라서 힘이 실린 소리를 한껏 해댄다. 그것을 권력이라고 믿는다. 그러나 힘 실린 소리는 법정 밖에서도 큰 효과를 낸다. 이러니 '집안에 의사와 판검사 한 명씩은 있어야 한다'는 말이 생겨나는 것이다. '의사와 변호사는 나라가 허가한 도둑놈이라'는 말이 있으니까 더 좋아한다. 도둑놈이라도 합법적이기 때문에 그렇다. 자식이 의사 변호사인 사람이, "내 자식은 도둑놈이요" 하지는 않을 것이다. 마치 '아들 시앗은 열도 귀엽고, 자기 시앗은 하나도 원수라' 하는 이기심과 다를 바 없다.

 서민들은 "집안에 9급 공무원이라도 나면 가문의 영광이라"고 한 적이 있다. 지방대학에는 경찰이나 교사 시험에 한 명이라도 붙으면, 정문에 현수막이 내걸릴 정도다. 취직이 무진 어렵고, 공무원 되기가 하늘에서 별 따기인 시절이라서 그렇다.

 '집안에 항상 일만 있으면 굶어 죽지는 않는다'고 했다. 최악의 경우 정규직이 아니고 일용직이라도 있으면 굶어 죽지 않는다는 건 맞다. '당해서 못 당하는 일이 없다'고, 하게 되면 못 할 일이 없다. '사람이 함독含毒해지면 못할 일이 없다'는 말이 맞다. 그런데 요즈음은 일부러 사람을 함독하게 하는 경우가 적지 않다. 무능한 정부는 백성에게 일자리를 만들어 줄 생각보다는 제 권력 유지에만 급급한다. 인건비를 줄이려는 회사나 공공기관은 대놓고 비정규직만 채용하기도 한다. 우두머리들이 제 부른 배를 더 불릴 생각만 하지, 나눌 생각은 아예 하지 않는다.

이러니 사람들은 '언제나 코 아래 입이 말썽이라'고 한탄하는 것이다. 일자리 하나 얻으려고 여기저기 기웃거리며 소중한 청춘을 다 보낸다. '먹지도 못할 제사에 절만 죽도록 한다', '먹지 못할 제사에 망건 다 친다', '먹잘 것 없는 국에 입천장만 덴다'고, 윗사람들 위세에 상처만 입고 돌아서는 경우도 허다하다. 그렇지만 '배부른 흥정'만 하려는 이들도 많다. 능력은 없으면서 돈만 많이 요구하면 누가 일자리를 주겠는가. '배부른 자에게 고량진미를 줘도 별맛을 모른다'고, 사용자들도 하는 수 없이 외국 노동자를 쓰는 고육지책을 택하기도 한다.

세상을 살자면 '사람 팔자 개 팔자요, 개 팔자가 상팔자라'는 말을 수도 없이 지껄여대야 한다. '콩죽 먹는 놈 따로 있고, 똥 싸는 놈 따로 있다'는 생각이, 반드시 옳지는 않아도 무수히 투덜대기 일쑤다. 어려운 제 처지를 덜 비관적으로 보려는 사람은 남의 절박한 경우와 견주어 보면 좋다. 요절한 소설가 김유정의 예가 좋다.

김유정의 편지글 〈필승前〉을 보면, 그가 병으로 죽기 직전까지 돈을 구하는데 얼마나 절실했는지 알 수 있다. 폐결핵을 앓고 있던 김유정이다. 두루 알다시피 폐결핵은 못 먹어 생기는 병이라 할 수 있다.

김유정은 편지로, "필승아. 내가 돈 백 원을 만들어 볼 작정이다. 동무를 사랑하는 마음으로 네가 좀 조력하여 주길 바란다. 또다시 탐정소설을 번역하여 보고 싶다. 그 외에는 다른 길이 없는 것이다. …… 그 돈이 되면 우선 닭을 한 30마리 고아 먹겠다. 그리고 땅꾼을 들여, 살모사 구렁이를 10여뭇 먹어 보겠다. 그래야 내가 다시 살아날 것이다. 그리고 궁둥이가 쏙쏙구리 돈을 잡아먹는다. 돈, 돈, 슬픈 일이다." 했다. 폐결핵으로 죽기 11일 전에 쓴 것이다.[31] 겨우 29년을 살다 갔다.

지금으로 따지면 50~100만 원 정도면 해결할 수 있는 소망이었다.

'하던 도둑질'이라고, 번역이나 글을 써서 죽음을 피하고 싶었던 것이다. 글을 쓴다는 게 닭이 알을 낳듯 하는 게 아니라는 것을 잘 알 것이다. 극한직업에 속한다. 더구나 일제강점기 시대에는 사방이 막혀 있어 다른 방도가 없었다. 가난과 싸우며 명작을 남기고, 병고에 시달리다 요절한 것이다.

'가난 구제는 나라도 못한다'고 하니까, 제 가난은 제가 면할 수밖에 없다. '가난하면 죽고 싶은 생각밖에 안 난다'고 하니, 살려면 돈을 벌어야 한다. '열 번 밟으면 백 번 밟히는 시늉을 한다', '대 끝에서도 삼 년을 연명한다', '맨손 하나로 밤송이 우엉송이 다 까보았다'는 말을 할 수 있을 정도로 각오하고 덤벼야 한다. '빈천하면 부지런하고 검소하게 된다', '한때 고생하면 한때는 잘 산다'는 건 틀림없는 말이다.

가난하여 아무것도 가진 것이 없는 사람을 두고, '목을 딴대도 피가 나올지 의문이라'고 말한다. '가난한 사람은 벼룩 무릎 꿇을 땅도 없다', '가난한 사람은 송곳 꽂을 땅도 없다'고 한다. 돈은 벌어야 하는데 별다른 수단이 없어 '목 짧은 개가 왕겻섬 넘겨다보듯', 남의 돈 돌아다니는 것이나 구경만 할 수는 없다. 가난을 벗어나려면 염치나 체면을 가리지 않고 덤벼야 한다. 체면에 살다 체면으로 죽는 양반이나 선비처럼 굴다가는 굶어 죽기 딱 맞다. '양반이라는 건 금방 굶어 죽어도, 손끝에 흙 하나 안 묻히고 죽는다', '양반도 어부 마을에 가서 살면 어부 된다', '세 끼 굶은 군자가 없다'고 했다. 제 온몸을 부려 일할 줄 모르니, '양반은 더러워서 범도 안 잡아먹는다'고 했다.

저쪽 어느 사람이 "살아있는 모든 사람은 죽은 모든 사람보다 낫다"고 했단다. 이쪽에도 비슷한 말이 숱하게 많다. '죽은 정승이 산 돼지만 못하다' 투의 말이 그렇다. 세상에 한 번 산다는 것은, 온 생명에게 최고의 영광이자 가치다. 비록 극빈자로 힘겨운 삶을 살지라도, 지상 최고의 축제를 경험하는 것이다. 그러니 생명이 다할 때까지, 온몸을 부려 크게 꿈틀거려야 한다.

4) '없는 놈은 꿈으로 산다'

현실에 만족할 수 없으니 꿈으로 산다. 가난한 사람은 꿈을 많이 꿀 수밖에 없다. 조세희의 소설 《난장이가 쏘아올린 작은 공》에서 그것을 확인할 수 있다. "천국에 사는 사람들은 지옥을 생각할 필요가 없다. 그러나 우리 다섯 식구는 지옥에 살면서 천국을 생각했다. 단 하루도 천국을 생각해보지 않은 날이 없다. 하루하루의 생활이 지겨웠기 때문이다. 우리의 생활은 전쟁과 같았다. 그 전쟁에서 날마다 지기만 했다"[32]는 문장에 가슴이 저린다. 주인공 가족이 사는 주소도 아이러니하게 '서울 특별시 낙원구 행복동'인데, 무허가촌이다. 현실이 무너져내리고 꿈도 역시 무너져내리는 사람들의 이야기다.

'이 구름 저 구름 지나가다 보면, 비 내리는 구름도 있다'고 했는데, 구름마다 외면하고 그냥 지나간다. 혹시나 하고 기다리면, 역시나 내 몫은 없다. 어쩌다 돈이 생기는 수도 있을 것이라는 생각은 늘 실망만 준다. 세상에 돈은 많아 구경할 돈은 많은데, 내 손에 잡히지를 않는다. '우물 옆에서 말라 죽는다', '우물 곁에 두고 목말라 죽는다', '홍수에 마실 물 없다'는 격이다.

남들은 작고 큰 복을 자주 받는 것 같은데, 행운은 나만 피해 가는 것 같다는 생각이다. '인생은 행불행을 한 줄에 엇갈아 꿰어놓은 염주와 같다'고 했는데, 내 염주에는 행운은 빼고 불행만 꿰어놓은 염주 같다. '나쁜 일은 혼자서 오는 법이 없다'고, 불운이 나만 집중공격하는 것 같다는 생각을 하게 된다. '돈 쓰던 사람 돈 떨어지니 구시월 막바지에 서리 맞은 국화라'고 하는데, 애당초부터 돈이 없어 펴보지도 못하고 서리맞은 국화는 뭔가, 싶을 것이다.

내가 지금 당하는 불행은, 언젠가 맞게 될 행운을 위한 준비 운동쯤으로 봐야 할까? '개구리 주저앉는 뜻은 멀리 뛰자는 뜻이라'고, 내가 그런 처지인가? 도대체 행운까지도 평등하지 않으니 어찌 살맛이 나겠는가, 싶을 것이다.

'사람이 혹시로 속아 산다'고 했다. '농사는 명년이나 명년이나 하면서 속아 짓는다', '세월에 속아 산다'고도 했다. '혹시가 사람 잡는다'는 말이 맞구나, 싶을 것이다. '기대가 크면 실망도 크다'는 걸 알지만 너무하다 싶을 때가 많다.

이렇게 살다 내 인생은 그냥 끝나겠지, 하겠다. '뱀 꼬리 십 년 후라고 용 꼬리 될까', '개 꼬리 삼 년 묻어도 황모 되지 않는다'고 했는데, 내가 그 모양 아닐까. '내 팔자가 남의 칠 자만도 못 하다'고 했는데, 정말 그런 것일까, 할 것이다. '인생은 고락이 상반이라'고 했다. 고통과 즐거움이 반반이라는 뜻인데, 내 인생은 고구낙일苦九樂一이나 될까 싶겠다. 무게 중심이 완전히 고통 쪽으로 기울어 있다고 생각할 사람 적지 않을 것이다.

'고생은 장 고생이라'이란 말이 참으로 심술궂지만 맞는 사람에겐 맞다. 하는 짓마다 '제 돈 놓고 통소 분다'고 할 수밖에 없다. 돈이 붙을 생각은 하지 않고 축내기만 하니 그렇다. '잔작돌을 여의면 수마석이 생긴다'고, '갈수록 수미산이라' 하겠다.

'피죽 쑤어줄 것도 없고, 생쥐 볼가심할 것도 없다', '입에 효자 노릇 하기도 바쁘다', '입에 풀칠하기도 힘들다'는 말처럼, 극단적인 가난을 경험한 사람 적지 않을 것이다. 아무리 가난하더라도 '입은 봤다 하고,

목구멍은 못 봤다'고 할 정도만 먹고 살 수는 없는 노릇이다. '입으로 남겨 살림 모은다'고 최소한만 먹고 살림에 보태려고 애쓰겠다. '돈 더 벌라 말고, 입 하나 줄여라'고 하지만, 줄일 입도 더 이상 없다. '허기진 사람은 음식을 가려먹지 않는다', '허기진 소는 풀을 가리지 않는다', '허기진 강아지 물똥에 덤빈다', '삼년 굶은 놈이 겨떡 나무라지 않는다'는 대로 헝그리 정신으로 살았을 것이다. '허기진 사람 짜증내듯 한다'고 하지만 내색하지 않고 인내했겠다. '허기진 놈 앞에서 전라도 곡식 이야기한다'고 해도 잘도 참아냈을 것이다. '석산 바위 끝에 올려놔도 산다'는 신념으로 살았겠다. '일거양득이면 포도청에는 못 가랴', '오 전 보고 십 리를 말 타고 간다'는 각오로 버텨왔겠다.

비록 매일 매일 '올무에 걸리고 덫에 치이고' 할지라도, 희망에 살 일이다. '올 농사 못 지은 건 내년에 잘 지으면 된다'는 생각이야 매년 하는 것이지만, 누구 말대로 "십 년 운 년이 이십 년은 못 울까" 하며 오기로라도 견뎌야 한다.

'하룻밤에 기와집을 열두 채씩 짓는다', '없는 놈이 밤에 기와집 짓는다'고 했다. 밤에라도 부자로 살면 좋겠다. 인생의 삼 분의 일이 밤 아닌가. 낮에는 돈을 찾아 '쪽박 차고 바람 잡는다'고 할지라도, 꿈속에서라도 행복에 들뜨면 좋겠다. '재수 없는 개는 낮잠을 자도 호랑이가 꿈에 보인다'는데, 저승사자가 안 보이는 것만 해도 다행으로 여길 일이다.

'목돈도 푼돈에서 시작된다', '작은 것부터 큰 것을 이룬다'고 했다. 달걀 하나로 시작해라. 그래서 황소를 사는 꿈을 꾸자. '알도 까기 전에 병아리 숫자 센다'고 나무라지만, 꿈으로 사는 사람의 처지에서는 어쩔 수 없다. '여우는 잠을 자면서도 닭 잡는 꿈만 꾼다', '여우 꿈에는 닭만 보인다'는데, 없는 사람은 돈 버는 꿈만 꾸게 된다. 꿈으로 시작된 돈은 언젠가 끌려오게 될 것이다.

'꿈에 본 천 냥', '꿈에 만져 본 돈 꾸러미'는 허망할 뿐이다. '꿩 놓친 매' 꼴로 안타까워할 일이 아니다. 당장은 '꿩도 매도 다 놓친' 신세가 되었더라도, 끝내 이럴 수는 없다고 마음을 다잡아야 한다.

'비가 오려거든 돈 비가 오고, 바람이 불려거든 임 바람이 불어라'는 노래나 흥얼거리며 사는 수밖에 없다. '봉새가 한 번에 구만 리를 난다'고, 한번 크게 벌어 한평생을 걱정 없이 살아보자는 꿈으로 사는 게 욕이 될 수 없다. '탐욕을 버리면 냉수도 영양이 된다'고 했는데, 탐욕이 떠나간 자리에 꿈을 채워놓고 살 일이다.

5) '천하면 귀하고, 귀하면 천하다'

사람의 귀하고 천한 것은 정해진 것이 아니라 돌고 돈다는 뜻으로, '천하면 귀하고, 귀하면 천하다'는 말을 쓴다. '귀천궁달貴賤窮達이 수레바퀴라'는 말과 같다. 돈으로만 귀천을 따지는 것은 부당한 일이다. 만약 그런다면 학교나 가정교육이 필요 없겠다. 어릴 때부터 장사꾼이 되어 한 푼이라도 더 벌도록 몰아붙이면, 돈으로는 일가를 이룰 것이다.

인간성으로 귀천을 따지는 것이 아직은 다행한 일이다. 인간성으로 귀천을 따진다면 수레바퀴 돌듯하지는 않겠다. 어릴 적부터 교육을 통해 훌륭한 인간으로 성장시켜 귀하게 됐는데, 갑자기 천하게 될 수 있겠는가? 기본이 살아있을 것이다. 어릴 적부터 천하게 훈련된 사람이 갑자기 훌륭한 인격자로 변할 수 있을까. 거의 가능하지 않겠다.

돈이란 살아가는 수단이기 때문에 귀천을 따지는 척도가 될 수 없다. 세상이 돈의 힘으로 돌아간다고 해도, 인간 사회의 구심력은 어디까지나 인간성이다. 그래서 견고하게 인간성을 지키는 사람은 돈에 호락호락하지 않는다. 다만 때때로 좀 고통을 당할 뿐이다.

변화무쌍한 것은 돈 때문이다. '돈 있는 곳에 바람 잘 날 없다', '어물전 털어먹고 꼴두기 장사 나선다', '망할 놈 나면 흥할 놈 난다', '삼대 정승은 있어도, 삼대 부자는 없다'는 말들에서 알 수 있듯이 돈이 변화할 뿐이다. 고귀한 인간성은 돈에 좌우될 수 없다. 그러니 '없는 죄라'고 자책감에 빠질 일이 아니다. 자신의 품성을 잘 닦으면 고귀함이 쉽사리 변하지 않는다.

고귀한 인품에 돈이 충분히 따라준다면 더할 나위 없이 좋겠다. 그러나 '한 달이 크면 한 달이 작다'고 쉬운 일이 아니다. 인품이 고귀한 대신 돈이 부족한 것은 견뎌야 한다. 비록 돈은 없더라도 '진토 속에 묻혀도 옥은 옥이라'고, 남들이 인정할 것이다. '사람 팔자는 눈 깜짝하는 사이에 뒤집힌다'고 하는데, 인품이 고귀하면 돈이 팔자를 뒤집는 것을 좋게 여기지는 않을 것이다.

없다 없다 해도 있는 것이 빚이요, 있다 있다 해도 없는 것이 돈이라 했다. '없다 없다 해도 있는 것이 근심이고, 있다 있다 해도 없는 게 돈이라'고도 했다. 누구나 빚과 근심은 있고, 돈 또한 누구나 부족하다고 생각한다는 말이다.

'두꺼비가 못가에 움츠리고 앉아 있어도, 하늘의 별 따먹을 궁리를 한다'는 말이 참 재미가 있다. '두더지는 나비 못 되라는 법 있나'는 말도 그렇다. '이 세상에 일어나지 않을 일이 없다'는데, 두꺼비가 하늘의 별을 따먹고 두더지가 나비 된다면 세상 살맛 나겠다. 가난뱅이는 천사도 될 것이다. "가난뱅이가 부자 못 되라는 법 있나" 할 것도 없다. 가난뱅이가 부자 되는 것은 일도 아닐 테니까 말이다. '너무 짜는 소리하면 오던 복도 달아난다'고 하니까, 짜지 말고 몰래 꿈을 키워라.

재미로 가끔 복권도 사서 제 복을 시험해 봐라. 경제학자들은 확률을 따지며, 복권은 살 게 아니라고 한다. 그렇지만 아무리 가능성이 적다고 해도 누군가는 당첨되며, 그 주인공이 당신일 수도 있다. 허황한 꿈이라 할 것인가. 그렇게 따지면 인생 설계라는 게 애당초 다소간 허황한 것이다. 어쨌든 "당신을 위해 하늘은 놀라운 계획을 갖고 있다"고 믿으며 살아라. 절망하는 것보다는 좋다.

'못 속의 용도 언젠가는 하늘에 오를 때가 있다'고, 가난한 사람도 언젠가는 큰돈을 갖게 된다는 생각을 가져야 한다. '못 올라갈 나무는 쳐다보지도 말고, 못 건널 물은 발을 담그지도 말라'고 하지만, 사람 사이의 일인데 못할 게 뭐 있겠는가. 오늘은 비록 허리띠가 양식이라며 견딜지라도 희망을 버릴 수는 없는 일이다. 가난한 사람들에게 들려줄 충고가 많다.

'열 사람 몫을 참으면 열 사람을 이긴 것이고, 천 사람 몫을 참으면 천 사람을 이긴 것이다', '쥐구멍에도 볕들 날이 있다', '오르막이 있으면 내리막이 있고, 내리막이 있으면 오르막이 있다', '써는 물 있으면 드는 물 있고, 드는 물 있으면 써는 물 있다', '부자 삼대 못가고, 가난 삼대 안 간다', '삼대 정승이 없고, 삼대 거지가 없다', '부자 씨가 따로 없고, 거지 씨가 따로 없다', '음지가 양지 될 날이 있다', '음지에도 볕들 날 있다', '움츠린 개구리가 멀리 뛴다' 같은 속담들이다. 고통을 견디면서 일하고, 때를 기다리면 좋은 날이 온다는 뜻으로 빗대거나 비유하는 말들이다.

'사람 살 곳은 골골마다 있다', '사람 살리는 부처는 골골이 있다'는 말을 믿어야 한다. '열 번 넘어지고 아홉 번 고꾸라진다', '열 번 쓰러지면 열 번 다시 일어난다'는 오뚜기 정신과 '차돌도 뚫고 있노라면 구멍이 난다', '차돌도 닦으면 거울이 된다'고 할 수 있다는 끈기와 인내가 필요하다. '짱뚱이가 움츠리는 뜻은 멀리 뛰자는 것'이라고 스스로 격려하면서, '사람 살기는 생각하기 나름이라'고 여유를 부릴 수 있어야 한다.

6. '가난도 비단 가난' / 가난과 도리

'입에 들어가는 밥술도 제가 떠 넣어야 들어간다'는 말처럼, 살려면 누구나 무엇인가를 해야 한다. '입에 내리는 거미는 쫓는다'거나, '입에는 들어가도 목에는 들어가는 것이 없다'고 할 근근생계자 또는 극빈자들은 말할 것도 없다. 제 손끝 발끝을 동원해 온몸으로 살아내야 한다. '소도 언덕이 있어야 비비고, 도깨비도 숲이 있어야 모인다'고, 저와 가족들이 의지할 곳이 있어야 한다.

'가난이 장사라'고 했다. 가난한 사람은 먹고살기 위해서 감당하기 힘든 일도 해낸다는 뜻이다. 가난한 처지를 좋지 않게만 볼 수는 없는 일이다. 가난한 사람이 있기에 세상이 돌아간다. 부자가 모두 다 게으른 건 아니다. 그러나 힘든 일은 가난한 사람들이 해낸다. 그래서 다산 정약용도 "부잣집 자식들에겐 희망이 없다"고 말한 것이다.

백성 대부분이 가난했던 시절, 1950~1960년대 시골에서 학교를 다녀본 사람들은 생생하게 기억을 할 것이다. 가정환경조사를 한답시고 학교에서 간단한 설문지를 나누어 주었다. '생활정도'라는 칸에는 극빈, 근근생계, 보통, 부유라는 어휘를 써놓고 하나를 택하게 했다. 시골아이들은 뻔했다. '보통'도 드물고, 대부분 '극빈' 아니면 '근근생계'를 택했다. 게을러서 못 살았던 게 아니다. 일거리가 없어 가난했다. 아마도 백성들이 가장 부지런했던 시대였을 것이다.

그때 그 사람들이 자라 이른바 산업의 역군이 되었다. 공부도 열심히 했지만, 그보다 가정에서 농사일도 많이 도왔다. 지금처럼 공부만

시켜 출세해서 잘 먹고 잘 살라고 몰아붙이지 않았다. 어려도 삽질 괭이질 낫질 도끼질은 능수능란하게 했다. 아무리 어려운 처지에서도 강하게 버티는 힘이 되었다. 노동은 뚝심을 기르는 좋은 수단이었다.

'삼대 독자 외아들도 일해야 곱다'고 했다. '말 잘하는 아들 낳지 말고, 일 잘하는 아들 낳아라'고도 했다. 자식이 귀여워 일을 시키지 않고 아끼면, '바람으로 밥 먹고 구름으로 똥 싸라 한다'는 것과 마찬가지다. '돈 다리 말고, 글 다리 하라'는 말이 있는데, 자식에게 돈 말고 글로 출세의 수단으로 삼으라는 말이다. 글공부를 해도 마찬가지다. 인간이 기본적으로 해야 할 육체노동을 웬만큼 가르쳐야 한다. 그렇지 않으면 출세를 하더라도 노동의 신성함을 알지 못하고, 막일하는 사람을 하찮게 보기 때문이다.

아무리 집안이 좋으면 뭐 하겠는가. '게으른 선비 비 새는 지붕 타박만 한다'고, 손놀리는 것조차 싫어하는 인간을 어디다 쓸까. '게으른 선비 설날에 다에 올라가서 글 읽는다', '게으른 선비 책장만 넘긴다'는데, 글 읽어 출세는 하겠지만 남에게 무슨 큰 도움이 될까. '양반 도둑이 호랑이보다 무섭다', '양반 돈은 상놈 주머니에 들었다'고, 서민들이나 괴롭히고 돈이나 착취하는 인간들을 누가 존경하겠는가. '제 돈 한 푼 없는 놈이 남의 돈 열 냥은 적다고 한다'는 인간의 파렴치를 두고 보겠는가.

열심히 일하는 사람은 '낙은 고생의 씨요, 고생은 낙의 씨라'는 말이나, '땀 흘린 밭에 풍년 들고, 피 흘린 곳에 기와집 짓는다'는 말을 굳건히 믿는다. 아무리 가난한 사람도 '땅이 꺼져도 비켜설 데가 있고, 하늘이 무너져도 솟아날 구멍이 있다'는 걸 의심치 않는다. '값진 진주도 진흙 조개에서 나온다'는 것을 안다.

가난도 힘이 되나? 슬픔도 힘이 된다니까, 가능할 수도 있지 않을까. '돈은 요물이라'는 것을 알면서도 돈의 휘둘림에서 벗어날 수가 없다. 사실 돈을 요물로 만드는 건 사람이다. '넉 자로도 살고, 두 자 가웃으로도 산다'고, 좀 부족해도 인간은 잘 적응해 살아간다. '없는 놈만 죽는다', '없는 놈만 죽어라 죽어라' 하는 게 세태라지만 참고 견뎌야 한다. '없으면 보리밥도 이밥이라'고 했다. 탐욕을 버리면 냉수도 영양이 된다'고 했다. '노루가 다리만 믿는다'는 격으로, 제 온몸으로 받아넘겨야 하는 것이다.

돈에 대해서 젬병인 가난뱅이도 '돈은 많아도 걱정이요, 적어도 걱정이라'는 걸 안다. '돈은 아침에 없었다고 저녁에도 없으라는 법은 없다'고 알기 때문에, 희망을 갖고 열심히 일한다. 가난하기에 충분히 구색을 갖추고 살지는 못해도, '냉수 한 그릇 떠놓고 제사를 지내도 제 정성이라'는 걸 안다. '사람이 하룻길을 가다 보면, 메도 넘고 강도 건넌다'고, 온갖 희로애락을 겪지만, '콩 반쪽이라도 남의 것이라면 손대지 않는다'는 신념으로 사는 것이다.

'세상만사가 돈 놓고 돈 먹기라'는 걸 통찰하고 대안적 삶을 추구하는 사람들도 적지 않은 세태다. 이른바 '자발적 가난'을 신념으로 사는 사람들이다. '세상만사 마음먹기에 달렸다'고, 굳센 결심과 실천으로 돈의 노예에서 벗어난 인물들도 적지 않다. 동서고금에 시대마다 존경할 만한 인물은 많았다. 유명한 철학자, 황제, 수도자들이 모범을 보여주었다. 굳이 무소유無所有라 말하지 않아도 된다. '살아가기 위한 필요한 최소'에 만족하는 모습으로 신선한 깨우침을 준 인물들이 적지 않았다.

현대산업사회는 인간이 사는데 불필요한 물건을 필수품으로 만드는 용한 재주로 돌아가고 있다. 현대인은 몇몇 예외적인 인간들이나 숱한 기업들이 창안한 물건을, 광고로 중독시키는 전략에 속수무책으로 끌려다닐 수밖에 없다. 필수품 아닌 필수품이 늘어나는데, '필요한 최소'니 '무소유'는 공염불이 된다.

　톨스토이의 〈인간은 무엇으로 사는가〉란 단편소설이 있다. 주인공은 하느님의 명령을 어겼고, 새로운 임무를 받는다. "다시 내려가 산모의 혼을 거두어라. 그러면 세 가지 뜻을 깨닫게 되리라. 즉 사람의 내부에는 무엇이 있는가, 사람에게 허락되지 않은 것은 무엇인가, 사람은 무엇으로 사는가를. 그것을 알게 되면 하늘나라로 돌아올 수 있으리라."[33]하는 임무였다. 천사는 날개가 부러져 지상에 추락하여, 세몬과 마트료나 부부의 사랑을 받으며 신발 만드는 일을 돕는다. 미하일이라는 이름으로 6년간을 기거하며 일을 돕는 과정에서 하느님의 과제를 풀게 된다. 바로 '사랑'이라는 것이다. 세 가지라고 했지만 오로지 사랑이 그 모두의 답이었다.

　요즘에 다시 이런 상황이 벌어진다고 상상해보자. 천사가 요즘 사람들 마음속에서 무엇을 깨우치겠는가. 말할 것도 없이 사랑이다. 그런데 그 사랑은 인간에 대한 사랑이 아니고 돈에 대한 사랑일 것이다.

1) '일이 황금이라'

　외향적이고 현명한 사람은 노동을 즐겁게 하여 삶의 시간을 확장한다. 그것이 극단적으로 흐르면 일중독이 되기도 하지만 서로 간에 행복감을 준다. 그래서 성격이 반 팔자라고 한 것이다. '천금 사랑은 없어도 일 사랑은 있다'는 말이 좋다. 돈을 아무리 들여도 사랑받기 힘들지만, 일을 성실히 하면 사랑을 받을 수 있다는 뜻이다.

　'말이 앞서지, 일이 앞서는 사람 없다'고 했다. 그러나 말을 앞세워 저 자신이 해야 할 일을 정하고, 그것이 제 몫이라는 걸 미리 확인하는 것이 버릇인 사람도 있다. '손 안 대고 코 푸는 장사 없다', '손 놓고 앉아 있으면, 입으로 밥이 절로 안 들어간다'는 것을 모르는 사람 없다. '염주도 몫몫이요, 쇠뿔도 각각이라' 했다. 누구나 제 맡은 몫의 할 일이 있다는 뜻이다. 세상에 일하지 않고 버틸 재간은 없다. 아무리 금쪽이 자식처럼 자랐어도 할 일이 끝도 없다. 일하기 싫으면 저승길로 서둘러 갈 수밖에 없다.

'가난이 장사다', '가난한 놈은 못할 일이 없다'고, 없는 사람들이 어쩔 수 없이 일하게 된다. 하지만 다른 면으로 해석하면 가난한 사람이 적극적이고 합리적으로 산다는 뜻이 된다. 돈을 벌기 위해 제 몸을 부리지만, 습관이 되면 노동 그 자체를 즐기기 위해 제 몸을 부리는 사람도 허다하다. '사람의 힘이 무섭다', '사람의 힘은 산도 허문다'고 하면서, 힘든 일에도 겁을 먹지 않고 대드는 것이다.

'일하다 죽은 소나 놀다 죽은 염소나, 죽기는 일반이라'고 하는데, 그래서 놀다 죽자는 말인가 일하고 죽자는 말일까, 할 것이다. 부지런한 사람과 게으른 사람의 해석이 여기서 갈리겠다. 부지런한 사람은, "어차피 썩어 없어질 몸뚱이인데 일이나 열심히 하자"고 할 것이다. 반대로 게으른 사람은 "벌어놓은 것이나 천천히 까먹으며 실컷 놀다가 죽자"고 하겠다. 고된 노동을 싫어하는 사람은, '일 잘하는 아들 낳지 말고, 말 잘하는 아들 낳아라'고 할 것이다. 입으로 일하는 노동이 편하다고 생각한다. 이를테면 변호사 같은 직업을 원하는 것이겠다.

'오늘 일 다 하고 죽은 귀신 없다'고 하면서 게으름을 피운다. '일하는 사람은 앉아서 노는 사람의 종이다'는 생각에, 일하기보다는 시키려고 한다. '일에는 소가 할 일이 있고, 말이 할 일이 있다'면서 해찰을 부린다. 손끝만을 움직이는 노동을 하는 세태라서, 온몸을 부리는 막노동은 아예 생각도 않는다. 컴퓨터와 함께하는 노동이 아니라면 낯설어하는 세상에서, 온몸을 부린다는 건 원시인이나 할 일로 취급한다.

세태가 이러니 '일하는 데는 병든 주인이 아흔아홉 몫이라', '이녁 식구 그림자가 남의 열 손보다 낫다', '일꾼을 부리려면 주인이 먼저 일꾼 노릇을 해야 한다'는 이치를 알 수가 없을 것이다. '일이나 실컷 하다 죽으려면 과수원을 하라'는 말이나 쏘아대며, '쇠털같이 많은 날에 일만 하다 죽는다'고 푸념을 대신해댄다.

'제 아무리 고수라도 일 않고서는 먹을 수 없다'고 했다. 궁하면 누구나 막일이라도 덤빌 수밖에 없다. 사람의 힘이 무섭다고, 도저히 해낼 것 같지 않던 일도 해내는 게 사람이다. '쥐가 하룻밤에 소금 한 섬을 나른다'고 하는데, 사람도 '손톱 발톱이 젖혀지도록 일한다'고 할 정도라서 밤낮으로 쉬지 않고 일하는 사람도 적지 않다. '일은 소같이 하고 먹기는 쥐같이 먹으랬다'는 생각으로 살기 일쑤다. '초식장사 제 손끝에 먹고 산다'고 하는데, 이때의 손끝은 컴퓨터를 다루는 손끝이 아니라, 온몸으로 산다는 의미다.

'밝은 달은 허송하면 천벌을 받는다' 했다. 밖이 환하면 밤에도 무슨 일이든 해야 하는 줄 알고 산 것이 조상들이다. 여건이 어려워도 제 몸을 한껏 부려 일했다. 일이 황금이 되려면 즐겁고 부지런해야 한다. '일찍 일어나는 것도 서 푼 버는 셈이라'고 했는데, 건강 등 여러 가지 부수적인 효과를 생각하면 하찮은 벌이가 아니다.

'일해서 죽은 무덤 없다'고 했다. '땀 흘려 벌어야 돈 귀한 줄 안다', '땀 흘려 번 돈이 오래 간다', '초년고생은 돈을 주어도 안 바꾼다', '초년고생은 돈을 주고도 못 산다', '초년 고생은 만년 복이라', '초년고생은 금 주고 산다', '손톱 발톱이 젖혀지도록 벌어먹는다'는 말들이 예전 사람들의 신념이 되었듯이, 이 시대 사람들에게도 여전히 신념이 되어야 할 것이다.

요즘 워라밸work—life balance이라는 말을 많이 쓰는데, 일과 삶의 균형이란다. 노동과 삶을 구분해, 돈을 벌기 위한 노동과 즐기는 삶이 조화를 이루어야 한다는 생각이다. 노동시간은 즐겁지 않고, 거기서 벗어나야 삶을 즐길 수 있다는 생각이다. 노동시간은 삶의 시간에서 제외되는 것이다. 그럴듯하게 들리지만 뭔가 허술한 구석이 있는 말이다.

노동도 삶이다. 가정에서 가족과 즐기는 것도 삶이다. 즐거운 것만이 삶이라면 노동을 즐겁게 할 수 있도록 일터 분위기를 바꿔야 한다. 자발적이고 짜증 나지 않는 노동이 되도록 노사관계를 개선해야 한다. 노동환경을 바꾸지 않으면 안 된다.

'가난이 상팔자'라고 했다. 상팔자上八字라는 것은 최상의 팔자라는 뜻인데, 부유함이 상팔자가 아니라 가난이 상팔자란다. 의아해하겠지만, 부유한 사람이 겪어야 하는 많은 걱정을 아는 사람이 할 수 있는 말이다. 또한 자발적 가난을 선택한 사람들이 할 수 있는 말이다. 무소유는 '자발적 가난'이다. 워낙 가진 게 없어 가난한 게 아니라, 스스로 가난을 택하는 적극적인 행위다. 무소유는 아무것도 갖지 않는다는 말이 아니라, '필요한 최소'만을 갖는다는 뜻이다.

안드레 밴던브뤼크라는 사람은 자발적 가난을 '마음의 평화'라고 요약하면서, "자발적 가난은 유일하게 창조적인 가난, 그러니까 자유를 얻기 위해 필요한 성스러운 가난이다. 이는 인위적으로 조작된 미래와 존재에 반하는 투쟁이며, 야망과 권력에 얽매여 사랑을 잃고 자아를 상실한 채 타인에게 운명을 내맡기는 삶의 확실한 해독제다"[34]하고 말한다.

가난 때문에 소중한 것을 얻을 수도 있다. 돈이 아무리 많아도 구할 수 없는 것이다. '가난한 집에는 형제가 많아도 우애가 좋다', '가난해져야 아내의 어짊을 안다', '가난이 일찍 철들게 하고 효자도 만든다'는 것이 전부는 아니다. '진일 마른 일 가리지 않는다', '가고 가면 못 갈 길이 없다'고 하는 적극성은 당연히 터득하게 되는데, 이보다 더 큰 수확은 없을 것이다.

좀 상스럽다고 하겠지만, '지랄만 빼놓고 세상의 온갖 재간 다 배워 두랬다'고 했다. 아무리 잡일이라도 살아가는데 불필요한 것이 없기 때문이다. '오뉴월에 흘린 땀이 구시월에 열매 된다'는 원리는 일하는 사람이면 잘 안다. '밀물에도 백 냥, 썰물에도 백 냥' 하는 식으로 이익을 철저히 챙길 수야 없다. 그러나 '수분水分에 맞는 일하면 수분에 맞는 밥 먹는다'고 했다. 제 분수를 알고 덤벼 해내는 일에는 황금이 기다린다.

2) '가난해도 절개는 지켜야 한다'

'꼿꼿하기는 황 정승이라'고 했다. 옳지 않은 일에는 절대로 굽히지 않았다는 황희 정승의 인품을 두고 하는 말이다. '깊은 강물을 짧은 잣대로 재지 못한다'는데, 과연 깊은 품격을 지닌 인물을 흉내내기도 어렵다. '사람은 배워야 길을 안다'고 모범을 보고 배우지 않으면 사람 사는 길을 알기 힘들다. 그저 돈만 있으면 잘사는 것인지 알뿐이다. 그런 사람은 '부귀하면 교만과 사치를 낳게 된다'는 말대로, 잘못된 길로 가게 된다.

황 정승처럼 꼿꼿한 인물은 어렵게 사는 사람에게 교만하게 굴까. 사람마다 조금은 다르겠지만, 인품이 훌륭한 사람은 어렵게 사는 사람에게 겸손하게 대한다. '굳센 물고기가 부드러운 못물을 벗어나지 못한다'는 말이 있는데, 훌륭한 인품을 지닌 사람의 처세다. 특히 황 정승은 상황에 따라 이것도 저것도 다 옳다는 판단을 했다는 일화로 유명하다. 아마도 가난한 사람과 부자 중 어느 쪽이 아름다우냐고 물었다면, '까마귀는 검은빛이 아름답고, 두루미는 흰빛이 아름답다'는 말로 빗대어 대답했을 것이다.

'속 빈 자루는 곧게 설 수 없다'고 했다. 굶주리면 정직하고 올곧게 살 수 없다는 뜻이다. '사람의 본심은 어려울 때 알아본다'는 말이 맞다. 사정이 좀 어렵다고 본능대로 살면 안 된다는 말이다. '새벽 호랑이가 중이나 개를 가릴까', '새벽 호랑이는 개나 쥐나 모기나 닥치는 대로 먹는다'는 것은 본능대로 하는 짓이다. '등에 붙었다 간에 붙었다 한다', '등창도 빨아주고 치질도 핥아준다'는 것은 제 이익을 위해 아주 치사하게 산다는 말이다.

'갈보도 절개가 있고, 도둑놈도 의리가 있다'고 했다. '한 치 벌레에도 오 푼 결기는 있다'는데, 사람이야 말할 것도 없다는 말이다. '빌어는 먹어도 절하고 싶지는 않다', '빌어는 먹어도 달라 소리는 하기 싫다'고 하여, 어렵게 살아도 인간다운 면모는 지키고 싶다는 신념을 갖는다.

'주고 못 살 것은 지개라' 했는데, 기개氣槪나 절개節槪라는 것이 꼭 대의명분이 큰 것만을 의미하는 것은 아니다. 옳다고 생각하는 것을 지키는 일은 다 여기에 해당한다. 대의大義는 물론 소의小義도 의로움이다. '제 것 아니면 남의 밭머리 개똥도 안 줍는다', '제 못 할 일을 남에게 시키지 말라'는 것도 의, 즉 옳음을 강조하는 말이다. 이에 반해 '제 똥 구린 줄은 모르고, 남의 똥 구린 것만 안다', '제 눈 어두운 것은 셈치지 않고 개천 나무란다'는 것은 불의不義다.

'푸른 소나무 절개는 겨울이 되어야 안다'고, 사람의 진정한 절개는 어려울 때 알게 된다. 가난할 때 불의와 타협하지 않으면 그게 참다운 절개다. 그런 예를 시인에게서 볼 수 있다.

김영승이란 시인은 시집 제목을 《무소유보다 더 찬란한 극빈》이라 붙였다. 그에 해당하는 시는 〈극빈〉이다. "극빈 / 극광 같은 극빈 / 國賓 같은 극빈 극미한 / 절세가인의 효빈 같은 / 극빈 / 쾌락의 극치, 극, 극 / 태극, 태극 같은 극빈"이라 첫째 연을 장식한다.[35] 이 시인의 특기인 풍자수법인데, 제 삶을 스스로 풍자한다. 실제로 극빈의 삶을 살며 겪는 일화를 작품을 통해 보여준다. 가난에 결코 꺾이지 않는 의지, 의리를 보여주고 있다.

김수영 시인도 그렇다. 그의 평전이나 작품 전부를 보면 그가 얼마나 굳세게 가난과 맞섰는지 알게 된다. 숱한 고난을 겪고, 닭을 길러 먹고 살며 창작을 포기하지 않는 절개, 의리를 보여준다.

"나에게 30원이 여유가 생겼다는 것이 대견하다 / 나도 돈을 만질 수 있다는 것이 대견하다 / 무수한 돈을 만졌지만 결국은 헛 만진 것 / 쓸 필요도 없이 한 3, 4일을 나하고 침식을 같이한 돈 / ― 어린 놈을 아귀라고 하지 / 그 아귀란 놈이 들어오고 나갈 때마다 집어갈 돈 / 풀방구리를 드나드는 쥐의 돈 / 그러나 내 돈이 아닌 돈 / 하여간 바쁨과 한가와 실의와 초조를 나하고 같이한 돈 / 바쁜 돈 ― / 아무도 정시(正視)하지 못한 돈 ― 돈의 비밀은 여기 있다"[36]

〈돈〉이라는 작품의 부분이다. 여기서 시인은 돈이나 가난한 삶에 대한 감정을 꾸미지 않고 정직하게 보여준다. 아주 적은 돈이지만, 돈을 소유할 수 있다는 것을 스스로 대견하게 생각한다. 빠져나갈 돈이지만, 잠깐이라도 제 곁에 있다는 것을 뿌듯하게 여기는 것이다. 그의 시 대부분이 이렇다. 부끄러워할 만한 것도 없이 용기를 보여준다.

'마음이 맑아야 보는 눈이 맑다'고 했다', '없이 살수록 심덕이 깊어야 복이 온다'고도 했다. '마음 한번 잘 먹으면 북두칠성이 굽어보신다'

고 했으니, 부디 의로운 마음을 지킬 일이다. 의로운 마음이 대단한 것은 아니다. 제 분수를 지키는 것이겠다. '분수를 잘 지키면 귀신도 대들지 못한다'고 했다. '상놈은 땅을 파서 먹고 살고, 양반은 지조를 지켜 먹고 산다'고 했는데, 땅을 파먹고 살아도 의리는 지켜야 한다. '뜻이 있고 벗이 있고 의지가 있는 사람은 외롭지 않다', '뜻이 있는 곳에 길이 있다', '뜻이 있으면 길이 트인다'고 했다. 의리 있는 사람들이 같이 어우러지면, 주위 사람들도 저절로 그렇게 된다. '참대밭에 사는 사람, 마음도 참대같이 곧다'는 말이 그런 뜻이다.

'사람의 의리는 다 가난한 데서 끊어진다'고 했다. '목을 딴대도 피가 나올지 의문이라'는 지경이 되더라도, '맷돌질을 해도 생콩이 나온다', '이 없으면 잇몸으로 산다'는 오기 또는 고집으로 살아내야 한다. '뜻이 굳은 돌멩이 속은 장마통에도 물이 못 배어든다'고 했다. '춥다고 거문고 부숴 불 때랴', '가난한 사람의 한 등불이 백만장자의 일만 등불보다 낫다', '정직한 사람의 자식은 굶어 죽지 않는다', '마음 하나로 문밖이 극락일 수도 지옥일 수도 있다'는 말은, 아무리 가난해도 지조를 지키거나 마음을 잘 가지면 끝이 있다는 뜻으로 충고하는 속담들이다.

3) '가난해도 정만 있으면 산다'

'사랑과 기침과 가난은 속일 수 없다'고 했다. 감추려 해도 남들이 안다. '감추려면 튀어나온다'더니 정말 그렇다. 사랑이 튀어나오는 것은 좋은 일인데, 가난이 튀어나오니 문제다. 가난하다면 도와주는 것이 아니라, 더 무시하는 세태라서 그렇다. 그런 중에도 몇몇은 튀어나오는 가난을 사랑으로 위로해준다. 사랑도 튀어나오니 쉽게 알 수 있다. '길이 멀면 말의 힘을 알고, 날이 오래면 사람의 마음을 안다'고, 오래 함께 정을 나눈 사람이겠다.

'없는 사람들에게 돈이 '오뉴월 장마에 생수 터지듯' 하면 좋겠지만, 돈이 매정하다. 충분히 돈을 벌 기회가 오지 않는다. '기회는 머리만 있고 꼬리는 없다'더니, 가난한 사람에게는 머리조차 보여주지 않는다. 그래도 정이 그렇게 가끔 터지니 좋다. 정은 가난한 사람 편이고, 가난한 사람의 주머니를 돈 대신 채울 수 있다.

'있는 사람은 없는 사람 사정 모른다'고 했다. '모르쇠를 붙인다'고 하는데, 시치미를 떼는 게 있는 사람들의 장기長技다. 그도 그럴 것이 가난한 사람의 사정을 아는 척하다가 측은지심이 발동하면, 돈을 쓸 수도 있기 때문이다. 제 돈을 지키기 위해서는 '있는 사람이 더 무섭다', '있는 사람이 죽는 소리는 더 한다'는 비난을 감수해야 한다. '염병하는 사람 앞에서 고뿔 엄살한다'고, 방어전략을 써야 하는 것이다. 그러니 '과부 사정 홀아비가 안다'고, 없는 사람 사정은 없는 사람이 알아줘야 한다. 그게 인정이다.

'돈에 맛들이면 의리도 저버린다'고 했다. '부자와 재떨이는 모일수록 더럽다'는 말이 왜 있겠는가. 돈 쓰는 걸 죽기보다 싫어하니까 그렇다. 그래서 '가난한 활수가 돈 있는 부자보다 낫다'고 하는 것이다. '부처님 불공 말고 배고픈 사람 밥 주어라', '강원도 불공 기도를 말고, 지나가는 거지나 박대 말라'고 했지만, 부자의 이기심은 다르다. 아주 못된 부자는 없는 사람 등쳐먹을 생각을 하는 경우가 허다하다. '등쳐봤자 먼지밖에 안 난다'고, 누가 등쳐먹을 생각을 하랴. 그러니 마음 하나는 편하디편할 것이다. '이를 취함도 정분이 바탕이라'는 것을, 있는 사람일수록 오히려 잊고 산다.

'배고픈 정 아는 게 사람으로서는 제일가는 정이다' 했다. '목마른 사람에게 물 한 모금 주는 것도 공덕이다', '없는 놈에게는 작은 도움도 큰 부조라', '선물은 하찮아도 정은 두터워진다', '열 숟가락을 합치면 한 그릇이 푼푼하다', '잔 음식에 정 붙는다'고 하듯이 정이란 본래 작은 것을 나누는 것으로부터 시작한다. 그래서 '정이란 서로 나눌수록 커진다'고, 크게 자라는 것이다.

'친절한 동정은 철문으로도 들어간다'는 말이 있다. 진실하게 염려해주는 마음은 어떻게라도 전달되기 마련이라는 뜻이다. 정이 얼마나 소중한 것인가를 깨우치게 하는 말들이 많다. '사람은 인정에 막히고, 귀신은 경문에 막힌다', '정이 좋으면 금바위도 나눈다', '정이 들면 살점을 베어 먹이고 싶다', '잘 참는 집안은 화목하다', '지성이면 동지섣달에도 천도를 딸 수 있다', '지성이 지극하면 돌에도 꽃이 핀다', '즐거움은 보태고 괴로움은 나눈다', '덕이 연지요, 정이 곤지라', '물이 아니면 건너지 말고, 인정이 아니면 사귀지 말라', '촌수보다 정이 앞선다', '정성이 도깨비 명당보다 낫다', '정성에는 무쇠도 녹는다', '오는 떡이 두터워야 가는 떡이 두텁다'는 것인데, 하나같이 금과옥조로 삼을 속담들이다.

'인정 없는 문이 열리며, 사정 없는 문이 열리랴'고 하는데, 사람이 살아가는데 인정과 사정이 아주 중요하다는 뜻이다. "인정사정 볼 것 없다"고 흔히 말하는데, 이처럼 냉혹한 말이 어디 있겠는가. '세상은 각박해도 인정은 후덥다'고 한다면, 그래도 살만한 인생이다. '내코가 석 자인데 남의 설움 어찌 알랴' 하고 주위 사람조차 돌아보지 않는다면 살맛이 떨어질 세상이다.

'세 끼 굶으면 쌀 지고 오는 사람도 있다'고 했는데, 가끔 인정 있는 사람을 보게 된다. '없는 사람은 조금만 도와줘도 산다'는데, 적은 돈이나 물건으로 도와도 좋고, 정을 나눠줘도 좋다. '부자 천 냥보다 과부 두 푼의 정성이 더 크다'고 했으니, 적다고 멋쩍을 일이 아니다. '주고서 욕먹을 인심 없고, 받고서 고마워하지 않을 인정 없다'고 했다. '없는 사람이 삼 년만 우환이 없으면 부자 된다'고 하니까, 부디 우환이 생기지 않도록 살피면서 살아야 할 것이다.

정이 지나치다 보면 오히려 못 미치는 경우도 물론 있다. '정이 원수요, 정이 병이라'든지, '정이 지나치면 원수가 된다', '정이 깊어지면 병도 깊어진다', '정에서 노여움 난다', '정에도 화가 있다'는 말들에서 경험을 떠올리게 될 것이다. 미숙해서 그렇다. 정을 한꺼번에 쏟아주려고 하니까 그런 것이다. 사내의 정은 들물과 같아서 여러 갈래로 흐르고, 여편네 정은 폭포와 같아 왼골로 쏟아진다는 말이 있는데, 사내고 여편네고 정을 주체하지 못해서 그렇다. 절제하면서 주는 방법을 터득해야 한다.

정이 매우 중요하다는 뜻으로 충고하는 말들이 많다. '찬물 떠놓고 성례한 놈들이 더 잘 산다', '소쿠리 옆에 끼고 가도 잘만 산다', '배곯아 본 사람이라야 세상 물정도 안다', '한 번 가난해 보고 한 번 부귀해 봐야 그 마음을 알 수 있다', '함박 쪽박 속에서도 오롱조롱 소리가 난다', '콩 하나를 열이 갈라먹고, 나머지를 둠벙에 던졌더니 풍덩 소리가 나더라', '쪽박에 밥 담아 먹어도 뜻이 맞으면 산다', '똥은 곁에 놓고 밥을 먹어도, 사람은 곁에 놓고 혼자 먹지 않는다'는 말들은, 가난한 사람일수록 정을 더 잘 나눈다는 속담들이다.

'진정도 품앗이라'는 말이 있다. '가는 정이 있어야 오는 정도 있다'는 말과 의미가 같다. '진정에는 바윗돌도 녹는다'고 했는데, 아무리 냉혹한 사람이라도 진심으로 우러나는 정 앞에서는 무장해제가 될 수밖에 없다는 뜻이다. '춘풍으로 남을 대하고 추풍으로 나를 대하라'고 했는데, 남보다 자신을 더 철저히 검증하라는 뜻이다. '보태는 정은 몰라도 더는 정은 안다'고, 정이 나드는 것은 사람들이 쉽게 안다. 그만큼 정이 절실하기 때문이다. '어디를 가나 인정은 두고 가랬다'고 했다. 사람 사이에 정이 한껏 오고 간다면 아무리 어려움이 닥친다 해도, '지옥에도 부처'를 만난 것처럼 기쁜 삶을 살 것이다. 돈이 전혀 들지 않거나, 적은 돈으로도 남에게 실컷 베풀 수 있는 것이 정이다.

4) '참으면 가난도 간다'

'참는 자에게 복이 있다'는 말은 아마도 불경이나 성서, 그 외에 지혜를 전하는 숱한 책에 빠짐없이 적혀 있는 경구일 것이다. 물론 어느 민족이나 나라의 속담으로도 다 있겠다. '참는 게 덕이다', '참는 게 아재비다', '참는 게 약이라'는 말들도 다 한가지겠다. '참을 인 자 셋이면 살인도 면한다'는 말은 가장 많이 쓰는 말이다. '견딜성이 셋이면 살인도 면하다', '참을 인 자 세 번만 뇌면 살인도 면한다'는 말도 같다. '참을 인 자를 붙이고 다니랬다', '참을 인 자 셋이면 살인도 피한다', '참을 인 자가 제일'이란 말들 또한 비슷한 경구나 속담이다. '참을 인 자를 가지면 살인 모의도 한다'는 말도 있다. 인내력이 있어 비밀을 지키면, 아주 큰 일도 무사히 해낼 수 있다는 뜻으로 이르는 말이다. 인내심은 누구에게나, 어디서나 필요하다. 사람의 가장 큰 성격 결함은 아마도 인내심 부족에서 비롯될 것이다.

'참으면 가난도 간다'는 말이 당연할까. 얼마나 참아야 하느냐가 문제겠다. 어쩌면 평생토록 참다가 끝을 보지 못하고 죽을 수도 있겠다. 죽은 뒤에야 그 무엇도 따질 수 없으니, 결국 가난이 떠나갔다고 해야 할까. 아니다. 인내심으로 굳어진 의지로 나서면 가난을 극복하고야 만다는 말이다.

세상에서 가장 질기고 지겨운 게 가난이라 할 사람 많다. '가난이 병보다 무섭다', '가난이 뼛속까지 스민다', '가난이 그림자처럼 따라다닌다', '가난이 질기다', '가난이 원수라'는 말들과 비슷한 속담이 수도 없다. '쥐 볼가심할 것도 없다', '가난해도 빚만 없으면 산다', '손금밖에 쥐인 것이 없다', '소도 언덕이 있어야 비빈다', '열 발 막대 거칠 데가 없다'고 말한다. 아예 '가난은 타고난 팔자라'고 체념해버린다.

아무리 없는 살림이라고 해도 남이 탐내는 물건이 있을 수 있다. '살림이란 쓸 게 없어도 남 주워갈 건 있다', '없는 살림은 쓸 것이 없어도, 남이 주워갈 것은 있다', '쥐 먹을 건 없어도 도둑놈 가져갈 것은 있다', '저녁 먹을 건 없어도 도둑놈 가져갈 것은 있다'지 않던가. 이런 것으로 위안하기에는 멋쩍다.

'촉새가 황새걸음 쫓아가려다가는 가랑이가 찢어진다'니, '몽글게 먹고 가늘게 싼다'는 각오로 살아도, 가난은 역시 강적임에는 틀림 없다. '안 주어 못 먹고, 못 보아 못 먹고, 없어 못 먹는다', '사람이 가난하면 아는 것도 적다', '서 발 가시가 목에 걸리지 않는다'고 말할 정도면, 도저히 이겨낼 수 없는 게 가난이라고 절망할 법도 하다.

'마음만 맞으면 삶은 도토리 한 알로도 시장을 면한다'고 했다. '밥은 굶어도 속이 편해야 산다', '밥은 굶어도 집안이 편해야 산다'는 말은 지당하다. '산 사람은 살아가기 마련이라'고 했다. '산 사람 입에 납거미 줄 칠까', '부처 입에는 거미줄을 쳐도, 산사람 입에는 못 친다'는 말이 참으로 재기발랄하다.

'돈은 벌기 전에는 벌 걱정하고, 번 뒤에는 잃을까 봐 걱정한다'고 했는데, 돈을 충분히 벌어본 적이 없으니 걱정할 것도 없겠다. '비싼 것이 싼 것이고, 싼 것이 비싼 것이라'고는 하지만, 돈이 없으니 비싼 것 싼 것 가릴 걱정이 없어 좋다. '비싼 떡은 안 사 먹으면 그만이라'며 내치면 된다.

'천석꾼도 하루 세 끼요, 없이 살아도 하루 세끼라'는 말이 좋다. '어두운 날 있으면 밝은 날 있다', '양지가 음지 되고, 음지가 양지 된다'는 말은 더없는 진리다. '빈집에도 소 들어갈 날 있다', '살다 보면 토끼 쫓다가 노루 잡는 일도 있다'고 했으니, 가난을 참고 견디며 기다려 보는 수밖에 없다. '저승 부자보다 거지 이승이 낫다'는 말은 누가 감히 뭐라 할 수 없는 진리다. '사람 팔자 윷짝 같다'니 일단 던져 보자. 윷이나 모가 가끔 나오지 않겠는가.

5) '초가에도 양반 살고 기와에도 상놈 산다'

이제는 품행이 좋으면 양반이라 하고, 개차반 같으면 상놈이라 한다. 부귀나 빈천으로 양반 상놈을 구별하지 않는 세태다. '밥술이나 두고 먹으니까 수염 치장만 한다'는 행동으로 양반이라 할 수 없다. 열심히 일하고 품성이 좋아야 현대판 양반이다.

'밥술이나 먹게 되니까 눈에 보이는 것이 없다', '밥술이나 먹게 되니까 두 계집도 모자란다', '밥술이나 먹게 되니까 콧대만 높아진다'고 하는데, 모두 현대판 상놈이 하는 짓이다. '양반은 으름장으로 살고, 아전은 포흠으로 살고, 기생은 웃음으로 산다'고 하던 양반의 시대가 아니다. 지체나 나이에 상관없이, 사람을 겸손하게 대해야 양반이다. '밤중에 만져봐도 양반이라'는 속담이 있는데, 어떠한 경우라도 언행에 모범을 보이는 사람을 두고 하는 말이다.

'아침을 굶어도 풍잠 바람으로 다닌다', '양반은 사흘을 굶어도 풍잠 맛에 굶는다'고 했는데, 허세에 살다가는 굶어 죽다 못해 맞아 죽기 딱 맞다. '냉수 먹고 갈비 트림한다'고 해봤자, 아무도 관심을 두지 않는다. '백정도 돈만 있으면 해라 소리를 안 듣는다'는 시대인데, 폼생폼사 해봤자 욕감태기나 될 뿐이다. '욕감태기 자식은 낳지도 말랬다'는데, 이미 낳은 걸 도로 들어가게 할 수도 없는 노릇이다.

'시원찮은 선비 갓이 높고 헛기침이 크다'고 해봤자, 누구도 듣지 않을 헛기침이다. 돈 자랑, 권력 자랑하는데, '뛰어봤자 벼룩이요, 재봤자 도토리 키다', '뛰어야 벼룩이요, 날아야 하루살이라'는 취급을 받을 것이다. 어둑하던 시절에 무조건 대우를 받았지, 생각이 대명천지같이 트인 시대에 허세에 놀랄 사람 없다. '길갓밭에 심은 외 맛볼 사람은 많아도, 일 도울 사람은 없다'고, 양반 선비처럼 일하기 싫어하거나 베풀 줄 모르면 남과 진정으로 가까이 사귈 수 없다.

어쩌다 잡은 권력으로 탐관오리가 되어 '기름과 백성은 짜면 짤수록 나온다'는 생각으로 살면, 쓰레기 취급을 당할 뿐이다. '기름 먹인 가죽이 부드럽다'는 생각으로 사는 사람들로부터 뇌물 받아먹는 재미로 살면 도적과 다름없다.

아무리 '신수身手가 개팔자처럼 늘어졌다', '신수가 썻은 배추잎 같다'고 한들, '개도 안 물고 갈 것'이다. 아무리 '신선놀음에 도끼자루 썩는 줄 모른다'는 듯 살아도, '일도 못 하고 불알에 똥칠만 한다', '일도 아니한 놈이 두 돈 오푼만 바란다'는 걸 잘 안다. '이리는 양 잡아먹을 궁리만 한다'고, 만만한 사람의 주머니만 털어먹을 생각만 하면 뒤끝이 좋지 않을 건 뻔하다. '꾀를 내는 족족 죽는 꾀만 낸다'고, 몸으로 살지 않고 꾀로만 살려다가는 '어느 구름에 채여갈 줄 모르는' 신세가 될 것이다.

'양상에도 군자가 있고, 녹림에도 호걸이 있다'고 했다. 비록 도둑일지라도 출중한 사람이 있다는 뜻으로 하는 말이다. '몸은 개천에서 놀아도 심기만은 곧게 가져라'는 말을 실천한다면, 그가 곧 군자다. '사람이 청백하면 가난해도 두려울 게 없다'면 역시 군자다. '길가에 핀 풀꽃도 제 먹을 이슬이 있다'는데, 하물며 인간이 굶어 죽으랴, 하고 언행을 견고하게 하면 양반이다. '길갓밭에 외 심어서 가는 이도 드리고, 오는 이도 드리면 공덕이라'고, 소박하면서도 온정으로 사람을 대하면 그가 현대판 양반이다.

'가난에는 고생이 따라다닌다'는 것을 잘 알고, '가난이 제격이라'는 듯 점잖게 행동하는 사람은 결코 천하지 않다. 가난하지만 늘 공부하는 사람은 무시당하지 않는다. 가난하지만, '가난한 사람도 부자 같이 대하라'는 생각으로 행동하는 사람은 존경받는다. '처다보고 살지 말고 내려다보고 살아라'고 했지만, 사람을 올려다보거나 내려다보지 않고 덕으로 대하는 사람은 복을 받을 수밖에 없다. '언덕은 내려다 보아도 사람은 내려다볼 수 없다'는 것을 잘 알기에 지혜로운 사람이다.

'허리에 돈 차고 학 타고 양주에 올라갈까' 하는 말이 있다. 평생토록 바라던 것이 하루에 이루어질 수 없다는 뜻으로 빗대는 말이다. 하루아침에 큰돈을 벌 수 있는 것도 아니니, 열심히 일하면서 조금씩 모을 일이다. '가난해도 속만 편하면 산다'는 생각으로 덕을 쌓는 일이 중요하다. '돈은 뜬구름이라'고 생각하면서도, '머슴도 행세할 날 있다'는 희망도 품고 살아야 한다. '떼 닭 속에는 한 마리의 학이 있다', '떨어진 주머니에 마패 들었다', '옥은 흙 속에 묻혀도 옥이다'는 것을 알아볼 사람은 다 알아본다. '초가에도 양반 살고 기와에도 상놈 산다'는 말이 그 뜻이다.

7. '세상에 공밥이 없고 헛일이 없다' / 돈과 직업

'이 설움 저 설움 해도 배고픈 설움이 제일 크다'고 했다. 세상에 어느 사람도 공짜로 밥을 먹여주지 않으니, 일해야 설움에서 벗어날 수 있다. '몸이 편하면 입도 편하다'는 말은 게으름을 피우면 입에 들어갈 것이 없다는 뜻이다. 남이 돈 버는 것을 구경만 할 수는 없다. 마치 '목마른 송아지 우물 들여다 보듯', '목 맨 개 겻섬 넘어보듯' 하고만 있을 수는 없는 일이다. '부자는 곳간에서 인심 나고, 가난뱅이는 아침이슬에서 복 나온다'고, 부지런한 사람이라야 복도 따른다. '사람이 고운 게 아니라 일이 곱다'는 말은 절대적인 진리다.

'머리 큰 양반, 발 큰 도둑놈'이란 말이 있다. 양반은 머리를 써서 살고, 도둑은 발로 살게 된다는 뜻이다. '세상살이에 거져먹는 것이 없다'고, 아무리 도적이라도 남의 것을 훔쳐내려면 무진 애를 써야 한다. 돈을 쥐락펴락하는 수재들도 남의 돈을 알겨낼 생각을 하려면, 머리에 쥐가 날 정도가 돼야 한다. '남의 돈 먹기가 앓기보다 힘들다', '남의 돈 먹자면 말도 많다'는 말이 지당하다.

'돈은 많아야 하고, 병은 없어야 한다', '돈은 많을수록 좋고, 말은 적을수록 좋다'는데, 많은 돈을 어떻게 벌 수 있을까, 하는 것이 대다수 사람의 고민이겠다. '개미 금탑 모으듯' 돈을 모으는 게 정상이겠지만, 영감질나서 건디기 어려울 것이다. 크게 한탕 하면 좋겠다는 욕심이 사뭇 둥지를 틀게 될 것이다.

'돈은 쓰기는 쉬워도 벌기는 어렵다'는 건 누구나 잘 안다. 가끔 반대로 말해야 할 사람도 있을 것이다. "돈 벌기는 쉬워도 쓰기는 어렵다" 하고 말이다. '돈벼락을 맞는다'는 사람들, 대박이 터진 사람들은 그렇게 말할 수도 있다. '돈을 물 쓰듯 한다'고 해도 한계가 있는 법이다. '돈이 너무 많아 주체 못 하는 사람 없다'고 했지만, 생각보다 부자가 많은 세상이다.

'돈은 제 발로 들어와야 한다'고 했는데, 누구든 기다리면 되겠는가. '돈은 말도 모르고, 귀도 먹고, 눈도 어둡다'는데, 어떻게 찾아들겠는가. 적은 돈은 모르겠지만, 큰돈이라면 고손자 수염 날 때를 기다리는 게 나을 것이다. '돈은 갈퀴질을 해야 큰돈을 번다' 하는데, 갈퀴질을 할 정도로 많은 돈이 있는 곳을 알아야 할 일이다.

'돈은 억지로 못 번다'고 하지만, 아주 착한 언행으로 돈이 벌릴까. 인간도 다른 동물들처럼 약육강식이라는 삶의 방식에서 못 벗어난다. '대어는 중어를 잡아먹고, 중어는 소어를 잡아먹는다'고 해야겠다. 서로서로 남의 주머닛돈을 노리니, '돈은 하루아침에 얻기도 하고 날리기도 한다'는 일이 생길 수밖에 없다.

'돈은 고추같이 매운 사람이 번다', '돈도 여문 사람에게 태인다'고 하는데, 맵고 여물기가 '둘째가라면 서럽다'는 사람도 크게 사기를 당하는 일이 많다. '돈도 배운 사람이 잘 번다'고 하는데, 뭘 배웠느냐가 문제다. 학벌이 높다고 돈을 잘 벌겠는가. '돈벌이를 배운 사람은 돈 버는 짓을 잘 한다'는 말이 맞을 것이다.

미국의 월스트리트와 한국의 금융가에 왜 세계적인, 또는 한국의 두뇌들이 모여 있겠는가. 경제적 정의를 실천하기 위해서? 세계 금융시장의 교통정리를 잘 하기 위해? '천만의 말씀, 만만의 콩떡'이다. 제 돈을 많이 벌기 위해서다. 그 좋다는 머리를 오로지 더 많은 돈을 버는

데 쓰기 위해 모여 있는 것이다. 이들은 오로지 돈 버는 일에만 몰두하니까, 잘 벌 수 있을 것이다.

"돈을 번다거나 부자가 된다는 생각은 사람들에게 매우 그릇된 경제관을 심어주었다. 우리가 경제 활동을 하는 목적은 돈을 벌려는 것이 아니라 먹고 살기 위한 것이다. 돈을 먹고 살 수 없으며, 돈을 입을 수도 없고, 돈을 덮고 잘 수도 없다. 돈은 어디까지나 교환수단일 뿐이다. 식의주에 필요한 물건을 얻는 매개체다."[37]하고 말한 것은 니어링 부부다.

이런 말이 지당하지만, 자본주의 세상은 괘념치 않는다. '이미 내놓은 역적'이요, '이미 벌인 춤'이고, '이미 썩어놓은 망건'이다. '욕심이 세면 반 도둑이라'는 소리를 듣든 말든, 돈을 '쫓아가서 벼락 맞는다'는 게 소원인 사람들이 넘쳐나는 세상이다.

돈을 '무른 땅에서 마당삼 캐듯 한다'고 할 정도로 쉽게 버는 사람도 있다. '물도 골을 찾아야 큰 강에 든다'고, 노루목을 지키고 있는 사람 품에 들기 마련이다. '돈은 욕먹고 벌어도 쓰기만 잘하면 된다'는 생각으로 사는 사람들이 대부분이다. 온갖 저주와 욕지거리를 들으면서 못된 짓을 다 한다. 돈을 잔뜩 긁어모은 다음에 소위 '사회환원'이란 걸 조금 하기도 한다. '돈 벌면서 인심 잃지 말고, 돈 쓰면서 욕 얻어먹지 말랬다'는 생각 때문이겠다.

아무리 돈 버는 데 이골이 났다고 하더라도, 사람이나 때를 잘못 만나면 패가망신하는 경우도 있다. '부자가 패가하면 등신이 되고, 없는 놈이 돈을 벌면 안하무인이 된다'고 했는데, 부자의 행색이 갑자기 초라해지는 것보다 더 못 봐줄 모습은 없으리라. '살림 망해먹고 속상한 사람 창자는 호랑이도 안 먹는다'고 했듯이, 당사자는 억장이 무너질 것이다. '가슴에 모과 떨어지는 소리가 난다'는 정도가 아니겠나. '기름 쏟고

정종진 143

깨 줍는다'는 꼴로 나다니면, 없는 사람들은 꿀맛을 다시겠다.

'세상에 앉은 상 생기는 법 없다', '세상에 공짜는 없다'는 말이 어찌 그를까. '남의 돈 천 냥이 내 주머니의 한 푼만 못하다'고 했다. '앉아서 놀고 먹으면 태산도 못 당한다'고 했으니 열심히 일해야 산다. '작은놈은 쥐나 개나 도둑질하듯 하고, 큰놈은 고래가 삼키듯 범이 채가듯 한다'는 말처럼, 없으면 아주 작게 시작해야 한다. '입이 먹고 꼬리가 살찐다'는 말이 있다. 애쓴 사람과 이익을 차지하는 사람이 다르다는 뜻으로 빗대는 말인데, 그러려니 하면서 참고 견뎌야 한다. 세상에 정의와 평등은 생각처럼 쉽지 않다는 걸 모를 리 없으니까 말이다.

1) '사람이란 아무리 반신이라도 한 가지 재간은 있다'

'발바닥을 하늘에다 붙인다'는 말이 있다. 남다르게 특별한 재주를 부릴 줄 안다는 뜻이다. 이를테면 재주꾼이라는 말인데, 밥 먹고 사는 데는 특별한 재주꾼이 아니어도 괜찮다. '산 입에 설마하니 거미줄 끼랴' 하는데, 하찮은 재주라도 가졌다면 입에 거미줄을 칠 수 없을 것이다. '산 입에 흙 들어갈 일 없다'는 것은 분명하다.

'도깨비도 수풀이 있어야 재주를 피운다', '도깨비도 숲이 있어야 모이고, 소도 언덕이 있어야 비빈다'고 했는데, 수풀과 언덕은 바로 직장이고 가정이다. 사람 사는 곳이면 어디서든지 재주를 펼 수 있다. '도깨비 등거리라도 입은 듯' 뛰어난 재주를 유감없이 내보일 수 있는 세상이다. '우렁이도 논두렁 넘어가는 재주가 있다', '달팽이도 논두렁 넘는 재주는 있다'는데, 사람이 재주가 없을 것인가. '여러 가지 재주 있는 놈이 한 재주도 못 써먹는다'고, 여러 곳에 호기심만 많다 보니까, 재주가 설익어서 그렇다.

'설익은 재주에 코 깨진다', '서투른 석공 깜짝이부터 배운다', '서투른 솜씨일수록 일은 더 저지른다', '서투른 숙수가 피나무 안반만 타박한다', '서투른 어부가 용왕 탓만 한다', '서툰 무당이 장구만 나무란다'고 하는 말들이, 재주가 설익어 밥 얻어먹을 정도가 안 된다는 뜻으로 빗대는 속담이다.

'재주 많은 놈 굶어죽기 십상이라'는 말을 비롯하여 재주를 가진 사람을 평가절하하는 속담이 꽤 많다. '재주 있는 놈치고 안 빌어먹는 놈 못 봤다', '재주 있는 사람은 재주 없는 사람의 종노릇밖에 못 한다', '재주 있는 사람치고 안 까부는 사람 없다', '재주가 근면보다 못하다', '재주가 승하면 가난하거나 요절한다', '재주가 승하면 덕이 박하다', '재주가 승하면 화를 불러들인다', '재주는 굶주림을 구하지 못한다', '재주 쓰다 메주 쑨다'는 말들이 그렇다. 이에 비해 재주에 대해 긍정적인 속담은 '재주는 장에 가도 못 산다'는 정도다. 왜 이렇게 재주꾼을 비하했던 것일까.

문명이 발전되지 않았던 농경시대에는, 재주라고 해봤자 몸으로 보여주는 재주에 한정되었다. 헤아릴 수 없는 도구들을 가지고 온갖 제품을 만드는 현대와는 근본적으로 다른 재주의 시대였다. 이 시대는 재주나 기술은 같은 의미로 쓰일 수도 있다.

직업은 결국 재주를 바탕으로 택하게 된다. '재간도 써야 재간이라'고, 쓰다 보면 어느새 직업이 되는 것이다. '재간 뱃속에서 타고난 사람 없다'고, 오래도록 내공을 기르면 도사 뺨치는 수준에 이르게 된다. '재간만 출중하면 부처님을 삶아서 육고기로 둔갑시킬 수 있다'는 말이 '말인지 막걸리인지' 하겠지만, 어떤 분야에 '혀를 내두른다'고 할 정도로 능수능란한 사람이 부지기수다.

축구선수나 야구선수를 비롯한 세계적인 선수들을 봐라. 손재간 발재간을 부지런히 익혀, 젊어서 천문학적인 연봉과 계약금, 명예를 다 차지하잖는가. 그들이 '재간을 배 안에서부터 배우겠나?' '산 재주 있어 나무 잘하는 사람 있고, 논 재주 있어 우렁 잘 캐는 사람 있다'는 말이 당연하다. 제 재주를 한껏 발휘해 돈을 만들고 먹고 살면 되는 것이다.

'열두 가지 재주 가진 놈이 저녁거리 간 데 없다', '열두 가지 재주 있는 놈이 끼니를 굶는다'는 말은 어설픈 재주, 돈이 되지 않는 재주를 두고 하는 말이겠다. 프로가 아니라 아마추어란 말이다. 하나에 집중적으로 계발된 재주가 아니라, 여러 가지로 분산되어 특출한 게 없는 사람인 것이다. '집념은 사람을 귀신으로 만든다'고 했는데, 그 집념이 너무 여러 갈래도 흩어진 것이다.

돈 버는 재주도 마찬가지겠다. 한평생을 돈 버는 일에 단련된 사람을 필부필부가 어떻게 따라갈 수가 있을 것인가. 경제를 전공하고 은행가 증권가를 두루 섭렵한 월스트리트의 재주꾼들이나 여의도의 재간꾼들을 어떻게 따라잡을 수 있겠는가.

돈은 그러나 월가나 여의도에만 쌓여 있는 것이 아니다. 돈이 여기저기 흘러 다니는 것이 아니라 사람이 돈의 흐름을 관리하는 것이니까, 돈의 길을 찾는 내공을 쌓아야 할 것이다. 그러나 돈 자체에 공부나 스펙만으로 돈을 버는 게 아니다. 연예인들이 돈을 쓸어모으는 것을 봐라. 다른 숱한 재주가 돈 자체에 집착하는 사람보다 한 수 위다. 이럴 때 돈이 사람을 따른다 할 것이다.

'노력은 천재를 낳을 수 있어도, 천재는 노력을 낳을 수 없다'고 하는데, 노력이란 곧 재주를 갖는다는 뜻이다. '목탁도 십 년은 때려야 비로소 제 소리가 난다'고, 목탁도 길이 나야 하지만 길이 나게 만드는 사람이 중요하다. '명공의 손에 잡히면 내버린 나무토막도 칼집이 된다'고 하지 않는가. '못난 석공 눈껌쩍이는 짓거리부터 배운다'고 하지만, 시작은 다 그럴 수밖에 없다. 끈질기게 노력하다 보면, '둘째로 가라면 섧다 하겠다', '둘째로 가라면 노여워 하겠다'는 찬사를 들을 것이다.

'무재주 상팔자', '재주가 메주다' 하는 말들이 있다. 재주를 함부로 자랑하다가 해를 보는 때가 있으니 하는 말이겠다. 재주가 출중해서 불이익을 받는 경우도 허다하다. 문서를 위조한다든지, 모조품을 만든다든지, 짝퉁을 잘 만들다 보면 화를 당할 것이다. 누가 이용하려고 들면 이용당할 수밖에 없기 때문이다. 그런 재주가 없으면 별 탈이 없이 살 수가 있다는 뜻으로 무재주를 좋게 말하는 것이겠다.

'물 재주 하는 놈 물에 빠져 죽고, 나무 재주 하는 놈 나무에서 떨어져 죽는다', '미인은 박명하고, 재주 있는 사람은 병이 많다', '솜씨 좋은 사람치고 팔자 드세지 않은 사람 없다', '잔재주가 비상하면 가난하기 십상이라', '잔재주가 많으면 저녁 못 얻어먹는다', '잔꾀 많은 놈이 발 씻은 물 마신다'는 말들은, 재주가 설익었거나 재주를 잘못 써서 받은 오해일 뿐이다. '목수 집 온전한 집이 없다', '목수 집에 헌 문 단다'는 말에서 재주꾼들의 소박하거나 겸손한 자세를 배울 일이다.

'똥장사에게서도 배워라'는 말이 있듯이, 재주는 누구든지 가지고 있는 법이고 누구든 배울 수 있다. 재주를 통해 돈을 벌어 살고, 그 재주는 또 다른 사람에게 넘겨 주어야 한다. '솜씨는 관 밖에 내놓아라'는 말은, 죽을 때 재주를 가져가지 말고 남겨놓고 가라는 말이다. 돈을 남기듯, 재주도 넘겨주고 떠나는 게 마땅하다.

2) '돈은 악해야 번다'

악하다는 뜻은 "인간의 도덕적 기준에 어긋나 나쁘다"고 풀이한다. 악해야 돈을 번다고 했을 때, 그러면 돈을 번 사람은 다 악한가, 하는 물음이 돌아올 수가 있다. 그러니 나쁘다는 의미와 함께 악착같다는 뜻으로도 써야 할 것이다. "매우 모질고 끈질기다" 정도의 뜻으로 말이다.

'돈이라면 호랑이 코에 붙은 것이라도 떼려 든다'고 했는데, 모질고 끈질김이 없이 어찌 가능하겠는가. '돈을 벌면 지위도 높아진다', '돈을 벌면 친구도 많아진다'고 했으니, 모질고 끈질김을 발휘하는 것도 손해일 수 없다는 생각도 들 것이다.

'모진 게 목숨이라', '모진 놈이 오래 산다'는데, 모질지 않아서 되겠는가. '모진 놈은 동티도 피해서 간다'니 더더군다나 그렇다. 다만 '모진 놈 옆에 있다가 벼락 맞는다'고 했으니, 악행만 저지르지 않으면 모진 것이 나쁘지 않다. 크고 작은 사업을 같이하고 한쪽의 지분을 빼앗는 악덕 업자도 있다. '물 댄 놈은 술 차지하고, 쌀과 누룩 댄 놈은 지게미 차지한다'는 예도 허다할 것이다.

평범한 사람들은 기껏해야 악착같이 돈을 벌려고 한다. 소규모 장사를 하더라도 내놓고 이익을 추구하니 그러려니 한다. '밥장사는 곱빼기 장사, 물장사는 다섯 배 장사'인 줄 모르고 사먹는 사람은 드물겠다. '소금에 아니 전 놈이 간장에 절까', '소금에 아니 전 놈이 장에 절까' 하고 덤비는 악착도 감행하기가 쉽지 않다.

모질다 못해 극악한 방법으로 돈을 버는 사람도 헤아릴 수 없이 많다. 보이스 피싱의 예들만 봐도 알 것이다. 사채업자의 하는 짓을 봐라. 각종 사기도박, 강도의 사건을 보면, 불법으로 돈을 벌어들이는 악한들의 세상인 것처럼 여겨진다. '돈이란 남의 눈에 피눈물을 내야 버는 것이라'는 말이 딱 맞다. 아니 피눈물 정도가 아니라 목숨까지 빼앗는다. 착취하는 악당을 분명히 구분할 수 있다.

소위 첨단, 최첨단의 시대가 되어 돈이 오가는 것을 볼 수 없을 뿐만 아니라, 누가 돈을 가져가는지도 모른다. 피눈물을 내서 가져가는 것이 아니라, 편리함과 이익을 주고 돈을 걷어가는 세태다. '눈 가리고 아웅'하는 수법이 절대 아니다. 금융업자가 파생상품을 개발해 판다든지, 컴퓨터 앱 개발을 해서 벌어들이는 돈은 상상을 초월한다. 남의 나라에서 배워온 기법으로 은행은 파생상품을 팔아 막대한 이익을 차지한다. 그러나 항상 위험이 따르는 것이라서 자칫 잘못하면 고객에게 막대한 손해를 끼치게 된다.

회사가 주식장사 하는 것을 봐도 그렇다. 시세조종을 하며 개미들이 보유한 주식을 싼값으로 빼앗으려 갖은 수단을 다 동원한다. 그러면서 주주의 이익을 위해서란다. 제 회사에 투자하란다. 그야말로 '작대기를 휘두르며 개 부른다'는 말이 딱 맞다. 투자의 책임은 개인 투자자에 있다고 늘 경고해둔다. '송편으로 목을 따고, 두부로 배를 갈라도 시원치 않다'고 할 정도다. 나라가 허가해준 노름판에서도 잃기만 할 뿐이다. 아주 당당하게 불법을 저지를 수 있는 환경이니, 약자들은 필히 패하는 구조다. 악해야 돈을 번다는 곳이 바로 여기구나, 하고 실감하게 된다.

권력자들에 배신당하고 돈 많은 회사에 돈 잃고, 세금으로 반 조각나면 살맛이 나겠는가. 평범한 시민이나, 중소상인들은 늘 죽을 맛에 살고 있다. 잔병이 오래면 죽을병에 이르는데, 소시민들은 시름시름 한다. 그나마 의료보험을 들어놔서 병원은 쉽게 들락거리지만, 병이 쉽게 고쳐지나? 거기도 돈 놓고 돈 먹기 판이 돼가고 있다는 것을 모르겠는가.

남자 여자 가릴 것 없이 미모도 돈에 긴밀히 연결된다. 관상학에서도 얼굴을 보고 천한 상을 말한다. '얼굴에 밥풀 하난 안 붙었다'고 말하는 관상이 가장 천한 상일 것이다. '얼굴에서 쌀이 나오나 돈이 나오나' 하고 말하지만, 화수분이 따로 없는 줄 잘 알 것이다. '재주 좋은 년보다 얼굴 예쁜 년이 낫고, 얼굴 예쁜 년보다 팔자 좋은 년이 낫다'는 속담이 터무니없는 말인가. '쌀 고리의 닭 팔자', '쌀 광에 든 쥐 팔자' 같이 넉넉한 재물 속에 든 사람을 누군들 부러워하지 않을까.

이것도 저것도 없는 사람은 오로지 악착같은 힘으로 견뎌내야 한다. '손때가 고우면 팔자가 기구하다'고, '산전수전 공중전 다 겪는다', '물 속 불 속으로 헤엄을 다 쳤다'는 심정으로 버텨야 한다. 아니 게릴라전까지 마다고 하지 않아야 할 것이다. '미늘 없는 낚시로는 고기를 못 잡는다'고, 뭐를 하려 해도 밑천이 있어야 할 것이다. '무당이 굿을 하재도 떡이 있어야 하고, 소가 등을 비비재도 언덕이 있어야 한다'고 했다. 소매가 길면 춤추기가 좋고, 돈이 많으면 장사가 잘 된다고 했는데, 지당한 말이다. 돈 없이 장사하려니 다소간의 악도, 악착도 필요한 것이다. '되질은 될수록 줄어도, 마까질은 달수록 는다'고 했다. 마까질은 물건의 무게를 달아보는 것을 뜻하는데, 저울질을 속인다는 말이다. 악행이지만 악착 쪽에 가까운 행위라 할 것이다.

'착한 끝은 있어도 독한 끝은 없다'고 했는데, 여기서 악은 남을 해치는 악이다. '어질지 않아야 치부를 한다'는 말은, 악행을 해야 부자가 된다는 말이 아니다. '간 빼먹고 등쳐먹는다', '찢어진 속살에 소금 뿌린다'는 게 아니다. '무주 구천동 소금장수도 능갈이 없으면 이문 속이 허한 법이라'는 정도를 말한다. 능갈, 즉 능청을 떠는 것은 악이 아니라 악착에 가깝다. '찔러도 피 한 방울 안 나오겠다'는 말도 같은 뜻이다. 이문에 철저하고 인색하다고 해서 욕은 먹을지라도 악한 것은 아니다.

'새 양반이 묵은 양반보다 돈에는 더 무섭다'는 말은, 젊은이가 늙은이보다 돈에 더 인색하다는 뜻이다. 부모 세대보다 부지런하지는 않아도 이문에는 철저한 젊은이들을 보면 믿음직하다고 해야 될까. 악이 되었든 악착이 되었든 '몸을 두 쪽으로 내도 모자란다'는 말을 주절대면서, 이리 뛰고 저리 뛰며 돈을 벌면 다행이라 할 것이다.

3) '돈은 벌수록 더 벌려고 한다'

'돈은 벌수록 더 탐낸다'는 말이 맞다. 돈을 잘 번다고 소문이 난 장사꾼을 보면 안다. 대박을 맞았다면 그만 일을 접고 번 돈으로 즐기고 살 법한데, 결코 그렇게 하지 않는다. 평생 그 점포를 지키며 늙는다. 왜 그러냐고 물어봐라. 벌어는 놓았는데, 돈 버는 재미가 하도 쏠쏠하기도 하고, 습관이 돼서 그만두지 못하겠단다. '까마귀 고욤을 마다할까'고 하는데, "사람이 돈 마다할까"는 말이 더 좋다. '턱 앞에 차려놓은 밥상이고, 입안에 들어온 찰떡이라'고 할 수 있는데, 그만두기 힘들 것이다. 단골도 확보되어 있고, 장사의 노하우도 다 터득했는데 고되긴 해도 재미가 클 것이다.

'다욕多慾하면 있는 것까지 잃는다'는 말이 있지만, 작고 큰 모험을 했을 때나 그렇지 안전제일주의로 돈을 쌓아두는 사람은 괜찮다. '일전을 보고 물밑 오십 리를 간다'는 신념으로 살며, '쥘 줄만 알았지 펼 줄은 모른다'는 소리를 듣고 살았는데 돈 새나갈 구멍이 있겠는가. '돈은 세어서 주고 세어서 받는다', '돈은 선치부先置簿하고 후출급後出給한다', '돈에는 부자간에도 세어주고 세어받는다'는 걸 원칙으로 삼고 살았으면 '손이 비단이라'고 하겠다.

'철도 뜨거울 때 두드려야 한다', '물 들어올 때 노 젓는다'고, 돈벌이도 잘 벌릴 때 더 가속시켜야 할 것은 물론이다. '장사 한두 번 하나' 하고 말하지만, 정말 오랫동안 장사를 해본 사람이면 알 것 다 안다. 누가 물건을 살 사람인지 아닌지 단번에 알아본다. 누가 값을 깎을 사람인지 아닌지도 금방 눈치챈다. '눈치 하나는 파발마보다 빠르다'고 했는데, 능가하고도 남는다. '눈치로 일곱 식구 먹여 살린다'는 말이 꼭 맞다. '눈치 코치만 남았다' 해서 지나친 말이 아니다. '물 들어올 때 배 띄워라', '물 들어올 때 배 젓는다'고 했는데, 때를 놓치면 부잣집에서 업이 나간다는 것도 잘 안다.

'닫는 말에 채질을 하랬다', '단단한 땅에 물이 고인다'는 말이 이 경우에도 해당한다. '오래 해먹은 면주인'이란 말이 있다. 면주인이란, 주, 부, 군, 현을 오가며 심부름을 하던 사람을 일컫는 말이다. 마당발이라는 뜻이다. 진 데 마른 데 다 다니며 숱한 사람을 알고 터를 닦았는데, 돈 벌기는 '땅 짚고 헤엄치기'보다 쉽다고 할 것이다. '마루 넘는 수레 굴러가듯', '마루 넘은 수레의 기세'로 돈이 들어오는데, 어찌 그만둘 수 있겠는가. 모든 사업도, 정치 권력도 다 마찬가지다. 욕심이 욕심을 펌프질하니 멈출 수가 없겠다. '마루에 올라가면 방에 들어가고 싶다'고, 돈에 더 욕심을 내게 마련이다.

세상을 살면서 소금과 간장에 전 사람은, '단 것이 진하면 쓴 것이 온다'을 잘 안다. 언제 펼지 언제 오므릴지 잘 안다. '떼 꿩에 매 잃는다'는 것도 안다. '한 우물을 파고, 한 마리 토끼를 쫓아라'는 것도 안다. 장사운 사업운이라는 것도 '한여름 소나기 지나가듯 한다'는 것도 아주 잘 안다. '보리밥티 가지고 잉어 낚는다'는 방법도 깨우쳤고, '가죽 상하지 않고 호랑이 잡을 수 없다'는 진리도 터득했다.

정말 지혜롭거나 무지한 사람들이 시장통에 뒤섞여 있다. 적은 돈으로 '앉아서 삼천 리를 보고, 서서 구만 리를 본다'고 했는데, 살아가는 데 반 도사가 된 사람들이 적지 않다. 돈과 현실에 찌들었지만, '맨땅에 헤딩하기'로 살아왔기에 맨몸으로 제 삶에 맞서는 사람들이 수두룩하다. 돈 벌기를 그만두어도, 계속한다 해도 사는 게 별수 없다는 것을 안다. '상놈은 먹고 싶은 것 많고, 양반 보고 싶은 것 많다'는 것도 잘 알지만, 그런 게 다 별것 아니라는 것을 안다. 그러기에 자의든 타의든 돈을 더 벌려고 한다. 돈을 더 벌어 자식을 주든지, 힘든 사람을 도와주든지 하겠다는 생각을 품고 있다. 욕심을 부릴 줄도 알고, 쉽게 버릴 줄도 안다.

　무지한 사람들은 돈을 향해 무조건 돌격한다. 돈이면 세상사 모든 것을 해결할 수 있다는 한 생각으로 제 일에 몰두한다. '저울눈을 속이면 삼대가 가난하다'고 하든 말든, 능갈로 넘겨낸다. '욕심 많은 매는 발톱이 빠진다'고 해도 아랑곳하지 않는다. '죽을 때 죽더라도 먹는 건 먹어야 한다'는 일념뿐이다. '발 없는 돈이 돌아다닌다'고 하니 잡아둘 마음에 다른 생각을 못 한다. 지혜로운 사람과 무지한 사람들이 휘몰아대는 돈바람으로, 세상은 한시도 평안할 날이 없다.

　돈을 벌면 더 벌고 싶어지는 것은 대부분 사람의 공통된 마음이다. 그게 쉽지 않을 뿐이다. 돈 욕심을 다 채우려면 삼천갑자를 살아도 가능하지 않을 것이다. '적게 먹으면 부처님이라'는 말이 있는데, 원래 음식물은 적게 먹는 게 좋다는 뜻이다. 돈도 크게 다르지 않겠다. 돈 많이 벌려고 하지 말고 욕심을 좀 줄이면, 삶을 짊어진 어깨가 편해질 것인데 돈이 짐스러운 줄 몰라서 그렇다.

4) '작은놈은 쥐 먹듯 하고, 큰놈은 고래 물 삼키듯 한다'

돈이나 재물을 소유하는 규모는 나라나 개인에 따라 천양지차다. 재물이 헤아릴 수 없을 만큼의 숫자로 쌓아두는 세계적 하이퍼 리치가 있고, 매일매일을 근근생계하는 사람도, 굶주려 죽는 사람도 많다. 부富의 격차가 너무 심한데, 세상은 아무런 죄책감도 없이 잘도 돌아가고 있다. 국가도 마찬가지다. 세계의 모든 돈을 쥐고 흔드는 나라가 있는가 하면, 구제금융으로 근근생계를 하는 나라도 적지 않다. "모든 길은 로마로 통한다"라는 말이, 오늘날에는 "모든 돈의 길은 강대국으로 통한다"고 하겠다.

세상의 돈을 크게 차지하는 부류들을 보면, 그야말로 '기는 놈 위에 뛰는 놈 있고, 뛰는 놈 위에 나는 놈 있다'는 것을 절실히 느끼게 된다. 그뿐인가. '나는 놈 위에 타는 놈 있다'는 것도 알게 되어, '세상이 요술단지라'는 것을 깨닫게 된다. 평범한 시민들의 돈벌이는, 기는 놈 축에도 들지 못한다. 이 땅의 웬만한 대기업이나 중소기업을 가지고 돈깨나 빨아들인다고 해도, 세계적으로 돈을 빨아들이는 이들에 견주면 '아홉 마리 소 중에 터럭 하나'라 할 것이다.

제 나라에 돌아가는 돈만 보아서는 세상 돈이 어떻게 흘러 다니는지 잘 알 수가 없다. '작은 것만 보던 사람은 천지가 크다는 것을 알지 못한다'는 격이다. 제법 밥술이나 뜨면, 제 나라가 무척 잘 사는 줄 안다. 이른바 '국뽕'에 취하면 답답하기 짝이 없는 국수주의자가 된다. 선진국이라는 소리 한번 들으면 한껏 흥분한다. '우물 안의 개구리는 바다를 모르고, 여름 벌레는 얼음을 모른다'는 격이다. 더 잘 사는 나라를 따라잡으라는 말이 아니다. 강대국들이 빨대를 들이대고 얼마나 뜯어

가는지는 알아야 한다는 뜻이다. '매를 맞아도 어느 매에 맞는지 알아야 한다'는 말이다.

'욕심이 세면 도둑이 반이라'는 말대로 한다면, 세상에 좀도둑, 대도大盜, 초대도超大盜가 있다고나 할까. 제 딴에는 이 땅에서 '똥깨나 뀌고 방귀깨나 날린다'고 하지만, 바늘도둑 정도일 것이다. '바늘도둑이 소도둑 될 수는 있어도, 바늘 장사가 소 장사 될 수는 없다'고 했듯, 강대국의 큰 도둑 내지는 큰 장사꾼을 따라가기에는 역부족이다. 전 세계에서 돈을 빨아들이는 초대도(hyper rich, 超富者), 그럴듯하게 말해 하이퍼 리치는 강대국에 거의 몰려 있다. 마이크로 소프트, 애플, 아마존 따위 아무 데나 시가총액을 봐라. 우리나라 일 년 예산의 5~6배가 넘는다. 이들 다국적 기업이 세계 각국에서 뜯어가는 로열티만 해도 헤아릴 수 없는 규모다. 상장된 우리나라 기업 시총을 다 합쳐도 미국의 글로벌 기업 한 개의 시총도 못 따라잡을 것이다. '별이 천 개라도 밝은 데는 반달 하나만 못하다'고나 할까. 세계 10대 경제대국이라고 큰소리를 치기에는 안타까운 점이 너무도 많다.

세계적 은행재벌 몇몇이 세상의 돈과 재물 대부분을 쥐락펴락하고 있다는 것을 근근생계 하는 사람들은 알 길이 없다. 그저 내 앞가림이나 할 정도의 돈이면 만족하는 사람들이 대부분이다. '천하를 돗자리 말 듯 한다', '천하를 이고 도리질한다'고 할 정도의 위세로 휩쓸아 다니는 이들의 정체를 알 길이 없다. 그저 이 땅의 돈을 조금 떼어가는 줄만 추측할 뿐이다.

미국 연방준비위원회에서 금리를 올리고 내리는 데 따라서, 천문학적인 숫자의 돈이 빨려들어간다. 달러가 세계의 기축통화인지라, 미국에서 조종하는 대로 전 세계의 돈이 마치 쓰나미처럼 때리고 빠지고 한다. 금리를 한껏 내리면 전 세계가 돈의 축복을 받은 듯, 흥청망청 써

댄다. 그러다 금리를 올리기 시작하면 싸늘한 얼음 천하가 된다. 큰 도둑들은 밀물일 때도 쓸어가고 썰물일 때도 쓸어간다. 달러를 많이 발행해서 돈을 벌고, 그 돈을 회수하면서도 돈을 번다. 그야말로 '미친놈 횟간 휩쓸어 먹듯 한다'는 말이 맞다.

한 나라의 경제가 조금만 허술하든지 밉보이면, IMF가 후려치고 쓸어간다. 구제금융을 받는 나라는 그야말로 '털도 안 뽑고' 먹히는 꼴이 된다. '목장으로 이리떼를 몰아들인다'고 할 정도며, 고스란히 당할 수밖에 없다. 공들여 키워놓은 알짜배기 기업들이 순식간에 돈 많은 글로벌 기업의 먹잇감이 된다. 상상할 수도 없는 헐값에 팔리는 것이다.

국제금융재벌의 본질을 꿰뚫어 본 나폴레옹도 신랄한 평가를 했단다. "돈에는 조국이 없다. 금융재벌은 무엇이 애국이고 고상함인지 따지지 않는다. 그들의 목적은 오로지 이익을 얻는 것이다"[38]고 했다는 것이다. 왜 아니겠는가. '돈 앞에는 눈이 어두워진다'고 했으니 말이다. 다른 나라로 스카우트되면서 제 나라의 첨단기술을 빼돌리는 것을 봐도 충분히 알 수 있다.

금융업이 제대로 발전하지 못한 나라는, 금융업에 오랜 역사와 경험이 있는 나라나 개인에게 당하기 일쑤다. 우리도 그런 나라 중 하나다. 강대국이란 게 결국은 금융강대국인 셈이다. 글로벌 금융이란 게 약소국에겐, '문 열고 도둑을 불러들이는' 것과 마찬가지다. '참새 백 년 가야 황새걸음 못한다', '참새 만 마리가 매 한 마리를 못 당한다', '참새 백 마리보다는 봉 한 마리', '참새는 붕새의 큰 뜻을 모른다'고 하겠다.

월가의 투자회사들이 이 땅에서 돈 우려먹기란 그야말로 '수박에 박치기하기'보다 쉽고, '호박에 대못 치기'보다 쉽단다. 투자의 귀재라고 하는 사람들은 한국을 현금인출기로 생각하고 있다는 것이다. 돈으로 세계금융을 요리하는 그들에게 대적하기란 당랑거철螳螂拒轍 격이다. 때때로 이 땅에 조언을 해주는데, 그 말을 곧이곧대로 들어서는 안 될 일이다. 예컨대 금융시장의 금리문제, 주식시장의 공매도 문제에 훈수를 두는 것은 우리 시장에 유리하게만 해주는 충고는 아니다. 자기들 이익이 줄어들 것을 염려하는 속셈도 있겠다. '참새 무리가 어찌 기러기의 뜻을 알까', '참새 무리가 어찌 대붕의 뜻을 알랴', '참새 무녀리만큼도 안 본다', '참새가 아무리 떠들어도 구렁이는 움직이지 않는다'는 말대로다. 제 잇속의 크기에 따라 언행이 달라지는 것을 간파해내야 한다.

미국이나 중국과 같은 강대국의 대통령이나 주석이 바뀔 때 봐라. 한반도 정책이 바뀌면 국내의 우두머리들은 그야말로 비상이 걸린다. '용이 등천하려면 개천의 미꾸라지들과 개구리들은 등이 터져야 한다'는 말이 적절한 비유다. 강대국 원수들의 비위를 맞추느라 나라의 자존심은 쉽게 무너져 내린다.

국내 일자리가 부족한 판에 우리나라 대기업은 미국에 투자한다. 수조 원에서 수십 조 규모를 투자하면 미국이야 일자리가 늘어 좋겠지만, 국내에서는 원망이 쌓인다. 돈은 제 백성한테서 벌어, 일자리는 외국에 마련해주니 안 그렇겠는가. 핑계야 화려하다. 이 나라를 위해서란다. 알고 보면 '새우잠에 용꿈 꾸기를 기다린다'는 격이다. 백성들은 괜히 내우외환을 맞아, '여우한테 홀리고 호랑이한테 잡아먹힌다'는 꼴이 된다. '털도 안 뽑고 잡아먹으려 한다'고 할 수 있는 외세에 속절없이 당할 수밖에 없다.

철저한 연구 없이 어설프게 대응을 하다가 늘 뒤통수를 맞는 게 후진국이다. '염소뿔 세다 세다 하니까 황소에게 덤빈다'는 격이다. '용이 없는 바다에는 메기가 꼬리를 치고, 호랑이 없는 산골에는 여우가 선생질한다'고 하겠다. 상대방의 속내를 잘 알고서 덤벼야 한다는 말이다.

'서울에서 뺨 맞고 안성 고개 가서 주먹질 한다'는 격이다. 국내는 노조의 힘이 너무 강하고 여러 투자 환경도 좋지 않다고 핑계를 댄다.

상대적 박탈감이란 말을 많이 쓴다. 먹고는 살지만, 돈이나 권력 있는 자들의 행태에 제 모습이 초라하게 쪼그라든다는 말이다. 왜 안 그렇겠는가. 사원은 연봉 오천인데 대표랍시고 몇십억씩 가져가니 그렇다. 권력이 센 자는 몇십억씩 뇌물을 받아먹어도 구속이 될까 말까 하는데, 하위직 사람은 몇백만 받아도 강한 처벌을 받는다.

'작은놈은 쥐나 개나 도둑질하듯 하고, 큰놈은 고래가 삼키듯 범이 채가듯 한다'는 말이 딱 맞다. 큰돈을 우려가는 사업자들이나 백성의 등을 처먹는 정권의 우두머리들에게나 쓰는 말이 있다. '작은 것을 훔치는 자는 옥에 갇히지만, 큰 것을 도둑질하는 자는 왕관을 쓴다'는 속담이 그것이다. 도둑질도 합법적인 도둑질이 있다지만, 그건 법이 나빠서 그런 것이 아니다. '도둑놈 손발 맞듯' 한다고, 도둑이 도둑을 서로 잘 알아서 그렇다.

'우물에도 샘구멍이 따로 있다'고, 돈이 흘러다니는 곳에도 진짜 돈 구멍을 잘 찾아내는 사람이 있다. '하늘을 보고 쏘아도 알과녁만 맞춘다'고, 돈을 잘 버는 사람은 아무렇게나 투자하는 것 같은데, 큰돈을 쥐곤 한다. '참깨 백 번 구르는 것보다 호박 한 번 구르는 것이 낫다'고, 필부필부 장삼이사 즉 서민은 참깨다. 제 주제를 알고 먹고 사는 정도에 만족해야 하지만, 세상 돌아가는 것은 알아야 한다. '뛰는 놈 위에 나는 놈 있고, 나는 놈 위에 업혀 가는 놈 있다', '뛰는 놈이 생기면 나는 놈이 있다'는 건 느끼지만, 그들이 잘못 날고 뛰면 만수무강에 큰 지장이 있다는 것을 깨우치고 경계해야 한다. '참새 백 마리면 호랑이 눈깔도 빼간다'지만, 돈을 벌어들이는 데는 어림도 없다. '도둑놈더러 인사불성이라 한다'고 해서 되겠는가. 제 돈은 제가 지켜야 한다.

5) '먹고 사는 데만 급급하면 천하게 여긴다'

'말은 야구리, 똥은 싸구리, 먹새는 황소'란 말이 재미있다. 아주 약은 사람을 야구리라 한다. 말은 그럴듯하게 하고 분별력 없이 행동하며 먹성만 강한 사람을 두고 빗대는 말이다. '먹는 죄는 대꼭지로 하나', '먹는 죄는 꿀종지로 하나'라고 했으니, 먹는 것을 두고 시비를 걸지 말라고 할 것이다. '먹을 것만 보면 세 치 앞을 못 본다', '먹을 것 없다는 놈이 먹는 데는 번개라'는 사람이 있더라도 속이 뒤집히지 않도록 참아야 한다.

'밥이 원수라'고 하니 많이 먹는 것으로 원수를 갚을 것인가. '원수가 은인'이라니, 어떻게 더 큰 은덕으로 갚을 것인가. 밥이 목숨을 이어주니 은인이지만, 밥 때문에 뼈 빠지게 일해야 하니 원수다. '밥이 인삼이다', '밥이 지팡이라', '밥이 하늘이라', '밥이 분이라'니 먹긴 먹어야 하겠다. 하기 싫은 일도 억지로 해서, 입에 다 털어 넣으면 그보다 허무한 일이 없을 것이다. '밥주머니에 술포대'란 취급을 받으면 인간 값에 들지 못한다는 말이다. 먹기는 먹되 '필요한 최소'만 먹으라고 하면, 먹는 즐거움에 소홀하면 뭔 재미에 사느냐고 시빗거리가 된다. 식도락도 중요한 인생의 낙이라는 말이 틀릴 리 없다.

밥이야 목숨을 지탱하는 것이니 그렇다 치자. 술이나 담배, 보양식은 어쩔 것인가. '담배도 음식이라'는 말이 맞는가. 입으로 들어가니 그럴 것이다. '담배는 수심을 쓸어버리는 빗자루라'는 명분 아래 피웠는데, 이제는 죄지은 심정으로 피워야 하는 세태다. 성인은 끊고 미성년자는 피워대는 세상이니 그렇다. '담배는 높여 피우고 술은 낮춰 마셔라'지만, 둘 다 건강에 좋지 않다고 의사들이 늘 경고를 한다. 술이나 담배는 호기심으로 시작하여 습관이 된다. 거미줄 같던 습관이 오래면 쇠사슬이 되어 꽁꽁 묶이게 되는 것이다.

보양식이나 보약을 즐기는 사람은 돈 여유가 있어 먹을 것이다. 보양은 식보食補 행보行補 육보肉補 약보藥補 순서인 법인데, 이를 한꺼번에 해치우는 사람도 있다. 움직이기를 싫어하는 사람은 행보만 빼고 다한다. 몸에 좋을 리가 없다. 온몸을 부지런히 움직이고 필요한 최소의 식보를 하느니만 못하다.

명분이 예지적 인간인데 먹는 것을 유일한 낙으로 삼으면, 예지는 간 곳 없고 동물성만 남는다. 현대인을 두고 "죽어라 하고 돈 벌고 죽어라 하고 먹고 죽어라 하고 살 뺀다"고 하는데, 결국 입에 비위만 맞추다가 한 생애를 소비하는 셈이다. '입안의 말 다 듣자면 고래등 같은 기와집도 하루아침에 넘어간다'고 했다. 일한 대가를 입에다 다 털어 넣으면 허무하기 짝이 없을 것이다. '바닷물은 막아도 사람의 입은 못 막는다'고 하는 말을 듣는 게 좋을 리 없다. '옆구리에 섬 찬 놈 집어넣듯이 먹는다'고 하는데, 그 정황을 상상해봐라. '아귀 먹듯 한다'는 사람에게서 지혜로운 모습은 결코 보지 못할 것이다. '아귀같이 먹고 굼벵이같이 일한다'고 했는데, 굼벵이같이 먹고 소같이 일한다는 말을 듣는 게 낫겠다.

'입과 돈주머니는 동여매야 한다'는 말은 본래 말을 함부로 하지 말고 돈도 아껴 쓰라는 뜻이다. 여기에 의미를 조금 더 붙인다면 먹는 것을 너무 탐하지 말라는 것일 수도 있다. '다 먹고 살자고 하는 짓이라'는 말에 시비를 걸 수는 없다. '입과 배가 원수라'고 사람마다 원수와 함께 살고 있다. '세상 뭐니뭐니 해도 배고픈 설움만한 것이 없다'는 것은 충분히 이해가 된다. 그러나 '산돼지는 칡뿌리를 나누어 먹고, 집돼지는 구정물을 나누어 먹는다'고 했다. '음식으로 하늘을 삼는다'는 것은 어떤 생명도 마찬가지다. 만물의 영장이라면서, 먹는 것만 탐하면 부끄러운 일이다. '음식을 밝히면 천해진다'는 말 새겨들을 말이다. '작게 먹고 작게 싼다'는 속담은 배포가 약하거나 소극적인 사람을 두고 하는 말이 아니다. 오히려 대인이 소식한다.

6) '돈 벌면서 인심 얻기는 어렵다'

돈은 굴려야 더 커진다. 굴리는 방법이 문제인데, 비합법적으로 투자하는 것도 방법은 방법이다. 예컨대 뇌물도 그중 하나다. '돈다발로 쳐대는 매질 앞에서 끝까지 버티는 장사 없다'고, 단위를 높여가며 상대를 두들기면 문은 열리게 돼 있다. "두드려라, 그러면 열릴 것이다"란 경구가 뇌물에도 잘 통한다. 돈만이 아니다. 부록이 당연히 있다. 자동차 선물, 골프장 회원권, 연구비, 성 접대, 해외여행, 져주는 골프, 져주는 노름 … 항목은 수없이 많다. 꼭 임금에게 바쳐야 진상인가. 하급관리라 해도 돈이 나올 구멍을 관리하면 그가 임금인 셈이다. '대통령 빽보다 센 게 삼십육계 줄행랑치는 것이고, 빽 중에서 제일 센 빽이 실무자 빽이라'고 할 정도니까 말이다.

'사람 모이는 속은 호두엿 장수가 먼저 안다'고, 돈 나올 구멍을 꿰고 있는 백전노장들이 '돈길'에 즐비하게 대기하고 있다. 뇌물 들이미는 구멍이 곧 돈 나오는 구멍이라는 걸 모두 잘 안다. 뇌물을 내치는 사람도 물론 많이 있다. 그러나 많은 사람이 내치지 못하고, '신세가 북어 껍질 오그라지듯' 한다. 마음이 모질지 않으면 '염소가 설사하기를 바란다', '염소가 물똥 싸는 것을 보았나', '장닭이 알 낳는 것을 보았나'는 것처럼 뇌물에 엮이게 된다.

'입에 달면 삼키고 쓰면 뱉는 게 세상인심이라'고 하는데, 뇌물은 입에 달아 삼키는 것이겠다. 뇌물은 돈을 먹는 자의 인심이자, 돈 먹이는 자의 인심이다. 뇌물 오가는 것을 구경하는 사람, 뇌물을 모르는 사람의 인심은 아니다. 정치권에서 권력자들이 돈에 줄을 대는 일은 거의 특혜다. 작은 이익에 권력자들이 개입할 리 만무하다. 이익이 크니 권력이나 뇌물이 동원되는 것이다. 돈이 눈덩이처럼 순식간에 커지니 위험한 일을 감행하는 것이다.

'돈주머니가 커야 인심도 후하다'고 하지만, '재물이 모이면 인심은 흩어진다'는 면도 있다. 주위 사람이 권력자와 어울리고 돈이 갑자기 늘면, 서민들의 시기와 질투, 경계심은 더해지기 마련이다. '돈은 교만을 부른다', '배가 불러지면 사람도 눈에 보이지 않는다'고 했고, '똥이 무서워서 피하나 더러워서 피하지' 하는 소리를 듣기 마련이다. '부호 집에는 곡식과 고기가 썩는데, 가난한 집에는 쌀겨 구할 걱정을 한다', '없는 사람은 서로 콩 한 쪽을 나누어 먹지만, 부자는 땡전 한 푼에 사람을 죽인다'는 세태니, 욕먹는 것도 욕하는 것도 당연하리라.

뇌물을 주고받는 건 '동네 인심도 아니고, 거리 인심도 아니다' 하겠다. '십 리 인심이 천 리 인심이라'고, 가까이 있는 사람의 인심이나 멀리 있는 사람의 인심이나 같다는 뜻이다. '세상인심은 돈 있는 집으로 쏠린다'지만, 불법으로 모은 돈에는 인심도 외면한다. '똥구멍이 구리다고 도려내지 못한다'지만, '세상인심은 조석변이라', '세상인심 오동지 설한풍이라', '세상인심은 대감 집 개 같다', '세상인심이 고양이 눈깔 변하듯 한다'고 했다. 떳떳하지 못한 돈으로 설령 인심을 베풀었다 해도, 민심은 떠나기 마련이다.

굴릴 돈이 없는 사람은 손끝으로 근근생계를 도모할 것이다. 뇌물을 쓸 위치도 아니고 재간도 없으면, 아주 적은 돈을 모으는데 투자를 해야 한다. 참외, 수박장사도 그중 하나다. 생산지에서 싸게 사서 소비자에게 이익을 붙여 파는 유통 장사가 아니라, 밭에서 직접 생산하는 사람의 경우다.

참외나 수박장사는 밭에 원두막을 짓고 현장에서 팔았다. 참외나 수박이 익기 시작하면, 밤낮으로 찾아드는 서리꾼을 막아야 했다. 그리고 동네 사람들이나 친척들이 원두막으로 놀러 오면 손님맞이도 해야 했다. 여름철 원두막은 겨울철 사랑방이나 다름없었다. 당연히 수박이나 참외를 대접해야 한다. 물론 공짜다. '참외장수 잘못 하다가는 아내 은비녀 팔아먹는다', '참외장수 하다가 송아지 팔아먹는다'는 말은 여기서 비롯되었다. 만약 대접을 소홀히 했다가는, '참외장수는 사촌이 지나가도 못 본 척한다', '참외장수는 삼촌도 모른다', '원두막 삼년에 친정어머니도 몰라본다'는 욕을 먹게 되는 것이다. 여름장사로 조금 이익을 챙기려다 실패를 하게 된다. 가까운 사람들에게 인심을 쓰다가 장사를 망치고 인심도 잃게 된다.

'밥 한 끼를 줘도 은덕이다', '밥 한 끼 얻어먹고 천금으로 갚는다'는데, 참외장사는 은덕으로 되받기는커녕 돈 잃고 욕만 바가지로 먹게 되는 것이다. 사실 참외장사만 그런 게 아니다. 다른 장사도 비슷하겠다. '장사꾼은 일가도 모른다', '장사꾼은 친구도 없다', '장사꾼은 친척도 없고 친구도 없다', '장사꾼은 제 애비 속인다'는 말들에서 유추할 수 있다. 물건을 쌓아놓으니까 하나쯤 공짜로 받기를 속으로 기대한다. 그 기대가 어긋나면 곧 '왼새끼를 꼰다'. 심사가 뒤틀려 반감을 갖는다는 뜻이다.

'큰 집이 천 간이라도 밤에 잠을 자는 잠자리는 여덟 자밖에 안 된다', '큰 집 짓고 망하지 않는 놈이 없다'는 말들은 필요 이상으로 허세를 부리지 않는 것이 좋다는 뜻이다. 민심이나 인심을 생각하지 않을 수 없다. '선영 덕은 못 입어도 인심 덕은 입는다'고 했다. 아무리 부자라도 인심이 마르면 살아나기 힘들다. '돈주머니가 크다고 인심도 후하랴' 했듯이, 베푸는 마음이 부자라고 큰 것은 아니다. '마른 나무에 꽃이 피랴' 하듯이. 측은지심이 말라버리면 남들에게 인정받기 어렵다. '재물에서 인심 난다'고 하고 '빈 독에 인심 나는 법 없다', '쌀독이 비면 인심도 각박해진다'고는 하지만, 아무리 부자라도 나눌 줄 모르면 빈 독과 마찬가지다. '세상이 야박하면 인심도 이지러진다'는 말이 그르지 않다.

'돈 있을 때 인심 사랬다'고 했다. '세상은 안경 빛깔대로 변한다', '세상은 요지경 속이다', '인심은 아침저녁으로 변한다'고는 하지만, '인심 나고 사람 난다'는 것은 진리다. 인심이 좋으면 좋은 사람이 생겨난다는 뜻이다. 아무리 '인심이 낯가림을 한다'고 해도 돈이 머무는 곳에서 변함없는 표정을 지을 것이다.

8. '성격이 팔자라' / 돈과 성격

'뱀이 곧은 통에 들어가도 굽은 성질은 그대로 있다', '부처가 성불을 해도 성질은 남는다', '부처님도 화낼 때가 있다', '부처님 얼굴도 세 번 때리면 노한다'고 했다. 성질, 성격이 쉽게 변하지 않는다는 것을 빗대는 말들이다. '산천은 고쳐도 천성은 못 고친다', '천성 고치는 약은 없다'는 말이 그것을 요약한다. 신神도 소위 포커—페이스poker face를 유지 못 하는데, 하물며 사람이 희로애락喜怒哀樂 감정을 감출 수 있겠는가.

정신분석학자나 심리학자 대부분은 인간의 성격이 쉽게 변하지 않는다고 주장한다. '세 살 버릇은 여든이 가도 못 고친다'는 것이다. 그 요인을 유전자에서 찾는다. 그렇다면 한 가족은 부모의 유전자 공동체가 되어, 절반이나 반에 반 정도는 공통점이 있어야 할 것이다. 그러나 구성원이 각인각색인 경우가 허다하다. 유전자도 중요하지만 각 개인의 후천적 경험 역시 중요하다.

이런 '후성적 변화'의 중요성을 강조한 사람이 제롬 케이건이다. 그는 산업화에 따른 사회적 변화, 전시 상황, 가난, 경쟁적 사회환경, 자유방임적 성생활, 여성 해방과 같은 사회적 변화가 성격 형성에 상당한 영향을 준다고 강조한다. "유전자와 삶의 역사가 합쳐지면서 등장하는 특성과 재능의 패턴은 가는 하얀 실과 검은 실로 촘촘하게 짠 담요에 비유할 수 있다. 그러면 이 두 실의 색깔은 보이지 않고 대신 균일한 회색의 천만 보일 것이다"[39]하는 주장이 그것이다. 인간사가 짧다 보니,

각자의 경험에 따라 조금씩 변화하는 성격을 서로서로 인식하지 못할 뿐이라는 뜻이겠다.

'사람 마음이 급작스레 변하면 사흘을 못 넘기고 죽는다'고 했다. 성격은 그 사람의 습관으로 나타난다. 습관은 곧 그 사람인 것이다. 그런데 그 성격이나 습관이란 게 아주 조금씩 변화하기 때문에 가까이서는 좀처럼 관찰하기 힘들다. '사람은 열두 벌로 변한다', '사람은 열 번 다시 된다'고 하는데, 사실 그리 크게 변하지는 않고 아주 조금씩 달라진다는 말이다.

성격이 팔자라 하며, 성격이 반 팔자라고도 한다. 사람의 성격에 따라 재물도 많게 또는 적게 나뉜다. 성격에 따라 '재물의 길'이 트이기도 막히기도 한다는 뜻을 포함하고 있는 말이다. 팔자든 반 팔자든 성격이 그렇게 중요하다는 생각이겠다. 지난 시대 사람들은 성격을 뜻하는 말로, '성미', '성깔', '성'이란 어휘를 썼다. '성깔 있는 놈이 일은 잘한다', '성미가 쏘가리 같다', '성급한 놈이 술값 먼저 낸다'와 같이 말했다. '벼랑에 매달려 떨어져도 성질 참기는 어렵다', '불뚝성이 살인 낸다', '못난 놈 울뚝밸은 석 달 열흘이 고작이라'는 말들이 인간의 성격을 나타내는 속담이다.

'사람마다 한 가지 버릇은 있다'고 했는데, 아주 독특한 언행을 가지고 있다는 뜻이다. 그 독특함이 곧 그 사람의 정체성인 것이다. 그러나 겉으로 나타나는 것만 그렇지 의식, 무의식 속에 들끓고 있는 면모는 엄청나게 복잡하다. '사람 속은 천 길 물속이라'고 말하는 이유다. 도덕적 기준으로 말하는 인간다움보다는 오히려 동물적인 원초성이 훨씬 강하게 잠복하고 있다. 그래서 '사람과 산은 멀리서 보는 게 낫다'고 한 것이다.

예컨대 성격이 급하거나 강하게 쏘는 사람을 두고 쓰는 말들이 많다. '두레박 놔두고 우물 들어 마신다', '성미가 불붙는 가랑잎이다', '돼지 꼬리 잡고 순대 달란다', '성질 급한 토끼가 먼저 죽는다', '성질 급한 놈이 먼저 엉덩이 까발린다'는 속담이 그렇다. 성질이 급하면서도 행동 역시 경박할 때는 '방정맞거든 성미나 급하지 말아야지', '물 덤벙 술 덤벙', '방정이 복 같으면 삼 년은 얻어먹을 짓이라'고 한다.

성질이 아주 느긋하다는 뜻으로, '성미가 닷 발이나 늘어진다'고 한다. 성격이 아니라 감정이 급변할 수 있다는 뜻으로, '느린 소도 성낼 적이 있다', '뜬소 걸음을 펴면 장담 못한다'고 한다. 평소에 젊잖던 사람이 감정이 솟구치면 감당하기가 어렵다는 뜻으로 빗대는 말이다. '성질이 찬물의 돌 같다'고 하면 성격이 매우 차갑다는 의미다. '모난 돌이 정 맞는다', '모난 돌이 차인다'는 말은, 성격이 유별나게 도드라지면 임자를 만나게 된다는 뜻으로 빗대는 말이다.

돈을 벌어들이거나 쓰는 것은 성격에 따라 달라진다. '사람은 움직이면 돈이라'는데, 사람은 제 성격에 따라 움직인다. 그러니 성격에 따라 돈도 움직인다. 성격이 화급하면, 돈을 그렇게 다루다가 큰 손해도 이익도 볼 수 있다. 반면 느긋하면 판세를 오래 관망하고 분석하여 치밀한 작전을 짜니, 돈벌이에 유리할 것이다.

에밀 졸라가 《돈》이라는 장편소설에서 탐구해낸 것은 결국 성격과 돈의 연관성에 관한 것이었다. 주동인물과 반동인물, 주변인물을 다양하게 등장시켜 돈에 대한 사람들의 집착을 진지하게 탐구해낸다. 주인공은 라이벌과 벌인 돈 싸움에서 패배한다. 그 원인은 성격 때문이다.

'약한 바람은 불을 붙이고, 강한 바람은 불을 끈다'는 말은 사람의 성미를 빗대는 속담이다. 성미가 부드러우면 일을 잘되게 하지만, 성미가 지나치게 강하면 일을 그르친다는 뜻으로 하는 말이다. '약한 사람은 돕고, 강한 사람은 눌러야 한다'는 말도 비슷하다. 자신의 성격을 스스로 통제하지 못하면 상황에 맞게 다른 사람이 조절해줘야 한다는 말이다.

제 천성을 바탕으로 행동을 반복하면 습관이 된다. '습관이란 처음에는 거미줄 같다가 나중에는 쇠사슬이 된다'는 비유가 기막히다. '버릇 굳히기는 쉬워도, 버릇 떼기는 힘들다'는 말이 그래서 있는 것이다. 제 성격이 자신의 길흉화복을 결정하는 것은 필연이라 하겠다.

인간의 기질을 히포크라테스는 다혈질·점액질·담즙질·우울질로 나누어 설명했다. 이런 유형은 변하지 않는다고 생각한 것이다. 중국의 신유학파에서는 사단칠정을 제시했다. 사단은 타고나는 것이어서 변하지 않고, 칠정은 개인이나 환경에 따라 쉽게 변한다고 했다. 인간의 성격을 설명하는 데는 사단칠정론의 조합으로 다양한 성격의 유형을 만들고 설명할 수 있다. 여기서는 에릭 프롬의 성격유형으로 구분해 보려 한다. 단순하면서도 특징을 잘 구분하고 있기 때문이다.

에릭 프롬은 성격 속성을 '정향定向, Orientation'이란 어휘를 붙이지만, 여기서는 떼어내고 성격으로만 사용한다. 그는 성격을 생산적인 것과 비생산적인 것으로 크게 나누고, 비생산적인 것을 다시 네 가지로 분류한다. 그 네 가지는 수용적, 착취적, 저축적, 시장적 성격 정향定向이다.

생산적인 성격과 비생산적인 성격의 구분은 무엇을 기준으로 할까. 돈을 많이 버는 성격이냐, 그렇지 못하느냐로 판단하는 것일까. 기업은 당연히 그렇다. 생산성이 높으냐 낮으냐로 모든 걸 따진다. 사원도 생산성이 낮아지면 해고 또는 은퇴를 시킨다. 사람 나고 돈 났지 돈 나고 사람 났냐고 하지만, 기업은 분명 반대다. 사람보다 돈이 우선이다.

에릭 프롬은 존재적 인간과 소유적 인간으로 구분한다. 사람의 가치는 그가 가지고 있는 것으로 따지는 것이 아니라, 존재하는 가치 그 자체 정당성으로 따져야 한다는 것이다. 그런데 현대인은 자본주의의 소유욕에 영향을 받아 소유성향의 성격으로 습관화된다는 생각이다.

비생산적인 성격은 소유 의지가 지배적 우월을 보이는 성격이며, 생산적 성격은 인간에 대한 사랑을 바탕으로 하는 성격이라는 것이다. 프롬의 성격론 중 비생산적인 유형들은 장단점이 상호간에 미묘하게 섞여 있어 명확히 경계 짓기가 어려울 경우도 물론 있겠다.

1) '돈 떨어지면 적막강산이라' — 수용적 성격

수용적 성격인 사람은, 좋은 것은 모두 남들에게 있다고 생각한다. '남의 꽃이 더 붉어 보인다'는 격이다. 남의 것을 가지고 싶기는 한데, 가져올 적극적 시도를 하지 못한다. 그저 남이 베풀어주기를 기다리는 성격이다. '감나무 밑에 누워 홍시 떨어지기를 기다린다'는 사람이다.

이런 성격을 가진 사람의 경우 돈을 버는데 직접 나서지 않는다. 우선은 제 돈을 '감쪽지 빼먹듯' 하면서 남이 무언가 가져다주기만을 기다린다. '감나무에 올라가야 홍시도 따먹는 법'이거늘, 그런 적극성은 없다. '지금 먹기엔 곶감이 달다'는 데 만족한다. 그러면서 남의 것에 대한 탐심貪心은 계속 가지고 있다. '아무 때 먹어도 김 서방이 먹을 것이라'는 신념으로, '슬슬 걸어도 황소걸음'이라는 듯 돈을 기다리는 사람이 이에 속한다.

돈을 벌어들이는데 적극성은 없지만, 심한 낭비벽은 있을 수도 있다. 반면 '쥐 소금 나르듯', 조금씩 아껴 소비하는 경우도 있다. '돈은 드는 줄은 몰라도, 나는 줄은 안다'고 해야 될지, '돈은 드는 건 알아도, 나는 건 모른다'고 할지, 구분하기가 불분명한 계산속을 가지고 있다.

　이런 성격의 사람은 행동이 차분해 보이지만 마음이 늘 불안하다. 모아놓은 돈이 언제 떨어질지 모른다는 데에 공포심을 가지는 것이다. '돈 떨어지면 친구도 떨어진다', '돈 떨어지면 친척도 바뀐다', '돈 떨어지면 임 떨어진다'는 불안감으로 산다. 돈 떨어진 자리가 그대로 초상난 자리라는 생각에 쉽게 몰릴 수밖에 없다. '굴러온 돈은 굴러나간다'고 해도 대책을 세울 능력이 없는 사람이다.

　천양희는 〈은행에서〉란 시 끝부분에서, "아, 한때의 꿈들 / 온라인으로 이어지고 / 잠시 나는, 만기로 저축해둔 / 꿈 하나를 통장에서 꺼낸다. 새의 / 알을 꺼내듯이 조심스럽게 / 세월이 한 계좌를 짚어지고 휘청거린다 / 우리는 누구나 희망을 믿고 / 희망에 속는다"[40]고 표현했는데, 이 부분을 수용적 성격과 연관시킬 수 있다. 통장에 쌓아둔 숫자가 줄어들 때마다 희망도 점점 줄어들고 불안감을 느끼는 장면이다.

　'돈은 벌기도 어렵고 지키기도 어렵고 쓰기도 어렵다'고 했는데, 수용적 성격이 늘 이런 마음을 가지고 있다. 돈에 대한 어려운 일들을 내가 할 수 없으니, 당연히 누군가가 해줘야 한다고 여기는 것이다. 옛날 양반의 언행을 닮는다. 요즈음 말로 표현하면 '공주과' 부류의 사람이다.

　수용적이라는 말은 소극적이라는 말과 유사하다. 돈에 욕심은 있지만, 누군가 동기를 만들어줘야 돈을 투자한다. 그저 돈을 열심히 모으려고 하는 점에서는 다른 성격과 마찬가지지만 충분히 적극적이지 않다. 봉급을 받는 생활을 오래 하게 되면 습관이 되어 모험심이 줄어든다. '털 뽑아 그 구멍에 다시 박는다'고 할 수 있을 정도로, 다소 옹색한 언행을 한다.

　염상섭의 장편 《삼대》는 일제강점기 조씨 가문 3대에 걸친 대표적

인물들의 처세방법을 보여주려고 한 작품이다. 그러면서 돈과 성격의 연관성을 잘 보여주기도 한다. 조 의관, 조상훈, 조덕기가 그들인데, 2대에 속하는 조상훈이 수용적 성격에 속한다. 돈을 벌 능력은 없고 아버지 조 의관이 벌어둔 돈만 감 꼬치 빼먹듯, 주색잡기로 날리는 인물이다.

수용적 성격은 항상 조력자를 필요로 한다. '입에 혀 같다'고 할 정도의 역할을 하는 사람이 있어야 안심이 되는 성격이다. 돈을 버는 것도 쓰는 것도 주변 사람의 도움에 의해 결심을 하게 된다. 만약 누군가 옆에서 행동을 조절해주지 않으면 쉽게 일탈하게 된다. 돈을 탕진하기가 쉬운 성격이다. 겉으론 차분하여 정서가 안정된 듯하지만, 신념이 견고하지 못하여 마음이 쉽게 기울 수 있다. 돈의 절약과 낭비에 대한 주견이 없어, 경제관념이 매우 허술하다고 하겠다.

2) '돈이란 아무리 많아도 많지 않다' — 착취적 성격

'등 문지르고 간 빼먹는다'고 했는데, 착취적 성격 소유자의 특기다. 이런 성격을 가진 사람도 수용적 성격의 소유자처럼 '남의 것은 다 좋아 보인다'는 생각으로 산다. '남의 고기 한 점이 내 고기 열 점보다 낫다'고 생각하는 것이다. 좋은 것은 전부 외부에 있다고 생각하며, 탐심을 키우며 내 것으로 만들 기회만 엿보는 성격이다. 수용적 성격과 다른 점은, 남이 주지 않으면 빼앗아야 직성이 풀리는 성격이다.

그렇다고 남들에게 제 것을 흔쾌히 나눠주는 것도 아니다. '남의 것을 탐내는 놈이 제 것은 더 아낀다'는 경우다. '남의 굿에 춤춘다', '남의 군불에 밥 짓는다', '남의 그늘에 땀 들인다' 정도면 애교라 할 것이다.

이런 경우 착취 정도는 아니고 심술이라 할 것이겠다. 애써 모은 남의 재산을 가로채서 제 것으로 하니까 문제다. 제 재물은 아껴두고 남의 돈을 빼앗아 쓰거나 공금을 함부로 쓰는 사람들이 이에 속한다. '남의 것을 마 베어먹듯 한다'는데, 이런 성격 소유자의 장기長技다.

'남의 눈물 짜서 모은 재산 오래 못 간다'고 했는데, 착취적 성격은 그런 도의적인 것에 괘념치 않는다. 죄에 대한 벌이라는 것이 뻔한데, 피해 가면 된다는 파렴치로 일관한다. 세금이나 남의 돈은 먼저 쓰는 사람이 임자라는 생각을 가지고 있다. '피 다 뽑은 놈이 없고, 도둑 다 잡는 나라 없다'는 속담은, 이런 성격의 소유자들이 가장 즐겨 쓰는 말이다. '너의 재물은 내 것, 나의 재물도 내 것', '선생 돈은 본 사람이 임자라'고 생각하는 사람이다.

'사람도 궁하면 속이게 된다'고 하지만, 남 등을 처먹는 사람이 반드시 궁해서 그런 것은 아니다. 돈이 있으면서도 더욱 호의호식, 아니 방탕하리만큼 화끈하게 살고 싶어 사기를 치는 경우가 대부분이다. '지게 져서 벌어놓은 것, 갓 쓰고 와서 가져간다', '지게 지고 벌어놓으면, 패랭이 쓴 놈이 다 먹는다', '수건 쓴 놈은 벌고, 갓 쓴 놈은 먹는다'고 할 수 있는 권력형 착취자도 있고, '도둑놈 재워주었더니 제삿밥 먹고 소 몰고 간다', '도둑이 들면 한 집이라'고 생계형 착취자도 있겠다. '도둑질도 주인이 당장 먹을 것을 남기고 하랬다'고 하지만, 착취적 성격에는 그런 잔정이 자리 잡을 틈도 없다.

'말 못하는 사기꾼 없고, 글 못하는 위조범 없다'고 했다. 사기꾼들은 '입술에 꿀 발랐다'할 정도로 능수능란한 말로 사람들을 유혹한다. '남의 말 다 듣자면 고래등 같은 기와집도 하루아침에 넘어간다'는데, 웬만한 사람은 다 속아 넘어간다. 법에서 빠져나갈 궁리를 다 해놓고, 환심을 사는 전략에도 빠삭하다. 사기를 쳐 남의 것을 빼앗으니, 착취적 성격의 전형이다. '내 것도 남에게 빌려주면 남의 것이 된다'고 했는데, 착취적 성격의 사람에게 돈이나 물건을 빌려준다는 것은 빼앗기는 것이다. 결코 되돌아오는 법이 없다. 계산속이 흐린 정도가 아니라, 갚을 것은 아예 계산에 넣지 않는다. '앉은 자리에 풀도 안 나겠다'고 할 정도로 계산속이 깔끔한 사람이 있다. '말이 먹은 물값도 준다'고 하는 사람이겠다. 이런 사람과 비교하면 착취적 성격의 사람은 거의 악한으로 여겨질 것이다.

'도둑질해서 번 돈은 오래 가지 못한다'고 했는데, "사기 쳐서 번 돈은 오래 가지 못한다"는 말도 있어야 할 것이다. '쉽게 번 돈은 쉽게 쓰인다'고 했기 때문이다. 이들의 말재주에 빠져 보증을 서는 것은 덫에 걸린 것과 한가지다. '돈 보증은 서지 말랬다'는 말을 지켜야 한다. '돈 보증은 서도 사람 보증은 서지 말랬다'고 했는데, 돈 보증은 물론 사람 보증도 서서는 안 된다.

'영리한 도적일수록 포도청 서까래를 뺀다'고 했는데, 정말 그렇다. 아주 과감하게 사람을 속이고 돈이나 재물을 빼앗아 간다. '열 포교가 한 도둑 못 지킨다'고 할 정도로 잔머리가 비상하게 돌아간다. 착취적 성격은 일상생활에서도 사람들에게 폐만 끼친다. '부조 안 한 나그네가 제상만 부순다'고, 남에게 대한 배려가 없다. 그러나 '악한 끝은 있다'고, 끝까지 좋을 수는 없다. '남의 고기 한 점 먹고 내 고기 열 점 준다', '남의 개 때린다는 것이 내 개가 맞아 죽었다'는 결말을 보게 되기 쉽다.

착취적 성격의 사람들은 주위에서 얼마든지 볼 수 있다. 쉽게 돈을 벌려는 사람들은 이런 성향일 가능성이 크다. 보이스피싱이니 전세 사기 따위로 남을 등쳐먹는 사람들은 이 성격유형에 속한다.

3) '돈도 여문 사람에게 태인다' — 저축적 성격

저축적 성격은 글자 그대로 돈을 쌓아놓는데 집착하는 성향을 말한다. 외부의 조건은 믿을 수 없고, 오로지 저 자신만 믿을 수밖에 없다는 생각을 가진다. 언제 불행이 닥칠지 모르니 끊임없이 준비해 두겠다는 신념이 철저하다. 굳은 땅에 물이 괸다는 신념으로, 근검절약만이 재산을 모을 수 있다고 생각한다. 무엇인가를 제 주변에 계속 모아 두어야 안심을 하는 사람이다. 밖에서 돌아올 때는 항상 뭔가를 들고 와야 직성이 풀리는 성격유형이다.

이런 성격의 사람은 투기나 투전판에 나서지 않는다. 돈을 공격적으로 투자하는 것을 금기시한다. 투자도 확실한 것에만 조심스럽게 한다. 그래서 '쇠털 뽑아 제 구멍에 도로 박는다'고 답답하게 여길 성격이기도 하다. 돈이 쉽사리 불어나지도 않지만, 망할 염려가 거의 없다. '돈 갖고 도방 살림이라'는 비웃음을 받기도 하지만, '돈은 안 쓰는 것이 버는 것이라', '들어오는 돈은 있어도 나가는 돈은 없다'는 신념은 결코 흔들리지 않는다.

한 푼이라도 아낀다는 신념이 굳어져서 인색하다는 소리는 대놓고 듣는다. '일 전짜리도 쪼개 쓴다', '망개도 과실이고, 일 전도 재물이다', '망개도 과실이고 한 푼도 재물이라'는 것이 삶의 모토다. '둔한 말도 열흘을 가면 천 리를 간다'는 생각으로 돈을 모으는 성격이다.

지나치게 아끼다 보니 때때로 실수할 수도 있다. '기왓장 한 장 아끼려다 대들보 썩힌다'고 할 경우도 가끔 있지만, 거의 실수를 하지 않을 정도로 돈에 대해 철저하다. '돌다리도 두들겨보고 건넌다'는 생각으로 매사에 임한다. 좋게 말하면 알뜰하다고 할 수 있지만, 그보다는 구두쇠 정신 쪽에 가깝다고 할 수 있다.

유진 오닐《밤으로의 긴 여로》의 주인공 티론이 그런 성격이다. 두 아들은 아버지를 '지독한 노랭이 영감'이라고 아버지를 비난한다. 의사 치료비, 집 구입비, 아들 요양원비, 전기세 따위 모든 것을 아끼면서도 땅은 사두려고 노력하는 인간상이다. "갑자기 운이 바뀌어 가진 걸 다 잃게 될까 봐 항상 두려웠어. 그래도 땅은 많이 가질수록 안심이 되거든. 이치에 맞지 않는 얘긴지는 몰라도 난 그렇다. 은행이 망하면 돈은 날아가는 거지만 땅은 어디 가는 게 아니니까."[41] 하고 핑계를 대기만 하는 사람이다.

돈도 믿지 못해서 땅으로 사두는 준비성을 보면, 얼마나 단단한 성격인지 알 것이다. 제 주위에 한 겹, 또 한 겹 안전하게 울타리를 쳐두는 부류의 사람이다. 이런 성격은 '삼 년 부친 논밭도 다시 돌아보고 산다'고 할 정도로 조심성이 많다.

'뒷장에 쇠다리 먹자고, 오늘 장에 개다리 안 먹으랴' 하는데, 저축적 성격의 사람은 상당한 고심을 할 것이다. 오늘 장에는 개 다리를 주고 다음 장에는 쇠다리를 주는데, 한쪽을 택하라면 생각을 거듭할 것이다. 오늘 장에 개 다리는 보장되어 있지만, 좀 참으면 쇠다리를 얻을 수 있는데 어느 쪽이 더 이익인가 고민이 될 것이다. 수용적 성격이라면 판단을 못해, 남이 선택해주기를 바랄 것이다. 착취적 성격은 양쪽 다 차지할 계략을 꾸밀 것이다. 저축적 성격은 우선 이익이 확실한 쪽을 택할 것이다. "다음 일을 어떻게 믿나" 하는 생각 때문이다.

'뒷산 구더기도 약으로 쓰일 곳이 있다'면 당연히 모아들인다. '피라미라도 열 마리만 잡으면 중고기라'고 생각하는 건 당연하다. '천한 입 많은 데서 천한 장사가 세 나고, 아무리 이문 박한 장사라도 많이만 팔면 목돈이 된다'는 자세로 돈벌이에 임한다. 이것이 저축적 성격의 행동지침이다.

'있을 때 아껴야지, 없으면 아낄 것도 없다'는 생각으로 일관하며, '들어가는 돈은 봐도 나오는 돈은 못 본다'고 할 만큼 돈 관리에 물 샐 틈 없는 사람이 저축적 성격에 해당한다, '부자는 존대를 받는다'는 것을 정말 잘 알고 있는 것이다.

염상섭의 장편 《삼대》에서 조 의관, 채만식의 장편 《태평천하》에서 윤 직원 영감이 여기에 해당한다.

4) '돈은 쓰는 멋에 번다' — 시장적 성격

사람의 직업을 사농공상士農工商으로 나누어 귀천을 따졌던 것이 조금도 타당한 일은 아니었다. 먹고 사는 방법이 다를 뿐, 사람은 크게 다를 바 없기 때문이다. '떡은 별다른 떡이 있어도, 사람은 별다른 사람 없다'는 말이 조금도 그르지 않다. '사람 위에 사람 없고, 사람 밑에 사람 없다'란 말은 아주 흔하게 내뱉지만, 세상은 그렇지 못하다. 인간 평등은 만고불변의 진리라서 어느 시대든 늘 달성해야 할 목표로 삼아야 한다.

요즘 세태에서 대부분 사람이 다 한가지라는 것을 잘 느끼게 된다. 너나없이 돈을 좇고 있다는 사실이다. 옛 선비는 돈을 밝히지 않아서 고고한 품격을 가졌다고 평가했다. 반면 상인은 노골적으로 돈만 벌려 한다고 업신여겼다. 요즘을 보자. 선비고 상인이고, 사농공상 모두가 돈판에 나왔다. 모두 시장에 좌판을 차리고 앉아, 제 물건값을 올리고 잘 팔리기를 원하는 자세다.

모든 사람이 좋은 학교를 나와 훌륭한 스펙을 쌓고, 높은 가격으로 제 몸이 팔리기를 기대한다. 제 몸이 상품인 것이다. 좋다는 직업을 갖겠다고 어려서부터 선행 교육을 받게 하고 쇠뇌를 시킨다. 요즘 유행하는 단어, 가스라이팅이 따로 없다. 어릴 적에 조금 더 고생해서 인생의 반 정도는 떵떵거리며 풍족하게 살 준비를 하라고 몰아댄다.

무한경쟁이라는 분위기 속에서 자란 사람은 언행이 독불장군인 경우가 많다. 공부 외에는 해본 일이 없기 때문에 소견이 비좁고 성격도 모난 사람이 많다. 그러나 부모의 슬하에서 자유롭게 되고, 많은 경험을 하게 되면 눌려 있던 본성을 회복한다. 물론 제 삶을 창조적으로 개척해가는 사람만 그렇다. 특히 수완이 좋다는 성격은 이 시대에 맞는 시장적 성격으로 쉽게 적응해간다.

시장적 성격에 해당하는 사람의 성격은 '두루 춘풍'이다. 자기 사업에 성공하기 위해서 거의 모든 사람과 갈등 없이 친교를 맺는다. 사교적이어서 성숙한 면모를 유감없이 발휘한다. 이른 바 마당발이다. '마당발은 못 믿는다'고 하는데, 그것은 건성으로 모든 사람한테 잘하기 때문이다.

'재미 중의 재미는 돈 쓰는 재미라'는 것을 잘 알고 있다. 수용적 성격인 사람들처럼, 돈을 모으고 쓰는데 소극적이지 않다. 저축적 성격처럼 벌어서 모아 두기만 하지 않는다. 버는 만큼 시원하게 쓴다. 착취적 성격처럼 돈을 탐하되, 합법적으로 벌어들인다.

시장적 성격은 현대인 중에 가장 많은 유형이라고 할 수 있다. 여기에 해당하는 사람은 자신의 가치를 높이기 위해 끊임없이 노력하는 사람이다. '사람이 커야 포부도 크다'고 제 능력을 한껏 발휘하기 위해 자기 계발을 꾸준히 한다. 제 경력을 한껏 높여 돈 버는 규모도 한없이 키우려 한다.

인간관계도 아주 냉정하게 해결한다. 냉혹하다기보다 계약대로 한다는 것이다. 줄 건 주면서 해결하려고 한다. '물 그린 새는 물 주면서 쫓고, 쌀 그린 새는 쌀 주면서 쫓아라'는 방법을 잘 안다. '돈은 버는 자랑 하지 말고 쓰는 자랑 해라', '돈 쓰다가 돈 못 쓰면 공동묘지에 가야 한다'는 것을 잘 안다. 그러다 보니 기성세대와는 가치관이 크게 다르게 여겨진다. 예컨대 집은 전세로 살아도 차는 고급차를 타야 직성이 풀린다. 저축은 없어도 캠핑카나 캠핑 도구는 최고급으로 장만한다, 카드빚을 내서라도 해외여행을 종종 다녀온다. 돈을 생각하지 않고 맛집을 찾아다니는 건 기본이다.

나이 든 사람들이 보면 속이 뒤집힐 일이지만, 시장적 성격의 사람들은 생각을 바꾸지 않는다. 내일을 기약할 수 없는데, 저축하기보다는 쓸 때 쓰는 것이 훨씬 더 현명하다는 생각이다. 쓰는 멋에, 또는 쓰는 맛에 돈을 번다는 것을 무엇보다도 잘 아는 성격이다.

시장적 성격은 원만한 성격 같으면서도 원숙한 성격은 아니다. 지나치게 현실 추종적이다. 쾌락주의 성향이 강하며, 개인주의 성향 또한 마찬가지다. 현대에 가장 흔한 성격유형이 돼버렸다.

5) '재물을 모으면 흩어 쓸 줄 알아야 한다' ― 생산적 성격

'명산대천에 불공 말고, 타관 객지에 나선 사람 잘 대접하랬다'는 말은, 이기심을 경계하고 생산적 행동을 요구하는 것이다. 명산대천에 기氣가 강하게 깃들여 있든지, 신령이 산다고 믿어 효험을 보려는 짓이 허황하다는 생각으로 각성을 촉구한다. 그보다는 실속이 있는 일을 하라는 것이다. 여기서 실속은 이익이 아니라 선행을 말한다. '동네 적선은 도깨비 명당보다 낫다'는 말도 마찬가지다. 제 체면을 위해서 가식적으로 남을 돕는 게 아니고, 진정한 측은지심에서 나오는 사랑으로 도울 때 생산적 성격이라 할 수 있다. '기쁨은 나눌수록 커지고, 슬픔은 나눌수록 준다', '벌기는 함부로 벌어도 쓰기는 얌전히 쓰랬다'는 말을 실천하는 것이다.

'돈이 있고 인색하지 않으면 의로운 것이라'고 했는데, 생산적 성격을 요약한 말에 가깝다. 다만 좀 더 강한 표현으로 바꿔야 하겠다. "돈이 있고 덕으로 한껏 베풀면 의로운 것이라" 하고 말이다. '돈이 인품을 만든다'는 말은, 돈을 버는 것보다 쓰는 것에 대한 평가인 것이 당연하다. '있으면 쓰는 것이 돈이라'고 했다. 돈을 쓰지 않으면 돈구멍이 막히고 제 소견도 막히게 된다. 그런데 그 쓰는 행위가 제 몸의 욕망을 위해 쓰는 게 아니라, 남을 사랑하는 데 투자를 하는 것이다.

현대의 대형 종교에서는 항상 사랑과 자비를 강조한다. 그러면서 돈을 모으기도 하고, 어려운 사람을 조금 돕기도 한다. 문제는 조건이나 목적을 걸고 베푸는 데 있다. 신神의 사랑을 받기 위해, 그리고 죽음에서 구원받기 위해서 한다는 것이다. 생산적 성격이 되기 힘든 이유다.

연말연시나 나라에 천재지변이 있을 때, 대기업이나 중소기업 공공기관에서 적지 않은 돈을 내놓는다. 문제는 제 돈이 아니라 회사의 돈이라는 데 있다. 공공기관에서는 구성원에게서 조금씩 돈을 걷어 내놓는다. 기관장의 생색내기에 이용된다. 이런 행위들도 생산적인 것으로 보기 힘들다. 정권의 눈치 보기라서 '옆구리 찔러 절 받기'라 할 수밖에 없다.

생산적 성격을 지닌 사람은 어떤 면을 보아도 최적화된 품성을 지닌다. 사람의 마음에 숱한 면이 있어, 어떤 상황이나 환경, 현실에 맞게 탄력성을 가지게 된다는 말이다. '사람의 마음은 열 겹 스무 겹이라'는 말처럼, 성품이 다양한 모습을 보일 수 있는데, 어느 경우든 모가 나지 않게 대응한다는 뜻이다. 사람이나 생명체를 대하는데 늘 '사랑'하는 마음, 또는 '측은지심'을 바탕으로 대하기 때문이다. 진정성, 진지함, 포용력이 있다는 평가를 받는 사람인 것이다.

스티븐 코비는《성공하는 사람들의 7가지 습관》에서 인간관계의 6가지 패러다임을 제시한다. 그 중에서 승/승적 사고, 즉 나도 이기고 상대방도 이기는 것이 당연히 최적의 방법이라고 한다. 가장 생산성이 있는 인간관계라는 것이다.

승/승적 사고방식은 나와 상대방이 각각 택하는 방식 외에 더 낫고 더 높은 방법이 있다는 믿음에서 이루어지는 것이란다. 이렇게 되기 위해서는 성숙한 성품이 요구된다. "성숙성이란 용기와 배려 간의 균형을 말한다. 우리가 다른 사람의 감정과 신념을 배려하면서 자기의 감정과 신념을 용기 있게 표현할 수 있는 것"[42]이 성숙한 성품이라는 것이다.

그런데 승/승적 인간관계는 어떤 거래에서만 성숙한 품격이다. 프롬이 제시하는 생산적 성격의 한 부분에 해당할 것이다. Win—Win전략처럼 이익을 다투지 않거나 그것을 초월하는 관계를 창조하는 성격이다. 제가 이익을 거두어들이기 위한 것이 아니라, 상대방의 인간적 성숙을 위한 투자다. 제 정성을 다하는 것이니 적은 돈이 들 수도 있을 것이다.

'정성이 지극하면 하늘도 움직인다'고 했다. 모든 대상을 최선의 마음가짐으로 대하면 최상의 덕을 쌓거나, 최상의 인품을 보여준다는 뜻이겠다. 생산적 성격은 바로 이런 모습을 보여주는 사람인 것이다. '민심을 얻는 사람은 하늘도 감동한다'는 생각이다.

사랑을 담은 마음으로 온 생명을 대한다는 것이 어찌 쉬울 것인가. 인간이 창안해낸 신神일지라도 결코 가능하지 않은 품격이다. 사람이라면 오랜 도를 닦아야 조금 가능한 인품의 상태일 것이다. 제 마음을 아주 낮게, 겸손하게 갖는 필부필부가 의외로 도달하는 경지일 수도 있다. '등 따습고 배부르면 더 바랄 것이 없다'고 하는데, 이런 속된 경계를 넘어서 남을 사랑하고 베푼다는 것은 어떤 의미일까. 속물근성으로는 감히 도달할 수 없는 경지를 넘어서겠다는 마음은 무엇인가.

그런 사람을 프롬은 영웅이라 했다. "영웅이란 자신의 소유 ― 토지, 가족, 재산 ― 를 버리고 앞으로 나가는 용기를 지닌 사람"[43]이라고 주장한다. 사랑이란 상대방을 책임지는 것이라 했다. 책임진다는 것은, 예컨대 애인을 데리고 살며 먹여 살린다는 뜻이 아니다. 상대방의 잠재능력을 최대한 발휘하도록 격려하고 한껏 노력한다는 의미다. '영웅은 호색한다'와 같은 일종의 객기客氣에 들뜨지 않는다. '영웅은 한번 죽고, 비겁한 자는 천 번 죽는다'는 것처럼, 남을 위해 자신의 정열을 흔쾌히 쏟는 사람이다.

진정한 용기를 가진 사람은 제 목숨까지 포기하는데, 돈을 포기 못하겠는가. 외국의 부호가 자식들에게 재산의 극히 일부만 넘겨주고, 나머지를 사회에 기부하는 예들이 적지 않다. 평생 궂은일 해서 모은 거금을 학교에다 넘겨주고, 생을 마감하는 사람도 자주 보게 된다. 이런 사람들이 생산적 성격의 모범이 된다.

생산적 성격은 제 에너지의 많은 부분을 대의명분에 쏟는 사람이다. 개인의 행복은 공동체가 얼마나 평안한가에 달려 있다고 믿는다. '한 사람 가는 길로 가지 말고, 열 사람 가는 길로 가라'거나, '한 사람 덕을 열이 본다'는 신념이 강하다. '한 사람만 함께 어울리지 않아도 온 집안사람이 즐겁지 않다'는 믿음을 사회 공동체로 확대한 생각이다. 성숙한 성격이어서 한쪽으로 치우치지 않고, 포용력이 큰 성격이다. 회색지대를 지향하는 것이 아니라 선악은 물론 대의와 소의, 소승과 대승을 분명히 가려 공동체에 뼈대 역할을 하는 성격이다.

예컨대 염상섭의 장편 《삼대》에서 3대에 해당하는 조덕기가 여기에 속하는 성격이며, 조정래의 장편 《아리랑》에서 송수익과 신세호, 《태백산맥》에서 김범우와 같은 인물이 생산적 성격이라 할 수 있다.

9. '먹고 죽은 놈이 굶어 죽은 놈보다 낫다' / 돈과 의식주

　　사람이 웬만큼 살기 위해 기본적으로 필요한 것을 의식주라 한다. 그런데 의식주라는 말보다는 식주의食住衣라고 하는 편이 좋겠다. 기왕이면 인간에게 가장 절실한 순서로 나열하는 게 낫겠다. 세 가지 중 당연히 먹는 게 으뜸이고, 제 몸을 편안히 부릴 수 있는 곳이 그 다음일 것이다. 혹시 '굶어도 벗지는 말아야 한다'는 말 때문에, 먹는 것보다 입는 것이 더 절실하다고 우기는 사람이 있을지도 모르겠다. 옷에 관련된 일을 하는 사람은 의식주로 쓰고, 집에 연관된 일을 하는 사람은 주식의住食衣로 쓴다고 시비할 사람 없겠다.
　　'굶어 죽기가 정승하기보다 어렵다'고 했는데, 왜 아니겠는가. '사흘 굶으면 양식을 지고 오는 놈이 있다', '사흘 굶어 도적질 안 하는 사람 없다'고, 타인에 의해 또는 자발적으로 연명을 하기 마련이다. 간헐적 단식이야 건강을 위해 하는 사람이 많지만, 먹을 욕심이 있다면 굶어 죽기까지는 어려울 수밖에 없다. 하긴 운이 좋아야 죽음을 면한다. 외부와 단절된 집에서 살면, 누가 굶어 죽을 지경인지 알 수가 없다. 양식을 도와주고 싶어도 사람을 볼 수 없어 도울 수가 없는 경우가 허다하다. '돌아다니는 개는 배 채우고, 누운 개는 옆 채인다'고 했는데, 개보다 못한 처지가 되기 쉬운 세태다. '재수가 나쁘려면 장판 위에서 낙상으로 죽는다'고 했다. 먹을 것이 풍부한 세상에서 '굶어 죽으란 법 없다'는 말은 그럴듯하지만, 제 배를 채우는 일이 그리 녹록하지만은 않다.

'부처님도 먹어야 좋아한다', '나라님도 밥을 먹어야 임금이다', '천하 장군도 먹어야 맥을 춘다'고 했다. '수염이 대 자라도 먹는 게 상수', '수염이 대 자라도 먹어야 양반이라'는 말들이 어찌 헛말이겠는가. '배고프면 금의도 일식과 바꾼다'고 했다. 아무리 좋은 옷을 입고 높은 의자에 앉아 거드름을 피우면 무엇할까. 속에서는 음식 들여보내라는 아우성에 모든 일이 건성이겠다. '동네 늙은이야 죽든 말든, 팥죽 먹을 생각만 한다'는 말처럼, 배가 고프면 안팎으로 거지 근성이 나오는 게 정상일 수밖에 없다. '기력이 쇠하면 앙심怏心으로 견딘다'고 하지만 한계가 있다. 배고프면 악밖에 남지 않는데, 악으로 세상을 얼마나 버틸 수 있을 것인가. '배때기가 원수라'는 말만 해댄다고 세상이 바뀌지 않는다.

'지나가는 까막까치도 다 오라 해서 먹인다'고 할 정도로 먹을 것이 풍성한 세상이라면 얼마나 좋으랴. 그리되면 세상에 일할 사람이 없어진다. 누구나 제 먹을 걸 벌어야 이 세상이 유지된다. '먹고 입는 것이 넉넉해야 영욕榮辱도 안다', '못 입어 잘난 놈 없고, 잘 먹어 못난 놈 없다'고 했듯, 누구나 넉넉히 먹어야 사람 구실을 할 수 있을 것이다. 어쨌든 '먹어야 체면도 지킨다', '먹어야 양반 노릇도 한다'는 말이 맞다.

'동쪽 집에서 먹고 서쪽 집에서 잔다'고 했는데, 김삿갓도 아니고 며칠이나 그렇게 살 수 있을까. '음식은 함께 먹고, 잠은 따로 자랬다'고 하는데 잘 곳이 문제다. '여우도 굴이 있고, 까마귀도 깃들일 곳이 있다'는데, 사람이 집이 없다면 될 일일까.

'집도 절도 없다'는 게 요즘 젊은 사람들의 처지다. 집 없는 걱정이야 요즘 사람만 그런 것은 물론 아니다. 옛날에야 집 같지 않아서 그렇지, 스스로 짓고 사는 사람이 많았다. 요즘 사람들은 집이 번듯하지 않으면 견뎌내지 못한다. 대가족이 한집에 살던 시대와는 달리 핵가족이 사는 요즘에는 집을 아무리 지어대도 수요를 따라잡지 못한다.

사실 실제 수요자보다 주택 공급량이 많다는 통계는 늘 발표된다. 그러면 뭘 하나. 집값은 터무니없이 비싸고 수입은 적으니, 집을 마련하기는커녕 빌려 살기에도 능력 밖이다. 이러니 '재주 좋은 놈보다 재수가 낫고, 재수 좋은 놈보다 아버지 잘 둔 놈이 낫다'는 말이 생겨날 수밖에 없다. 집이 없으니 결혼을 할 엄두가 나지 않고, 출산율이 점차 떨어지는 것은 당연하다. 아기를 낳으면 돈을 많이 준다고 경쟁하듯 액수를 올리는데, 앞뒤가 바뀐 정책일 뿐이다. 정부가 당장 호의를 얻으려는 짓일 뿐, 앞을 내다보는 정책은 아니기에 효과가 있을 리 없다.

수도권에 모든 것을 집중하게 만든 정책이 야속하다. 작은 땅덩이인데도 지방은 텅텅 비어가고, 수도권이라는 곳만 촘촘히 모여 사는 모습을 보노라면 안타깝기 짝이 없는 현실이다. 있는 놈만 흥청거리며 살고 없는 놈은 죽어라 하니, 앞날이 '불 보듯 뻔한 일이라' 하겠다.

'짐승은 숲이 있어야 살고, 사람은 집이 있어야 산다'고 했다. 짐승들이 사는 나무숲이 아니라, 아파트 숲에도 살 수 없어 사람 꼴이 말이 아니다. 좁은 땅을 넓게 쓰는 방법이 분명 있을 텐데, 좁은 땅을 더욱 좁게 쓰고 있으니 사람들 마음이 좁디좁다고 할 수밖에 없다.

'옷은 몸을 가려야 한다'고 했다. 알몸을 내놓고 다니기에 부끄러우니 당연하다. 옷의 기능이야 몸을 가리는 것 외에 여러 가지가 있다. 외부의 위험으로부터 몸을 보호하는 것도 그렇고, 옷으로 신분과 직위를 구별하자는 것도 그렇다. 예컨대 군인이나 경찰이 제복을 입지 않고 일반복을 입는다면, 불편할 일이 한두 가지가 아니겠다.

옷을 잘 입는다는 것은 옷을 깨끗하게 입는다는 것과 다를 것이다. 화려하거나 점잖게 입어, 인간의 모습을 더욱 예지적으로 치장하려는 술책이다. '이밥이 분이요, 옷이 날개라', '의식衣食이 풍족해야 예절을 차리게 된다'는 말이 다 그런 의미를 포함하고 있는 것이다.

'옷 보고 사람 평가 말라'고 하지만, '입은 거지는 먹어도, 벗은 거지는 굶는다'는 것 자체가 이미 사람을 옷으로 평가한다는 말이 된다. 옷으로 사람을 평가하지 않는다면, 누가 옷을 잘 입으려 할 것인가. 아름다움을 생각하지 않고 실용성만 생각한다면, 세상은 옷만으로도 평등과 평화가 훨씬 잘 이루어졌을 것이다.

'누더기 속에 옥 들었다'는 말만 믿으면, 패션쇼가 왜 필요하며 명품은 더더구나 생각지도 않을 것이다. 성철 스님처럼 누더기 하나로 몇십 년을 버틴다면 의류산업이란 말이 있을 수도 없겠다. 옷을 넓은 범주로 확대하면 복식服飾이라 한다. 몸에 걸치는 옷 외에 몸에 붙이는 장신구나 신발, 모자까지도 다 포함된다. 많은 사람이 먹고살려니 이런저런 일들과 숱한 종류의 옷이 생겨나는 것이겠다. 그도 부족해 유행을 만들어내는데, 인생사처럼 돌고 도는 방식으로 사람의 눈을 현혹하는 것이겠다.

'아무리 금장식이 화려한 말안장을 얹어도, 노새는 역시 노새라'는 말이 있다. 사람도 마찬가지일 것이다. 먹고 살고 입는 것에 아무리 많은 돈과 노력을 들여도, 사람 마음이 달라지지 않으면 안 된다. 속악한 마음을 벗어나는 것, 건강한 몸을 유지하는 것이 우선이라는 말이다.

1) '먹는 것보다 더 큰 것은 없다'

'무슨 설움 무슨 설움 해도 배고픈 설움이 제일이라', '무슨 일이 서럽다 서럽다 해도, 배고픈 것이 제일 서럽다'고 했다. 풍요로운 세태 속에서만 살아온 사람들에게는 추상적으로만 들릴 말이다. 배곯은 경험이 예사롭지 않았던 사람들만이 숱한 감정을 되새길 것이다.

'없는 놈도 세 끼요, 있는 놈도 세 끼라'고 하는데, 세 끼를 챙겨 먹을 정도면 없는 놈이라 하기 곤란하다. 끼니를 냉수로 때우려니, '없는 놈 냉수 마시듯 한다'는 정도가 돼야 진실로 없는 놈이라 할 것이다. '없어서 못 먹고, 안 줘서 못 먹고, 못 봐 못 빼앗아 먹는다'고 할 정도로 겪었어야 진실로 배고픈 설움이었다 할 것이다.

없는 사람은 '입이 원수라', '입이 포도청이라'고 할 수밖에 없다. '입 천장 거미줄 걷어내기도 어렵다'는 시절을 살았던 사람들에게는 요즈음이 한없이 풍요롭게만 여겨질 것이다. 음식에 입맛을 맞추어 먹고 살던 시절이었으니까 말이다. 먹을 게 넘쳐나는 요즘엔 제 입에 음식을 맞추느라 무척 까탈스럽게 군다. '입처럼 간사한 건 없다'는 말을 절감하는 세태다.

'입이 서울이라'는 말이 있다. 사람에게는 먹는 것이 가장 중요하다는 뜻이다. '입이 양반이라'는 말도 있는데, 사지를 열심히 움직여 일해서, 편하게 있는 입에다 바친다는 뜻으로 쓰는 속담이다. 그러나 '입이 밥 빌러 오지 밥이 입 빌러 올까' 하는 속담처럼, 살기 위해서는 입도 편안하게 있을 수만은 없는 일이다.

'사람이 세상에 나올 때는 제가 먹을 것은 모두 타가지고 나온다'고 했는데, 어디서 타가지고 나오겠는가. 하늘과 땅이 주기는 주되, 거저 주는 건 아니다. 제가 일을 해서 찾아 먹어야 한다. 식물이든 동물이든 세상에 태어난 것을 먹어 없앤다는 것이 사실 죄가 되는 일이다. 그런 죄책감을 없애도록 인간들이 말을 만들어 놓았다. '먹는 죄는 꿀종지로 하나', '먹는 죄는 접시굽으로 하나', '먹는 죄는 종지굽으로 하나'라고 했다. 더 나가 아예, '먹는 죄는 없다'고 면책특권을 줘버렸다.

내 돈 내고 산 것은 실컷 먹어도 누가 뭐라 하지 않는다. 현대인을 두고 "뼈 빠지게 벌어 실컷 먹고, 죽어라 하고 살 뺀다"고 하는데, 그러면서 죄책감에 시달리는 사람은 별로 없을 것이다. '먹다 죽은 귀신은 혈색도 좋다'고 했다. '먹고 죽은 귀신은 원도 없다', '먹고 죽은 귀심이 화색이라도 난다', '먹고 죽은 귀신은 태깔도 곱다', '먹고 죽은 귀신은 죽어서도 잘 썩는다'고 주절거리며 먹는다 해도, 뭐라고 할 사람이 없다.

'먹고 죽으나 굶어 죽으나 죽기는 일반이라', '먹다 죽은 대장부나 기다 죽은 밭갈 소냐', '먹고 죽은 대장부나 굶고 죽은 거지나 죽기는 마찬가지'니, 기왕이면 먹고 죽자는데 시비를 걸 수가 있을까? '먹고 죽은 놈이 굶어 죽은 놈보다 낫다'는 생각을 인정하는 게 좋겠다.

'바람 먹어서 바람똥 싸는 사람 없다'고, 누구나 음식을 먹어야 한다. 제가 얼마나 먹어대는지 헤아려보면 기가 찰 것이다. 오죽하면 '노름돈은 대줘도 음식값은 안 대준다', '노름돈은 대줘도 먹는 뒤는 안 대준다', '노름꾼 뒤는 대도 먹는 놈 뒤는 대지 말랬다'고 하겠는가. '바닷물은 막아도 사람의 입은 못 막는다'는 말도 그저 우스개 소리가 아니다.

'복 중에서 가장 좋은 복이 인연복이라' 했지만, 복 중에서 가장 기본적인 복은 식복食福이라 할 것이다. '이 복 저 복 해도 식복이 제일이라'고 했다. 그래서 '식복이 있는 놈은 자다가도 제삿밥을 얻어먹는다', '식복이 있으면 넘어져도 떡함지에 넘어진다'고 하며 식복을 내세우는 것이다. '먹고 자고 먹고 싸는 식충이도 제 복에 산다', '먹고 자는 식충이도 제 복에 산다'는 것처럼, 아주 비생산적인 사람도 식복만으로 살 수 있다는 말이다. 이래저래 먹는 것이 가장 큰 일이다. 그러니 '만승천자도 먹는 것을 큰일로 삼는다'고 했다. 만승천자萬乘天子란 천자의 존칭이다.

'도둑 중에는 코밑 도둑이 제일 크다'는 말이 재미있다. 입이라고 말하기가 쑥스러운지 코 밑이라 했다. 더구나 입을 도둑이라 했으니, 사람마다 도둑을 하나씩 데리고 다니는 꼴이다. 사실 입처럼 염치없고 부끄러운 곳도 없다. '먹는 것과 여색에는 염치가 없다'고 한 것이 정곡을 찌른 말이다. 성서 창세기에서, 선악과를 먹은 아담 이브가 거시기를 가린 것은 아무리 생각해도 이해가 안 간다. 입이 먹었으니 입을 가려야 마땅하지 않을까. 그때부터 입은 기고만장氣高萬丈 해버린 것이다. 그래서 '먹는 속은 꽹과리 속이라'고, 파렴치해졌다.

　사람들이 하도 먹어대니, 장사도 볼 것 없이 먹는장사를 택하는 게 장땡이라 생각한다. '먹어 없애는 장사가 제일이다', '먹는장사는 흉년을 타지 않는다', '먹는장사는 흉풍이 없다', '먹는장사치고 허리 들어간 놈이 없고, 물장수치고 물렁한 놈이 없다'는 말들이 그렇다. 세상에 먹는장사가 없다고 상상해봐라. 적막강산이 따로 없을 것이다.

　염치없는 입이라 해도 '오직 먹을 때는 근심도 잊혀진다'고 하니, 다행히 긍정적인 것도 있다 하겠다. 그러니 '먹고 죽자 해도 땡전 한 잎 없다', '먹고 죽자 해도 없어서 못 먹는다'는 사람들도 악착같이 찾아먹어야 하겠다. '아무리 없어도 딸 먹일 것과 쥐 먹일 것은 있다', '아무리 없어도 쥐 먹일 것과 사위 먹일 것은 있다', '아무리 가난해도 쥐 먹을 것과 도둑맞을 것은 있다', '아무리 궁해도 집안에 날아든 꿩은 잡지 않는다'는 말을 보면 진정으로 휴머니스트인 줄 알 수 있다. 극빈 속에서 피어나는 정이 진짜배기 정이니까 말이다.

　'얻어먹는 놈도 부지런해야 얻어먹는다'고 했다. '얻어먹는 놈에게 밥상 차려 주니까 떠먹여 달란다'는 몰염치를 부리지 말고, 배를 곯지 않을 정도로 먹어야 한다. '천 냥이든 만 냥이든 먹고 보랬다'고 한다. 빚이 많더라도 우선은 먹고사는 데 신경을 쓰라는 뜻이다. '안 먹고 사는 장사가 없다', '여물 안 먹고 잘 걷는 말', '먹지 않고 잘 걷는 말 없다'고 했다. '항우도 먹어야 장수지', '성인도 사흘 굶으면 도둑질을 한다', '성인군자도 먹어야 성인군자다'는 말은 아무리 세상이 거꾸로 선다고 해도 진실이다.

'먹는 것보다 더 큰 것은 없다', '먹는 것이 가장 소중하다', '먹는 것을 하늘로 삼는다'는 말들만 받아들여, 오로지 먹는 것에만 관심을 두면 안 된다. '없는 놈은 배부른 것이 성찬이라', '입으로는 배를 채워도 눈으로는 배를 못 채운다'고, 먹을 것만 보면 달려들지 말 일이다. 일한 만큼만 먹는다고 생각해야 한다. '일은 송곳으로 매운 재 긁어내듯 하고, 먹기는 돼지 소 먹듯 한다', '일은 아이의 일, 먹성은 황소'란 소리를 들으면 예지적 인간에 들겠는가. '먹는 것 가지고 사람 차별 말라', '벌기는 함부로 벌어도 먹기는 깨끗이 먹으랬다'는 말들을 기본으로 삼아야 할 것이다.

'약보보다 육보가 낫고, 육보보다 식보가 낫다', '무슨 보니 무슨 보니 해도, 식보가 제일이라'고 했다. 늘 먹는 밥이 최고의 보약이다. 아무리 밥이 보약이면 뭘 하겠나. 대가를 내놔야 할 것인데, 다만 일하는 것이겠다. '입이 건 소가 똥을 싸도 굵게 싼다'고 했다. 잘 먹으면서 황소처럼 일해야 사람값을 하는 것이다.

아무리 '입안의 것도 파먹을 세상이라'고 하지만, 세상사 인간사에 틈새는 있기 마련이다. 인정이 틈새다. '먹고 산다면 개도 산다'고 했다. 인간으로 태어나 개보다 낫다는 소리를 들으려면 뭔가 달라야 할 것이다. '세상에 덕 없는 것은 세월이요, 무정한 것은 가난이라' 고 했지만, 넉넉하지 않더라도 인간의 도리를 지키며 먹어야 할 것은 물론이다.

2) '없는 놈은 못 먹어서 병나고, 있는 놈은 너무 먹어 병난다'

'촌놈은 등 따숩고 배부르면 그만이라', '촌놈은 밥그릇 높은 것만 친다'고 하듯, 배만 차면 세상사에 만족하는 사람도 적지 않다. 좋은 음식이 뭐 필요하냐, 어차피 똥으로 나오면 마찬가지라는 생각으로 아무거나 잘 먹는 사람도 있다. '옷은 살만 가리면 되고, 음식은 허기만 면하면 된다'는 생각으로 사는 사람은 참으로 무던해 보인다. 그러나 많은 사람이 식도락食道樂으로 산다.

식도락을 즐긴다는 것은 돈깨나 있다는 말이다. 먹는 게 다만 배를 채우기 위한 것이 아니라 맛을 즐기기 위해 산다니, 비싼 음식에 입이 갈 수밖에 없다. '음식 맛은 오대 부자라야 안다'는 말처럼, 먹는 맛깨나 즐기려면 세월깨나 지나야 터득하는 것이다. '입은 봤다 하고 목구멍은 못 봤다 한다'는 사람들에게 식도락은 뜬구름일 뿐이다. '창자에 기별도 안 간다', '창자를 적시다 말았다'는 식으로 사는 사람들에게 식도락은 '호강에 겨워 요강에 똥 싸는 소리 한다'고 여겨질 뿐이다.

'임연수 껍질 쌈 삼 년에 강릉 부자 기둥뿌리가 빠졌다', '임연수 쌈 삼 년에 천석꾼이 망했다'는 말이 있다. 임연수라는 생선 껍데기 맛이 매우 맛이 있다는 뜻으로, 또는 식도락에 빠지면 아무리 부자라 해도 망할 수밖에 없다는 뜻으로 하는 말이다. 없는 사람에게는 '호강에 잣죽 쑨다', '호강에 초 치는 소리 한다'는 말로만 들릴 뿐이다.

요즘 세태 속에서 식도락가 중 상당수는 비만이라는 병 아닌 병을 가지고 있다. '호강을 시켜 놓으면 잔병 그칠 날이 없다'는 말과 통한다. 너무 못 먹어도 탈이고, 너무 잘 먹어도 탈이다. '없는 놈은 못 먹어서 병나고, 있는 놈은 너무 먹어 병난다'고 했다.

식도락을 즐기는 사람은 아무래도 많이 먹기 마련이다. 진정한 식도락가는 아주 값진 음식을 매우 조금씩 먹는다고 하지만, 어설픈 식도락가는 대부분 과식을 한다. '많이 먹고 장수하는 사람 없다'는 말은 그르지 않다. '창자는 길들이기 마련이라'고 했다. 제 창자를 고급으로 길들이는 것이 좋은지, 아니면 소박하게 길들이는 것이 좋은지 생각하며 살 일이다.

'기와집 음식이 초가집 음식보다 못한 것도 있다'는 말이 있다. 잘 사는 집 음식이 반드시 맛있는 건 아니라는 뜻이다. 없는 사람의 집에서 만든 정성 어린 음식이 훨씬 맛있을 수 있는 건 당연하다. 호의호식이 곧 식도락일 수 없다는 뜻도 포함되어 있다. 굳이 '나물 먹고 물 마시고 임의 팔 베고 누웠으니 이보다 더 좋을쏘냐'는 경지를 억지로 갖다 붙이지 않아도 그럴 수 있다.

호의호식의 절정이 주지육림일 터인데, 고기가 음식의 왕이라는 뜻이겠다. '고기는 씹고, 술은 마셔봐야 맛을 안다', '고기도 먹어 본 놈이 더 먹고, 밥은 굶은 사람이 더 먹는다'고 하듯, 식도락에는 고기가 주장이다. 못 먹고 살았던 시대에는 고기가 음식의 왕 중 왕인 것은 사실이었다. 오죽하면 '고기 한 점으로 잡귀 천을 달랜다'고 했을까. '노인 망령은 고기로 달래고, 아전 망령은 쇠로 달랜다'고 할 정도니까 말이다.

채식과 비교하면 육식의 장점이 큰 것은 사실이다. "식물성 식품은 단지 생명을 유지시켜줄 수 있지만, 동물성 식품은 단순한 생존을 넘어서 건강과 행복을 준다는 것"[44]이다. 식물성 식품보다 고급단백질이 더 많고, 남성 생식에 필요한 아연의 공급원이다. 병에 걸리면 단백질이 더 많이 요구되는데, 만약 단백질을 채워주지 않으면 완전히 고갈되어 몸이 더욱 쇠약해진다. 그뿐만 아니라 몸에 필요한 영양분을 거의 포함하고 있기에 의식, 무의식적으로 육식에 끌리는 것이다. '고기도 먹어

본 놈이 잘 먹는다', '고기도 먹어본 놈이 제맛을 안다'는 것은 고기의 효능을 잘 알기 때문이다.

고기 음식에 대한 성찰이나 반성이 시작된 것은 육식을 극단적으로 탐하고 난 후의 추세다. 극단적 채식주의자와 극단적 육식주의자 간의 논의가 한창이라 할 수 있는 세태다. 인간들의 탐욕貪慾이 곧 탐육貪肉으로 이어진 시대라 하겠다. 세상을 인간과 가축이 지배하고 있으니, 저도 모르는 사이에 육식주의자가 돼버린다. "집짐승이 살아있는 동안 양치기에서 푸줏간 주인에 이르기까지 수백 만 명의 사람들이 집짐승의 하인일 뿐이며 나중에는 집짐승의 사형집행인이 된다"[45]는 버나드 쇼우Bernard Show의 염려를 현실 곳곳에서 본다. 이러한 현실을 반면교사로 삼아 각성한 채식주의자들이 점점 많이 생겨나고 있다.

고기에 대한 탐욕은 인간의 건강을 위협하고, 또한 정서까지도 불안하게 만들고 있다. 게다가 지구의 생태적 환경까지 파괴하고 있기 때문에 육식을 줄이는 게 도리며 의로운 일에 속한다. 기업에서 대체육 개발에 힘쓰는 것도 매우 중요한 일이다. 식도락에서 고기에 대한 기존의 생각이 변하면 매우 고무적인 일이 될 것이다.

'음식과 남녀의 정은 인간 최대의 욕정이라'고 했다. 그러니 인간이 배를 채우는 데서 그치지 않고 식도락을 즐기는 것은 당연하다고 하겠다. '음식은 맛이 생명이라'고 하지만, 누구한테나 그런 것은 아니다. '음식 흉보는 것은 호로자식, 글 흉보는 것은 양반의 자식'이라고 하듯, 음식을 타박하는 게 복 받을 짓은 분명 아니다. 그래서 '음식 박대하면 죄짓는다'고 한 것이다. '음식은 손맛', '음식 맛은 손끝에서 난다'고 했다. '음식은 정성이라'고도 했다. 고기로 병풍을 친다 하더라도 정성이 부족하면 맛이 제대로 날 리가 없다.

없는 놈이 많이 먹으면 먹어서 못 산다고 하고, 있는 놈이 많이 먹으면 식복이 있어서 잘 산다고 한다는 말이 맞다. 사실 식복이 있어서 그렇겠는가. 요즘 세태에서는 돈이 많으면 얼마든지 좋다는 음식을 찾아 먹는다. 소위 맛집이라는 곳을 탐방하는 버릇을 가진 사람들이 날로 늘어나고 있다. 저 스스로는 고상한 취미로 생각하겠지만, 먹는 것에 너무 관심을 두면 사람이 천해 보이기 마련이다. '음식을 밝히면 천해진다'는 말이 그래서 있다.

'음식은 혼자 먹고, 일은 여럿이 하라'고 한 것은, 음식을 혼자 먹으면 마음껏 먹을 수 있다는 뜻이 있다. 그러나 거기에는 음식을 탐하는 모습을 보이면 체면을 깎이게 된다는 염려가 들어있는 말이기도 하다. '음식은 여럿이 먹어야 맛이 있다', '음식은 여럿이 먹어야 맛이 있고, 잠은 혼자 자야 편하게 잔다'는 말처럼, 여럿이 먹을 때 소박한 음식도 달게 먹을 수 있는 것이다.

'음식을 사치하면 살림을 망친다'고 했다. 돈 많은 사람이야 식도락을 즐긴다 해서 집안이 쉽게 망할 일은 없겠다. 분명한 것은 먹는 것에 유별을 떨면 '음식 끝에 마음 상한다', '음식 끝에 비위 상한다'는 사람들이 생기게 된다. 음식으로 인해 주위 사람들과 거리감이 생기게 된다는 말이다. 제 입과 창자는 스스로 길들이기 마련이다. 소박한 음식으로 입과 창자를 만족하는 버릇은, 주위 사람들과 가깝게 지낼 수 있는 좋은 방법일 수 있다.

3) '아흔아홉 칸이라도 자는 방은 하나'

'설움 중에서 가장 큰 설움은 집 없는 설움이라'는 생각은 누구나 같을 것이다. 그래서 '평생에 성주 한 번 하는 것이 복이라'는 말이 있겠다. 일생에 제집 하나 짓고 사는 것이 복이라는 뜻이다. 본래 성주는 집에서 모시는 신神의 하나로, 가신家神들 중에 가장 높은 신을 말한다. 민속에서 말하는 신이 한둘 아니다. 집안에도 숱한 잡신들이 있는데, 그것들을 거느리고 주인 노릇을 하면 든든하기 짝할 것이 없겠다. 그래서 집 한번 지어 사는 게 복이고 소원이라는 말이다. 아예 '집 지어 보고 자식 길러 보고, 상 당해 봐야 사람이 할 것 한 것이라'고 할 정도다. 인생사에서 가장 어려운 일 세 가지를 꼽은 말이다.

　말이 쉽지, 요즘처럼 섬세한 건축법을 지키며 전문가도 아닌 사람이 집을 짓기가 쉽지 않다. 예전에는 아주 큰 집이 아니면 동네 사람들이 직접 짓는 경우가 많았다. 좀 규모를 갖춘 집을 지으려면 혼신을 다 했다. 그러기에 '새로 집 지은 후 삼 년은 마음을 못 놓는다'고 했는데, 집터를 잘못 잡아 화를 당하지 않을까 근심하게 된다는 뜻이 있다. 집 짓는 일에 너무 신경과 힘을 쏟다 보니, 바로 죽는 일이 허다했다. 그래서 '집은 사서 살고 배는 지어서 타라'고 할 정도였다.

　요즘 집을 짓는다고 생각해 보자. 집 짓는 기술은 제쳐 두더라도 돈이 문제다. 부모에게 받은 게 없다면 엄두도 못 낼 일이다. 우선 땅이 있어야 하고, 건축재료를 사야 한다. 철근에 시멘트, 목재 단열재, 지붕 재료 ……. 그 숱한 것들을 일반인은 알 수도 없다. 차라리 전문가에게 맡기는 게 낫다고 쉽게 포기할 정도다. 이런 연유로 '집 가지는 것보다 돈 가지는 것이 낫다'며 셋집살이로 만족하는 사람도 적지 않다.

　예전에야 집 짓는 재료를 주변, 자연 속에서 쉽게 구할 수 있었다. 지붕은 짚이나 너와, 벽은 흙과 수수깡이 아니면 흙벽돌, 바닥은 온돌, 뼈대는 통나무, 주춧돌 ……. 이러니 원가가 덜 들었다. 제 노동을 기본으로 할 수 있었고, 이웃의 도움도 받아 소박한 집을 지어 살았다. '집과 계집은 작아도 산다', '집 작은 것과 여자 작은 것은 흠이 되지 않는다',

'집 작은 것과 아내 작은 것은 산다'는 신념이 확고했다. 소박한 집에 살면서 '집안이 좁은 건 살아도 마음이 좁은 건 못 산다'고 하며, 마음을 넓히려고 했다. '집이 천 냥이면 이웃이 삼천 냥', '집값은 백 냥, 이웃 값은 천 냥'이라고, 마음을 넓히고 이웃을 내 집을 확대한 것으로 생각해 무척 중요하게 여겼다.

 매우 가난한 살림을 두고 '집에는 쥐밖에 없고 몸에는 이밖에 없다', '집구석이라고 바늘 하나 감출 데가 없다'고 한다. 아무리 시원찮은 집이라도 있으니 엄연한 집주인이다. 그러면서도 '내 집이 극락이라'고 생각하며 살았다. '내 집 부뚜막이 남의 집 고루거각보다 낫다', '코딱지 같아도 내 집이 좋다', '뭐니 뭐니 해도 내 집보다 좋은 곳은 없다'며, 스스로 대견스럽게 생각했다.

 '달팽이도 집이 있다', '새도 보금자리가 있고, 다람쥐도 제 굴이 있다', '집게벌레도 집은 있다'고 하며, 아주 보잘것없는 집이라도 하나 가지고 있으면 든든했다. 그런가 하면 집부터 으리으리하게 지어, 제 지위와 권세를 과시하려는 사람도 적지 않다. '대문이 가문이다', '대문은 넓어야 하고, 귓문은 좁아야 한다'고 하며, 별로 쓸모도 없는 짓을 한다.

 돈이 충분하면 집을 잘 지어야 하는 게 당연하다. 자자손손 이어받으며 살면 얼마나 좋겠는가. '사흘 살고 나올 집이라도, 백 년 앞을 보고 짓는다'고 했던 것이다. '소沼가 좋으면 고기가 모여들고, 집이 좋으면 사람이 모여든다'고, 얼마나 좋겠는가. 사람이 모여드는 집이 흥한다고 하지 않든가. 좋은 집을 물려받으면 인생사가 얼마나 편하겠는가. '기와집 물려준 자손은 제사를 두 번 지내야 한다'고 했는데, 정말 그래야 하겠다. '기와집에서 이밥에 고깃국을 먹고, 비단옷을 입고 산다'고 하면, 인생 더 바랄 게 없는 경지가 된다. 다만 아무리 부자라도 '기와집에 옻칠하고 사나' 하고 비꼬는 소리를 들을 만큼 교만해서는 안 된다.

'산호 기둥에 호박 주추'라고 할 정도로 호화로우면 시기 질투에 녹아난다.

집 자체가 고급스러운 것도 좋겠지만 향向이 좋아야 한다고 생각했다. 이른바 풍수 논리다. 배산임수背山臨水는 기본이고, '남향집에 동향 대문 여닫고 살려면, 삼대 적덕을 해야 한다'는 정도를 지키려 애썼다. 게다가 '높은 곳에 집을 지으면 가족이 건강하다', '높은 곳에 집터를 잡으면 집안 식구가 건강하다'고 하여 높은 곳에 집을 지었다. 그러니 '내 집보다 남의 집이 더 값나가게 보인다'는 사람들의 시기심 질투심이 발동할 수밖에 없다. 그렇지만 '백 척 고대광실도 머리카락 같은 한 줄기 금으로 무너진다'는 말이 있다. 아무리 튼튼하고 굳건해 보이는 것도 작은 실수 하나로 무너질 수 있다는 뜻이다. 그러나 물리적인 면만 말하는 건 아니다. 사람의 행실이 자칫 잘못되면 대가도 무너질 수 있다는 뜻으로도 쓰는 말이다.

'음식은 마구 먹고, 잠은 가려 자랬다'고 했으니, 집은 꼭 필요하다. 예전 같지 않아 이제는 집 마련이 한평생의 큰 짐으로 여겨진다. 그래서 집에 대한 생각을 고칠 필요가 있다. 수도권에서 과감히 벗어나는 방법이다. 월급이 좀 적더라도 중소도시에서 직업을 찾을 수도 있다. 자식 교육에 대해 말하는데, 지금 우리나라 학교나 학원에 아이를 맡겨봤자 인성만 버려 놓는다. 아예 시골 학교에 맡겨 과잉경쟁의 희생물이 되지 않도록 하는 방법이 나올 수 있다. 출세했다는 사람들을 봐라. 하나같이 극단적 이기주의자들이다. 거의 괴물 수준이다.

'큰 집을 물려받은 아들보다 작은 집을 물려받은 아들이 더 잘 산다'고 했다. 큰 집, 큰 재산 물려준다고 잘 사는 것 아니다. '집 잘 지으려 말고, 좋은 농토 먼저 장만하랬다'는 말은 농경시대에 국한되지 않는다. "사람이 뭔데", "사는 게 뭔데" 하며 근본을 생각해 봐라. 일장춘몽

일 뿐이다. 거루고각巨樓高閣이라 해봤자 구름 속에 떠 있는 것이나 다름없다.

4) '집치레 말고 밭치레 하라'

'집 잘 지으려 말고 좋은 농토 먼저 장만하랬다', '집을 물려받지 말고 밭을 물려받아라', '집은 오막살이에 살더라도 밭을 사라', '집을 사려거든 텃밭을 보라', '큰 집을 물려받지 말고 작은 밭을 물려받아라' 하는 말들은 요즘 세태와 맞지 않는다. 이미 유효기간이 지난 말이라 해야겠다. 아니 유통기간이 지난 것은 아니다. 인생사는 돌고 돌기 때문이다. 농경시대에 써먹던 말이 최첨단 IT시대에 왜 머리 쳐들고 나오는가.

그 이름도 웅장하고 고상한 무슨 타워 팰리스, 무슨 캐슬과 같은 아파트에 사는 걸 부러워하는 게 정상이다. 그런 곳에 사는 사람은 한껏 뽐을 내고 교만을 부린다. 그래 봤자 화려한 감옥일 뿐이라는 걸 생각할 리 없다. 깔고 앉은 돈이 수십억이라는 데 더욱 안도하기 때문이다.

아파트에 사는 사람 비율이 아마도 열 중 예닐곱 될 것이다. 같은 크기라 하더라도 지방에 있는 집은 집으로 쳐주지도 않는다. 아파트는 금고와 다름없다. 제 중요한 재물을 쌓아놓고 문 하나 닫으면 그만이다. 반면 시골 사람들에게 집은 잠자고 잠시 쉬는 곳일 뿐이다. 그들에게 중요한 건 집 밖에 있는 자연이고 논과 밭이다. 그러니 집이 크게 중요할 리가 없다.

많은 직업 중에서 농사짓는 일은 예로부터 가장 창조적인 일로 생각되어 왔다. 사람에게 가장 중요한 먹을거리를 온전한 하나의 상태로 생산해내기 때문이다. 하늘과 땅의 질서에 맞춰 사람의 삶을 이어가게 하는 최선의 창조 행위가 틀림이 없다. 일 년 사계절이라는 큰 리듬에 맞춰 수확을 하기 때문에, 아주 느긋하고 겸손한 생각으로 발을 들여놓지 않으면 견뎌내기 힘든 직업이다. '농사꾼 일 년이 고생 반 걱정 반년이라'는 말이 과장되지 않다. 산업사회에서 수지타산도 맞지 않는 데다 노동 강도도 세다 보니, 거의 선택할 수 없는 직업이 되어버렸다.

'무식하면 농사나 지어라'는 말을 한다. '일이나 실컷 하다 죽으려면 과수원이나 해라'는 말도 거침없이 해댄다. 농사꾼들은 혹시 무식할지는 몰라도 가장 지혜로운 사람들이다. 학벌과 지혜는 전혀 다른 것이다. 산업사회에 사는 사람들은 유무식의 기준을 돈을 많이 벌 수 있느냐에 둔다. 땅에 팔자를 맞춰 사는 사람들과는 인생관이 아주 다르다. '농사꾼은 땅이 조상이라' 하지 않는가. 땅을 조상처럼 떠받든다.

도시의 깨끗한 사무실에서 컴퓨터나 두드리며 연봉 수천에서 수억을 받는 사람들은 제가 하는 일이 훨씬 더 생산적인 일이라 생각할 것이다. 농사짓는 사람이 없거나 가축을 기르지 않으면, 외국에서 싼 것 사다 먹으면 된다고 생각하기 일쑤다. 어려서부터 교육이 잘못되어도 한참 잘못되어서 이 지경이다. 농촌은 늙은이들만 지키다 죽어, 이젠 텅텅 비어가고 있는 형편이다.

도시 생활, 월급쟁이로 오랫동안 멍들어 봐라. 삶이 나날이 무기력해질 때쯤이면, TV프로에 나오는 "나는 자연인이다"처럼 살고 싶어 안달이 날 것이다. 자발적인 가난, 자발적인 노동이 얼마나 인간을 즐겁게 하고, 여유 있게 하는지 뒤늦게 깨우치게 된다. 창조적 노동의 최고가 농사일이다.

'농사꾼한테는 땅이 하늘이다', '농사는 나라의 근본이다', '농사는 천하의 근본이라'는 말들이, 명색만 그럴듯하고 실속은 없다고 생각하는 게 맞다. '농부 한 생은 무한 일이라'고 하기 때문이다. '농투성이는 빚투성이다', '농사짓고 영농비를 제외하면 반찬값이 모자란다'고도 했는데, 왜 농사일을 그만두지 못하는가. '농사는 명년이나 명년이나 하면서 속아 짓는다'고 하는데, 왜 다른 일로 바꿔 살면 안 될까.

농사짓는 사람을 천하게 보지만, '농사하는 집치고 밥 굶는 집 없다'고 했다. 일 년 농사에 큰 이익은 없지만, '농사는 먹는 것이 남는 것이라'고 하듯 굶지는 않는다. 누구나 먹고사는 것이 목표라는 것을 알기에, '농민은 먹는 것을 하늘로 삼는다'고 하는 것이다. 제가 먹고 싶은 것을 능히 창조해 내기에, '농민은 팔포대상 부럽지 않다'고도 한다. '농심이 천심이라'는 것을 잘 알아, 주제 넘는 짓을 하지 않는다. '농사는 하늘이 일곱 몫이고, 농부가 세 몫으로 짓는다'는 생각으로, 천지가 호응해 줄 때까지 잘 기다릴 줄도 안다.

'농사하는 나라치고 흥하지 않는 나라 없다'고 했다. 정치인·기업인들이 설령 나라를 말아먹을지라도, 농사꾼은 백성들이 입에 거미줄을 치지 않도록 늘 대비하고 있다. '농업을 천직으로 삼으려면, 빚 알기를 강도보다 더 무섭게 알아라'는 말을 되새기며, 욕심을 줄이는 연습을 평생토록 하는 사람들이다. '꾀 장수가 힘 장수를 이긴다'는 세태에서, 농사꾼은 뚝심으로 국토의 한구석을 풍성하게 꾸미고 있는 것이다.

집을 가장 소중한 재물로 생각하는 도시인들과 달리, 농사꾼은 하늘과 땅을 훨씬 더 가치 있는 집으로 생각한다. 그래서 돈과 재물은 적지만 마음이 널찍하다. 집 걱정에 멍든 사람들은 텅 빈 농촌을 터전으로 삼는 것도 그리 큰 모험은 아닐 것이다.

5) '속에 옥을 지닌 사람은 허술한 옷을 입는다'

'옷은 날개고 돈은 힘이라', '옷이 날개고 밥이 분이다'고 했으니, 누구든 좋은 옷을 입고 싶을 것이다. 더구나 '옷은 새 옷이 좋고 사람은 옛 사람이 좋다', '옷은 새옷이 좋고, 사람은 낡은 사람이 좋다', '옷은 새 옷이 좋고 술은 묵은 술이 좋다'고 하니, 늘 새 옷으로 갈아입고 싶겠다. '옷은 결혼 날처럼 입고, 음식은 팔월 한가위처럼 한다', '옷은 화려한 것이 좋은 것이 아니라 깨끗한 것이 좋은 것이라'는 말들이 그럴듯하다. 그러나 화려한 것을 좋아하는 사람이 훨씬 더 많다. 옷장에 숱하게 걸어놓은 옷을 다시 입을 생각을 하지 않는 사람도 적지 않다. '보석과 옷 앞에서 여자 마음은 갈대라'고 하듯, 옷 모으는 게 취미가 되는 경우가 많다.

인간의 근본을 생각해 보면 이런 말들이 다 허황하다는 것을 깨닫게 한다. 옷을 곱게 입는 것이 나를 위해 입는 건 틀림없다. 남에게 대우를 잘 받기 위함이다. 그러나 얼마나 대우를 받겠는가. 기껏 립서비스 정도일 뿐이다. 그 대신 저 자신은 실속 없는 일에 무척 신경을 쓰게 된다. 좋은 옷을 마련하는 돈도 돈이지만, 남들에게 잘 보이기 위해 언행을 꾸미게 된다. 꾸미는 삶은 제 삶이 아니다. 돈과 시간만 들이고 잠시 자아도취에 빠질 뿐이다.

'옷맵시는 삼대 부자라야 알고, 음식 맛은 오대 부자라야 안다'고 했다. 참으로 가소로운 일이다. 소위 안목이 있고, 전문가답다는 말이다. 사람이 뭔데 그리 까탈스러워야 한단 말인가. 우선 추위와 더위로부터 몸을 보호하면 된다. '추운 사람은 옷을 가리지 않는다'는 말이 맞지만 좀 추워도 모양을 내려 한다. '몸꼴 내다 얼어 죽는다'고 비꼬아도 아랑곳하지 않는다.

'옷 잘 입고 미운 사람 없고, 옷 헐벗고 예쁜 사람 없다', '옷 잘 입고 미운 여자 없고, 옷 헐벗고 예쁜 여자 없다', '옷 잘 입은 거지에게는 동냥을 줘도, 벗은 거지는 문전박대한다', '잘 입은 거지는 얻어먹어도 못 입은 거지는 얻어먹지 못한다'는 말들은 한결같이 옷을 잘 입어야 한다고 압박한다. 잘 입는다는 것은 때깔이 나는 옷을 입는다는 뜻인데, 당연히 값이 좀 나가는 옷이겠다. 실용성에서 그치지 않고 멋을 낼 수 있는 옷이라는 뜻이다. 아름다움을 더하기 위해 좋은 옷을 입을 뿐만 아니라, 잘나 보이기 위해서도 좋은 옷을 입는 것이다.

　'잘 먹고 잘 입어 못난 놈 없다', '잘 입어 못난 놈 없고, 못 입어 잘난 놈 없다', '헐벗고 잘난 놈 없고, 못 먹고 살찐 놈 없다'는 말이 그렇다. 뭔가 부족한 사람은 옷을 잘 차려입고 권위를 부리려 한다. 권위란 내공에 의한 것이어서 옷으로 겉을 꾸민다고 생겨나는 게 아니다. 그런데 값진 양복을 갖추고 근엄한 얼굴로 권위 있게 보이려 한다. 일상생활에서 한 번도 양복을 벗지 않고 편한 옷차림을 보여주지 않는다. 이런 사람은 분명 속내가 무척 복잡한 사람이다. 명색은 예의를 차린다고 하지만, 속내는 권위의식에 매몰되고 타성에 젖어있는 사람이다.

　'속에 옥을 지닌 사람은 허술한 옷을 입는다'고 했다. '속 검은 사람일수록 비단 두루마기 입는다'고도 했다. 물론 반드시 그런 건 아니겠다. 그러나 진정한 권위자는 내공을 쌓기에 여념이 없다. 제 외모를 꾸미는 데는 전혀 관심을 둘 수 없는 것이다.

　'재산은 사나이의 담을 키우고, 옷은 사람의 외모를 돋구어 준다', '비단옷을 입으면 어깨가 올라간다'고 한다. 사람들이 저를 괜찮게 평가해 주길 기대하며 입는다는 말이다. '사촌이 명주 옷고름만 달아도 따습다'고, 가까운 사람이 잘살게 되면 이익이 있다는 뜻이다. 사람이란 게 얼마나 연약하면 옷이나 주위 사람에 의존하는가를 알게 해준다.

'망건이 해어지면 석숭이라도 가난해 보인다'고 했다. 중국의 전설적 부자인 석숭일지라도 얼굴을 몰라보는 한, 해진 옷을 입으면 가난뱅이로 취급할 건 당연하다. 평범한 사람들이 어찌 인물을 알아보는 안목이 있을 것인가. '벗은 것은 남이 알고, 굶은 것은 남이 모른다', '하루 굶는 것은 몰라도 헐벗은 것은 안다'고, 눈에 보이는 것만으로 사람을 평가하기 일쑤다. '누더기 속에서 영웅 난다'고, 진정한 영웅은 옷을 가려 입지 않는다는 뜻인데 요즘에 누가 이런 말을 믿겠는가.

'밥 줄 사람은 있어도 옷 줄 사람은 없다'는 말은 옷이 귀했던 시대에 쓰던 속담이다. 예전에는 여러 자식을 기르면서 일일이 옷을 사입히지 못했다. 옷을 물려 입자니 몸에 맞는 옷을 입기 어려웠다. 그럴 때를 위해, '옷이 몸에 붙으면 복 들어갈 틈이 없다'는 말을 준비해 두었다. '입으니 단벌옷이라'고 할 정도여서 단벌 신사라는 말도 아주 많이 쓰였다. '여름 가난은 드러나지 않고, 겨울 가난은 감추지 못한다', '먹던 끝은 있어도, 입던 끝은 있다'는 말들도 마찬가지다.

요즘처럼 옷이 흔해 빠진 세상에서, 이런 말들이 어떤 각성을 주지 못한다. 옷으로 사람을 평가하지 말라고 하지만, 사람의 마음이 하도 얄팍해 끝내 옷을 통해 사람을 보려고 한다. 그러니 제 마음은 고치지 않고, 옷만 고쳐 입으려 한다. 옷걸이, 옷장, 옷실까지 갖추어도 공간이 모자랄 정도로 옷을 수집하는 사람들이 쌓이고 쌓였다.

속이 찬 사람들이 옷을 못 구해 시원찮은 옷을 입겠는가. 제 정신을 다지기에 여념이 없으니까 외양에 관심을 갖지 못하는 것일 뿐이다. 또한 외양을 꾸며 사람의 판단을 흐리게 하지 않기 위함이다. 이런 걸 알아차리는 것이 소위 인물을 알아본다고 하는 것이다.

스티브 잡스가 청바지에 티셔츠 차림으로 등장해 신제품을 소개하니, 소박한 옷차림에 혼란을 겪은 사람이 많았다는 걸 알 것이다. 그러나 현지에서는 그렇게 생각하는 게 오히려 이상하다 할 것이다. 선진국이 달리 선진국이 아니다. 옷으로 절대 권위를 세우려 하지 않기 때문이다. 제 일에 최선을 다할 수 있는 실용적인 옷을 최적인 것으로 알기 때문이다.

명품으로 치장하고 저 혼자 거드름을 피우는 사람이 진짜 못난이다. 직장에서 양복을 다 갖춰 입고 근엄하게 있는 사람들이 진짜 촌놈들이다. 말없이 제 일에 전념하는 사람들은 옷의 실용성만을 추구한다. 제 몸을 가리거나 보호하는 것으로 만족한다. 옷을 보면 그 사람의 정신을 꿰뚫어 볼 수 있다.

인간은 왜 과시적 소비를 하는가, 하는 물음에 대해 마빈 해리스는, "과시적 소비는 성공으로 말미암아 주어지는 이득이라기보다는 성공하기 위해 치러야 하는 비용이라"[46]고 답한다. 과소비를 통해 자신이 남과 다르다는 것을 보여주기 위함이라는 것이다. '사람이 근본을 모르면 짐승과 매 한가지라' 했다. 별다른 사람 없고, 사람이 별수 없다는 말이다.

10. '빚지면 본심도 잃게 된다' / 돈 거래

돈이 돌고 돈다고 해도, 있는 사람한테만 가고 또 가진 사람끼리 돌리고 돌기 일쑤다. 그러니 없는 사람은 늘 없어 고통을 겪는다. '없는 놈은 남의 돈 구경도 못한다', '없는 놈은 남의 돈 만져도 못 본다', '없는 놈은 남의 돈 빚도 못 얻어 쓴다'고 했다. 그도 그럴 것이, 돌려받을 기약이나 가능성이 없거나 적은데 누가 돈을 냉큼 빌려주겠는가. '없는 사람은 빚이 재산이라'고 한다면, 아직 신뢰를 쌓아놓고 있는 사람이다. 당연히 신뢰, 신용도 재산인 셈이다. '없는 사람 사정은 없는 사람이 안다'고 했는데, 그뿐이다. 사정만 알아주면 뭘 하겠는가. 없는 사람끼리 옴치고 뛸 재간이 없는데 말이다.

'천 냥 돈도 말만 잘하면 빌린다', '천 냥 빚도 말 한마디로 갚는다'고 했으니, 말을 잘해보려 해도 말조차 안 나오는 게 가난이다. 돈 가난이 말 가난까지 초래한다. '천 냥 빚에 술 한 잔'이라 하지만, 마술이 아닌 다음에야 누가 한마디 말, 한잔 술에 빚을 탕감해 주겠는가. 그렇다면 입으로 사람을 현혹할 생각만 하지, 누가 열심히 일하려 하겠는가.

'우물 귀신 사람 잡아넣듯 한다'고 하는데, 정말로 빚은 사람을 헤어나지 못할 수렁으로 빠져들게 만든다. 돈이 궁하지 않은 사람도 때로는, '임금님 망건 살 돈도 쓸 판이라' 할 정도로 급전이 필요할 때가 있다. 그럴 때 빚은 구원이다. 그러나 돌려주지 못할 때는 온갖 걱정을 다 하게 된다. 돈을 갚지 못하는 한, "날 잡아잡수" 하고 고개를 디밀고 있어야 한다.

천하에 호인을 만나기 전에는 빚은 사라지지 않는다. 예컨대 17세기 중국의 김성태 같은 사람 말이다.

> 식사 뒤의 심심풀이로 헌 보퉁이를 끌러갖고 그 속에 든 물건을 뒤적거린다. 그러자 우리 집에서 돈을 꾸어간 사람들의 몇십 장 몇백 장이나 되는 차용증서 뭉텅이가 나왔다. 그 차주借主 가운데에는 고인이 된 사람도 있고 아직 살아있는 사람도 있다. 그러나 어떻게 되었건 도저히 받을 가망은 없다. 나는 몰래 그것을 뭉치로 하여 불살라 그 연기가 사라져 없어질 때까지 바라보고 있다. 아, 이 또한 유쾌한 일이 아니냐.[47]

이렇게 호연지기를 은밀히 부리고 스스로 흡족하니, 대인이라 아니할 수 없겠다. 빚지고 죄인처럼 살던 사람의 짐을 내려주니 은인이 따로 없다 할 것이다.

이 세상에 사는 사람은 누구나 빚지기 마련이다. 사는 동안 숱한 생명을 직접, 간접으로 죽이고 쓰레기를 남기며 살기 때문이다. 빚이라는 말을, 갚지 못한 돈이라는 뜻으로만 한정해선 안 된다. 세상에 폐를 끼치거나, 제가 스스로 부여한 일을 해내지 못하면 빚으로 여기게 된다. '없다 없다 해도 있는 것이 빚이요, 있다 있다 해도 없는 것이 돈이라'는 말에는 그런 생각도 포함되어 있다. 마음도 돈이다.

예컨대 《조화로운 삶》으로 유명한 헬렌이 자기 남편 스코트의 삶에 대해, "그 사람은 여가와 학식이 있는 교육자로서 세상에 빚을 지고 있다고 느꼈고 그것을 말해야만 했다"[48]고 말했는데, 그것은 제 역할을 다하지 못했다는 양심에서 판단하는 빚이다. 품격이 높거나 여유 있는 삶을 사는 사람이 생각하는 빚은 관념적일 수 있지만, 근근생계 하는 사람에게 빚은 목숨일 수 있다. 품격이 높은 사람은 이 세상에 살면서 긍정적 에너지를 보태지 못했다는 자책감을 빚으로 여기는 데 비해, 보통사람에게 빚은 돈을 빌리고 갚지 못한 것이다.

'빚도 재산이라'고 하는데, 맞기도 틀리기도 한 말이다. 국가나 기업은 물론, 개인까지 빚진 사람을 헤아리기보다는 빚이 없는 국가나 기관, 기업이나 사람을 헤아리기가 훨씬 더 쉬운 건 당연하다. 모든 나라가 빚으로 돌아간다. 제일 부자나라인 미국의 부채는 숫자로 읽어내기조차 어려운 규모다. 공기업이든 사기업이든 빚이 없는 곳은 그야말로 '가뭄에 콩 나듯' 있다. 부모덕으로 살아가지 못하고 자수성가해야 하는 사람 대부분은 빚쟁이다. 돈 빌려주는 곳이나 사람과는 '빚 준 상전이요, 빚 쓴 종'이라는 관계를 맺으며 살아가게 된다.

왜 빚쟁이가 되는 것일까. 그것은 빚을 줘야 돈을 벌 수 있는 포식자들이 있기 때문이다. 사채업자가 최악의 포식자일 것이다. 급전은 필요한데, 금융권에서는 이런저런 이유로 돈을 빌리지 못하면 울며 겨자 먹기로 사채업자나 전당포를 찾게 된다. 당장 피식자被食者와 포식자捕食者라는 관계가 이루어지게 된다. 어쩔 수 없이 공존할 수밖에 없다.

은행을 비롯해 금융권도 포식자로 생각해야 할까. 당연히 그렇겠다. 단지 악덕惡德이란 수식어를 붙일 수 없는 정도다. 어차피 남의 돈으로 벌어먹고 사는 집단이니까 그렇게 여겨질 것이다. 은행을 두고 악덕이라는 수식어를 붙일 수 없는 것은, 국가가 은행의 뒤를 책임지기 때문이다. 돈에는 피도 눈물도 없는 법인데, 그럴 정도가 아닐 만큼 이자를 붙여 먹기 때문이다.

'매 앞에 장사 없고, 돈 앞에 힘쓰는 놈 없다'고 하는데, 빚 앞에서는 힘을 쓰기는커녕 아예 풀이 죽는다. '논이 좋으면 물이 헤프고, 사람이 좋으면 돈이 헤프다'고 했는데, 돈을 헤프게 쓰기는커녕 남의 돈을 빌려 쓰는 처지니, 사람 좋다는 소리 듣기는 아예 포기하게 된다. 빚쟁이가 되면, '밥은 주는 대로 먹고, 일은 시키는 대로 해라'는 말을 들어도 끽 소리도 못한다. 충실한 종이 될 수밖에 없다.

1) '빚 줄 때는 부처님이고, 갚을 때는 염라대왕이다'

'우스운 게 사람 마음이라'고 했다. 흔히 '변소 갈 때 다르고, 나올 때 다르다'고 말한다. 남의 마음을 들여다보려고 할 필요도 없다. 제 마음만 잘 관찰해봐도 알게 된다. 사정이 조금만 바뀌어도 마음이 갈피를 못 잡는다. 돈이 농간을 부리지 않는다. 언제나 제 마음이 농간을 부린다. '돈은 주는 날이 의 상하는 날이라'고 했다. 돈을 주려거든 의절할 가능성이 있다는 것을 먼저 생각할 일이다.

'빚은 웃고 얻고 성내며 갚는다', '빚은 웃으며 주고 싸우며 받는다'는 말은 백번 말해도 틀림이 없다. 돈이 급하면 숨이 막힐 정도로 다그치고, 갚으라면 눈을 부라린다. 천사와 악마, 천당과 지옥을 허다하게 경험할 수 있다. '돈을 빌릴 때는 고맙다 하고, 갚을 때는 박정하다고 한다', '빚 얻을 때는 웃고, 갚을 때는 찡그린다', '빚은 앉아 주고 서서 받는다'는 말들이 그런 정황을 잘 요약한다.

돈을 꿔주는 사람은 꾸는 사람에게 천사다. 부처님이고 은인이다. 흔쾌하게 꿔주든 할 수 없이 꿔주든, 돈의 액수에 따라 통의 크기도 비례한다. '더러운 것이 정이라'고, 투덜거리며 꿔주는 심정이야 누구나 비슷하겠다. 정 때문에 내치지 못하는 심정을 누군들 추측 못 하랴. '준 원수는 있고, 안 준 원수는 없다', '준 흉은 있고, 안 준 흉은 없다'고 했듯이, 냉정하게 내쳤더라면 뒷감당이 없을 일이다. 그놈의 정 때문에 돈을 꿔주는 순간부터 후한이 남는 것이다.

　유난히 정에 약한 사람은 꾸어줄 여유가 없어, 남의 돈을 빌려 꿔주는 경우도 있다. 이거야말로 설상가상인데, 성격이 팔자니 어쩔 수 없다. 그러다 돈을 받지 못하면 배신감에 땅을 치게 될 것은 뻔하다.

　'돈은 꾸어주기는 쉬워도 받기는 어렵다'고 했지만, 꾸어주는 일이 결코 쉽지 않다. 여유 있는 돈이 있어야 하고, 무엇보다도 상대에 대한 믿음이 있어야 한다. '돈은 앉아 주고 따라다니며 받는다', '돈은 앉아 주고 서서 받는다', '돈은 웃고 주고 싸우며 받는다'는 건 상식이다. '돈이 사람을 속이지, 사람이 돈을 속이나' 하고 말하지만, 듣기 좋으라고 하는 소리일 뿐이다. '저승 차사가 빚쟁이같이 무서울까' 하는데, 꿔준 사람으로서는 당연한 권리다.

　꿔준 돈을 받으려면 악착같지 않으면 안 된다. 마치 '저승에 찾아가서도 빚을 달라겠다'는 기세로 덤벼들어도 돌려받을까 말까 할 것이다. '꿈에 준 빚 내란다', '꿈에 준 돈도 받아먹을 판이라'는 게 아닌 바에야, 제 돈을 돌려달라고 열심히 따라다닐 수밖에 없다. 그러니 '돈 주고 병 얻는다', '제 돈 주고 뺨 맞는다'는 처지가 되어 스스로 한심한 마음이 들겠다.

　'빚 주고 뺨 맞는다', '빚 주고 원한 사지 말랬다', '빚 주고 친구 잃는다', '빚 준 사람은 오금을 못 펴고, 빚진 사람은 두 다리 뻗고 잔다', '빚 준 사람은 안 잊어도 빚진 사람은 잊는다'는 속담 겸 경구를 누군들 모르랴. 그런데 살다 보면 아는 대로 결단을 내리지 못하니까 문제다.

　'원한 원망은 빚에서 생긴다'고 했다. 돈을 꿔준 사람도, 꾼 사람도 '벙어리 냉가슴 앓듯' 살게 된다. '장사꾼이 마누라는 빌려줘도 돈은 안 빌려준다'고 하는데, 장사꾼처럼 살 수도 없는 노릇이다. '돈거래는 분명해야 한다'는 말을 귀에 딱지가 생기도록 들었지만, 실천이 어렵다.

될 수 있으면 돈을 꿔주지 말랬는데, 예외적으로 하는 말이 있다. '어린 사람에게 빚을 주어라'는 말이 그것이다. 앞길이 만 리 같은 젊은 사람은 크게 성공할 수도 있어, 꿔준 돈을 쉽게 회수할 수 있다는 뜻에서 하는 말이다. 또한 젊은 사람을 키워준다는 의미도 크다.

2) '빚을 질수록 간은 더 커진다'

'빚이 많으면 뼈도 녹는다', '빚이 많으면 걱정도 많다'고 했는데, 왜 그렇지 않겠는가. 돈 쓸 일은 많고, 욕심만큼 돈은 벌지 못하니 뼈를 녹이는 근심이 떠나질 않는 것이다. '빚이 많을수록 배짱은 커진다', '빚 많은 놈 복장 크다'는 말도 맞다. 기왕 빚쟁이가 됐는데 체면이고 나발이고 다 깎인 마당에 겁날 것 없다고 나서면, 간덩이 큰 빚쟁이가 되기 마련이다.

빚지고 싶어 빚을 진 사람은 아무도 없다. 어찌어찌하다 보니 돈을 빌려 쓰게 된 것이다. 그 빚이 줄어야 감당하기 쉬운데, 빚이 점점 커져 '고슴도치 외 걸머지듯', '빚을 고슴도치 외 따 짊어지듯 한다'는 말대로 감당하기 어려울 수도 있다. '대추나무에 연 걸리듯' 하면, '공자로 풀어야 할지 맹자로 풀어야 할지' 난감하기 짝이 없게 된다.

빚을 지면 표정 관리도 어려워진다. '허허해도 빚이 천 냥이라'고, 헛웃음을 치는 줄 남도 눈치를 챈다. 빚이 많으면 어떤 일에도 몰입이 되지 않는다. 빚 많은 놈은 거시기도 안 선다는데, 그 말이 꼭 맞다고 인정하게 된다.

빚은 줄지 않고 돈 쓸 일은 자꾸 생기면 살맛을 잃는다. 살면서 그만둘 수 없는 일에는 어쨌든 돈을 쓸 수밖에 없으니 자꾸 빚을 지게 된다. 이리저리 사정해서 '빚내서 빚 갚기', 돌려막기에 들어간다. 그러자면 간은 더 커지기 마련이다. 빚 얻고 외상거래를 하고, 내 돈 아닌 게 한껏 동원된다. 처음 빚을 얻을 때는 '간에 천불이 났다'가, '간이 올라붙다'가, 급기야 '간이 배 밖으로 나온다'는 지경이 된다. '빚은 질수록 간은 더 커진다'는 말이 틀림없다.

돈 나올 구멍을 믿고 미리 당겨쓰는 경우도 허다하다. '땡비 집 보고 꿀 돈 내어 쓴다', '가을 빚에 소도 잡아먹는다', '오월에 햇곡식 선 돈 쓴다', '여우 굴 보고 피물 돈 내쓴다'고 하듯, 어이없는 짓도 망설이지 않게 된다. 돈이 급하면 뭐라도 둘러대야 할 판이니 제정신을 못 차리는 건 뻔하다.

외상도 빚이다. 빚과 외상이 마찬가지인데, 빚보다 외상에 대해 훨씬 마음을 풀어놓는다. 빚은 돈을 빌린 것이니 내가 숙이고 들어갔지만, 외상은 내가 이익을 남겨주는 것이니 네가 숙이고 들어와야 한다는 생각 때문이다. 그래서 간이 더 커진다. '외상이면 당나귀도 잡아먹는다', '외상이면 사돈집 소도 잡아먹는다', '외상이면 소도 잡아먹고, 공짜라면 양잿물도 먹는다'는 말들이 있는 것이다.

예전에 술집을 비롯한 단골집은 외상 손님이 참으로 많았다. '외상 없는 거래 없고, 에누리 없는 장사 없다'는 게 장사의 원칙이다. 외상이 심하니, '양품점은 재고로 망하고, 술집은 외상으로 망한다'고 할 정도였다. 특히 술값은 외상으로 먹어야 맛이 있다고 하며 즐겼다. 단골 관계를 유지하는 믿음에서 비롯된 거래였다. '외상술을 먹을 때는 공술 같고, 갚을 때는 빚 갚듯 한다'고 생각하면서도 거듭되어 일종의 버릇이 되었다.

문제는 역시 외상값을 받는 것이었다. '외상 진 놈 훗장훗장 미루듯 한다'는 말이 있다. 5일마다 돌아오는 장터에서 다음 장날에 외상값을 갚겠다고 자꾸 미루듯 한다는 뜻이다. 외상을 주면 그런 경우가 허다하다. 그래서 '외상술값은 받아야 받는 것이다'는 말이 있는 것이다. 외상값을 독촉하다 보면 단골도 기분이 상해 발길을 끊게 되니, '외상술 주면 돈 잃고 손님 잃는다'는 지경이 된다. 진퇴양난이 따로 없다.

'없는 놈은 외상도 밑천이라'는 말은, 뒷감당을 할 수 있는 사람에게만 해당한다. '이태백이 언제는 맞돈만 내고 술 먹었다더냐' 하며 나서면, 빚쟁이가 되기 시작하는 것이다. 아무리 단골손님이라도 믿기가 어려우니, '부잣집 외상보다 거지 맞돈이 낫다', '부잣집 외상보다 거렁뱅이 맞돈이 좋다'고 하는 것이다.

요즘 필수품인 카드도 외상은 외상이다. 그런데 외상을 주고 정해진 시간에 받아가니, 무척 깔끔한 외상거래다. 게다가 이자까지 내야 하는 외상이다. 카드론이라는 것도 있어, 일정 금액을 기계가 즉각 돈을 빌려주니 우선은 그렇게 고마울 데가 없다. 사람에게 하소연을 하지 않는다는 게 더없이 편하다.

돈을 빌려 쓰는 방법이 다를 뿐이지, 심사는 마찬가지다. '외상이라면 가을 소도 잡아먹는다'고 했다. 가을 농번기에 한참 부려야 할 소까지 잡아먹을 정도면 보통 배짱이 아닌 것이다. '외상이라면 검은 소를 잡아먹는다'는 말이 있는데, 소 중에서는 검은 소가 가장 값지기 때문이다.

'빚을 얻을 때는 공돈 같고, 갚을 때는 생돈 같다'는 심리를 교묘하게 이용하여 돈을 버는 곳이 카드회사다. 캐피탈이니 하는 이름을 단 곳도 마찬가지다. '들어오는 돈은 꾼 돈이요, 나가는 것은 생돈이라'는 것을 뻔히 알면서도 벗어나지 못하는 게 사람들의 한계다. 우선은 돈이 없어서 그럴 것이고, 또 하나는 버릇과 성격 탓이겠다.

뭐든지 이골이 나면 자신감이 생기고, 자신감이 생기면 판이 커지기 마련이다. 빚이나 외상도 마찬가지다. '우선 단 게 곶감이라'고 해서 적게 시작하지만, 결국 커지기 마련이다. "시작은 미미하나 끝은 창대하리라"는 말을 여기에 써도 될까. '상감 망건 사러 가는 돈도 써야겠다', '상감 망건 사러 가는 돈도 잘라 먹는다'는 정도가 되는 것이다. '소 힘줄을 삶아먹을 배짱'으로 나가게 된다.

3) '빚지면 문서 없는 종 된다'

빚 속에서 헤어나지 못하는 사람을 두고 '빚 두루마기라'고 빗댄다. '부자도 빚은 있다'지만, 갚을 능력이 있는 사람을 두고 빚쟁이라고 하지는 않는다. '빚도 있는 놈이 지고, 꾸는 것도 있는 놈이 꾼다'고는 하지만, 그런 경우는 투자에 가깝다. '뺑덕어멈 외상 빚 걸머지듯', 갚을 능력이 없으면서 돈을 빌릴 때가 서로 걱정거리가 된다.

세상에 빚 없는 사람이 있을 것인가? 아무리 돈과 재물이 흘러넘치는 사람이라도 사실상 빚쟁이일 뿐이다. 제 능력으로, 남한테 신세를 지지 않고 자수성가했다고 자부를 하는 사람도 예외가 아니다. 다른 세상이 아니고 이 땅의 사람들 속에서 부자가 됐다면 모두 빚이다. 그러나 이런 도의적인 빚은 빚으로 생각지 않는다. 그저 돈을 빌리고 갚지 못한 것만 빚으로 생각할 뿐이다. '빈 주머니에 근심만 가득하다'고, 빈 주머니에 빚만 가득하니 바로 빚쟁이다.

빚지면 종이 된다는데, 누구의 종이 되는가. 사람에게 돈을 빌렸다면 그 사람의 종이 된다. 은행에서 빌렸다면 은행의 종이 된다. 종이라니까 일단은 굴욕적인 처지가 된다고 생각할 것이다. 채권자고 은행이고 모욕을 주지 않았지만, 돈을 빌렸다는 자체만으로도 자존심이 상하는 건 당연하다. 은행에서야 지정된 날짜에 정확히 갚아야 하니, 어떤 핑계도 댈 수 없다. 그러나 가까운 사람에게는 약속한 날짜에 못 갚으면 미루기를 반복한다. 미루는 과정에서 '도둑놈 제 발이 저리다'고 심리적으로 예속될 수밖에 없다. '빚 졸리는 것보다는 굶고 안 졸리는 것이 낫다'고 하지만, 그게 되지 않으니 빚쟁이가 되는 것이다.

사채의 경우는 말로 표현할 수 없는 고통에 시달린다. 그 어떤 방법도 없이 궁지에 몰렸을 때 최후로 택하는 것인데, 나락으로 빠지게 된다. 상상할 수도 없는 이자는 물론이거니와 사람으로 할 수 없을 모욕과 협박을 받아 차라리 죽는 게 낫다고 생각하게 만든다. 이것은 중범죄라서 법으로 강하게 다스려야 한다.

'빚이 천 냥이면 ×도 안 선다'고 한다. 남자의 경우 거시기가 작동이 안 될 정도면, 정신적 육체적 충격이 아주 크다는 증거가 된다. 빚을 크게 지면 모든 신경이 자유롭지 못하게 되니 그럴 수밖에 없다. 그러니 종이 아니고 무엇이랴.

돈을 빌리려면 큰소리를 쳐야 한다. '자모전가子母錢家에 마누라를 잡히고서라도 갚겠다'고 말이다. 자모전가란 전당포를 뜻한다. 마누라를 맡아주는 전당포가 있는지는 몰라도, '까치 뱃바닥 같은 흰소리를 한다'고 할 정도로 자신만만한 소리로 돈을 빌리게 된다. 그러나 금방 걱정거리가 된다. '빚은 이자도 늘고 걱정도 는다'는 걸 절실히 느끼게 된다. '밤에도 자지 않고 느는 것이 변돈이다', '새끼가 새끼 치는 것이 빚이다', '범보다 더 무서운 것이 남의 변돈이다'는 말이 꼭 맞다는 것을 깨우치게 되는 것이다.

빚을 지고 갚지 못하면 거짓말쟁이가 되기 마련이다. '빚진 놈치고 거짓말 않는 놈이 없다', '빚쟁이 거짓말하듯 한다'고 했다. 돈이 말을 듣지 않으니 빚쟁이는 얼마나 답답할 것인가. 돈을 준 사람은 거짓말을 거듭 듣자니 말이 아닐 것이다.

'빚 얻기는 근심 얻기라', '빚은 걱정거리라', '빚은 얻는 날부터 걱정이라'고 했다. 말은 간단하지만 근심은 한없이 커진다. '없는 놈은 빚이 밑천이라', '없는 사람은 빚이 재산이라'고 하는데, 모든 사람이 그런 것은 아니다. 전망 있는 일을 할 경우에만 빚이 재산이 될 수 있다. '빚 무서운 줄 모르면 망한다', '빚 많이 지면 잠도 못 잔다', '빚 많이 지고는 못 산다', '빚이란 사정이 없다', '빚이 늘면 가난은 커진다'는 말들은 예외 없는 진실이다. 제 인생을 수렁에 빠뜨리지 않으려면 빚 얻기를 극도로 자제해야 한다.

'빚만 없으면 산다', '빚 없으면 부자라', '빚 없으면 잘 사는 사람이라'고 했다. 욕심을 키우지 말고 빚도 키우지 말 일이다. '빚 없고 자식만 있으면 산다'고 했다. 자식이 있으면 누구나 열심히 일하기 때문이다. 자식이 커서 혹시 더 큰 일을 저지르지 않을 경우겠다. '빚 물어달라는 자식 낳지도 말랬다', '빚보증 넝큼넝큼 서는 자식은 두지도 마라', '빚보증 서는 자식은 낳지도 말랬다'고 한 말을 잘 새겨야 한다.

4) '돈을 빌려주면 돈도 잃고 사람도 잃는다'

'재물을 잃은 것은 작은 것을 잃은 것이고, 벗을 잃은 것은 큰 것을 잃은 것이다'는 말처럼, 돈 때문에 친구를 잃는 경우가 적지 않다. 세상에서 가장 가까운 사람 중 하나가 친구이기 때문에 인적 손실이 아주 크다. 돈 때문이다. 물론 친구만 중요한 게 아니다. 돈을 빌릴 정도면 당연히 가까운 사람일 텐데, 가까운 사람을 잃는다는 것 역시 대단한 손실이다. 돈으로 살 수 없는 제 배경의 손실이어서, '제 도끼로 제 발등을 찍는다'고 할 수 있다. '돈은 빌려주면 돈도 잃고 친구도 잃는다', '빚 주고 못 받으면 친구 잃고 돈 잃는다'는 말은 특히 잘 새겨들을 일이다.

'빚이 많으면 악만 남는다'는 말이 있다. 돈을 갚을 힘이 없으면 악이 생길 수밖에 없다. 빚을 준 사람도 마찬가지다. 빚을 거듭거듭 독촉해도 받지 못하면 역시 악감정만 남게 될 것이다. 애당초 '빚 안 준다고 원수 되는 일은 없다'는 걸 알았다면 주지 말았을 걸, 하고 후회할 수밖에 없다.

사사롭게 돈을 빌려준 것은 푸짐히 큰 이자를 받자는 뜻도 아니고, 더더구나 투자로 생각지 않아서 더 악감정이 생길 것이다. 돈에 투자한 것이 아니고 사람에 투자를 한 것이다. 그러니까 가까운 사람을 위기에서 구해주자는 선한 마음에 돈을 빌려준 것인데 돌아오지 않으니까, 이것도 저것도 다 잃게 된다. '게도 놓치고, 그물도 잃었다', '게도 구럭도 다 놓쳤다'는 꼴이 된 것이다. 그러니 '천 냥 주지 말고 목메지 마라'는 말이 있는 것이다.

배은망덕은 더 심할 수도 있다. 마음이 모질지 못해 빚 독촉을 하지 않을 경우, 제 빚을 잊고 사는 사람도 있다. 오래 됐으니 혹시 잊었나, 하든지 워낙 여기저기 빚이 많아 기억을 못하는 경우도 있겠다. 천만의 말씀이다. '빌려준 사람은 안 잊어도, 빌린 사람은 잊는다'고 했다. 빚쟁이의 사람 됨됨이를 보고 있는 중이지, 절대 잊을 것이 아니다.

'제 돈 쓰고 욕 먹는다', '빚 갚아주고 뺨 맞는다'고 하는데, 돈을 빌려준 쪽에서 보면 배신감을 한껏 맛보게 된다. '짚신장수 체곗돈을 내서라도 갚겠다', '원 달라 빚이라도 내서 갚겠다'는 말만 귀에 쟁쟁할 것이다. 원 달라 빚이란, 하루 1퍼센트의 이자인데, 소위 돌려막기라도 하겠다는 말인 것이다. '앉아 준 돈 서서도 못 받는다', '빚을 얻을 때는 웃고 갚을 때는 찡그린다', '웃고 얻은 빚 울며 갚는다', '앉아서 빌려주고

서서 받는다'는 말들이 어쩌면 그리 구구절절이 맞는지 옛말에 감탄할 것이다.

'그믐날에는 빚을 갚아야 한다'고 했다. 적어도 빚을 갚아 한 해를 깨끗하게 정리하고 새로운 해를 맞아야 한다는 말이다. 빚을 갚고 뻔뻔하게 행동해서는 안 된다. 이젠 갚았으니 아쉬울 것 없다는 듯 얼굴을 바꿀 수 없다. 고마운 마음은 빚을 갚은 후라도 늘 품고 있어야 한다. '목 마른 사람에게 물 한 모금 주는것도 공덕이라' 했다. 피 같은 돈을 빌려줬으니 그 공덕이야말로 작은 게 아니다. '이 샘물 다시 안 마시겠다고 똥 싸놓고 가도, 돌아오다 목마르면 다시 마신다' 격으로, 파렴치하면 안 될 일이다.

인간관계에 돈이 끼어들면 얼마나 고통스러워지는지 알게 된다. 친한 사이에서 채권자, 빚쟁이 관계로 전락하게 되는 것이다. 될 수 있으면 친한 사이에서는 돈이 끼어들지 않게 하는 게 현명한 처사다. 세상에 일어나지 않을 일이 없다고 했다. 죄를 미워하지 사람을 미워하지 말라는 말처럼, 돈을 미워하지 사람을 미워하지 말라고 할 수도 없는 노릇이다.

'말 한마디가 천 냥보다 무겁다', '말 한마디로 천 냥 빚을 갚는다', '말 한마디에 천금이 오르내린다'고 했다. 빚쟁이 처지에 있다면, 특히 말조심해야 한다. 제 처지가 궁하다고 해서 말을 함부로 뱉어내면 '지척이 천 리라'는 사이로 전락하게 된다. 어려운 처지에 있을수록 말이 정중해야 하는 건 말할 것도 없다.

돈거래는 될 수 있는 한 은행과 해야 한다. 친한 사이에 돈이 끼어들어 수십 년간 공들여온 인간관계가 한순간에 무너질 수 있기 때문이다. '친한 사이일수록 금전 관계는 맑아야 한다'는 말은 변치 않는 최상의 충고다. '철옹성도 개미구멍 하나로 무너진다', '천 리 방죽도 개미구멍 하나로 무너진다'는 말은 사람 사이에서도 적용된다. 적은 돈으로 견고했던 우애를 무너뜨리지 말 일이다.

5) '남의 돈 떼어먹는 놈 잘 되는 것 못 봤다'

'빚도 많으면 갚을 생각보다 떼먹을 생각을 하게 된다'고 했다. 사람으로서 도리가 아니다. 돈 빌릴 때를 생각해 봐라. 무슨 말을 하고 돈을 꿨는지. 돈을 빌려준 사람한테 창피한 건 둘째다. 자기 자신에게 제일 부끄러운 짓이다.

'남의 돈을 떼어먹어도 핑계는 있다'지만, '남의 돈 떼어먹는 놈 잘 되는 것 못 봤다'고 했다. '남의 눈에서 피 내려면 내 눈에서 고름이 나야 한다'지 않는가. 남의 돈으로 위기를 넘겼다면, 그 대가를 크게 해도 부족할 판에, 떼어먹을 생각을 한다는 것 자체가 죄질이 불량하다. 아무리 '뒷간에 들어갈 때 다르고 나올 때 다르다'고 하지만, 배은망덕도 유분수다.

'생강장수 매끼돈도 떼어먹겠다'는 말이 있다. 매끼돈이란 끈에 꿰어놓은 돈으로 매우 소중히 여기는 돈이라는 뜻이다. 남의 소중한 것을 떼어먹으니 아주 파렴치하다는 말이다. 돈을 빌린 사람이 아무리 돈이 많다고 해도 그렇다. 차라리 애초에 꿔달라고 하지 말고 도와달라고 했으면 모른다. 아주 적은 돈을 빌리고, '얼음장에 치부해서 아궁이 앞에 놓아두어라'는 농담과 함께 재롱을 떨었다면 모르겠다. 빚을 갚지 않겠다는 말을 돌려서 하는 말이니까, 좀 언짢아도 넘어갈 수도 있는 사이라면 모른다.

'안 주면 안 주었지 떼어먹지는 않는다'는 말은 어떤가. 갚지 않는 것과 떼어먹는 것이 크게 다른 뜻인가. 듣기 괘씸한 말을 하며 사정하는 사람 적지 않다. 없으면 고개를 숙이는 게 정상이다. 제가 허생원처럼 기발한 계략이 있는 것도 아니면서 오만을 떤다.

속된 말로 아니꼬우면 허생원처럼 놀아라. 글만 읽다가 마누라의 잔소리를 듣고, 부자를 찾아간다. 무턱대고 만 냥을 꿔달란다. 그 돈으로 말총이나 과일 등을 매점매석 해서 큰돈을 벌고 빚을 갚는다. 매점매석이 정당한 매매는 아니지만, 고도의 전략이다. 돈을 꾸겠다면 합당한 자신감이 있어야 한다.

'돈 있는 난봉이라'는 말은, 돈이 있으면서도 남에게 진 빚을 갚지 않는 사람을 두고 하는 말이다. 악질 중 악질이라는 욕을 먹어도 싸다고 할 사람이다. 얼굴이 두껍다 못해 '얼굴에 철판을 깔았다' 할 사람인 것이다. '뒷간 나올 때 서두는 사람 봤나'는 말이 있듯이, 이런 부류의 인간을 보면, '얼굴에 모닥불이라도 뒤집어쓴 듯하다'는 모욕감에 몸이 떨릴 것이다.

'제 빚은 제가 갚는다'는 것은 당연하다. '살아서 못 갚은 빚은 죽어서라도 갚아야 한다'는 생각으로 열심히 일해야 한다. 그러나 죽어서라도 갚는다는 말이 할 말은 아니다. 죽으면 끝이지, 죽음 뒤를 누구라서 믿을 것인가. 한꺼번에 갚지 못하면 조금씩 나누어 갚는 정성을 보여야 한다. 먹을 것 입을 것 다 줄이고 빚 갚는 것에 전력투구하지 않으면 도리에 어긋나는 것이다.

'빚이 많으면 악만 남는다'고 했다. 도저히 갚을 재간이 없을 경우는 내 배를 째라고 나오는 건 순서일 것이다. '저미고 오려도 나올 것은 피밖에 없다'는 처지라면 무슨 수단으로 돈을 갚겠는가. 그러나 성의 문제다. 악으로 해결되는 건 아무것도 없다. 오히려 차분한 마음으로 벌어서 갚을 방법을 강구해야 한다. 은혜를 원수로 갚는 건 말종이다.

'빚은 물어주는 재미가 있어야 좋다'고 했다. 이자가 싸면 일부러라도 융자를 얻어 갚는 재미로 살라고 하지 않는가. 은행에서 목돈을 얻어 부동산을 사놓고, 소박한 생활을 하며 빚을 줄여가는 잔재미 말이다. 빚쟁이의 자세가 있다. 늘 근검절약해서 감사한 마음으로 빚을 조금씩 갚는 겸손한 자세 말이다.

'십 년 묵은 빚은 본전만 주어도 고맙게 여긴다', '십 년 묵은 환자도 지고 들어가면 그만이라', '묵은 빚은 본전만 줘도 좋아한다'고 했다. 빚을 오래도록 갚지 않는 것은 지겨운 일이다. 한쪽에서는 지겹도록 재촉하고, 한쪽에서는 지겹도록 연기를 해댄다. 그러나 떼어먹는 놈에 비하면 늦게라도 갚으면 최소한의 도리는 하는 것이겠다. '빚진 놈 도망가며 마당 보고 절한다'고 하는데, 제 양심을 완전히 포기하는 순간이겠다.

'빚은 생각난 때 갚아라'고 하지만, 빚진 놈이 생각은 늘 할 것이다. 다만 돈이 없기 때문에 갚지 못할 뿐이다. '천지개벽하는 날이 돈 갚는 날이라'는 생각을 하지 않는 한, 마음 편하게 살지 못할 것이 뻔하다. '빚진 놈이 죄진 놈이다', '빚진 죄인이라'고 했는데, 왜 아니겠는가. '초상 빚은 삼대를 두고 갚는다', '장례 빚은 대물림해서라도 갚는다'는 정성이 있어야 한다.

'빚이 범보다 무섭다', '빚지면 본심도 잃게 된다'고 했다. 본심이 흔들리면 다른 사람이 되는 것이다. 본심을 잃지 않기 위해서는 돈을 빌려준 사람에게 온 정성을 다해야 한다. 빚진 돈을 약속한 때에 돌려주는 것은 물론, 늘 고마운 마음으로 살아야 도리를 하는 것이다. '사람은 한번 가면 그만이고, 돈과 밥은 왔다갔다 한다'고 했다. 삶은 짧다. 참된 도리를 할 기회도 늘 있는 것이 아니다.

11. '자식은 주고 싶은 도둑놈이다' / 돈과 자식 양육

'못된 소나무에 솔방울만 가득하다', '못된 나무에 열매가 많다'고 한 것은, 모두가 가난했던 시절의 말이다. 농경시대에는 자식이 노동을 보태는 수단이었다. 자식을 한껏 낳았으니, '쪽박에 밤 담아놓은 듯 하다'고 말했다. 한때 자식 많은 게 부끄럽던 시절이 있었지만, 이제는 되돌아가려 해도 불가능한 시대가 되었다. 자식을 낳으면 온갖 혜택을 준다 해도 아랑곳하지 않는다. 자식을 낳고 기르는 돈이 너무 많이 드니, 일찍부터 포기를 하는 청장년이 많다. '자식은 평생 애물단지라'는 것을 키워보지도 않고 아는 것이다. '자식이란 낳기보다 키우기가 어렵고, 키우기보다 가르치기가 어렵다'고 했다. 예전에는 이 말을 윤리적인 면에서 받아들였는데, 요즘은 순전히 돈과 연관하여 해석한다. 어쨌거나 '자식은 숨통 밑에 가시라'는 것을 충분히 알고 있는 모양이다.

'자식보다 더 귀한 보배 없다'고 했다. 자식이 존재하는 것만으로 세상 최고의 보물을 가지게 된 것이다. 자식을 '소유'해서 그런가. 소유가 아니라 '창조적 존재'로 있게 했다는 게 자존감의 절정이다. 그러나 항상 그런 것은 아니다. '자식은 잘 두면 보배요, 잘못 두면 원수'라고 했듯이, 웬만해야 보배로 여겨진다. '자식을 키우는데 오만 자루의 품이 든다', '자식 하나 키우자면 머리가 쉰다'고 했다. 이렇게 말하면서도 지난 시절 부모네들은 잘도 길러냈다. 역병疫病이 돌아 자식이 죽으면 '자식은 잘 길러야 반타작'이라 하면서도, 줄기차게 낳아 길렀다.

'사랑이란 내리사랑 하지 치사랑은 아니라'는 말이 당연하다. 자식이 성장해서 자식을 낳을 때까지, 진정한 사랑을 깨우치지 못한다. 아무리 사랑 사랑 하며 입에 발린 소리를 해도, 스스로 절실히 체험하지 못하면 어설프기 짝이 없는 사랑일 뿐이다. 자식에게서 무슨 부모에 대한 사랑을 바라겠는가. 부모자식 간에는 일방적 사랑뿐이다.

'품 안에 있어야 자식이라', '품 안에 자식이지, 다 크면 별수 없다'고 했는데, 품 밖에 나가면 자식 사랑을 그치겠는가. 요즘 세태를 두고, "모성애는 필연이 아니고 선택이다" 하고 말하지만, 제 정신이 덜 찬 사람만 그럴 것이다. 누가 뭐라고 해도 모성애는 본능이다. 들짐승과 산짐승, 날짐승을 봐라. 어느 한 생명이라도 제 새끼 기르는데 소홀히 하지 않는다.

'머리 검은 짐승이 길러준 공을 모른다'고 했는데, 이 말속에는 피를 이어가는 것도 들어있다. 요즘 세태에서는 이런저런 이유를 들어 자식을 낳지 않거나, 낳고 나서 죽여버리거나 죽도록 방치하는 일이 한두 건 아니다. '머리 검은 짐승 기르지 말라'는 말을 지키려고, 그런 천벌을 받을 짓을 하는 것인가. '하늘의 벼락은 피할 수 있어도, 죄는 피할 수 없다'고 했다.

'돈은 상 귀에 뿔나기 전에 벌어야 한다'고 했다. '돈은 신발 두 켤레 벗어놓았을 때 벌어야 한다'고도 했다. 예전에야 밥 벌어먹고 사는 일이 없어서 그랬지만, 요즘이야 애 낳고도 얼마든지 돈벌이를 할 수 있다. 쉽고 편하고 돈 많이 주는 일터를 고르다 보니 '경력단절'을 말하는 것이다. 자식에 대한 사랑이 강하면 건설현장에서 막일은 못 할 것인가.

'아이 놓고는 웃어도, 돈 놓고는 못 웃는다'고 했다. 먹고 살려면 돈이 보배임에는 틀림없다. 그러나 누가 뭐래도 자식보다 큰 보배는 아니다. 제가 죽어 세상에서 사라지면, 제 피를 받은 자식이 살아가며 또 피와 살의 일부를 나눠 갖는다. 이래서 제 생명은 오래오래 지속되는 것이다. 제 삶은 그래서 영원할 수 있다. 돈은 이렇게 피와 살을 이어가는 데 조금 도움이 될 뿐이다.

'사람에게 농사 욕심하고 자식 욕심이 제일이라'는 말은 농경시대에 나온 말이고, 자본주의 시대는 '사람에게 돈 욕심하고 자식 욕심이 제일이라'고 해야겠다. '자식이 재산이라', '자식 복이 돈복보다 낫다'는 속담은, 자식을 돈으로 환산해서 하는 말이 아니다. 아무리 하찮은 생명이라도, 그 생명을 돈으로 가격을 매길 수 없다.

인생이란 어쨌든 허무하다. 평생 돈을 벌어서 자식에게 넘겨주는 것은 대부분 사람의 욕심이지만, 지키기 쉽지 않다. 분명한 사실은 자식은 남는다는 것이다. '슬하가 쓸쓸하면 오뉴월에도 무릎이 시리다'는 말이 과장은 아니다. '하룻길을 가도 돈이 있으면 배가 안 고프고, 자식을 앞세우고 가면 배가 고프다'고 하지만, 만약 자식과 돈 중에서 하나만 택하라면 당연히 자식을 택할 것이다.

'재산이란 모으는 사람 따로 있고, 쓰는 사람 따로 있다'고 했다. 쓰는 사람의 대표적인 경우가 자식이요, 모으는 사람은 두말할 것도 없이 부모다. 돈을 한껏 써대니 도둑놈이라 할 만한데, 미워할 수가 없으니 주고 싶은 도둑놈이 되는 것이다. '마소가 많으면 부자요, 자식이 많으면 거지라'고 했지만, 집안에 도둑놈이 여럿이라 해도 마음은 든든할 것이다. 그래서 '사위는 미운 도둑이고, 딸은 예쁜 도둑이라'고 했다.

'자손은 조상의 그림자라'고 했다. 그 그림자에는 제 그림자도 겹쳐 있다. '자식과 돈은 마음대로 안 된다'고 하지만, 자식과 돈만 그럴까. 세상사 제 마음대로 되는 건 아무것도 없고, 또 마음대로 되어서는 안 된다. 제각각인 사람들 마음대로 세상사가 이루어진다면 세상은 망할 수밖에 없다.

'어미는 좁쌀만큼 벌어오고, 자식은 말똥만큼 먹는다'고 하는데, 자식이 그렇게 먹어치울 때가 좋다. '자식과 불알은 있어도 짐스러운 줄 모른다'는 말이 좀 멋쩍어서 그렇지 만고에 진실이다. 기르기가 어렵더라도 고생을 하고 나면, '자식 되는 재미, 돈 모으는 재미'를 한껏 누릴 수 있을 것이다.

부모가 바라는 '자식 되는 재미'와 자식이 스스로 창조해가는 인간상은 아주 다를 수도 있다. 그 좋은 예를 채만식의 장편소설《태평천하》에서 볼 수 있다. 윤 직원 영감 또는 윤 두꺼비라고 부르는 윤두섭은 만석꾼 부자지만 더 없는 구두쇠다. 일제강점기 조국에 대한 애정은커녕 친일을 해서라도 돈을 더 벌고, 자식이 군수나 경찰서장과 같은 권력을 갖도록 무진 애를 쓴다. 일본에 유학을 보낸 아들 종학이가 사회주의자가 되어 경시청에 피검되었다는 소식을 듣고 외쳐대는 모습이 가관이다. "…그런디 이런 태평천하에 태어난 부자놈의 자식이, 더군다나 왜지 가 떵떵거리구 편안하게 살 것이지, 어째서 지가 세상 망쳐놀 부랑당패에 참섭을 헌담 말이여, 으응?"[49] 하고 탄식한다.

아버지 쪽에서 보면 자식 종학이는 분명 불효다. 돈은 무한 리필해 줄 수 있으니, 작은 권력 하나 차지하라는 바람을 내치고 사회주의자가 됐으니 말이다. 일제강점기시대 사회주의 운동은 독립운동의 한 방법이었다는 것을 아는 사람은, 아들이 훌륭하다고 판단할 것이다. 아버지가 번 돈으로 호의호식은 물론 일제에 붙어 작은 권력을 얻어 떵떵거리고 사는 것을 내치고, 조국독립 운동이라는 험한 길을 택했으니 그렇다. 윤두섭은 '자식 키우는 죄인'이라고 생각할 테지만, 남들은 '닭 무리에 봉황'이라 여길 것이다. 대의를 아는 사람은 아들 종학이야말로 보배 자식이라 하겠다.

아서 밀러의 희곡 《세일즈맨의 죽음》이란 작품도 자식과 돈의 문제를 주제로 삼는다. 주인공 윌리 로먼은 평생을 외판원으로 살면서 자식 양육과 집안 살림을 꾸려가느라 희생을 한다. 빚을 많이 지고 있는 주인공은 늘 돈에 대한 걱정으로 살아간다. 만년에 그는 자동차 사고를 위장해 보험사기를 은밀히 계획하고 감행하게 된다. "뼛골이 빠지도록 일만 하시고 인정도 받지 못하시는 분이지. 다정한 분이야. 좋은 벗이오. 일평생 자식들을 위해 고생하신 분이오." 하고 맏아들 비프는 말한다. "현금 2만 3천 달러예요. 이건 틀림없다니까요""어리석은 짓은 안 하는 게 좋을 걸. 보험회사에서 증서의 금액대로 지불하지 않을지도 모르지." 하고 윌리는 형의 죽은 영혼과 대화를 한다. "참 알 수 없는 일이에요. 이런 때에, 35년 만에 처음으로 빚을 다 갚고 홀가분해졌는데 말이에요."[50]하고 부인 린다는 말한다.

부모의 내리사랑은 이렇게 죽음까지 불사한다. 온갖 수단을 다해 유산을 남겨주려는 몸부림이 처절하다. 주고 싶은 도둑놈, 자식을 위해 도둑맞을 돈과 목숨을 바꾸기도 하는 것이다.

1) '나무의 보배는 열매고, 인간 보배는 자식이다'

'세상에서 제일 예쁜 꽃이 아이들의 얼굴이라'고 했다. 왜 아니겠는가. 갓난아이를 보고 있노라면 천진난만, 순진무구라는 말들이 제일 먼저 떠오를 것이다. 성인이야 오래 살다 보니 세파에 찌들어서 미운 구석이 보이지만, 어린아이들은 몸과 마음이 마치 껍데기를 막 벗겨놓은 달걀처럼 깨끗함만 느껴진다. 어른에게 느끼지 못하는 경외감을 아기한테서 느끼게 된다. '자식은 있어도 걱정, 없어도 걱정이라'고 한다면,

있는 걱정을 택하는 게 도리일 것이다. '자식 있는 사람은 울어도, 자식 없는 사람은 울지 않는다'고 했는데, 울어도 자식 있는 게 낫다고 해야 정상이리라.

인간이 멀리 내다본다는 것은 한계가 있다. 나라의 정책도 마찬가지다. '한 치만 보지 두 치를 못 본다'는 말이 맞다. 인구가 좀 많다고 자식을 낳지 못하게 했다. 지금 보면 표어도 유치했다. "딸 아들 구별 말고 둘만 낳아 잘 기르자", "둘도 많다" 했다. 현수막에 속담을 써 걸기도 했다. '잘 기른 딸 하나가 열 아들 안 부럽다'는 말로 남존여비의 편견을 고치고자 했다. 마치 전체주의 국가처럼 백성이 하나같이 행동하기를 요구했다. 이제는 뭔 꼴인가. 아무리 지원금을 준대도 출산율이 나아질 기미가 없다.

인구 대국이라는 중국도 그랬다. 소위 "계획생육"이라는 인구억제 정책을 오래 강행했다. 노벨문학상 수상 작가인 중국의 모옌은《개구리》라는 장편소설에서 이 과정을 아주 흥미롭게 보여주었다. 작품 속 해설자의 고모이자 산부인과 의사가, 임신한 숱한 여인들을 붙잡아 강제로 낙태수술을 해대는 이야기다. 작품 끝부분에서 개구리 농장을 묘사하는 것이 절정이다. 헤아릴 수 없이 많은 개구리의 울음이, 낙태를 당한 수많은 아이의 울음으로 생각하게 만드는 것이다.[51]

'말 못 하는 나무도 자라나는 가지를 꺾지 말라'는 말이 생각나게 하는 작품이다. 하물며 사람은 말할 것도 없다. '혼인은 인류 대사라'고 했다. 그저 부부가 만나 자기들끼리 살다 죽으면, 혼인을 두고 인류지대사라고 하지 않았다. 자식을 두어 인간의 역사에 참여하기 때문에 그렇게 말하는 것이겠다. 부모는 온갖 고통을 겪으면서도 '옥동자야 금동자야' 하며 제 자식을 기르는 것이다.

'장가든 바에야 후생을 남겨라'는 말이 무리한 요구가 아니다. 부모가 요구하는 것이 아니라 자연의 원리다. '하늘을 법으로 알고, 땅을 법으로 안다'는 사람들은 변덕스러운 세태에 따르지 않는다. '부모의 덕과 하늘의 덕은 모른다'거나, '아버지 공은 천 년이고, 어머니 공은 만 년이라'는 것을 몰라줘도 서운하지 않다. 경이로운 생명에 온 정성을 다할 뿐이다.

'우렁이 새끼는 어미 뜯어먹고 자란다'고 하는데, 사람도 마찬가지다. '애 하나 기르자면 똥가루 서 말은 먹어야 한다'고 했다. '어미는 배 곯아 죽고, 아이는 배 터져 죽는다'고 하는데, 부모의 정성 없이 아이가 잘 자랄 수는 없는 일이다. '어미 모르는 병 열두 가지를 앓는다'고 하잖는가. 그러니 '어미는 반 무당 반 의원이 되어야 한다'는 말이 있는 것이다.

'마른 논에 물 들어가는 것과 자식 입에 밥 들어가는 것보다 더 보기 좋은 것은 없다'는 경지를 누구나 알 수 있을까. 천만의 말씀이다. '삼천 세계에 어버이 마음은 하나라'고, 자식 길러본 사람만이 알 수 있는 경지다. '알 품은 닭이 삵을 친다'고 했다. 자식을 기르는 동안 부모에게 무서운 것은 없다. 나약한 아기지만 부모에게 초인적 힘을 주는 존재이기도 한 것이다.

'무자無子는 죄라'고 했는데, 너무한 말인가. '무자식이 상팔자라'했는데, 맞는 말일까. '못난 소도 좋은 송아지 낳는다'고 했는데, 당연한 말이다. 자연의 원리에서 보면 무자식이 자연스러운 일일 수 없다. 인간이 자연을 공격해서 멸종이 되는 경우는 있어도, 어떤 종種이 스스로 단종斷種이란 결단을 내리는 경우는 없다. 무자식을 택하는 세태는 인류 단종으로 가려는 조짐으로 보게 된다.

'애물단지가 보물단지가 된다'고 했다. '자식치고 부모 속 안 썩인 자식 없다', '자식치고 부모 안 속이는 자식 없다'고 할 만큼 부모 속을 무진 썩이지만, 부모의 정성으로 보물단지가 될 수 있다. 그래서 '사람 팔자 부모 팔자가 반이라'고 한 것이다. 애물단지 자식을 보물단지로 키우는 것이 세상 부모의 평생 목표다. 그 목표에 도달하는 과정이 하도 힘드니까, '죽지 않을 자식이라면 하나만 낳아야 한다'고 하는 것이다. 세상사 중 최선의 용기 중 하나가 자식 양육이다. 다름 아닌 어머니가 영웅이다. '어머니는 살아서는 서 푼이고, 죽어서는 만 냥이라'고 했다. 자식에게 살아있는 어머니는 대수롭지 않지만, 어머니가 죽고 나면 위대한 가치를 알게 된다는 뜻이다.

2) '사람은 가르쳐야 사람값을 제대로 한다'

'자손의 현명은 돈으로 못 산다'는 말이 있다. 만약 돈으로 지식이나 지혜를 사서 자식에게 줄 수 있다면, 부잣집 자식은 쉽게 현명해질 수 있다는 말이 된다. 자식은 오래 두고 가르쳐야 한다. '일 년을 보려거든 곡식을 심고, 십 년을 보려거든 나무를 심되, 평생을 보려거든 사람을 가르쳐라' 했다. 빨리 만들어지는 명품은 없다. '나중에 볼 나무는 그루 적부터 다져야 한다'는 말이 그 뜻이다.

'될성부른 나무는 떡잎부터 알아본다'고 했지만, 반 정도만 맞는 말이다. '대부등 감은 자랄 때부터 다르다'는 말도 마찬가지다. 대부등大不等이란 매우 큰 나무나 재목을 뜻한다. 싹수를 일찍 보이는 경우가 있지만, 뒤늦게 보이는 때도 있다. '바가지 차고 움막으로 기어들어 가도, 안에서 글 읽는 소리만 들어도 정승 부럽지 않다'고, 일찍부터 열심히 글을 읽어 바른 사람이 될 수도 있다. 그렇지 않고 동가식서가숙東家食西家宿하며, 길과 산 그리고 들에서 배워 인물이 되는 수도 있다.

책으로는 지식을, 자연에서는 지혜를 배우는 것이다.

'돈 천 냥이 자식 글공부만 못하다', '돈 천 냥 물려주지 말고 자식 글공부 시키랬다'는 말처럼 글공부도 공부다. '뒹굴린 달걀은 병아리 되고, 뒹굴린 사람은 쓸모가 생긴다', '뒹굴린 아이는 쓸모가 생기고, 모시는 아이는 바보가 된다'고 했듯이, 밖으로 떠돌며 세상을 읽는 것 역시 공부다. '배움길에는 지름길이 없다'고 했다. 세월도 돈도 노력도 한껏 투자해야 된다. '어려서 배우지 않으면, 커서 눈 뜬 봉사 된다'는 건 두말할 필요가 없다.

자식을 손안에 쥐고 곱게 키우려 해서는 안 된다. '예쁜 자식 일로 키우랬다', '예쁜 자식 매로 키우랬다', '예쁜 자식 천하게 길러라'는 말대로, 일도 시키고 때로는 꾸짖기도 하며 다소간 거칠게 길러야 한다.

어설프게 배우거나 가르치려면 아예 내버려 두는 게 나을 수도 있다. 어설프게 배워 제 앞가림하는 데만 허덕거리는 것보다는, 제 뚝심만 믿고 살게 하는 것도 좋다. '미련한 사람이 호랑이 잡는다', '미련한 자손이 조상 지킨다'고 하잖는가. 미련하다는 게 처세에 약삭빠르지 않다는 뜻이라면 말이다. '엄한 단련이 어머니 사랑보다 낫다'는 말을 믿어야 한다. '자식 귀엽게 키워 버릇 있는 놈 없다'는 예는 주위에서 얼마든지 볼 수 있을 것이다. '어미 마음은 자식만 따라다닌다', '어머니 사랑이 지나치면 버릇없는 자식이 생긴다'고 했는데, 진짜 사랑은 마음속 깊이 감춘 사랑이다. 자식에 부모의 손때가 두껍게 끼면, 아주 답답한 인간이 된다. '두꺼비가 콩대에 올라가 세상이 넓다고 한다'는 것처럼, 좁디좁은 소견으로 세상을 살게 해서는 안 된다.

'옥을 쪼지 않으면 그릇을 이루지 못한다'고 했다. '자식은 낳는데 힘쓰지 말고 가르치는데 힘쓰랬다', '자식을 낳기는 쉬워도 키우기는 어렵다'는 말이 그 뜻이다. 옥을 쪼는 일은 부모가 시작해야 한다. '사람은 집안에서 만들고, 인물은 바깥에서 만든다'고 했는데, 자식 교육이 힘드니까 '아들은 서로 바꾸어 가르치랬다'는 말까지 하는 것이다. '열 번 눈 감아주는 것보다 한 번 회초리질', '열 번 벼르지 말고 한 번 쳐라', '자식이 귀엽거든 매질하고, 자식이 밉거든 밥 많이 주랬다'고 하지만 그게 쉽게 되겠는가. '얼러 키운 후에 후레자식'이 안 되도록 감정적 거리를 잘 조절해야 한다.

사람값이란 말에서 값은 무얼 뜻하는가. 도리일까, 품격일까, 아니면 돈으로 환산되는 액수일까. 분명 돈을 의미하는 것은 아니지만, 끝내 돈과도 연결된다. 사람값이 인간성 전체라면, 그것을 바탕으로 돈과 재물을 모으며 살아야 할 테니까 말이다.

요즈음 세태를 보면 안다. 부모와 학교의 교육관이 사람의 도리나 품격을 가르치는데 중심을 두고 있는가를 말이다. 공부로 경쟁시켜 좋은 대학, 인기 있는 전공을 하여 좋은 직업을 갖는 데 전력을 다하고 있잖는가. 잘 먹고 잘살기 위한 것이 최종 목표다. 서글픈 일이지만 결국 돈이다.

교육은 개인의 삶을 개척하기 위한 것도 되지만, 동시에 국가 백 년의 대계도 된다. 대의명분 있는 교육이 되지 않으면 공교육은 무의미하다. "전국민을 생산적으로 활용하기 위해 핀란드 교육제도는 모두를 잘 가르치는 것을 목표로 삼는다. 이런 점에서 일부를 잘 가르치고 다수를 거의 방치하는 미국의 교육제도와 완전히 다르다"[52]는 말을 토대로 우리나라 교육을 성찰해야 한다. 지나친 경쟁으로 엘리트 그룹만 우대하여, 그들만 잘 먹고 잘 살게 하는 교육으로는 나라와 사회가 발전하기는커녕 퇴보한다. 돈만 밝히는 엘리트보다는 대의를 잃지 않는 평범한 사람이 나라에는 훨씬 더 보탬이 된다. 지금 우리나라의 정치판을 보면, 엘리트라고 하는 인물들은 진정한 엘리트가 아니라는 것을 잘 알고도 남는다.

'무식이 죄라'고 했고, '무식한 영웅은 없다'고 했다. '무식은 암흑이요, 지식은 광명이라'고 하니, 자식 교육을 어떻게 할까를 늘 고심하겠다. '무식한 놈이 길 잘못 들면 제 한 몸 망치고, 유식한 놈이 길 잘못 들면 여러 사람 망친다'고 하니, 배워도 옳은 길로 가게 할 지혜를 터득하도록 해야 진짜 교육이다. 예전에야 '빨리 망하려면 국회의원을 나오고, 천천히 망하려면 자식 대학을 가르쳐라'고 말했다. 돈만 들고 기대만큼 자식이 달라지지 않으니까 그랬다. 가정이고 학교 교육이 제대로 되지 않으면, '연자방아 돌리던 망아지는 밭에 가도 돌기만 하고 밭을 못 간다'는 꼴이 될 것은 뻔하다. '말로 배워서 되로 풀어 먹는다'면 누가 만족할 수 있겠는가.

'자식 끝이 펴일려면 에미 손끝이 헤퍼야 한다'고, 자식이 잘 되려면 부모가 웬만큼 투자를 해야 한다. '소는 길러 산으로 보내고, 사람은 길러 도회지로 보내라'는 말속에 그런 뜻이 들어 있다. 학교 교육도 중요하지만, 사람들과 부딪히고 사귀며 지혜를 배워야 한다는 뜻인 것이다. '들은 풍월이 더 요란하다', '되로 배워서 말로 풀어 먹는다'는 것은 지혜가 트이기 시작한다는 증거일 수도 있다. '밤송이 우엉송이 다 찔려 보았다', '밤송이 우엉송이 다 까 보았다'는 경력이면, '노가다 삼 년이면 변호사 뺨친다'는 경지에 다다르는 것이다.

'영특한 것도 모가 나면 화만 부른다'는 것을 늘 염두에 두어야 한다. 두루두루 원만한 성격이어야 쓸모있는 인간이 된다. '옆으로 못 쓰면 모로 쓴다'는 말은, 어느 쪽으로든 쓸모가 있다는 뜻이다. '사람과 그릇은 있으면 쓴다'는 말과 같다. 그래서 '굴린 계란은 병아리 되고, 손에 쥔 계란은 곯는다', '굴린 달걀은 병아리 되고, 굴린 사람은 쓸모가 있다', '앉아 있는 영웅보다 떠다니는 멍치가 낫다', '앉아 있는 영웅보다 떠다니는 거지가 낫다'고 한 것이다.

'어릴 때 오그라진 나무 커도 소 길맛가지 된다'고 했다. 어릴 때부터 버릇을 제대로 들이게 해야 하는 이유다. '자식은 집안의 거울이라'고 하듯, 자식을 보고 남들은 집안을 읽는다. 자식교육에 소홀하다가, '자식은 평생 애물단지다', '자식을 겉은 낳아도 속은 못 낳는다'는 소리를 해도 소용없다. '자식 잘못 기르면 호랑이만 못하다'는 말이 틀릴 수 없다. '첫째 원수는 아들이요, 둘째 원수는 며느리고, 셋째 원수는 딸이라'고 한탄하는 것은 결국 저 못났다는 말일 뿐이다.

'오이 넝쿨에 오이 열리고, 가지 나무에 가지 열린다'고 했다. 넝쿨이나 나무는 부모고, 열매가 자식이다. 자식은 부모를 닮을 수밖에 없다. '자식이 현명해도 가르치지 않으면 사리에 밝지 못하다'는 말은 당연하다. '황금 천 냥이 자식 교육만 못 하다', '자식에게 천금을 주는 것보다 한 가지 기술을 물려주랬다'는 말을 예사로 들어서는 안 된다. '어미 손이 약손이고, 아비 손이 범손이라'고 부모가 서로 화합하여 가르치면, 지식과 지혜를 갖춘 자식이 되는 건 필연이다. 제대로 가르치지 않으면, '온갖 짐승을 다 키워도 머리 검은 짐승은 키우지 말라'고, 한스러운 말만 되풀이하게 된다.

머리 검은 짐승도 잘 키우면 된다. "나는 너무 많은 사람들이 너무나도 돈에 집착하고 최대의 재산인 교육에는 관심이 없는 것을 우려한다. 사람들이 탄력성을 갖고 열린 마음으로 배운다면 변화 속에서도 점점 더 부자가 될 것이다. 하지만 돈이 문제를 해결할 것이라고 생각하면 힘든 삶을 살 수밖에 없다. 지식이 문제를 해결하고 돈을 만든다. 금융 지식이 없는 돈은 곧 사라질 돈이다"[53] 하는 충고를 잘 받아들여야 한다. 교육의 값은 곧 사람값으로 수확되는 것이다.

3) '거지도 돈복보다는 자식 복을 더 바란다'

'자식 없는 놈 재산 불리기'란 속담이 있다. 재산을 모으는 것은 우선 먹고 살고 나머지는 자식에게 물려주기 위함인데, 자식도 없으면서 쓸데없는 짓을 한다는 뜻이다. 제 귀중한 재산을 물려주려면, 가장 아끼는 인물을 택해야 할 것은 물론이다. 두말할 것도 없이 자식일 경우가 대부분이다. 자식이 '유사영생'의 수단이라 생각하기 때문이리라. 제 돈이나 재물도 자식의 손에서 자자손손 영생하기를 바라면서 말이다. '자식 복이 돈복보다 낫다'는데, 자식복에다 돈복까지 있으면 '밥 위에 떡'이 된다.

'자식 복'이란 무엇일까. 제 피와 살을 잇는 자식 하나라도 둘 수 있으면 자식 복이라고 할 수 있다. 자식을 원하는 만큼 둘 수 있는 것도 자식 복이라 하겠다. 더 욕심을 낸다면 자식들 여럿이 잘 커서 출세를 하고 잘 살면 복이겠다. 자식 되는 재미, 돈 모으는 재미란 말은 인생살이에서 가장 기쁜 일이라는 뜻으로 하는 말이다. 자식들이 성공하고 돈도 충분히 벌면 더 욕심낼 것이 무엇 있겠는가. 그야말로 '호강에 요강을 탄다'고 해야 할 것이다. 권력이나 명예를 잡는 것보다 훨씬 윗길이다.

'영감 복 없으면 자식 복도 없다'고 했는데, 당연한 이치다. 남편 쪽이 난봉이라서 가정에 충실하지 않으면 어떻게 자식이 생겨날 것이며, 낳은들 어찌 자식 교육을 제대로 할 수 있을 것인가. 자식이 훌륭하게 클 수도 없을 건 당연하다. '아내 복이 있으면 자식 복은 따라온다'고 한 것도 당연한 이치다. 아내가 집안을 평화롭게 만들면, 자식 교육은 저절로 된다. 자식 복을 따로 생각하지 않을 정황이면 그게 자식 복이다.

농경시대에는 자식을 많이 낳는 것이 자식 복이라 여겼다. 이제는 인구절벽이란다. 자식을 낳게 하려고 돈을 많이 뿌려댄다. '자식이 많으면 거지요, 말이 많으면 장자라'고 했는데, 이젠 지원금이 많으니 자식이 많으면 부자라 하겠는가.

'자식 물려줄 것은 괭이밖에 없다'고 하지만, 재산이 없다 해도 자식이 없는 사람보다 훨씬 나을 것이다. '무자식이 상팔자'란 말이 그저 해보는 말이겠다. '자식 없는 부자는 울며 살고, 자식 있는 거지는 웃고 산다'고 하지 않는가. '강산이 제 것이라도 자식 없는 사람이 제일 서럽다'고 한 말 속에는, 애써 번 돈과 재물을 물려줄 사람이 없다는 것도 포함되어 있다.

'자식 키우는 사람은 도둑놈과 잡년을 예사로 보지 말랬다'는 말이 있다. 정말 그래야 한다. 제 자식은 절대 나쁜 사람이 되지 않을 것이라 생각하면 안 된다는 말이다. 사람 달라지는 건 순식간의 일이라서 그렇다. '자식이 한 자만하면 두 자로 보이고, 두 자만하면 석 자로 보인다'고 하는데, 제 자식을 냉정하게 보는 눈이 필요하다.

설령 자식이 총명하게 보인다고 해서 너무 자랑에 빠지면 안 된다. '자랑 끝에 불 붙는다'고, 자랑하는 마음은 남의 시기심과 질투심에 불을 붙인다. 그러면 오던 행운도 멈칫하게 된다. 그래서 '자식 자랑하는 것은 팔불출의 하나다', '자식 자랑은 숨어서 하고, 남의 자랑은 보는 데서 해라'고 한 것이다.

'자식도 어려서 제 자식이라'는 말이 틀림없다. '자식도 품 안에 적 자식이지, 제 발로 걸어 다니기 시작하면 그만 남이라'는 말도 그르지 않다. 한 생명이 제 삶에 전력투구할 수밖에 없는 바에야, 부모라고 '감 내라 곶감 내라' 할 수는 없는 일이다. 키울 때 든 품이나 비용을 자식에게 청구할 생각을 눈곱만큼도 하지 말 일이다.

자식이 어릴 때는 가족 서로 간에 네 돈 내 돈을 따지지 않는다. '절

돈이 중의 돈이요, 중의 돈이 절 돈이라'고 여길 때가 진정으로 가족답다. 그러나 자식이 크고 돈의 액수가 커지면 가족 간에도 거래 관계로 변한다. '형제간은 남남'이라는 말이 안타깝지만 현실이 된다. '형제간에는 마음만 맞으면 천하도 반분한다'고 했는데, '자식은 아비의 가난한 것을 원망하고, 아우는 형이 부자로 사는 것을 미워한다'는 지경이 되기는 쉽다.

'제 돈은 주머니를 만져보면서 쓰고, 제 자식 돈은 눈치 봐가며 쓴다'고 했다. 자식을 키우며 든 비용을 되돌려 받을 것을 약속한 사람은 없을 것이다. 무상원조에다 끝도 없는 리필로 키우는 것이다. 오로지 자식이 잘 되기만을 빌 뿐이다. 그러나 '부모 속에는 부처님이 있고, 자식 속에는 앙칼만 들어 있다'고, 부모에 대한 최소한의 도리마저 지독히 껄끄럽게 생각하기 일쑤다. '영감 밥은 아랫목에서 먹고, 아들 밥은 윗목에서 먹고, 딸 밥은 부엌에서 먹는다', '영감 밥은 누워서 먹고, 아들 밥은 앉아서 먹지만, 딸의 밥은 서서 먹는다'고 했다. 이제는 세태가 변해서, '아들이 장가가면 버스 태워주고, 딸이 시집가면 비행기 태워준다'고 한다. '아들은 내 육신을 잇지만 딸은 남의 식구다', '아들은 내 조상 묘를 지키지만, 딸은 남의 조상 묘를 돌본다'는 생각으로 딸보다 아들에게 쏟았던 편애偏愛가, 딸한테로 옮겨가는 세태다.

이런 세태를 보노라면 자식에게 쏟은 정성과 열망이 덧없다는 것을 알게 된다. 자식을 가르친다는 것이 터무니없는 짓이었다는 것을 깨우치게 된다. 많이 배울수록 이기심만 더 단단해지는 것을 보게 된다. '어미와 정이 있어야 자식도 귀여워한다'는데, 그놈의 돈이 정을 떨어지게 만든다. 돈을 무한 리필을 받으려는 자식을 두고, 진정한 자식 복이 무엇인지 갈피를 잡을 수 없는 시대다.

4) '돈이나 없었더라면 자식이나 버리지 않았지'

'설마가 애 잡아먹고 피똥도 안 싼다', '설마가 사람 죽이고, 믿는 나무에 곰이 핀다'고, 돈이 사람을 잡고 시치미를 뗄 수 있다. 그 많던 재산이 어디로 사라지고, 자식도 버렸다는 한탄이 나올 수 있다. '설마 설마 하다가 도끼자루에 발등 찍힌다'고, 망하려면 잠깐이다. '석숭의 재물도 하루 아침'이라는 말을 절실히 느끼는 사람 적지 않을 것이다.

믿는 나무나 도끼는 당연히 자식이다. '자식은 내 자식이 귀하고, 곡식은 남의 곡식이 탐난다', '자식은 내 자식이 커 보이고, 콩은 남의 밥 콩이 커 보인다'고 했다. '눈에 콩깍지가 씌었다', '눈에 헛거미가 낀다'는 말처럼, 자식을 볼 때마다 잘못 보기 일쑤다. '자식을 보는 눈은 어미 당할 사람 없다'고 했지만, 꼭 맞는 말이 아니다.

'가난이 일찍 철들게 하고, 효자도 만든다'고 하여, 자식 키우는 데는 도리어 가난이 유리하다는 생각을 해왔다. 그러면서도 자식을 위한다고 있는 돈을 아끼지 않는 게 부모 마음이다. 진퇴양난이 따로 없다. 요즘 세태에서는 어림도 없는 소리다. 돈으로 학력과 스펙을 만드는 세상이라서, 돈이 없으면 못난 자식이 된다는 생각이 전부다.

연암 박지원은 "부잣집 자식들에게는 희망이 없다"는 의미로 글을 썼다. 풍성한 재물 속에서 자라, 귀한 것을 귀하게 여길 줄 모르는 습관이 품격을 망친다는 생각이다.

> 귀족의 자제들은 모두 기상이 쇠약한 삼류들입니다. 정신이 총명치 않아서 책을 덮으면 금방 잊어버리고, 뜻과 취향은 저속한 데 안주해 버립니다. …… 모이를 주어도 쪼아먹을 줄 모르고, 머리를 낱알에 대고 눌러서 부리가 곡식알에 닿도록 해주어도 종내 쪼아먹지 않는 그런 자들 말입니다.……귀족

집안의 자제들이 나면서부터 기름지고 맛난 음식을 물리도록 먹어서, 비록 꿩 기름, 곰 발바닥 같은 귀한 음식이라도 예사로 여기는 것과 같습니다. 그러니 굶주린 사람이 허겁지겁 음식을 향해 달려들어, 목마른 말이 시내를 향해 달리는 것 같은 그런 기상이 없습니다.[54]

이런 부잣집 자식에 비교해보면, 가난한 집에서 태어나면 온갖 역경을 이겨내느라 합리적이고 최적화된 행동, 지혜를 스스로 짜내게 되어 개인과 공동체에 힘이 된다는 생각을 했던 것이다.

'큰 효는 한평생 부모를 사모하는 것이라'는 말이 있지만, 요즘 자식한테 효도를 바라는 사람 얼마나 될까. 효도란 의미는 훨씬 축소된 시대다. 반포지효反哺之孝를 기본 도리로 알던 세상은 분명 아니다. 부모 도와줄 생각 말고, 제발 제 앞가림이나 잘해라, 하는 것이 한결같은 마음들이다. 그러나 '자식이 작으면 작은 걱정, 크면 큰 걱정'이라고, 자식의 머리털이 희끗희끗해져도 걱정은 줄지 않는다.

자손이 조상의 그림자란 말은, 후손들의 생김새나 언행을 보면 조상들의 면모를 알 수 있다는 뜻으로 이르는 말이다. 부자간도 조상과 후손의 관계다. 자식이 하는 짓을 보면 아버지의 언행도 유추해낼 수 있다는 말이다. '그 아비를 알지 못하면 그 자식을 보라'고 했다. '왕대 끝에 왕대 나고, 시누대 끝에 시누대 난다'는 생각을 누구나 가지고 있다. 아버지는 자린고비처럼 아껴서 큰 재산을 물려줬는데, 자식이 방탕하여 다 날렸다 하면 부자간에 전혀 닮지 않았다고 말할 수 있는가. '극은 극으로 통한다'는 말이 이런 경우에도 해당되는 것인가. '구두쇠 아비에 방탕한 자식 생긴다'는 말은 그런 뜻이다. 그러니 부모의 습관과 돈이 자식을 버려 놓은 셈이다. 돈이나 실컷 써보았더라면 억울하지나 않지, 하고 뒤늦게 한들 한평생이 너무 짧다.

자식은 주고 싶은 도둑놈이라는 생각이 그를 리 없다. '딸은 도둑보다 더하다', '딸은 예쁜 도둑이고 사위는 미운 도둑이라'는 생각도 마찬가지다. 문제는 자식의 태도다. '자식 돈은 자식 눈치를 봐가며 쓴다', '자식은 부모에게 쓰고 남은 돈을 주고, 부모는 자식에게 주고 남은 돈을 쓴다', '자식 주머니는 커도 손이 안 들어가지만, 영감 주머니는 작아도 손이 들어간다', '자식 주머니 돈은 사돈네 돈이고, 남편 주머니 돈은 내 돈이라'는 말들이 성행하는 것이겠다. 그러다 보니 돈에 관해서는 남과 다름없다고 여겨진다. '부자간에도 돈에는 남이다', '부자간에도 돈은 세어주고 세어 받는다', '부자간에도 돈지갑은 보이지 않는다'는 꼴이 되었다.

'부잣집 맏아들 평생소원이 아버지 빨리 죽는 것'이란 말이 있다. 그동안 부모에게서 무한 리필 받은 것도 모자라, 부모가 가진 재산 모두를 제 마음껏 쓰고 싶은 욕심이 솟구치는 것이다. 드디어 '오냐 자식, 호로자식'을 보게 된다. 돈을 마음껏 쓰고 싶은 자식은 '어미 품 버리고 호랑이 입으로 들어간다'고 말할 수 있다. 이런 자식 때문에 '들어오는 도적 열은 막아내도, 안에서 난 도적 하나는 못 막는다'는 말이 생겨난 것이다.

'인자한 아비도 이롭지 못한 자식은 사랑하지 않는다'고 했지만, 겉으로 그렇겠다. 자식 사랑이 너무 크다 보니까 미움이 될 수도 있다. '자식 이기는 부모 없다', '자식 이기는 장사 없다'니까, 자식은 이런 심리를 잘도 이용한다. 그러니 '자식이 원수라', '자식이 상전이라', '자식이 자라면 상전 된다'는 말들이 있는 것이다.

'외아들에 효자 없다'고 했는데, 이제는 방탕하지만 않으면 효자다. '딸은 부잣집으로 시집 보내고, 며느리는 가난한 집에서 데려오랬다'고 했는데, 돈 절약의 묘수겠다. 아무리 이런 묘수를 쓰면 뭘 하겠나. '사내는 돈을 잘 써야 하고, 여자는 물을 잘 써야 한다', '남자는 돈 쓰다가 한평생, 여자는 밥 짓다가 한평생'이라는 옛 습성을 벗어나야 한다. '사내는 뒷간에 가도 돈 열 냥을 넣고 가랬다'고 했는데, 돈을 덜 쓰면서 살아가는 버릇을 들이도록 가르쳐야 할 것이다. 그렇지 않으면 한 집안의 살림이, '노적가리에 불 지르고 싸라기 주워 먹는다'는 꼴이 될 것이다.

5) '형제는 남이 되는 시초라'

'한 뱃속으로 난 새끼도 아롱이다롱이라'는 말이 있다. '자식 겉 낳지 속 못 낳는다'고, 형제가 외양은 닮을 수 있지만 마음까지 닮을 수는 없다는 말이다. 서로 가치관이 정반대일 수도 있다. 톨스토이의 단편소설〈두 형제와 황금〉을 보면 그 예를 볼 수 있다.

형 아파나시와 동생 이오안은, 노동으로 힘든 사람들을 돕는다. 어느 날 형제가 길을 가다가 황금무더기를 보게 된다. 동생은 뛰어 달아나고, 형은 그 황금을 가져다가 어려운 사람을 위해 복지시설을 만들고 편하게 살도록 한다. 형의 생각은 "죄는 금에 있는 것이 아니라 사람에게 있다. 금은 죄를 만들 수도 있지만 선을 만들 수도 있다"고 생각한다. 동생의 생각은 천사의 입을 통해 제시된다. "네 동생의 한 번 뜀질은 네가 그 황금으로 행한 모든 행동보다 한결 더 값지다"[55]는 것이다. 황금을 발견한 것과 그것을 쓴 것은 모두 악마의 유혹이었다는 천사의 판정이다.

평범한 사람에게는 이해가 가지 않은 천사의 판정일 수 있다. 종교적 신념에 근거한 것이라서 더욱 그렇다. 황금 알기를 돌같이 하는 정도가 아니라, 악마 피하듯 해야 한다는 뜻이겠다. 여하튼 형제라도 가치관이 다르기에 세상사, 인간사에서 해피엔딩이 되는 경우가 드물다.

　죽기 전에 자식들이 남 되는 꼴을 보고 싶으면, 재산을 차별하여 나누어 주면 된다. 겉으로 어떤 표정을 짓더라도 속으로는 자식들은 이미 남이 되는 출발점에 서는 것이다. 생전에 제 재산 교통정리를 잘못하면 자식들을 원수지간으로 만들게 된다. '한 탯줄에 난 형제도 속은 모른다'는 건 당연하다. 그러니 '혈육에는 형제가 있어도, 돈에는 형제가 없다'는 말이 가능해지는 것이다.

　가족이나 형제간에 자주 갈등이 있는 것을 비정상적인 것으로 생각하는 경우가 많다. 아무리 가족이라도 구성원 각자는 제 나름의 독특한 성격을 가진다. 가족은 다른 사람보다 자주 만나고 부딪치며, 크고 작은 일에 대해 논의한다. 특히 가족에 걸려 있는 이권에 대한 논의도 해야 한다. 그러려니 다른 사람보다 가족 간에 갈등이 많은 것은 당연하다. 갈등이 좀 많다고 '콩가루로 떡칠 집안'이란 비난을 퍼부어서는 안 된다.

　'형제는 손발과 같다', '형제는 양손이라' 하여, 형제 사이에는 필히 돕고 살아야 한다는 뜻으로 말한다. '형제 간에는 콩도 반쪽씩 나누어 먹는다', '형제끼리는 마음만 맞으면 천하도 반분한다'고 하여 형제간 의기투합을 하면 못할 것이 없다는 뜻으로 말한다. '형제가 가는 데는 범도 범접 못 한다'는 말로 형제간의 위세를 말하기도 한다.

　형제간 뜻이 잘 맞을 때야 한없이 좋지만, 그렇지 않을 때를 경계하는 말도 많다. '형제 간에도 담이 있다'는 말은 당연하다. 형제간 아니라 그보다 더 가까운 사이에, 모든 사람 사이에는 담이 있다고 해야 한다. '형제간에도 주머니는 다르다', '형제간에도 큰 고기는 제 망태에 담는다'는 말도 수긍할 수 있는 말들이다.

　'형제간은 남남', '형제도 눈앞에서 멀어지면 딴 남이 된다', '형제는 잘 두면 보배요, 못 두면 원수라'는 말은 심각하게 여겨지지만, 살다 보면 쉽게 경험하고 깨닫는 일이 된다. 그러니까 '형제 없이는 살아도 이웃 없이는 못 산다', '형제 없이는 살아도 이웃 없이는 못 산다'는 말이 가능하게 되는 것이다.

'동생이 형보다 낫다 하면 싫어해도, 아들이 아비보다 낫다 하면 좋아한다'고 했는데, 맞는 말이다. 형제간이라서 시기심이나 질투심이 덜할 것이라 생각하면 큰 오산이다. 가깝기 때문에 오히려 남보다 심하면 심했지 덜하지 않다. 오죽하면 '동생 줄 건 없어도 도적 줄 건 있다'고 하겠는가. '여자는 의복 같고, 형제는 수족이라' 했지만, 수족이 잘 맞지 않고 어긋나는 수가 허다하다.

물론 '한 배에서 난 자식도 제각각이라' 했으니, 형제간 우애로 평생을 잘 사는 경우가 있다. '한 어미 자식도 아롱이 다롱이가 있다', '한 배에 난 강아지도 쌀강아지 보리강아지가 있다'고, 흥부와 놀부처럼 극단적인 성격인데도 불구하고 잘 맞춰 사는 형제도 있다. '콩 한 톨도 여러 형제가 나눠 먹는다'고 하는 사람들이 왜 없겠는가.

'아비가 고생하여 모으면, 아들은 배부르게 먹고 손자는 거지가 된다', '아비가 고생해 돈 벌어놓으면 아들은 흥청망청 쓰고 손자는 거지가 된다'고 하니, 요즘 어떤 이들은 자식 아닌 손자에게 덩치 큰 부동산을 증여하는 경우도 있다고 한다. 제 재산이 한 세대라도 더 오래 지속되길 원하는 간절한 마음이겠다.

중요한 것은 재산 분배 때문에 결정적으로 남이 된다는 것이다. 세상이 변하는 줄 모르고, 첫째 아들에게만 재산을 몰아주면 사달이 날 수밖에 없다. '아우로 태어날 바에야 형 ×으로 태어나는 것만 못하다'는 일본식 속담도, 나머지 자식들 입에서 나오게 된다. 맏형의 거시기로 태어나길 바랄 정도면 부모의 처사가 얼마나 잘못되었는지 알 것이다.

'유사영생'이란 제 자식이 피를 이어받으며 자자손손 이어가니, 영원히 제 피가 영속된다는 믿음이다. 영생이라는 추상적 사유思惟보다 근거가 있고 차라리 아름답기까지 하다. 그런데 이 유사영생을 큰아들 쪽에서만 구하는 것이 잘못된 것이다. 말로만 '열 손가락 깨물어 아프지 않은 손가락 없다'고 하면 무엇하나. 교통정리를 잘해야만 가족의 평화가 보장된다.

유사영생도 아들 쪽에서만 구했던 것이다. 그러니 자연 '돈의 길'도 아들 쪽으로만 일방통행이었다. 이젠 '유사영생'조차 포기하는 세대를 만나고 있다. 자식을 두지 않겠다는 의지가 확고한 부부들에게 자식 없는 놈 재산 불리기라는 말이 무색해진다. 저축에 무관심하고, 버는 대로 쓰겠다는 세태를 보면 그동안 인습이 역효과로 나타나고 있다는 생각을 하게 된다.

형제는 남이 되는 시초라는 생각은 참으로 가슴 저리다. 기성세대가 인습을 정리하고 시대가 변하는 만큼 새롭게 생각을 바꾸지 않으면 안 된다. '친사돈이 못된 형제보다 낫다'는 생각을 극복해야 할 것이다.

6) '자식에게는 금 상자를 물려주지 말고 책을 물려주랬다'

예전 평민들에게는 양반이나 선비가 책 읽는 모습이 한없이 부러웠던 모양이다. 그도 그럴 것이, 책만 읽다가 과거에 급제하면 순식간에 높은 벼슬을 차지하는 것을 보면 왜 그렇지 않겠는가. 그러니 금 상자보다 책을 더 값진 유산으로 생각했겠다. 지금처럼 책이 흔한 시대에는 책이 대수롭지 않겠지만 인쇄술이 발달하지 않았던 시대에는, 책 자체만으로도 무척 값진 물건이었다. 책 속에 무슨 내용이 들었는지 모르면, 책을 무척 신비롭게 여기기도 했을 것이다.

양반이나 선비들이 입만 열면 책 내용을 인용해대니, 책이 권력이요 돈으로 생각했을 것이다. '자식에게 돈 줄 생각 말고 글 가르쳐 주랬다', '자식에게 돈 줄 생각 말고, 책 줄 생각하랬다', '자식에게 땅 줄 걱정 말고, 책 물려줄 걱정 하랬다', '자식에게 돈 천 냥 주지 말고, 책 한 권 주랬다', '자식에게 천금을 주는 것보다 한 가지 기술을 물려주랬다'는 말들이 참으로 눈물겹다.

요즘 자식들이 들으면 한숨이나 쉴 말들이다. 아니 국보급이나 되는 몇억 몇십억 값을 지닌 책이라면 얘기가 달라진다 하겠다. 그러나 푼돈으로 얼마든지 살 수 있는 책을 넘겨준다면 당장 폐지 장사에게 팔아넘길 것이다. 휴대폰, AI가 지배하는 세상에서 게임을 즐기면 즐겼지 책 읽을 여유가 없다는 생각들이다. 정신의 단련은 한없이 가볍게 생각하는 시대다.

요즘은 회사를 물려줘도 싫다고 한단다. 아예 회사를 팔아 현금으로 달라고 한단다. 회사를 경영하려면 골머리를 앓아야 하니, 돈이나 실컷 쓰면서 편하게 살려고 한다는 것이다. '튼튼한 성은 안으로부터 무너진다'는 말이 적절한 비유다. 자식의 정신상태가 이러할진대 선대의 유언은 공염불이 되기 필연이다. 이렇게 되면 부모자식간 경제공동체 의식은 무너진다. '쌈짓돈이 주머닛돈이고, 주머닛돈이 쌈짓돈이다', '쌈지 것이 주머니 것이고, 팥이 풀어져야 솥 안에 있다'는 말도 허사가 되겠다.

'집안이 망하려면 자식부터 잘못 낳는다'고 했는데, 자식이 날 때부터 잘못된 건 아니다. 교육이 잘못되었기 때문이겠다. 그래서 책을 통해 옳게 교육하려고 한 것이다. 그런데 책이라는 게 지식은 가르쳐 주어도 지혜까지 가르쳐 주기에는 한계가 있다. 지혜는 삶의 현장에서 체득하는 것이기 때문이다. 책은 좋은 책을 한껏 읽으면 좋겠지만, 오로지 책만 밝히면 그 또한 경계해야 할 일이다. 몸으로 세상을 읽는 시간이 부족해지기 때문이다.

책도 중요하지만, '자식에게 천금을 주는 것보다, 한 가지 기술을 물려주랬다', '자식에게 천 냥을 물려 주지 말고, 기술 하나 가려쳐 주랬다'는 충고를 소홀히 듣지 말아야 한다. 사실 책이니 기술이니 다 중요하겠지만 자식에게는 사랑을 주는 게 제일이다. '달걀은 재에 묻고, 자식은 가슴에 묻어라'고 했다. 달걀은 곯지 않게 재에 묻어 보관하듯이, 자식은 가슴으로 사랑하면 빗나가지 않는다는 뜻이다. 무조건 사랑을 주라는 말이 아니다. 진짜배기 사랑에는 자식이 잘못을 저질렀을 때 엄하게 꾸짖는 것도 포함된다.

'불면 꺼질라, 놓으면 다칠라 한다'는 말대로, 조심조심 기르는 것보다 다소간 거칠게 기르는 것도 사랑이다. '다 크면 언제 어머니 젖 먹고 컸나 한다'는 태도를 보이는 이유는, 너무 애지중지했기 때문이다. '집에 있는 똑똑이보다 나도는 머저리가 낫다'는 말이 그래서 있다. '못난쟁이가 되려 밥값 한다'는 것이 결코 예외적인 일이 아니다.

'유산 물려주면 돈 잃고 자식까지 망친다'고 했다. 그런 줄도 모르고 요즘은 기를 쓰고 많이 남겨주려 한다. 돈이 많은 것에 비례해서 자식 빗나갈 확률이 커진다고 생각하면 좋을 것이다. 유산 남겨주는 방법을 한마디로 요약한 명언이 있다. '위 조금조금, 아래 골고루', '위 족족, 아래 골고루'란 말이다. 법에 명시된 대로 정확한 숫자로 나누어 주기보다는, 공평하되 조금 더 줄 사람을 얹어주란 뜻이다. 아무리 지독한 형제지간이라도 충분히 설득한 후, 아주 조금 차등을 두면 큰 불만은 없게 될 것이다.

'사람과 곡식은 되고 볼 일이다'는 말이 맞다. 그러나 '사람값에 들지 못한다'는 소리를 듣지 않기 위해 얼마나 많은 노력이 필요한가. '사람 가꾸기가 소 가꾸기보다 어렵다'는 말이 그래서 있다. 사람을 도와 어떤 일을 성취해내기가 참으로 어렵다는 뜻이다. '은혜를 모르는 건 당나귀뿐이다'고 했다. 당나귀는 제 고집만 부리고 건듯하면 걸어차기 때문에 이런 말이 있는 것이다. 아무리 못된 인간이라도 사리 분별력은 있을 테니, 짐승만 못할 것인가.

'육친 괄시해 잘 사는 놈 없고, 조상 괄시해 잘 되는 놈 없다'고 했다. 돈 자산보다는 사람 자산이 중요하다는 건 말할 것도 없다. 가족은 가장 가까운 사람 자산이다. 돈과 책, 기술을 물려주는 것도 중요하다. 그렇지만 사람 자산이 가장 값지다는 가르침을 물려주는 것이 무엇보다도 중요하다.

12. '권력과 재물은 실과 바늘이라' / 돈과 권세

　인간이 '욕심慾心' 중에서 가장 쉽게 빠지는 것이 재물욕, 권세욕, 성욕이다. 인간을 속물근성에 빠뜨려 정신적 진화를 방해하는 요인들인 것이다. '돈과 권력으로 안 되는 일 없다', '돈과 여색은 따라다닌다'는 말처럼 필연적인 일이다. 세 가지 속물근성이지만, 돈이나 권력 중 하나만 잡으면 된다고 생각한다. 돈이나 권력이면 색욕은 해결된다고 보는 것이다. '권력과 재물은 실과 바늘이라'는 말로 요약할 수가 있다. '돈만 있으면 제왕도 살 수 있다'고 했으며, 권력이 크면 돈도 크게 쌓을 수 있다는 것을 모를 리 없다.

　'등 따습고 배부른 다음에는 만사가 여벌이라'고 했다. 잘 먹고 잘사는 것 외에 무슨 욕심이 살맛을 돋우겠는가. 명예와 권력이 있겠다. 명예는 너무 높은 곳에 있다. 보통 내공으로는 이룰 수 없는 저 높은 곳에 있는 것으로 여겨질 것이다. 권력도 내공이 필요하지만, 때로는 줄을 잘 서서 얻는 경우가 있고, 스스로 나서서 크게 한탕 해내는 경우가 있다. 분명한 것은 서민들처럼 먹고사는 데 만족하는 것이 아니라, 크게 한번 휘둘러 보자는 욕심을 품고 실행한다는 점이다.

　'큰일을 하려면 똥물을 안겨줘도 삼켜야 한다'고 했다. 크게 휘두르고 싶은 사람은 그렇다. '한 치 벌레에도 닷 푼의 결기가 있다'는데, 제정신 가진 사람이 모욕을 당하고 참겠는가. '출세했다는 사내 입술에 피 안 바른 놈 없고, 성공했다는 계집 밑에 물기 마를 날 없다'는 말은 듣기 거북하지만, 일부는 그렇게 출세를 한다. '대도는 나라를 훔치고, 소도는 금전과 피륙을 훔친다'는데, 어찌 하찮은 모욕이라도 겪지 않을 수 있겠는가.

사람의 속물근성은 돈에 대한 태도로 충분히 알게 되지만, 권력으로 한껏 부풀려진다. 세상의 모든 악은 돈 때문이라지만, 권력은 악을 더 악화시킨다. 사람을 지배하려는 마음보다 더 큰 부도덕은 없기 때문이다. 전쟁이나 살인 따위는 남을 지배하려는 악한 마음에서 자행되는 짓이다. 악한 정치가들은 이런 일을 예사롭게 저지른다.

'하늘을 나는 새도 떨어뜨리고, 닫는 짐승도 멈추게 한다'고 말들 하는데, 권력을 턱없이 과대평가하는 짓이다. 사람을 지배하려는 욕심에서 권세를 즐기는 것인데, '하늘이 홍소를 터뜨릴 일'이다. 인간의 권력을 두려워하는 것은 어리석은 인간밖에 없다. 하늘이 알고 땅이 알고 네가 알고 내가 안다고 할, '개구리 배에서 김빠지는 소리'다. 권력을 노리는 인간의 좁은 속내를 볼뿐이다. '사내대장부의 마음은 천하를 호령해도 배가 안 찬다'고 하는데, '서천 소가 웃을 일'이다.

큰 권력을 쥐고 흔들면 자연 곳곳에 구멍이 뚫리게 마련이다. '작두 바탕에 모가지를 눕혀놓고 산다'는 부류들일 뿐이다. 법을 제일 잘 알고 있는 듯 떠벌이지만, '똥구멍이 다 웃을 일', '장터 소가 웃을 일'이다. '공자님도 못 읽는 글자가 있고, 부처님도 못 외는 염불이 있다'고 했다. 법을 즐겨 내세우는 사람, 법으로 먹고사는 사람들이 오히려 법을 잘 지키지 않을 뿐이다.

정치가, 정치판은 돈과 힘을 쥐기 위해 권력다툼을 일상으로 해댄다. 백성을 위해 싸움을 한다고 생각하도록 만들기 때문에 정치가들을 믿어서는 안 된다. 정치판에 놀아본 사람은 파렴치에 중독되어서 정상적인 심성을 회복하기 어렵다. '불공에는 마음이 없고, 잿밥에만 마음이 있다'고 할 것이다. 역사상 아무리 선정을 베풀었다 하는 모든 왕과 그 수하들을 보면 안다. 권력다툼이 아닌 경우가 없다. 정치가들이 입에 달고 사는 말이 있다. "국민을 위해서"란 말이다. 믿어서는 절대 안 되는 말이다.

'벼슬을 좋아하는 사람은 돈도 좋아한다'고 했다. 권력과 금력은 환상의 복식조라 말해도 되겠다. '찰떡에 조청 궁합', '상추쌈에 된장 궁합'으로 빛나는 것이다. 돈 싫어하는 사람이 없으니, 모든 사람이 벼슬을 꿈꾼다. 돈의 위세를 맛본 사람은 벼슬까지도 열망하는 것은 두말하면 잔소리다. 밥 위에 떡, 혹은 호강에 요강 정도가 아닌 욕심의 절정이다.

'벼슬아치는 심부름꾼'인데, 오히려 백성 위에 군림하려 한다. 백성을 잘살게 하고 나라를 부강하게 한다고 큰소리를 치지만, 입에 발린 소리일 뿐이다. 하긴 누가 자신을 위해 권력을 원한다고 솔직히 말할 수 있으랴.

권력과 돈을 거머쥐는 맛을 세상 어떤 것이 짝할 수 있으랴. 그러니 무능하거나 무지한 자도 설치며 나선다. '자신 없는 놈이 통천관을 쓰면 머리가 아흔아홉 개로 깨진다'고 했다. 통천관이란 임금이 정무를 볼 때 쓰는 검은 비단으로 된 관이다. 제 분수와 능력으로 감당할 수 없는 자리에 앉으면 크게 화를 당한다는 뜻으로 하는 말이다. 속은 백성들이 표를 주니까 권력을 잡았지만, 나라를 말아먹는 벼슬아치들이 헤아릴 수 없다.

'암행어사 행차에 삼현육각 잡힌다'는 말이 있다. 암행어사는 신분을 숨기고 다녀야 하는데, 오히려 야단스럽게 다녀 사리에 맞지 않는다는 뜻이다. 그러나 덜떨어진 권력자의 행태란 그렇다. 제 알량한 힘을 과시하기 위해 안달이 나는 것이다. 힘을 과시하고 돈과 재물을 챙길 줄만 알지, 백성의 고통은 관심도 없다. '노새에 금 안장 얹었다고 천 리

준마가 되랴'는 말이 꼭 맞다. '저 혼자 원님을 내고 좌수를 낸다'고 하듯이 한껏 휘두른다. '제가 잘나 부원군인 줄 안다'는데, 그 짝이다.

'망나니짓을 해도 금관자 서슬에 큰기침한다', '망나니짓을 해도 옥관자 맛에 큰기침한다'고, 제멋에 취해 건들거리는 권력자들이 쌓였다. 돈이 많고 권력이 세다고, '하늘에 방망이를 달고 도리질하다가는 큰코 다친다'는 것을 잊고 설쳐댄다. 뭐가 됐든 '차면 꼭 넘친다', '차면 기운다'는 것이 예외 없는 진리라는 것을 알지 못한다. '팔자에 없는 감투를 쓰면 이마가 쪼개진다'는 것을 알 수 없으니 무지한 것이다.

크고 작은 우두머리들이 돈만 밝히고, 권력투쟁이나 한다면 나라가 망하는 것은 당연하다. 백성이 때로는 판단을 잘못해서 탐욕스러운 인간들에게 감투를 씌워주는 수가 있다. 그럴 경우 빨리 끌어내리는 것이 나라의 피해를 줄이는 것이다. 《국가는 왜 실패하는가》의 저자인 애쓰모글루는, "국가가 실패하는 이유는 지리적 원인이나 문화적 요인 때문이 아니라 국가를 장악한 소수의 손에 부와 권력을 쥐여주어 불안정과 갈등, 심지어 내전까지 일으키는 착취적 제도의 유산 때문"[56]이라고 말한다. 권력자들의 행태와 심리를 잘 간파해서 이런저런 제재를 해야 한다.

'벼슬길의 염량세태란 고양이 눈깔 변하듯 한다'고 했다. 뒤늦게 각성한 백성들이 일어나면, 개천에 떨어진 용 꼴이 된다는 것을 알아 근신할 일이다. 권력에는 반드시 겸손이 따라야 한다는 것을 깨우치지 않으면 후한이 있게 된다. 돈과 권력에 취해 제 이름을 더럽히지 않아야 지혜가 있다 할 것이다.

1) '돈에는 권세가 따라야 한다'

'있는 사람 편에 서고, 없는 사람 편에 안 선다'고 하는데, 측은지심이 없다는 말이다. 법도 그런 경우가 허다하다. 정확히 말하면 법으로 먹고사는 사람들 심사가 그렇다고 해야 한다. 약자 편을 들어줘야 함께 사는 세상이라고 할 텐데, 굳이 강자 편을 들어 약육강식의 풍조를 만들어 놓는다. 법원의 상징은 저울이다. 누구에게나 정의로 공정하게 판결하겠다는 뜻이다. 그런데 그 저울을 돈이 한쪽으로 기울게 하는 게 예사다.

'억울한 놈은 죽어도 빽 하고 죽는다'고 한다. 법이 공정하지 못하면, 약한 사람은 더 이상 기댈 곳이 없다. '백 냥이면 형벌을 면하고, 천 냥이면 사형도 면한다'고, 돈 있는 사람은 돈으로 법을 제 편에 서게 한다. '돈은 있을 때 아끼고, 권력은 있을 때 쓰랬다'고, 법은 권력자 쪽으로 쏠린다. 이러니 '법은 피라미만 잡는다', '법에는 구멍이 뚫려 있다'고 원망을 듣는 것이다.

'법에도 사정이 있고 매질에도 쉴참이 있다'는 걸 모르는 사람 없다. 그 사정과 쉴참이라는 게 약한 편을 위해 베풀어져야 한다. 선진국이라면 법은 약자 편이다. 법과 강자가 약자에게 똘레랑스, 즉 관용寬容의 자세를 가져야 한다는 것은 불문율이다. 야만의 사회, 야만의 국가가 항상 강자의 편에 선다.

'법 밑에 법 모른다'는 말이 있다. 법이 있지만 제대로 시행되지 않는다는 뜻이다. 그러다 보니 권력이나 돈으로 법기술자들에게 줄을 대려고 애쓰는 경우가 허다하다. 제일 좋은 건 집안에 판검사 하나, 의사 하나를 만드는 것이라고 한다. 사람 생각이 참으로 가소롭다. 집안에 얼마나 많은 송사訟事가 있기에 가문전용 법조인을 두려는지 말이다.

의사도 전문영역이 많은데 가문전용의 한 명으로 숱한 병, 병자를 감당할 수 있겠는가. '송사는 걸어도 망신 당해도 망한다', '송사 좋아하는 사람치고 잘 사는 사람 못 봤다', '송사질 삼 년에 거덜 안 나는 집 없다'고 했다.

'돈이 있으면 있는 죄도 없어지고, 돈이 없으면 없는 죄도 있게 된다'는 세태가 안타깝다. 돈이 오가면 법이 불법 탈법이 되고, 정의가 불의로 바뀌니 돈 없는 사람이 법의 혜택을 받을 수 없다. 법에 걸려도 빠져나올 수 있도록 권력에 줄을 대는 사람이 헤아릴 수 없을 만큼 많다. '삼정승 부러워 말고 내 한 몸 튼튼히 가져라', '삼정승 사귀느니보다 제 한 몸 건사하는 게 상수라'고 했다. '먹은 놈이 힘도 쓴다'니 돈을 바친다. '매가 꿩을 잡다 바치고 싶어서 바칠까' 하는 비유가 알맞다.

정치판을 봐라. 작고 큰 뇌물 사건이 자주 밝혀진다. 당사자들이 조심을 거듭하며 돈을 주고받았을 텐데도 들통이 난다. 아마도 들통이 나지 않는 뇌물 사건은 아주 많을 것이 뻔하다. 액수가 적으면 봐주고, 액수가 크면 줄인다. 뇌물은 맞는데 대가성이 있는지 더 조사해 봐야 한단다. '손바닥으로 하늘을 덮는다'더니 그 짝이다. 어떤 세상인데 대가 없이 큰돈을 냉큼 주겠는가.

법은 사람을 따라가서는 안 된다. 정의를 따라가야 한다. 돈이 있거나 없거나 권력이 있거나 없거나, '송사는 졌어도 재판은 잘 하더라' 하는 소리가 나와야 정상일 것이다. '한솥밥 먹고도 송사 간다'고 했다. 미국을 닮아 가는지, 이 땅에서도 걸핏하면 송사다. '이승에서 송사를 열두 번만 하면 염라대왕도 알아본다'고 할 정도로, 송사를 즐기는 사람도 많아진다. 돈이 있는 사람이야 송사를 즐기겠지만, 없는 사람은 죽을 맛이다. '송사 좋아하는 사람치고 잘 사는 것 못 봤다' 했다. '송사질 삼 년에 거덜 안 나는 집 없다'고도 했다.

무엇보다도 법이 돈을 외면해야 하는데, 오히려 손을 내미니 정의와 상식이 돈에 묻힌다. '유전무죄 무전유죄', 즉 '돈이 있으면 무죄요, 돈이 없으면 유죄라'는 풍조를 법조인들이 극복하지 못하면, 아무리 좋은 법을 마련해도 악법이 될 것이다.

2) '돈은 법도 이긴다'

법은 때때로 무력하다. 돈과 권력 앞에서 그렇다. 법이 나빠서 그럴까? 천만의 말씀이다. 법은 문제가 덜하다. 법을 집행하는 사람들의 흑심 때문이다. 상식이나 정의를 말하는데, 양심이 줏대를 잡지 못한 정의와 상식이라서 그렇다. '옛 법을 고치지도 말고, 새 법을 만들지도 말랬다', '옛것을 폐하지도 말고, 새것을 세우지도 말랬다'고 하는 건, 바로 이런 이유 때문이다.

'돈 앞에는 법도 없다'는 말이 흔하게 오간다면, 참으로 야만적인 사회다. 법정에서는 법복을 입고 근엄한 사람들이, 보이지 않는 곳에서 돈다발을 들고 좋아하는 것을 상상하면 마음이 참담해질 것이다. '재판에서도 돈이 있어야 이긴다'고 하면, 보통 일류 변호사를 내세웠기 때문이라는 정도만 생각한다. 그 돈이 변호사만의 몫이겠느냐를 생각해 봐야 한다.

'덩굴풀이 높은 소나무에 붙었다'는 말이 있다. 하찮은 신분이 지체 높은 사람과 예사롭지 않은 인연을 맺었다는 뜻이다. '정승 판서 사귀지 말고 제 입이나 잘 닦아라'고 하지만, 저 사는 데 도움이 되면 사귈 수밖에 없다. 높은 권력자를 사귈 수 있는 방법은 돈이다.

법을 공부해서 법으로 먹고사는 사람들에게 수사와 판결을 맡긴다. 이들의 양심에 따라 판단을 하는 것인데, 사람의 양심이라는 게 무척 불안하다. 판사와 검사를 거치고 국회의원이 된 사람들의 언행을 보면 그렇다. 저게 정의와 양심을 내세워 먹고 살던 사람의 언행일까, 하는 절망감에 혼란스러워진다. 법의 심판도 이기심에서 크게 벗어나지 못한다는 것만 확인할 뿐이다.

'나라치고 좋은 법 없는 나라 없고, 나라치고 나쁜 법 없는 나라 없다'고 했다. 나라든 사회든 법이 없어 잘못 돌아가는 것이 아니다. 법이야 얼마나 복잡하고 많은가. 거기에 크고 작은 공동체마다 규정, 강령, 회칙을 만들어 사람들의 악행이나 일탈을 막고자 무진 애를 쓰고 있다. 그런데도 세상은 왜 범죄자가 넘쳐나는 것일까. 법을 만드는 사람, 법을 집행하는 사람들이 법을 지키지 않는다는데 가장 큰 원인이 있다. 그들이 제 이익에 따라 움직이니 범법자들을 제대로 심판할 수가 없는 것이다.

돈이 법을 이기는데 정의가 있을까? 법에서 내세우는 정의는 있어도 실현되는 정의는 없거나 '가물에 씨앗 나기'다. 법을 정의에서 멀어지게 하는 것은 역시 돈이다. 정의의 눈을 멀게 한다. 누가 그 역할을 하겠는가. 변호사다. 원고인과 피고인의 주머니에 있는 돈을, 검사와 판사의 주머니에 옮겨주는 역할을 하는 것이다. 때로는 골프장에서, 때로는 룸싸롱에서 눈 없는 돈은 법조인의 주머니를 잘도 찾아다닌다. 법 장사는 아주 은밀하게 진행된다. 물론 사건마다 그럴 수 없다. '변호사는 나라가 낸 도둑놈이라'고 하는 것은, 바로 이런 돈을 약자 강자 불문하고 한껏 챙겨가기 때문이다.

불법은 육법전서에 없기 때문에 법정에서 이루어질 수 없다. 탈법과 함께 법정 밖에서 진행되어야 정상이다. 그런데 사안에 따라서, 법 기술자에 따라서 법정에서도 버젓이 자행되니, '육법에 무법 불법을 합해서 팔법을 쓴다'는 말이 있는 것이다. 송사에 휘말린 사람들은 변호사의 특활비까지 지원해 줄 수밖에 없다.

'옛날은 걷어들이기 바쁘고, 지금은 받기에 바쁘다'는데, 기막힌 요약이다. '도둑이 없으면 법도 쓸데없다'는 말이 맞다. 법이라는 게 도둑을 잡기 위한 것인데 돈 있는 도둑, 권력 있는 도둑을 봐주니 악행이 줄지 않는 것이다. '도둑 다 잡은 나라 없고, 피 다 뽑은 논 없다'고는 하지만, 세상에서 다 아는 큰 도둑은 잡아야 되지 않겠는가. '도둑놈도 양지쪽에 나가면, 공자 왈 맹자 왈 한다'고, '사모 쓴 큰 도적, 벙거지 쓴 작은 도적'이 얼마나 많은가.

법에 따른 심판이라는 법정의 호언장담을 믿을 수 없을 때는 결국 법정 밖에서 해결해야 한다. '사람이 많으면 길이 열린다', '사람이 많으면 하늘을 이긴다'고 했는데, 돈과 법을 이길 수 있는 건 결국 백성의 뭉쳐진 힘이다. 아무리 '세도가 빨랫줄 같다'고 해도, 백성의 힘 앞에는 '장마에 흙담 무너지는 소리'가 날 것이다. '백성의 소리는 하늘의 소리다', '백성의 입 막기는 강 막기 보다 어렵다'고 했다.

법은 인간이 만든 것이다. 완전할 수 없다는 말이다. 완전하지 않은 데다, 돈과 권력에 따라 흔들리니 사람의 심판을 믿기 힘들다. 신성한 법정이라고 하는데, 제 이기심만 한껏 발휘하는 곳이 아닌지 성찰해야 한다. '세상에는 법도가 있고, 하늘에는 천도가 있다'고 했다. 법도가 부족하니 천도를 생각한다면 당연히 "법은 돈과 권력을 이긴다"는 믿음을 줘야 할 것이다.

3) '법이라는 게 돈하고는 친형제요, 권력하고는 부부 간이라'

　법이 돈과 권력에 무력해지면 썩는 일만 남은 것이다. '돈 있고 권력 있으면 만사가 절로 된다', '돈 줘서 손해 보는 일 없고, 안 되는 일 없다'는 말에 전적으로 동의하는 사회라면, 이미 건강한 나라는 아니다. 크고 작은 권력들이 설쳐대면, 덩달아 크고 작은 도둑들이 활개를 치게 된다. '도둑놈은 시끄러울 때가 좋다'고 하지 않던가. 정치를 권력자들에게만 맡기면, 예외 없이 나라를 망치게 된다. 백성이 살아있어야 한다. 권력을 감시하고 바로잡을 힘과 권리는 오직 백성에게만 있다.
　큰 우두머리 밑에 작은 우두머리는 세상을 바로 잡는 데 큰 역할을 못 한다. 큰 권력의 그늘에 몸을 숨기고 제 이익을 더 챙기려 하기 때문이다. '나라에는 대드는 신하가 있어야 하고, 동네에는 오가며 참견하는 늙은이가 있어야 하고, 집안에는 따지고 캐는 아이가 있어야 한다'고 했지만, 대들다가는 목이 즉각 날아가는데 가능하겠는가. 그래서 '말똥 있는 데 소똥 있고, 소똥 있는 데 말똥 있다'고 했다. 하찮은 것들은 다 끼리끼리 논다는 뜻이다. 설령 최고 우두머리의 생각이 똑바르다고 해도, 썩은 구석을 전부 깨끗하게 할 수는 없다. '나라 상감도 힘이 덜 차는 대목이 있다'고 하지 않던가. 그러니까 '나라 상감도 안 듣는 데서는 욕을 먹는다'는 건 당연하고, '나라 상감님도 다 백성들이 버릇들이기 나름이라'는 말이 있는 것이다. 나라가 잘 되고 못 되는 건 법이나 권력자에 달려 있는 것이 아니라, 전적으로 백성들에 달려 있다.
　나라에는 크고 작은 우두머리들이 수없이 깔려있다. 최고의 우두머리가 바뀌면 작은 우두머리를 차지하겠다고 모여드는데 그야말로 인산인해를 이룬다. 그들은 명분은 유치하기 짝이 없다, 분골쇄신粉骨

碎身하여 최고 우두머리에 충성을 다하겠다는 마음뿐이다. 그런데 사실 그 정도도 못 된다. 최고 권력자 밑에서 호가호위狐假虎威를 즐기면서 돈이나 한껏 뜯어내겠다는 속셈을 내보일 리 없다. 그들 나름의 투자다. 더 많은 것을 얻기 위해 돈과 마음을 바쳐야 하니, 뇌물이다. '정승 좋다는 게 가마 타는 재미뿐일까' 하고 묻는 말 뒤에 답이 다 있다. '감투만 쓰면 돈은 생긴다', '감투 좋아하는 사람은 돈도 좋아한다'는 말이 그냥 해보는 소리가 아니다. '감투 꼬리에 돈 따라다닌다'고 먹을 게 있기 때문이다.

'인정은 바리로 싣고 진상은 꼬치로 꿴다'고, 저와 직접 관련이 있으면 뇌물을 한껏 준비하고, 관련이 없으면 아주 인색하게 준비한다는 뜻으로 빗대는 말이다. '인정을 쓰면 저승길도 면할 수 있다'고 했다. '먹은 자는 말이 없다', '먹어본 놈이 잘 먹는다'고, 먹여도 탈이 없고 훨씬 더 큰 이익을 보는데 누가 행하지 않겠는가.

'뇌물이 두둑하면 귀신도 부릴 수 있다'고 했는데, 사람 부리기는 일도 아니겠다. '뇌물 먹은 고지기 환자 받듯' 한다고, 나라 곡식 창고야 비든 말든 내 주머니만 차면 된다고 생각하기 일쑤다. 환자還子란 백성들에게 꿔주었던 곡식을 도로 받아들이는 것인데, 관리가 뇌물을 받았으니 대충 봐준다는 뜻이다.

'윗사람이 돛대를 구하면, 아랫사람은 배를 만들어 바친다'고 할 정도면 돈과 작은 권력은 일정 기간 보장될 것이다. 뇌물에 든 돈을 빼려 하니 작은 우두머리도 거두어들여야 한다. 그러니 '칼 든 도적놈보다 더 무서운 도적놈은 벙거지 쓴 도적놈이라', '도적질을 해도 사모 바람에 거드럭거린다'고 하는 것이다. '도적질이 제일 마지막 일이다'고 하는데, 언제나 자행되고 있다고 보면 된다. 지난 시절에는 빼앗고 거두어들였다면, 이 시대에는 세금 몰래 빼먹고 뇌물을 받아들이는 수법에서 다를 뿐이다.

'용 꼬리가 되는 것보다 닭 대가리가 낫다', '용 꼬리보다 뱀 대가리'라고 하는데, 작더라도 우두머리가 되면 위세도 생기고 돈도 따르기 때문이다. 그러나 용 꼬리는 용 꼬리 대로 생기는 게 없겠는가. 용 꼬리 되려는 사람들도 줄을 잇는다. '손금이 지워지도록 손바닥을 비빈다'고 하는데, 얻는 것이 한두 가지가 아닌 바에야 잠시 손바닥을 비비는 게 어렵겠는가.

'산이 크면 울림도 웅심 깊다', '산이 크면 그늘이 짙다', '산이 크면 그림자도 크다', '산이 커야 골이 깊다', '산이 높아야 골이 깊고, 수풀이 깊어야 새가 온다'는 말들은 다양한 의미로 해석할 수 있다. 권력이 크면 얻는 돈도 크다는 뜻으로 해석할 수 있는 것이다. 권력이 크면 몰려드는 인파도 크다고 해석할 수도 있다.

'힘 있는 놈이 곧 법이라'고 하는데, 누가 힘 있는 놈일까. 당연히 돈과 권력이 있는 사람이다. 권력은 법과 정의 앞에서 제동이 걸려야 한다. 그런데 덜떨어진 나라에서는 법과 정의가 권력 앞에서 제동이 걸린다. 법은 '정의'라는 어휘를 그림자처럼 달고 다닌다. 그래서 법은 당연히 정의롭게 진행되고 처리된다고 믿는다. '믿는 나무 부러진다'고, 백성은 늘 배신감만 들 뿐이다.

수많은 법으로 아무리 촘촘하고 아무리 커다란 그물을 짜놓는다고 해도, 빠져나갈 놈은 다 빠져나간다. 권력이라는 칼, 돈이라는 가위로 그물을 찢고 나가는 것이다. '그물코가 삼 천이면 귀신도 잡힐 날이 있다', '그물이 삼천 코면 걸릴 날이 있다'는 것은 서민들의 기대일 뿐이고, '그물코가 삼 천이라도 걸려야 그물이라'는 건 권력자와 부자들이 속에 품고 있는 생각이다.

법과 돈이 친형제고 법과 권력이 부부지간이라는데, 이것들을 떼어놓을 방법이 없다. '돈에는 권세가 따라야 한다'고 해서 금상첨화가 되고 주지육림을 누리려는 욕심이 땅보다 두껍다는데, 방법이 없다. 그래서 '짐승은 올가미를 싫어하고, 백성은 관리를 싫어한다'는 말이 있는 것이다. '용한 게 민심이라'고 믿을 건 민심뿐이다. '백성의 마음이 하늘의 뜻이다', '백성이 원하는 것은 하늘도 따른다', '백성을 멀리하면 나라가 망한다', '백성들의 분노가 쌓이면 모반하게 된다'고 했다. 돈과 권력에서 허우적거리는 법을 구해낼 방법은 백성이 가지고 있는 것이다.

4) '돈은 있을 때 아끼고, 권력은 있을 때 쓰랬다'

'권불십년 세불백년'이란 말을 아주 흔하게 쓴다. 권력은 십 년 미만, 세력은 백 년 미만이라는 말처럼, 권세를 통해 누리는 부귀영화는 아주 짧다. 정권은 아주 짧은 기간인데도, 일단 잡았다 하면 영원히 누릴 것처럼 '가로로 세로로 설쳐'댄다. 어떻게 잡은 권력인데, 누릴 것 다 누려보겠다는 태세다. 그래서 권력은 있을 때 쓰라고 한 것이다. 권력을 놓게 되면 후한을 두려워하는 사람도 있고, 남들이 고깝게 보는 것을 감당하기 어렵게 된다. '벼슬 떨어진 양반은 개도 안 무서워한다', '용도 개천에 떨어지면 미꾸라지가 된다'고 하지 않던가.

우두머리가 된다는 건 한없이 통쾌하겠다. '대감의 상투는 꾸부러져도 멋이 있어 보이고, 바윗덩어리도 그 앞에서 절을 하는 사람이 늘어나면 부처님이 된다'고, 사실 보잘것없는 인간일 뿐인데 사람 위에서 사람을 다스리는 맛이 보통 아니겠다. '나는 새도 떨어뜨리고, 닫는 말도 멈추게 한다'는 말이야 터무니없이 과장된 것이고, '벼슬은 한 가지, 상덕은 백 가지'라는 말은 확실히 맞다고 할 것이다. '벼슬을 하면 장맛부터 달라진다'는 정도는 약과고, 사방에서 머리를 조아린 인간들이 '청천에 구름 모이듯' 하니 구름 위에 오른 듯할 것이다.

'높은 자리에 있을 때 인심을 얻으랬다', '세도 좋을 때 인심을 써라'고 해서 조건 없이 베풀겠는가. 본전을 빼야 하는 건 당연하다. '오는 정 가는 정이라'는데, 뇌물을 받고 그 이상으로 뒤를 봐주면 되겠다. '수양산 그늘이 깅동 팔십 리의 여세를 누린다', '수양산 그늘이 삼백 리라', '원앙산 그늘이 관동 팔십 리 간다'고 하는데 까짓것 하찮은 일이겠다. '문관은 돈을 탐내지 말아야 한다', '무관은 목숨을 아끼지 않고, 문관은 돈을 탐내지 않는다'고 했지만, 돈 욕심을 억제하기가 그리 쉬운가.

'석 달 벼슬로 평생 먹는다'고 하는데, 요즘도 가능한 일인가. 누구나 설마설마할 것이다. 그러나 그 자리를 차지하고 있을 때만 봐서는 안 된다. 그만두고서도 위세가 여전한 사람 적지 않다. 또 언제 더 좋은 자리를 차지할지 모르니 입을 싹 닦을 수도 없는 노릇이다. 장관이나 그 비슷한 자리에 임명되면, 왜 하루라도 더 하려고 할지 생각해 보면 알 일이다. 불명예로 물러났어도, 본인은 평생을 명예로 생각하며 돈벌이에도 잘 이용하게 된다.

권력에 취해 휘두르다 보면, 제가 하는 일이 불법인지 탈법인지 모를 수가 있다. 제가 직접 저지르지 않았지만 제 무리가 해치운 일에 휘말릴 수도 있다. 정권이 바뀌면 함께 책임지지 않을 수 없다. 명분이야 나라를 위해서 한 일이라고 했지만, 새로 잡은 권력이 불법이라면 불법이 된다. 그래서 '나랏일에 힘을 다하는 것이 관원으로서는 재앙을 받는 기본이 된다', '나랏일을 하는 것은 재앙의 근본이라'고 했다.

한 번 휘둘러 보았으니 억울할 것도 없겠다. '원이 되자 턱 떨어진다', '모처럼 벼슬하니까 난리가 난다'고, 운수가 사나우면 휘둘러 보지도 못하고 땅을 칠 테니까 말이다. 그래서 권력은 있을 때 쓰라고 한 것이다. 권력으로 남의 뒤를 봐주는데 그냥 있을 사람 없다. 돈으로 응답하는 것은 당연하다. 권력이 클수록 액수는 높아지기 마련이다. 그래서 '벼슬은 높을수록 좋다', '벼슬은 높이고 뜻은 낮추어라', '벼슬은 높이고 마음은 낮추라'고 한 것이다. 벼슬이 높아지고 교만해지면 어느 화살에 맞을지 모르기 때문이다.

'범도 여우가 있어야 위세가 생긴다'고, 돈을 더 벌거나 더 높은 우두머리가 되기 위해서는 아랫사람을 잘 거느려야 한다. 권력에는 필히 권력을 이용하려는 사람들이 몰려들기 때문이다. '조정은 두려워할 것이 못 되지마는 두려워할 사람은 태수고, 태수는 두려워할 것이 못 되지마는 두려워할 것은 아전이라'는 말이 있다. 하급관리의 작은 권력이 오히려 백성을 더 괴롭힌다는 뜻으로 이르는 말이다. 권력은 아주 작아도 사람을 괴롭히는 것은 아주 크다.

'산진 거북이요, 돌진 자라'라고, 큰 세력을 믿고 버틴다는 뜻으로 비유하는 말이다. '사또 덕에 비장 나리 호사라', '사또 덕에 큰기침'이라는 말은 호가호위狐假虎威를 뜻한다. 물론 '사또 행차엔 비장이 죽어난다'고도 하지만, 그도 다 호가호위와 한가지다. '말 꼬리에 붙은 파리가 천 리를 간다'고 권력에 붙어서 크게 휘두르는 사람이 있기 마련이다. 당하는 입장에서는 '먼 산의 범보다 앞집 개가 더 무섭다'고, 곁에서 괴롭히는 하찮은 사람이 더 미울 것이다.

'높은 나무는 바람을 싫어한다'고, 크고 작은 우두머리는 변화를 싫어하기 마련이다. 힘을 가지니 돈도 많이 들어오는데 그만두고 싶겠는가. 그러나 '높은 가지가 부러지기 쉽다'고 했다. '새도 오래 앉아 있으면 화살을 맞는다'고 했다. 어차피 내놓아야 하는 권력이다. '창공을 날던 매가 오얏나무 가지에 걸린다'는 일은 일어나고 만다. 권력에 취해 덫을 몰랐기 때문이다.

'정승의 집에선 정승 나고, 장수의 집에선 장수 난다'는 말도 있지만 반대로, '정승의 집에도 보살감투 나고, 일산대 밑에도 개가법 있다'는 말이 있다. 정승의 집에서도 여승이 나오고 고관대작의 집에서도 다시 혼인할 수가 있다는 뜻으로, 빈부귀천을 누리는 사람이 정해진 것이 아니라는 말이다.

'도덕을 지키고 살면 적막하고, 아부를 하고 살면 처량하다'고 했는데, 그래도 아부로 사는 삶보다는 도덕을 지키며 사는 게 낫겠다. 도덕을 지키며 사는 게 어려워서 그렇지 남한테 지탄받지 않는 게 살맛이다. '단지에 좁쌀 두 홉 모아두면, 정승을 이 사람아 부른다'고 했는데, 얼마나 통쾌한 일인가. '시청侍廳하는 도승지가 여름 북창 밑에서 자는 사람만 못하다'는 말이 허황하기만 한 것은 아니다.

'정승 집 개가 죽으면 문상객이 문전에 인산인해를 이루어도, 정승이 죽으면 지나가던 개미새끼 한 마리 얼씬거리지 않는다', '정승보다 정승 집 개가 죽으면 문지방이 비좁다'고 했다. 권력으로 얻는 것이 있으면, 또 그것으로 잃는 것도 있다. 남 위에서 휘두를 것도, 뇌물을 받을 것도 없는 삶이 좋은 것이다. 주변에 덫이 없어 마음껏 활보하는 삶보다 더 좋은 것이 있겠는가.

5) '권세와 재산 앞에 부모 형제간이 없다'

'도깨비 사귄 셈 친다'는 말이 있다. 늘 따라다녀 떼어버릴 수도 없는 처지라는 뜻이다. 바로 자식이 그렇다. 죽고 나서야 떼어버릴 수 있다. 아니 죽고서도 떼어버릴 수 없다. 자꾸 제사를 지낸다고 불러내지 않는가. 그러니 저 자신도 감당하기 어려운 한평생인데, 자식 걱정에 편안한 날이 없다.

돈을 모아 놓으면 집에 있는 도둑이 다 가져다 쓴다. '대내 한 놈의 적은 대외 백 놈의 적보다 무섭다', '도적보다 집도적이 더 무섭다'고 한 말이 정말 맞다. 돈을 남기고 죽어도, 또 남긴 돈이 걱정이다. 자식 간 싸움이 그것 때문에 일어나기 때문이다. '대들보가 무너지면 석가래도 무너진다'고 할 수 있다. 부모가 떠나면, 자식간 싸움으로 집안이 거덜 날 수 있는 것이다. 돈이 그리 많지 않은 집안도 그런데, 큰 부잣집은 예사롭지 않다.

'사대부 집 자식이 잘못되면, 범도 되고 좀벌레도 되고 송충이도 된다'는 말이 흥미롭다. 권세가 집이 망하여 자식이 타락하게 되면, 남녀 종을 팔아먹으니 범같이 여겨지고 책을 팔아먹으니 좀벌레같이 생각되며, 선산 소나무까지 팔아먹으니 송충이같이 여겨진다는 뜻으로 빗대는 말이다. 사정이 이렇게 돌아가면 '바다 속 깊이는 알아도, 한 집안 식구의 속은 모른다'는 말이 나올 수밖에 없다.

권세라는 걸 반드시 국가 단위에서만 생각할 수 없다. 한 집안에서도 권력다툼이 일어난다. 조선시대 왕가를 보면 가족의 서열 가리기가 곧 나라의 권력다툼이었다. 모든 것은 집안에서 비롯한다. 출생서열을 중요시한다. 서열이라고는 하지만 첫째가 중요하고 그 외의 서열은 크게 의미가 없다.

예전 왕가의 서열 가리기는 이제 재벌가에서는 후계자 지명이라는 형태로 조금 볼 수 있겠다. 정치 권력이 돈의 권력으로 바뀐 형태다. 그러나 재벌가에서 가지고 있는 회사들이 아주 많기 때문에 한 자식이 완전히 장악하는 경우는 드물다. 어느 정도 공평하게 나누어 줄 수도 있어, 형제의 난亂이 일어나는 경우는 드물다.

정치판에서 나도는 최근의 속담 중에, '대통령은 측근이 원수고, 재벌은 핏줄이 원수라'는 말이 있다. 그렇지만 소위 '국정농단'이라는 일련의 사태를 보면, 최고 권력자의 권위를 추락시킨 인물들 중 자식과 부인이 많았다. 간신 같은 측근이 많지만, 자식이라는 측근도 있는 것이다. 권력자 아버지를 배경으로 하여 자식이 제 이익을 차리는 경우가 허다하다. 직책은 없지만 아버지에 이어 제 2인자의 권세를 누리면서 돈을 챙길 수도 있다. 그러니 '권세와 재산 앞에 부모 형제간이 없다'는 말이 있는 것이다. 권력과 돈 앞에서는 부모의 체통을 생각지 않고 오로지 제 이권만 차지하려 한다. 아버지도 마찬가지다. 권력은 온전한 채로 혼자 누리려는 욕심을 갖게 한다. 그래서 '권력은 자식하고도 안 나눈다'는 말이 있는 것이다.

서민들의 가정에서는 이런 고민이 없어 좋은 듯하지만, 나름대로 고통이 없는 것은 아니다. '감투라고는 개가 쓰다 버린 짚벙거지 하나도 주워 써본 사람이 없다'는 집안에서 무슨 권력다툼일까 하지만, '개감도 과실이라' 했다. 개감은 개암의 사투리다. 당연하다. '파리똥도 똥이라'는 말과 다를 바 없다. 왕위를 두고 살육전이 있듯이 부모의 유산을 두고 살육전이 일어나는 건 흔하다.

부모의 재산을 두고 형제 남매가 싸움하는 것이 가장 부끄러운 일이다. 자식 간에는 욕심 때문에 힘드니까, 부모가 교통정리를 해주어야 한다. 아들 딸 구별 없이, 출생서열 차별 없이 법대로 하는 게 가장 현명한 처사다. 법대로 하면 뒷소리도 없고, 싸움도 일어나지 않으니 좋다.

부모의 재산을 넘보지 않고, 각자의 일을 통해서 정신적 경제적 독립을 도모한다면 그야말로 자식 복이라 하겠다. '말뚝으로 대들보를 바꾼다'고 했다. 하찮은 것을 주고 값진 것을 얻었다는 뜻인데, 자식마다 그런 식으로 산다면 자식 농사 풍년이리라. 그럴 때 형제간 우애도 변함없겠다.

13. '행복과 불행이 하나의 오솔길로 이어져 있다' / 돈과 행불행

'대팻날에 옹이 안 걸리는 나무 없고, 사람 한평생에 살煞 안 끼는 팔자 없다'고 했다. 힘들 때마다 사람들은 한목소리로 운수가 사납다고 투덜거린다. 그러면서 '세상 일이 다 운수소관이요, 타고난 팔자라'고 한탄하고 넘어간다. 참으로 간단하고 소박한 생각이다.

유진 오닐이란 극작가는 《밤으로의 긴 여로》라는 작품에서, 주인공 중 한 사람인 메리를 통해 운명에 대해 한마디를 한다. "운명이 저렇게 만든 거지. 저 아이 탓은 아닐 거야. 사람은 운명을 거역할 수 없으니까. 운명은 우리가 미처 깨닫지 못하는 사이에 손을 써서 우리가 진정으로 원하는 것과는 거리가 먼 일들을 하게 만들지. 그래서 우리는 진정한 자신을 잃고 마는 거야"했다.[57] 부모의 뜻과는 달리 불량하게 행동하는 제 자식을 두고 하는 말이다. 마약에 중독된 어머니가 자식을 두고 하는 말인데, 참으로 편리하다. 운명의 탓으로 돌리니 말이다. 그것도 인간의 의지를 반대로 조종하는 것이 운명으로 보는 것이다.

복을 받는다고 말하는데 누구로부터 받는 것일까. 아니면 복이 들어온다고 하는데, 어디서부터 어디로 들어오는 것일까. '복이 들어오는 문을 닫는다'고 하는데, 도대체 복이 드나드는 문은 어디에 있는 걸까. '복불복은 하늘에 달렸다'고 하듯, 하늘이 복의 운행과 분배를 맡고 있는 것인가. 인간이 알 도리가 없으니 그냥 하늘에 미루는 것이겠다.

이렇게 예측할 수 없는 일을 만날 때 즐겨 들먹이는 것은 여러 가지다. 하늘을 필두로 팔자, 복불복, 행불행, 운명, 재수에다가, 귀신이나 도깨비, 조상, 부처님도 참여시킨다. 인생에 많은 일이 이것들에 의해 결정된다고 믿는 것이다. 예컨대 '가죽 속에 든 복은 누가 훔쳐가지도 속이지도 못한다', '팔자는 길들이기 달렸다', '사람 운이라는 게 돌고 돈다', '제 복은 귀신도 못 물어간다' 하는 식이다.

　세상사는 우연의 연속이라는 생각이나 말이 너무 황당하게 여겨질 것이다. 선악에서 선이 악을 이기는 것은 우연이라고 해봐라. 선량한 사람이 보상을 받는 것도 우연이라고 해봐라. 개개인이 태어난 것, 살아남는 것, 세상과 맺은 숱한 인연이 모두 우연이라고 생각한다면 살맛이 한껏 덜해질까?

　'사람마다 제 팔자라'는 말은, 모든 사람이 각자 다른 운수를 가지게 된다는 뜻이다. 인간세계를 관리하는 신이 있어 행불행을 똑같이 나눠주지 않는 한 어쩔 수 없는 일이다. 사는 곳이 다르고, 사는 시간이 다른데 어찌 똑같기를 바랄 것인가. '복은 누워서 기다린다'고 하지만, 정말 그럴까. 오히려 스스로 '가로 뛰고 세로 난봉이라'야 복은 즐기고 불복은 건너뛰고 할 것 아닌가. 이런저런 우연을 많이 만들어야 복불복, 행불행도 자주 만나게 될 것이다. 그렇다면 삶에도 기술이 필요할까. '두말하면 잔소리'다. 삶을 살아가는 내내 기술을 발휘해야 할 것이다. 그것도 순발력이나 지구력이 아주 강한 기술로 말이다.

　노름판에서 운칠기삼運七技三을 흔히 말한다. 기술에 비해 운이 훨씬 좋아야 한다는 말이겠다. 그러니 인간은 불평등하게 살 수밖에 없다. 여기서 기술이란 말은 노력, 또는 고행苦行인 셈이다. 누구는 운구기일運九技一인 반면, 누구는 운일기구運一技九인 사람도 있을 것이다. 운오기오運五技五라면 반타작을 하는 셈이라 할 것인가? 고정된 운, 고정된 기술은 없겠다. 우연의 연속, 선택의 연속이겠다. 삶의 기술은 결국 선택의 기술이다. 그런데 인생사에서는 선택의 기회조차 주지 않는 경우가 허다하다. '마른하늘에 생벼락을 맞듯' 말이다.

행불행, 운불운은 해석의 차이일 수도 있다. 비슷한 처지인데도 누구는 '사는 게 죽는 것만 못하다', '사는 게 호랑이 아가리보다 더 무섭다'고 생각하는 사람도 있을 테고, 사노라면 사막도 낙원이라고 여기는 사람도 있을 것이다. '세상은 안경 빛깔대로 변한다'는 말 그대로다.

사람들이 별별 말을 다 만들어 쓴다. "바라는 대로 된다"는 말도 그 중 하나다. 모든 사람이 바라는 대로 된다면 세상이 어떻게 되겠는지 생각해 보자. 아수라장이 되다 못해 끝내는 적막강산이 될 것이다. "인간의 어리석음을 무시하지 말라"고 했다. 그럴듯하지만 현실성 없는 말들에 현혹되지 말아야 한다. 제 이익을 위해 저를 따르는 무리에게 달콤한 말을 해대는 인물들을 조심해야 한다. 제 속내를 숨기는 빈말이 많다. '빈말은 식은 밥덩어리만도 못하다', '빈말은 냉수 한 그릇만 못하다'고 했는데, 빈말일 수밖에 없다. '바라기는 무당의 서방이라'는 핀잔이나 듣지 말고, 바라지 마라. 때로는 그게 사는 기술이다. '바람 부는 대로, 물결치는 대로' 내버려 두면서 운을 만나게 될 때를 기다리든지, 이리 뛰고 저리 뒹굴며 운을 찾아 나서든지 순간순간 선택하거나 선택 당할 뿐이다.

운에도 여러 가지가 있다. 하노 벡이란 사람은 인생을 결정하는 세 가지 운을 제시한다. 유전적 운, 사회적 운, 운명적 운이 그것이다. 행불행의 50% 정도를 결정한다는 유전자의 문제가 유전적 운이고, 교육과 같은 성장환경의 문제가 사회적 운이며, 질병이나 사고, 상실 따위가 운명적인 운이라는 것이다.[58] 그런데 이렇게 인과관계가 뻔한 것도 운이라고 해야 할까.

현대인에게 운의 초점은 오로지 돈이다. '돈방석에 앉는', '돈벼락을 맞는' 운이다. '돈보다 더 큰 보배는 없다'는 생각에서 벗어날 수 없도록 환경이 돼 있으니 어쩔 수 없다. 돈을 많이 가지길 원하는 것은 충분한 소비생활을 통해 행복감을 크게 느낄 수 있다는 기대 때문이다. 그러나 행복감은 무한하게 커지지 않는다.

경제학에서 일컫는 '한계효용체감의 법칙 때문이다. '맥주는 첫 잔이 제일 달콤하다'는 서양속담이 그것을 요약한다. '돼지꿈도 세 번이면 과하다'는 우리 속담도 그런 뜻이다. "그것이 무엇이든 상관없이, 무제한 소비는 주지 않는다. 자제하라. 이것이 경제학의 첫 번째 가르침이다. 이것은 도덕적 권고가 아니라 행복을 위한 단순한 지식이다. 장기적으로 볼 때 과한 것은 행복하지 않다"[59]는 말이 설득력 있다.

"불행은 행복한 삶의 구성요소이지, 장애물이 아니다. … 매일매일 삶의 역경에 대처하는 법을 배울 때, 그곳에 행복이 있다는 사실을 우리는 잊고 살았다."[60]는 주장을 새겨들어야 한다. '타고난 복도 제 손으로 찾아서 손에 쥐어야 한다'는 말처럼, 노력으로 복을 찾아야 한다는 말이겠다.

숱한 상품이 넘쳐나 사람들을 유혹한다. 맛난 것, 호화로운 집, 명품 옷가지, 돈만 있으면 실컷 사들여 즐길 수 있다. 절제하는 훈련이 철저히 된 사람이라면 꼭 필요한 것만 사들이겠다. 그러나 유혹을 이기지 못해 사들이는 즐거움에 빠질 것이다. 한번 사는 인생이고 그것마저 짧기만 한데, 까짓것 실컷 쓰고 간다고 마음을 풀어놓을 것이다. 제 속물근성을 마음껏 내보이리라.

경제학자들은 소비와 행복의 관계에서 한계효용체감의 법칙을 말한다. 사들여 소비하며 느끼는 기쁨 또는 행복감은, 잠시 최고점을 찍은 다음 점차 감소하여 무덤덤하게 된다는 것이다. 충족감이 동반되지 않고 버릇으로 사들이게 된다. 소위 충동구매로 사들일수록 마음에 갈증을 더해주는 것이다.

'돈 들어 언짢은 일 없다', '백정도 돈만 있으면 백정님 한다', '백정도 돈만 있으면 해라 소리를 안 듣는다', '돈이 있으면 하늘에 별도 딴다'는 말들이 모두 돈의 위세를 말한다. 복 중에 복은 돈을 충분히 갖는 것이고, 불복은 당연히 돈을 갖지 못하는 것으로 생각한다. '호랑이는 죽어서 가죽을 남기고 사람은 죽어서 이름을 남긴다'고 하는데, 돈에 중독된 사람은 "사람은 죽어 자식에게 돈을 남긴다"고 할 것이다. 이름이야 통장 잔고에나 자식들 마음에 새기면 그뿐이라 생각할 것이다.

'일우명지에 안일화복이 손을 벌리고 있다'는 말이 있다. 아주 가까운 곳, 소 울음이 들릴 거리에 길흉화복이 기다리고 있다는 뜻이다. '업구렁이가 대들보에 감긴 듯하다'는 말도 있다. 운수가 아주 좋아, 하는 일마다 대박으로 이어질 때 쓰는 속담이다. 반면 '업구렁이 나가듯 한다'는 말은 복이 슬며시 사라진다는 뜻이다.

'세상 이치란 다 쌍으로 간다'는 말이 틀리지 않다. 행불행, 복불복, 운불운, 선과 악이 항상 공존한다는 뜻이다. 그것도 염주에 나란히 꿰여 있겠다. '행복과 불행이 하나의 오솔길로 이어져 있다'고 해도 좋다. 하지만 가끔 저희끼리 자리바꿈을 해서, 복이 쌍으로 오기도 하고, 화가 쌍으로 덮치기도 한다. 분명한 것은 흥진비래 고진감래가 큰 사이클로 반복된다는 것이다.

1) '제 복만 있으면 빈손으로 만나도 잘 산다'

'이고 지고 가도 제 복 없으면 못 산다', '이고 지고 가도 못 사는 색시 있고, 빚만 가지고 가도 잘 사는 색시 있다'는 말은 일상에서 종종 증명된다. 혼인지참금처럼 동산 부동산을 많이 가지고 가정을 꾸려도, 금방 헤어지는 부부가 예사롭지 않게 많다. 이런 경우 '제 복을 제가 털어낸다'고 할 것인가. 반면 자수성가한 사람들도 적지 않다. 이런 경우 '제 복 짙은 놈은 체로 쳐도 안 나간다'고 해야 할 것인가. 금수저가 됐든 흙수저가 됐든, 돈이나 재물이 필요충분조건이 아님은 분명하다. '팔자가 사나운 사람은 생금판에 앉아도 안 된다'거나 '되는 집에는 닭이 봉황을 낳는다'는 소리를 해댈 것이지만, 돈과 운의 문제가 아님은 분명하다.

'잘 산다'는 말의 범위가 너무 좁혀져 쓰이고 있다. 행복하게 산다, 또는 즐겁게 산다는 개념은 사라지고, 돈이나 재물을 많이 소유하고 있다는 뜻으로만 통용되고 있는 것이 문제다. 불행에서 벗어나면 행복의 영역에 드는 것이고, 슬픔에서 벗어나면 즐거운 삶의 영역에 드는 것이다. 그런데 이 모든 스펙트럼이 무시되고 돈만으로 측정되니 '잘 산다'는 사람이 드문 것이다.

'못 산다'는 개념도 마찬가지다. 돈이 없으면 무슨 죄나 지은 것처럼 기를 펴지 못하니, 못 산다는 낙인에 위축되기만 할 뿐이다. '가난은 죄가 아니다' 하고 웅변이 필요한 것은, 죄책감으로 사는 사람이 많다는 말이 된다. 가난한 것이 죄라면, 부자는 무죄일 것인가.

즐겁게 살려면 '밥 먹고 못 하는 일을 죽 먹고 한다'고, 남들보다 환경이 다소 나쁘더라도 기꺼이 일한다. 분명 잘 사는 것이다. '제 복이 있어서'가 아니라, 제 마음과 몸을 잘 다독거렸기 때문이리라. '적은 복은 부지런해서 얻지만, 대명은 막기 어렵다'고 말한다. 대명大命이란 천명과 같은 말로 하늘을 뜻하는데, 하늘이 개인을 골라 특별 지명을 하겠는가.

운運이나 복이란 개념은, 사람들이 즐겨 쓰는 '팔자'의 개념과 흡사할 것이다. 사주팔자로 운명을 알려는 시도는, '보자기로 구름을 잡으려 한다'고 할 수도 있다. '팔자가 구 자같이 늘어졌다', '팔자가 늘어졌다'는 말들은 팔자가 좋다는 뜻이다. 팔자가 칠 자만도 못하다는 말과 정반대의 뜻이다.

팔자라는 말로 사람의 한평생을 가두어 두려는 음모는 지금까지 계속되고 있다. '팔자는 독 안에 숨어도 못 피한다', '천만 가지 도망은 해도, 팔자 도망은 못한다'고 했다. '만사가 팔자소관이라'고 한칼로 내려친다. '사람 팔자란 물줄기 같이 둘러맬 탓이라', '사람 팔자 시간 문제라', '사람 팔자 하루아침에 달라진다', '사람 팔자 한 발짝 앞을 모른다'는 식으로, 온통 팔자타령이다.

'타고난 복은 남 못 준다', '내 집에 들어온 복은 남 주지 않는 법이라'는 말이 있다. 콩 반쪽도 나누는 것이 도리인데 의리를 포기하란 말인가. '돈은 나누어 줘도, 복은 나누어 주지 못한다'는 말을 보면, 돈은 복에 들지 않는다는 말이 된다. 그러면 복이란 돈이 아닌 추상적인 것인가. 아마도 돈으로 바꿀 수 없는 무엇일 수도 있겠다.

이를테면 자식 복, 죽음 복, 식복들을 말하는 것이겠다. '이 복 저 복 해도 죽는 복을 잘 타고나야 한다', '춥고 배고픈 백성에게는 겨울 날씨 푸근한 것도 복이라'는 것 말이다. 돈과 전혀 연관되지 않는 복이다. 요즘에는 이런 복 말고 돈복을 원할 것이다. 돈복 외에는 하찮게 여기는 세태니까 말이다. 그런데 인간은 돈으로 환산할 수 없는 복을 헤아릴 수 없을 만큼 받고 산다. '아니 되는 놈의 일은 자빠져도 코가 깨진다', '안 되는 놈은 뒤로 자빠져도 부랄이 깨진다'고 했는데, 코나 불알이 깨지지 않으면 복이다. '안 되는 놈은 두부에도 뼈가 있다', '빈복貧福한 놈 몫의 달걀 속에는 뼈 들어서 못 먹는다'고 했는데, 뼈가 없으면 복이다. '복 없는 놈은 사슴을 잡아도 뿔이 없다'고 했는데, 뿔이 있으면 복이다.

어떤 일의 결과가 빗나가지 않을 경우, 다행多幸이라이라고 한다. "계란을 샀는데 뼈가 없어 다행이다", "사슴을 잡았는데 뿔이 있어 다행이다" 하는 말로 바꿀 수도 있다. 다행이란 뜻밖에 운이 좋다는 뜻인데, 결국 복이란 말과 다를 바 없다.

이런 식으로 따지면, 우리 삶이란 다행과 다복으로 뭉쳐 있다. 돈으로 환산한다면 엄청난 액수를 보상받고 있는 셈이다. 그러니 웬만하면 제 복이 있다 할 것이다. '제 복만 있으면 빈손으로 만나도 잘 산다'는 말이 빈말일 수 없다. 빈손으로 만나 채워가는 게 훨씬 재미있는 삶일 수 있다.

2) '제 복 짙은 놈은 소가 디뎌도 안 꺼진다'

'상제 운에 얻은 재물은 소발로 디뎌도 안 깨진다'고 했다. 상주에게 재물이 생긴 것은 조상의 음덕으로 인한 것이기 때문에 어떠한 일이 있어도 없어지지 않는다는 뜻이다. 아마도 조상의 상례에 정성을 다하라는 뜻에서 생겨난 속담일 것이다.

살다 보면 유난히 일이 잘 풀리는 사람을 본다. 남이 아니라 자신도, 어떤 때는 좋은 일만 계속 생기는 경우가 있다. '복은 쌍으로 오지 않고, 화는 홀로 오지 않는다'고 하지만, 화를 경계하는 마음이 커져서 그렇게 말할 수도 있겠다. 화든 복이든 얼마든지 쌍으로 올 수 있다. 아니 쌍보다 더한 3쌍 4쌍도 가능하다. '일이 잘 되려면 거꾸로 가도 된다'고 했다. '마이다스 손'이라 할 수 있는 순간이 있다. 그렇다고 아주 길게 계속되는 건 아니다. '복이 과하면 재앙이 온다', '복이 지나가면 재앙이 온다'는 말처럼, 불운 불복이 방문할 차례가 되는 것이다.

복불복, 행불행이 교대로 찾아오는 건 서로 상쇄하기 위함일까. 삶의 주기, 또는 리듬을 잘 타도록 깨우침을 주려는 것일까. 그럴 리 없겠다. 우연인데, 사람들이 해석을 그렇게 할 뿐이다. 아무리 신이 있다고 해도, 헤아릴 수 없이 많은 사람의 운명을 일일이 신경을 써줄 수 있겠는가.

'때와 운은 나라도 어찌할 수 없다'고 했다. 왜 아니겠는가. 나라는커녕 하늘도 어쩔 수 없다. 그래서 "하늘은 스스로 돕는 자를 돕는다"고 책임 회피성 말을 지어낸 것이 아닌가. 운불운, 행불행은 순전히 제가 할 탓이다. '떡은 시렁에 있고, 운은 하늘에 있다'는데, 누가 운을 마음대로 차지할 수 있겠는가.

세상은 마치 재수 있는 사람과 없는 사람으로 나뉘어 있는 것처럼 여겨진다. '부자는 더욱 부자가 되고, 가난한 사람은 더욱 가난해진다'는 현실 때문에 그렇다. 그러니 운수란 것도 편협하게 인식되기 마련이다. '재수 있는 놈은 엎어져도 떡판에만 엎어진다', '재수가 있으려면 무턱대고 허공에 화살을 쏘아도 새가 떨어진다', '재수가 있으려면 쌀뜨물에도 애가 선다'고 한다. 반대로 '재수 더러운 놈은 엎어져도 개똥에 코 박고, 헛발을 디뎌도 독사를 밟는다', '안 되는 놈은 달걀에도 뼈가 있는 것만 산다'고 한다.

행불행, 복불복이 과연 어디서 오는지 모르는 그 무엇에 결정되는 것일까. 누군가가 주고 내가 받는 것일까. 누군가가 내 인생을 저당잡고 행불행, 복불복을 교대로 보내주는 것인가.

결코 아니다. 제 선택에 의한 것일 뿐이다. 다만 그 선택을 할 수밖에 없었느냐, 아니면 또 다른 여지가 있었느냐의 문제일 것이다. 운이 좋았다는 것은 제가 잘 선택했다는 것, 나빴다는 것은 잘못 선택했다는 것이겠다. 유명한 로버트 프로스트의 시 〈가지 않은 길〉의 내용처럼,

선택이 인생 전체를 좌우하는 것이겠다. 택하고 나서 '독 안에 들어가 숨는대도 주어진 운명은 못 피한다'고 말하는 것일 뿐이다. 큰일은 큰 선택, 작은 일은 작은 선택이 되어 한평생 역사로 흘러가는 것일 뿐이다.

운수, 재수, 팔자, 복, 사주가 좋은 사람은 견고한 생애를 보장받는 것처럼 여겨진다. '빈집에 소 들어왔다', '되는 집은 말을 낳아도 용마만 낳는다', '되는 집에는 황소가 새끼를 낳는다'는 식이다. 반면에 좋지 않은 사람은 사사건건 흉한 생애가 이어지는 것처럼 여겨진다. '재수에 옴 붙었다', '재수 옴 붙고 옻 올라 번졌다'는 표현은 아주 기분을 잡쳤을 때 쓰는 말이다. '재수 없는 포수는 곰을 잡아도 웅담이 없고, 복 없는 장님은 점을 배워도 고뿔 앓는 놈도 없다', '재수 없는 놈은 고양이 꼬리를 밟아도 호랑이로 둔갑한다', '재수 없는 놈은 비행기 타고도 뱀한테 물린다'는 말들이 많고도 많다.

'제 복 개 못 준다', '잘 살아도 내 팔자, 못 살아도 내 팔자'라는 것은 내가 선택한 것이 내 삶이라는 뜻이다. '잘 되면 내 복이고, 못 되면 조상 탓'이라 하는데, 죽은 조상이 내 삶에 관여할 리가 없다. '잘 살고 못 사는 것은 다 팔자소관이라'는 말은, 제 삶의 모든 것이 다 제 선택에 달려 있다는 뜻이다. '천덕 지덕 하여도 내 덕이 제일이라'는 말도 다를 바 없다. 오로지 제 선택으로 행불행 복불복이 정해질 뿐이다.

3) '돈은 재운이 따라야 한다'

'재산에 욕심내는 놈치고 마음 곧은 놈 없다'고 했는데, 정말로 재산에 욕심내지 않는 사람이 있을까. '재산 앞에 장사 없다'고 했는데 말이다. 아마도 쉽게 헤아릴 수 있을 정도일 것이다. 그렇다면 대부분 사람은 마음이 곧지 못하겠다. 워낙 재산이 많아 웬만한 재물은 껌값 정도로 여기거나, 내공이 강해 황금을 보기를 돌같이 하는 사람 외에는 거의 마음이 굽은 사람들뿐이겠다. 뱀이 곧은 통에 들어가도 굽은 성질은 그대로 있다는데, 대부분 사람이 뱀하고 비슷한 품격을 지녔다고 해야 하는가?

한평생을 돈에 걸고 있는데도 비껴가기만 하니, 돈을 만나는 것도 운으로 떠넘길 수밖에 없다. 그러니 '돈과 자식은 마음대로 되지 않는다'고 하는 것이다. 그렇다면 돈과 자식 빼고 모든 것이 원하는 대로 되는가? 그야말로 '찬물에 이빨 빠질 소리'다. 이 세상에 원하는 대로 되는 건 거의 없다. '원인이 좋아야 결과가 좋다'고 하지만, 사필귀정事必歸正이 되는 건 극히 드물다.

재운이 따라야 웬만큼의 돈을 만난다고 하는데, 그놈의 재운이라는 것이 피해만 다니니 어찌해야 만날까. '남의 떡은 빼앗아도, 남의 복은 못 빼앗는다'고 했으니, 돈이 나를 찾아오지 않는 한 내가 만나러 나서야 한다. '돈이 사람을 따라야지, 사람이 돈 따라가서는 안 된다'고 하는데, 특별한 재능이 없는 사람 아니면 돈이 사람을 따를 리 없다. '돈의 길'을 찾아 버티고 있어야 '돈 타작을 한다'고 해도 할 것이다.

'발떠귀가 사나우면 가는 데마다 먹고 난 자리뿐이라'고 했다. 발떠귀란, 사람이 가는 곳을 따라서 길흉화복이 생겨나는 운수라는 뜻이다. 운수가 좋지 않으면 늘 뒷전만 치게 된다는 말이다. 먹고 난 자리는 음식만을 의미하지 않는다. 오히려 돈이나 재물을 한탕 해먹고 빠졌다는 뜻으로 많이 쓴다. 재운이 없다는 말이다.

사실 뒷전만 치다가 돈을 잃은 사람이 무척 많다. 돈 벌려는 사람들을 교묘하게 꾀어 미끼를 던져 물게 하는 사기꾼들이 널려 있다. 뭔가를 도모하도록 하는 사람들은 거의 사기꾼으로 봐야 돈을 잃지 않는다. 땅을 사도 맨 꼭지에 사고, 주식을 사도 최고점에 사게 만든다. '되는 놈은 나무를 하다가도 산삼을 캔다', '되는 놈은 엎어져도 코에 금가락지 낀다', '되는 놈은 호박 넝쿨에서도 수박이 달린다'는데 나는 뭔가 하고, 비탄에 빠지게 만든다. '잘되는 집안은 상을 당해도 땅 마지기 살 부좃돈이 떨어지고, 안 되는 집구석은 조문객이 없어 개새끼만 포식한다'고 신세를 한탄하게 만든다.

운이 닿지 않는 사람은 늘 한발이 늦어 애석하다. '떨어진 감은 때깔이 좋고, 쥐 물려간 생선은 가운데 토막이기 마련이다', '놓친 가오리가 덕석만하다', '놓친 고기는 생각할수록 커진다'는 격이다. 순발력이 부족한 건지, 지구력이 부족한 건지 도무지 판단하기 어렵다고 아쉬움이 더해진다.

'행복이나 기쁨은 기다리는 것 자체가 행복이요 기쁨이라'는 말이 그럴듯하다. 누구는 '마당 쓸고 돈 줍는다', '마당 삼蔘을 캤다', '새끼토막에 황소 끌려왔다'고 하는데, 품격있게 앉아 행복이나 기쁨을 기다리라고? '없는 손자 환값 닥치겠다'고, 누구나 손사래를 칠 것이다. '널도깨비가 복은 안 줘도, 화를 주려면 쌍으로 준다'는데, 제발 널도깨비나 만나지 않게 해달라고 빌 것이다. '사나운 팔자는 불에도 타지 않는다'니, 사나운 팔자가 되지 않도록 기원할 것이다.

돈은 나누어 줘도, 복은 나누어 주지 못한다고 했는데, 그런 사람이 몇이나 될까. 그리고 돈을 나누어 준다 해도 몇 푼이나 주겠는가. 돈이고 운이고 남에게 바라서는 안 된다. '부지런한 자에게 복이 온다'고 했으니, 부지런으로 나가자고 생각을 바꿀 일이다. 남이 복 받는 것을 시기, 질투하거나 심술을 부리지 않으면 된다. '심술 많고 복 받는 것 못 봤다', '심술은 복을 떼어 놓는다', '심술쟁이 복을 받지 못한다', '심술이 복을 까분다'고 했으니 말이다. 저 자신 몰라서 그렇지 이미 복 가운데 들어와 있는지도 모른다. 돈복보다 훨씬 값진 숱한 복을 누리고 있다 하겠다. '복 속에서 복을 모른다'고 했으니, 다시 돌아볼 일이다.

4) '돼지꿈도 세 번이면 과하다'

'복은 반복이 좋고 술은 반취가 좋다'고 했다. 하나로도 부족하다 할 텐데, 왜 반이란 말인가. '차면 넘친다', '차면 기운다'는 게 진리기 때문이다. 하늘에 달을 보면 이치를 크게 깨우친다. '달도 차면 기운다'는 단순한 원리다. 생략된 말이 물론 있다. "기운 달은 차고야 만다"는 원리다. 가득 차는 게 좋지만, 한동안 비워야 하니 허전할 것이다. 제 감정도 그에 따라 급격히 변하니 정서가 안정될 리 없다. 그러니 반 정도로 꾸준히 이어가자는 계산인 것이다.

홍진비래 고진감래도, '인생사 새옹지마'라는 말도 그렇고, '세상사 쳇바퀴 돌 듯한다'는 말도 인생의 무상함을 말한다. 그도 그럴 것이 어떻게 좋은 일만 계속되기를 바라겠는가. 반전에 반전을 거듭하니, 어지러운 삶이라 여길 것이다. 차라리 변치 않는 영속성, 반복으로 죽 가고 싶다는 염원이 생기게 된다.

돼지꿈은 재복을 부르는 최상의 꿈으로 생각해왔다. 용꿈이 최상이라 하나. 흔히 권력과 관련을 시키는 데 비해, 돼지꿈은 재물과 연관시켜 좀 더 친숙하게 생각해왔다. 꿈에 대해 말하려면 프로이드를 필두로 얼굴도 모르는 서양의 심리학자 정신분석학자들의 주장을 앞세워야 하지만 달갑지 않다. 그저 꿈이 예지몽이냐 아니냐일 것이다.

꿈은 비논리적이다. 우리 머릿속은 온갖 퍼즐 조각으로 가득 차 있다. 의식이 있을 때는 자신이 퍼즐 조각을 잘 맞추지마는, 잠을 잘 때는 무의식이 지배한다. 그럴 때 퍼즐은 아무렇게나 조합되는 것이다. 논리적이었다가, 비논리적이었다가 제멋대로다. 과거에 있던 사건들이 현재와 뒤섞여 퍼즐을 맞춰간다. 꿈은 현실에서 이루지 못한 욕구불만의 잔재로 나타난다는 학자들의 생각이 맞다고 본다.

때때로 예지몽이라고 할 수 있는 것은 어찌 된 일일까. 예컨대 태몽이 그렇고, 대단한 행운을 거머쥐기 전에 꾸는 꿈 말이다. 꿈에 할아버지가 나타나 한곳을 가르치기에 가봤더니 산삼 가족을 발견했다는 얘기도 있다. 꿈에 귀인이 나타나 번호 몇 개를 알려줘 복권을 샀더니 당첨이 됐다는 얘기도 있다. 가능한 일이라고 본다. '간절히 원하면 이루어진다'고 했다. 온 정신을 집중하면 예지몽으로 이어질 수가 있다. 지극히 드문 일이지만 말이다.

돼지꿈이나 똥꿈을 꾸면 돈이 생긴다고 생각해왔다. '돼지꿈을 꾸면 돈이 생긴다', '돼지꿈을 꾸면 재수가 있다'는 말이 그렇다. '돼지꿈을 한 번 꾸면 음식이 생기고, 두 번 꾸면 옷이 생긴다'고도 하는데, 시시껄렁하다고 할 것이다. 돼지꿈 세 번이 과하다면, 음식 옷으로 만족하라는 말이 된다. 돼지꿈에 대한 기대가 큰데 겨우 음식이나 옷이라니, 하겠다. 적어도 복권 당첨 정도는 돼야지, 하겠다.

꿈마저도 겸손하란 말이다. 가득 차지 않게 하여, 다음 차례인 기우는 게 닥치지 않도록 지연 작전을 쓰는 것이다. 하찮은 복을 계속 받는 게 낫지 큰 복 받은 대가로 큰 화를 당하는 건 참을 수 없다는 생각이다. 많은 사람이 내놓는 행복론과 발상이 같다. 행복은 아주 작은 것이고 자주 받아야 하는, 삶의 에너지 같은 것이라는 생각 말이다. 그래도 그렇지, 돼지꿈을 날이면 날마다 꾸는 것도 아닌데, 보상이 너무 시원찮네, 하겠다.

황석영의 중편소설 〈돼지꿈〉에서는, 돼지꿈으로 인한 결과가 큰 복으로 연결되지 않는다. 제목만 돼지꿈일 뿐이지, 힘들게 사는 인물들의 힘든 일상은 아주 평범하게 진행된다. 돼지꿈을 꾸었을 것으로 추측되는 주인공 강 씨는 넝마주이다. 어느 날 재주가 좋다고 할 정도로 수확을 챙기게 된다. 큰 세퍼드 사체를 얻어 온 동네잔치를 벌이게 되는 것이다. 호사다마好事多魔라고 가출했던 의붓딸이 아비 모를 애를 배서 돌아오고, 의붓아들이 작업장에서 손가락 세 개를 잘리고 돌아온다. 보상이라고 할 것은 건달이 사위가 되길 자청한다는 것뿐이다. 하층민들의 구차한 삶은 아무리 돼지꿈을 꾼다고 해도, 별것이 없다는 작가의 생각이 반영한 것처럼 여겨진다. 반어적 수법으로 이야기를 꾸려나가지만, 결국 '왕대 밭에 왕대 나고, 쑥대 밭에 쑥대 난다'는 원리에서 벗어나지 않는다. 아무리 돼지꿈이라도 있는 사람에게나 큰 복이 생기지, 없는 사람에게는 별수 없다는 냉소적 어조가 숨어 있다.

'두엄자리 앉았다가 꿩 줍는다', '논두렁 밑에서 꿩알 줍는다', '두엄 속에서 옥지환 나온 격'이란 정도면 겸손한 행운일까. 크게 바라다 크게 실망하지 말고, 작게 기대하는 것이 지혜일 것이다. '일이 안 될 때는 소똥에 미끄러져 개똥에 코를 박는다', '불행은 뜻하지 않은 곳에서 찾아온다'는 걸 겸손으로 막아내겠다는 마음이 들어있다.

'밥 먹고 살려면 돌멩이도 씹고 뉘도 씹게 마련이라'고 했다. 어찌 일마다 순탄하기만 바랄 텐가. '밥 먹을 때도 있고 죽 먹을 때도 있다'는 게 인생이다. 때로는 '밥상 차리는 놈 따로 있고, 밥 먹는 놈 따로 있다'는 생각에 억울할 때도 있겠다. '똥 먹은 개는 들키고, 겨 먹은 개는 안 들킨다', '똥 눈 놈은 도망가고, 방귀 뀐 놈은 붙들린다'는 일도 있을 수 있다. 억울한 것도 삶의 일부인데 어쩌겠는가.

'운명은 대담한 것을 좋아한다'고 했지만, 가끔 그렇다. 겸손하게 살면 대담할 일이 얼마나 되겠는가. '술은 반취가 좋고, 꽃은 반개가 좋고, 복은 반복이 좋다'는 진정성을 깨우칠 일이다. 대박 터뜨리는 걸 너무 바라지 말 일이다. 이렇든 저렇든 복을 받는 데도 겸손이 필요하겠다. '복이 너무 차면 쏟아진다', '복이 과하면 재앙이 생긴다', '복이 과하면 사람과 귀신이 함께 시기하고 싫어한다'는 말들을 새겨들어야 한다. '오는 복은 기어오고, 가는 복은 날아간다', '오는 복은 몰라도 가는 복은 안다'는 게 복의 원리다. 복이라는 것도 생각하기 나름인 것이다.

5) '복은 화가 숨어 있는 곳에 있다'

행불행, 복불복은 인생에 리듬을 타고 온다. '인간만사는 새옹지마라'는 말 자체가 그걸 말한다. 행운으로 한껏 부풀게 했다가 불운으로 한껏 찌그려 놓는다. 복으로 극락을 맛보이더니, 불복으로 나락을 맛보인다. '뒹굴 자리 보아 강가 씨름 나간다'고, 조심조심 사는 데도 가끔 불운이 뒤통수를 친다. '새장에 갇힌 새도 운이 좋으면 나갈 날이 있다'는데, 도무지 늪에서 탈출할 수 없는 지경에 처할 때가 많다. '도깨비가 복은 주지 못해도, 몸에 지니고 다니는 붉은 화는 언제라도 쏟아부을 수 있다'는데, 도깨비가 범인인가, 할 뿐 원인을 알 수가 없다.

'재앙은 짝을 지어 이른다', '재앙은 눈썹에서 떨어진다', '복은 쌍으로 오지 않고, 화는 홀로 오지 않는다'고 하는데, 사력을 다해 견뎌낼 수밖에 없다. 재앙이 쌍으로 오든 세 쌍 네 쌍으로 오든, 견뎌내면 행운이 온다는 믿음 때문이다. 흔히 액땜이라 한다. 행운보다 불운을 먼저 당할 때 위로하는 말로 쓴다.

행운이나 복은 화나 재앙 속에 숨어 있는 것이다. 복과 행운, 재앙과 화가 뒤섞여 있다가, 화나 재앙이 힘을 쓰면 복과 행운은 움츠린다. 반대로 화나 재앙이 힘을 잃으면 복과 행운이 힘을 얻으면 화나 재앙은 힘을 잃는다.

태극太極의 리듬과 다를 바 없다. 태극 속에는 음과 양이 섞여 존재한다. 음의 기운이 왕성하면 양의 기운이 약해지고, 양의 기운이 왕성해지면 음의 기운이 약해진다. 우주의 모든 것들이 음양의 리듬에 의해 찼다 기울었다 하는 것이다. 인간의 길흉화복도 예외가 아니다. 이 리듬을 미리 느끼고 알아채면 복과 행운을 즐기고 화와 불운을 가볍게 밀쳐낼 수 있게 된다.

화나 재앙이 힘을 잃게 하려면 어떻게 해야 할까. '재앙을 물리치면 무 값이요, 물러서면 천 냥이라'는 것이 답이다. 재앙이 무서워서 피하면 재앙이 크게 생각되지만 맞서 이겨내면 아무것도 아니라는 뜻이다. 재앙이나 화와 맞서야 한다. 맞설 뿐만 아니라 이겨내야 하는 것이다.

화나 재앙을 만나면 막바로 쳐낼 것이 아니다. 고통스럽지만 가슴에 얼마 동안 품어 힘을 약하게 만든 뒤 내보내야 한다. 화나 재앙을 만나면 곧바로 맞서면 큰 상처를 입을 수 있다. 그러기에 '지랄하다가 고래 잡는다', '미친놈이 호랑이 잡는다'고 한 것이다. 정상적으로는 가능하지 않고 예외적인 경우만 가능하다는 뜻이다. 정상적이라면 평온한 리듬을 타며, 좋으면 즐기고 나쁘면 잘 보내야 한다. '원수는 순리로 풀어라', '원수는 은덕으로 갚아라'는 말을 가지고 원리를 깨우칠 수 있다.

'사주팔자는 불에 들어도 변치 않는다'는 말은, 운불운이 개인의 리듬을 타기 때문에 외부의 힘에 쉽게 변할 수 없다는 뜻이겠다. '팔자소관이란 길들이기 나름이라'는 말은 개인의 운불운을 조절할 수 있다는 의미다. '세상에 어려운 일은 언제나 쉬운 데서 일어난다'는 말도 음양의 원리에 따라 이해할 수 있다.

'불운이 극에 달하면 행운이 온다', '인생살이가 새옹지마라', '인생은 항시 물레방아마냥 돈다'는 말들이 모두 삶의 리듬, 음양의 원리를 요약하고 있다. 화는 복 속에 숨어 있고, 복은 화 속에 숨어서 물레방아처럼 도는 게 세상사다. 돌아가는 속에서 사람이 선택해 만나는 순간과 환경을 운불운 복불복으로 구별할 뿐이다. 돈이 드나드는 것도 다 이런 원리에 따르는 것이겠다.

6) '인간이 게으름을 피우면 행운도 잠든다'

'부지런이 반복이라', '부지런한 것도 반복은 된다'고 했다. 부지런하면 한평생 받을 복의 절반을 이룬 것과 다름없다는 뜻이다. 아무리 가난한 사람도 부지런하면 중간은 간다는 말이다, '부지런하면 남 쌀밥 먹을 때 보리밥은 먹는다'는 말이 비슷한 뜻이겠다.

'부지런한 귀신은 배곯는 일 없고, 게으른 귀신은 물밥도 못 얻어먹는다', '부지런한 사람은 남는 것이 있지만, 게으른 사람은 먹을 것도 없다'는 말에 시비 걸 것도 없겠다. '부지런한 개가 꿩도 잡는다', '부지런한 개가 더운 똥도 얻어먹는다', '부지런한 새가 벌레도 더 잡아먹는다'는 말들도 마찬가지다.

'게으른 자식 낳지도 말라'고 했는데, 어이가 없는 말이다. 누가 게으를 줄 알고 낳을까. '자식 겉 낳지, 속은 못 낳는다'는 걸 모를 리 없다. 자식을 포함해 누구라도, 부지런하면 일단 좋게 여겨진다. 기왕이면 무턱대고 좌충우돌하는 부지런이 아니라, 일머리를 알고 매끄러운 부지런이 좋겠다. 지혜로운 부지런함이라 할까. 그러니까 일을 즐기는 부지런함, 신명 나는 부지런함이겠다. '백정도 제 좋아서 하면 낙이고,

무당도 제 신명으로 하면 복이라'는 말이 맞다.

'게으른 사람도 살고, 부지런한 사람도 산다'고 했는데, 당연히 그렇다. 예전에는 무조건 부지런한 것이 좋다고 몰아붙였다. 이제는 게으름, 아니 정확히 말하자면 느림이 중요하다고 야단이다. 아예 슬로 시티라고 해서, 통째로 느림을 추구하는 공간을 지정하기도 한다. 부지런함, 삶의 가파른 속도에 불만이 있다는 뜻이겠다.

누구나 제 삶을 쫀득쫀득하게 살고 싶을 것이다. 일 초 일 분을 아끼며 세상에 제 존재의 흔적을 깊이 새겨두고 싶을 것이다. 그런데 세상이 그런 욕심을 허락하지 않는다. 먹고 살려면 부지런 하라고 계속 채찍질을 해댄다. 누구 말마따나 중단없는 전진이 아름다운 것으로 강요된다. '게으른 놈도 한몫 볼 때가 있다'는 것을 모른다.

'게으른 사람도 한 짐, 부지런한 사람도 한 짐'이란 말이 있다. 누구나 비슷비슷한 삶을 지고 산다는 뜻이다. 그 삶의 짐을 부지런히 치워내야 한다는 사람이 있는가 하면, 어차피 치울 수 없으니 천천히 지고 가라고 하는 사람도 있다. 삶의 짐을 지고 발걸음을 천천히 옮기면 주위의 재촉에 얼굴 가죽이 뜨겁게 된다. '게으른 자는 먹지도 말라'고 위협을 한다.

'부지런한 범재가 부지런하지 못한 천재보다 낫다'는 말로 시작하여, '부지런 부자는 하늘도 못 막는다', '부지런하면 하늘도 무심하지 않는다', '부지런한 이는 앓을 틈도 없다', '부지런한 새는 울 겨를도 없다', '부지런한 사람에게는 가난이 따르지 못한다', '부지런한 물방아 얼 새가 없다', '부지런한 벌은 먹이 걱정을 않는다'는 말에 이르기까지, 한껏 부지런함을 찬양해댄다.

'게으른 부자 없고, 부지런한 가난뱅이 없다'는 게 거의 사실이겠다. 그러나 '부지런한 사람은 굶어죽지는 않지만, 큰 부자는 못 된다'고 했다. 큰 부자는 하늘이 내고, 작은 부자는 부지런함이 낸다는 말은 한도 끝도 없이 듣는 말이다. 하늘이 낸다는 큰 부자는 어떻게 해서 하늘에 잘 보였을까, 하고 궁금해하는 사람 많다. 막말로, 아버지를 잘 두면 된다고 잘라 말하는 사람이 대부분이다.

부지런함과 게으름을 겉으로 보고 모르는 경우가 대부분이다. 머리로 끊임없이 생각하는 사람은 몸을 거의 움직이지 않으니 게으른 사람으로 착각하기 쉽다. 반면 생각하기보다는 몸으로만 부지런히 오가는 사람은 무조건 부지런하다고 단정한다. 머리로 부지런히 탐구하는 사람이 집중하기 위해서는 몸을 가만히 두어야 한다. 몸이 부산하면 창의적인 생각이 바로 도망가기 때문이다.

몸으로 부지런하든 머리로 부지런하든, 부지런하다는 것은 좋게 보인다. 그런데 게으르게 보이겠지만 조용히 앉아 사색하는 것도 아름답게 보인다. 모두 제 나름의 계산과 속도로 제 삶을 살기 때문이다. 그런데 '부지런한 자는 벌어놓고 곧 죽는다'고 하니 무슨 까닭일까.

평생을 부지런하게 산다면 과속이다. 브레이크로 속도를 잘 조절해야 하는데, 버릇이 되어서 삶의 끝부분까지 내달리기 때문이다. 벌어놓기만 하고, 쓰지도 못하고 죽으니 어리석다고 할 수 있다.

'부지런한 자에게 복이 온다'는 말은 부분적으로만 진실이다. 부지런하기만 한 것으로는 인생을 잘 살았다고 할 수 없다. 지혜롭게 살아야 복을 받는다. 복을 받는 게 아니라, 제 복은 제가 창조해 내는 것이다. 환경이 우연히 잘 맞아 떨어지면 복을 받는다고 하는데, 누구나 가능한 일이다. 여기저기 부지런히 오가면 그런 기회를 만날 것이다. 그러나 지혜로운 사람은 조용히 제 복을 창조해 낸다. 제 행운을 깨어있게 하는 방법이다.

행운이 저한테 오기를 초조하게 기다리는 것보다, 어쩌면 천방지

축으로 사는 자유인이 오히려 나을 수도 있겠다. 카잔차키스 소설 《그리스인 조르바》의 주인공이 탐나는 인간상이다. 책벌레인 동행자와 이별을 할 때 남기는 말이 쾌활해 좋다. "건강하시오, 두목! 행운의 신은 눈이 멀었다고들 그럽디다. 가는 곳이 어딘지도 모르고 무작정 사람들에게 달려간다나…그걸 맞은 사람을 우리는 재수 좋은 사람이라고 부르지요. 에라 모르겠다. 행운이란 게 무슨 빌어먹을 놈의 것인지! 우리는 행운 같은 거 별로 바라지 않죠. 두목? 어때요?[61]"한다.

주인공은 부지런한 자유인이다. 즐기는 것도 부지런히 즐긴다. 자유가 행운이니까, 따로 행운을 바라지 않는다는 인생관을 가지고 있다. 부지런히 살며 잠든 행운을 깨우고 만나는 개척정신을 기르면 좋을 것이다.

14. '악으로 모은 돈은 악으로 망한다' / 돈과 선악

흔히 '아침 이슬을 독사가 먹으면 독이 되고, 젖소가 먹으면 우유가 된다'는 말을 한다. 만약 돈을 대입한다면 어떻게 표현할 수 있을까. "돈을 악인이 쓰면 독이 되고, 선인이 쓰면 약이 된다" 정도가 될까. 돈을 쓰는데도 선악의 구분을 분명히 할 수 있겠다. 예컨대 마약을 사고팔거나 인신매매에 쓰이면 악한 돈이라 할 것이다. 반면 가난한 사람을 돕거나 장학금으로 쓰이는 돈은 선한 돈으로 여길 것은 분명하다. 사람의 의도에 선악의 구별이 있고, 돈은 그 의도에 따라 움직일 뿐이다.

악한 사람이 처음부터 악한 모습을 한다면 누가 가까이 하겠는가. 악은 악 나름대로 제 모습을 위장하고 있다. "이 세상에는 단순한 악덕이란 없는 것이다. 반드시 미덕이라는 겉치장을 하고 있다"[62]는 셰익스피어의 말을 상기할 필요가 있다. 악은 선을 만나야 이익을 취할 수 있으니, 일단 선한 모습을 해야 한다. 돈을 선하게 다루는 사람이라는 생각을 심어주어야 한다.

악과 죄에 대한 책임소재를 아주 확실하게 내보인 예가 있다. 빅토르 위고의 장편 《레 미제라블》에 등장하는 주교의 말이 그것이다. "무식한 자들에게는 가급적 여러 가지를 가르쳐주어야 한다. 무료교육을 하지 않음은 사회의 죄다. 사회는 자신이 만들어낸 암흑에 대하여 책임을 져야 한다. 마음속에 그늘이 가득 차 있으면 그 때문에 죄가 범해진다. 죄인은 죄를 범한 자가 아니라 그늘을 만든 자다"[63] 하고 주장한다.

죄를 개인보다는 사회적 책임으로 돌리는 생각이 탁월하다. 대부분 사람은 죄와 악의 근본적 원인을 보지 못하고, 개인 탓으로만 돌리기 일쑤다.

세상 사람들이 짓는 죄 중에서, 돈 때문에 짓는 죄가 가장 많을 것이다. '죄라고는 돈 없는 죄뿐이라'고 하는데, 돈 없는 것 자체가 죄 될 일은 없다. 돈을 벌려다 남을 해하는 것이 죄다. 돈 없는 사람이 많은 죄를 짓는다. 그렇다고 돈 많은 사람이 짓는 죄가 더 적다고 할 수는 없다. '많이 먹은 놈이 많이 악문하고, 적게 먹은 놈이 적게 악문한다'는 세상이라서, 온통 악문뿐이다.

'쌀 한 톨 함부로 다루면, 죄가 일곱 근이라'고 했는데, 이런 것도 죄라고 칠 수는 없겠다. '죗값은 해야 한다'고 하는데, 이런 경우 죄가 너무 가벼워서 어떻게 죗값을 해야 할까, 고민일 수밖에 없다. 옛 민담처럼 벼 한 톨 까먹고, 그 집 소가 되어 갚는다는 건 과장도 너무 심하다고 하겠다. 이러면 "하늘을 우러러 한 점 부끄럼 없다"는 사람, 씨가 마를 것이다. 죄라고 할 수 없는 죄를 빼야, 진정한 죄를 말할 수 있는 건 물론이다.

떳떳하게 자행되는 불법이 얼마나 많은가. 불법이 일상화되니까 불법인지도 모르고 저지르는 죄가 헤아릴 수 없는 지경이다. '죄짓고는 못 산다'고 했지만, 천만의 말씀이다. 죄짓고 잘사는 사람들이 훨씬 많다. 아마도 죄와 벌의 기준이나 개념을 잘못 알고 있는 건 아닌지 모를 일이다. '죄지은 놈 다리 뻗고 못 잔다'고 했는데, 희희낙락하며 사는 거 보면 죄와 벌을 심판하는 자가 직무유기를 하는 것이 틀림없다.

'하늘이 만든 화는 피할 수 있으나, 제가 만든 화는 피할 수 없다'고 했다. 하늘이 만든 화가 무엇일까. 벼락, 지진, 홍수 같은 것을 말할 것이다. 천재지변은 피할 수 있어도 사람이 만든 화는 피할 수 없다? 무엇을 피할 수 없는가, 하는 것인데 죄에 대한 벌이다. '인벌은 막을 수 있어도 천벌은 막을 수 없다'고, 사람이 알지 못할 벌이 반드시 있다는 뜻이겠다.

예컨대 건물을 짓는데 원가를 절약하느라 자재를 설계대로 쓰지 않는 것이 그렇다. 아낀 돈이 어디로 가겠는가. 당연히 리베이트rebate가 있고 그것이 누구에게 가는 것인지 뻔하다. 제약회사와 약국이 의사의 뒷주머니에 넣어주는 돈은 어디서 오는가. 나라가 벌여놓은 주식시장에서 개미들이 돈을 크게 잃는 이유가 어디 있는가. 시세조종 또는 주가조작을 하는 것이 일상화되어 있기 때문이다. 명색이야 투자지만 일종의 놀음판으로 전락했기 때문이다. 짜고 치는 고스톱이나 다를 바 없는데, 멋모르는 개미들이 어떻게 무법자들을 이겨낼 수 있겠는가. '모르고 속이면 죄가 되지 않는다'고 하는데, 모르고 속이는 놈이 없다.

세금을 빼먹는 사람들은 헤아릴 수도 없다. 과잉진료로 건강보험을 빼먹는 의사나 국가지원사업을 소홀히 하고 돈만 먹는 기업이나 학자들도 세금 도둑이다. 온갖 향응이나 돈을 받는 법조인도 도둑이다. 천국을 팔아 돈을 모으는 사이비 교주들도 큰 죄인이다. 도로 항만 공항건설과 같은 국가사업을 하며 챙기는 돈은 어마어마할 텐데, 공사를 허술하게 하면 역시 세금 도둑이다. 이런저런 돈을 한껏 챙기고 나라를 망치는 정치인들은 가장 질이 좋지 않은 도둑들이다.

이런 것들이 다 악으로 모은 돈이다. 남에게 손해를 끼치면서 챙긴 것이어서 악한 돈이고 죄가 되는 것이다. '죄지어서 남 안 준다'고, 죄의 값은 두말할 것도 없이 제 몫이다. '남의 것만 보면 눈에 불이 난다'고, 유달리 남의 것에 욕심이 꽂히고 빼앗으려 드는 사람이 있다. '남의 것 둘 먹지 말고, 내 것 하나 아껴라'고 하지만, 어디 그게 쉬운 일인가? '비뚤어진 나무는 그림자도 비뚤어진다'고, 악하게 돈을 모은 사람은 쓰는 것도 악하게 쓸 가능성이 많다.

'남의 가슴에 못 박으면 제 창자에는 말뚝이 박힌다', '남의 눈에 눈물 내면 제 눈에는 피가 난다'고 했는데, 그렇게 모은 돈으로 한다는 짓은 대부분 유흥이다. 주색잡기야 기본이라는 생각을 가지게 된다. 골프장과 카지노에서, 룸싸롱에서 눈물과 피로 얼룩진 돈으로 호기 있는 인물인 체 자신을 과시한다. '바늘 도둑이 따로 있고, 소도둑이 따로 있다'고, 크고 작은 도둑놈의 소굴이 헤아릴 수도 없이 많다. '인두겁을 썼으니 사람이라'는 말이 딱 맞다.

'하늘에 죄지으면 기도할 데도 없다'고 했는데, 하늘은 결국 사람이다. 사람에게 못 할 짓 하면 벌을 피할 수 없다는 말이다. '죄 없는 가재만 돌에 치어 죽는다'고, 없는 놈만 죽어라 죽어라 하는 세상이다. '죄라고는 없는 죄 하나밖에 없다', '죄라고는 사주팔자를 잘못 타고난 죄밖에 없다'고 해봤자 들어줄 사람이 없는 세상이다.

'죄는 도깨비가 짓고, 벼락은 고목이 맞는다', '죄는 막둥이가 짓고 벼락은 샌님이 맞는다', '모진 놈 곁에 있다가 날벼락 맞는다'고 했다. 도깨비는 보이지 않고, 모진 놈을 구별할 줄 모르는 사람만 화를 당할 수밖에 없다. 그러니 어떻게 벌을 하늘에 맡기겠는가. '열 사람의 죄인을 놓치더라도, 한 사람의 억울한 죄인을 만들지 말라'고 하는데, 이 말을 들어야 할 사람이 누구일까.

'천둥 번개 칠 때는 천하 사람이 한마음 한뜻이라', '도적놈이 물 길러 가도 제 문 채우고 간다'는 말은, 죄지은 걸 스스로 안다는 뜻이다. '도둑놈 제 발이 저리다'는 말과 통한다. 제 발 안 저린 사람이 있을까. '하늘이 알고 땅이 알고, 네가 알고 내가 안다'는 죄는 아주 적을 수밖에 없다. 누구라서 죄가 있고 없고를, 죄의 크고 작음을 찾아내고 심판할 수 있겠는가. 그러니 죄를 진 사람들이 태평성대를 누리고 있는 것이다. 그저 '물은 트는 대로 흐르고, 죄는 지은 대로 간다', '죄는 지은 대로 가고, 공은 닦은 대로 간다'는 말이나 붙잡고 믿어볼 뿐이다.

1) '돈은 만악의 근본이라'

'돈에는 교만이 따라다닌다', '돈에는 욕심이 따라다닌다', '돈에는 근심 걱정이 따라다닌다', '돈에는 눈물도 없다', '돈에 맛 들이면 의리도 저버린다', '돈에 미치면 죽는 줄도 모른다', '돈에 눈이 어두우면 처자식도 돌보지 않는다', '돈에 들어가서는 일가친척도 없다'고 하는데, 이 정도만 해도 돈이 만악萬惡의 근본이자 악의 소굴로 취급해야 할 것이다. 그래도 돈을 따라잡아야 하니, 변고도 그런 변고가 없다.

만악의 근본이라는 돈에 원수를 갚으려다가 장렬한 전사를 한 사람이 많고도 많다. 끌어안든지 올라타든지 해서 승부를 빨리 내려고 하지만 결코 쉬운 일이 아니다. '돈이 사람을 속이지, 사람이 돈을 속이나' 하는데, 속이거나 속는 게 아니라 서로 때를 맞추지 못하는 까닭일 것이다. 아니면 인연이 닿지 않기 때문일 수도 있겠다.

세상을 살아가는데 돈처럼 편리한 것이 없다. 물물교환의 시대를 상상해보자. 편리한 것에 익숙한 사람은 두통에 시달릴 것이다. 내가 만든 무거운 물건을 들고 가서, 내가 원하는 것과 바꾼다는 것이 쉽겠는가. 도둑을 맞지 않으려고 쌀 포대 수십 개를 맡길 곳도 없다. 내가 밤새도록 지킬 수도 없고, 하인을 쓰자니 새경이 든다.

돈의 역사가 오늘에 이르기까지 우여곡절이 많았지만, 어쨌든 가장 편한 시대에 살고 있는 것이다. 그런데 이런 돈을 악하다고 해야 하나. 돈은 억울하겠다. 사람이 악을 저지르고 돈에게 그 책임을 떠넘긴다. 돈이 아니라, "사람은 만악의 근본이라"해야 맞는 말이다. 그러니 돈을 욕하지 말 것이다.

'돈 내고 돈 먹기' 판이 돼버린 세상이다. 모두가 돈을 잡으려 눈도 벌겋고 코도 벌렁거린다. 돈 욕심 때문에 죄짓는 줄도 모르고 덤벼들다 보니, '진흙 밭에서 개싸움'이 된다. '진펄에 개구리 뛰듯 하는' 스스로가 가엽기도 하지만, 대부분 사람이 똑같은 모습이니 유난 떨 것도 없다는 생각이겠다.

'돈 나무라다가 돈에 울고, 사람 나무라다가 사람에 운다'니, 결국 울며 산다는 말이다. 왜 아니겠는가. 겉은 멀쩡해 보여도 속으로 흘리는 눈물로 애간장이 녹을 것이다. 없는 사람은 돈에 대한 원망이 끊일 수가 없다. '배고프면 죄도 무섭지 않다', '배고파서 훔쳐먹은 죄는 죄 값도 봐준다', '배고프면 죄도 모른다'고 해서 배고파 짓는 죄를 최대한으로 낮추기는 한다. 그런다고 죄가 아주 없어지는 것도 아니다. 굶지 않는데 돈이 필요하다는 것이 문제다. 사람이 움직이지 않고 가만히 있어도 돈이 든다. 남들과 어울려 살자면 밑 빠진 시루에 물 붓기로 돈이 든다. 상대적 박탈감이라 부르는 상실감에 살맛을 잃는다.

'돈을 보면 마음이 뒤집힌다'고 하는데, 각종 횡령 사건을 보면 안다. 은행권이나 관공서에 근무하면서 수백, 수십억 대의 횡령 사건이 종종 일어난다. 많은 돈을 만지다 보면 욕심이 날 수밖에 없는 건 당연하다. 제 마음이 견고하지 않으면 일을 내기 마련이다. 돈을 만지는 직업이 아니었다면 마음이 뒤집혔겠나. 돈이 악의 근본이 아니라, 욕심 때문에 뒤집히는 마음이 악의 근본이다.

'악인 갖다 성인 만들 수도 있고, 성인 갖다 악인 만들 수도 있다'고 했다. 돈이나 재물이 끼어들면 당연히 그럴 수밖에 없다. 더군다나 가난한 사람은 아주 쉽게 악의 유혹에 빠질 수 있다. 이에 대해서는 좋은 예가 있다. 빅토르 위고가 《레 미제라블》이란 작품에서 주인공인 장발장을 등장시키며 악에 대해 곳곳에서 잘 규명해주고 있다.

빵 한 조각을 훔친 죄로 19년간을 복역한 장발장의 행위는, "자기가 받은 악에 대한 보복으로 행하는 급속한 반사적 무의식적 본능적 악행"이라는 것이다. 약자에 대한 강자의 폭력이며, 강자는 법을 쥐고 있는 사회나 국가라는 생각이다. "해가 감에 따라 그의 영혼은 더욱 서서히 그러나 결정적으로 메말라 갔다. 마음이 마를 때에는 눈물도 마른다. 교도소를 나올 때까지 19년 동안 그는 눈물 한 방울 흘린 적이 없었다"[64]는 해설로, 장발장이 악감정으로 견고히 무장되었다는 것을 암시해준다.

가난을 벗어나려고 악행을 저지른 것도 아니고, 배고픈 순간을 면하려는 순간적 선택인데, 한평생 악인으로 낙인을 찍히게 되는 것이다. 그렇지만 자베르와의 끈질긴 악연도 거기서 시작된다. '악연도 연분이라'는 말대로다.

모든 사람은 돈과 악연을 맺고 있다. 적게 가지고 있으면 적은 악연, 많이 가지면 많은 악연으로 비례해 인생이 펼쳐질 가능성이 높다. 악연이 꼭 죄와 벌로 귀결되는 것은 아니다. '하늘에 머리 두고 사는 인간들치고, 죄 안 짓고 사는 놈 없다'고 한다. 돈을 놓고 벌이는 싸움일 경우가 대부분이다. '여섯 번 죄지으나 일곱 번 죄지으나 벌 받기는 매일반이라'니, '이왕 내친걸음'이라고 거듭거듭 죄를 짓는 사람도 적지 않다. '오라는 네가 지고 도적질은 내가 하마' 하며, 코끼리 발바닥 같은 파렴치로 시종일관하는 사람도 있다.

'사람 마음이 검으면 장래가 좋지 못하다'고 했는데, 마음이 검은 사람이 따로 있는 게 아니다. 돈이 더 필요하다고 생각하면, 마음은 쉽게 검어진다. '연고 없이 생긴 돈은 화를 입게 된다'고 하면, 화를 입어도 좋으니 연고 없는 돈이라도 맛보자고 덤빈다. 그러니 장래가 좋지 않고, 그 원인으로 모든 사람은 죽는 것일까. 사람이 만악의 근본인데, 돈을 놓고 끝없이 벌이는 싸움이다 보니 돈까지 도매금으로 악의 축이 되는 것이다.

2) '돈은 부정한 데서 모인다'

부정한 돈이란 어떤 것일까. 말할 것도 없이 불법적으로 벌어들이는 돈이다. 마약을 제조 유통하거나 불법 노름판으로 벌어들이는 돈이 있다. 남의 것을 훔치거나 강제로 빼앗은 것, 뇌물 따위를 들 수 있겠다. '남의 등을 긁어먹고 산다', '남의 등을 처먹고 산다'면, 다 부정한 돈이겠다. 돈은 죄가 없으니, 부정한 사람들이 모이면 악한들의 소굴이 되겠다. 악한들의 소굴에 큰돈이 모이는 건 당연하다. 오로지 남의 돈을 크게 먹으려 간덩이와 똥배짱만 키웠기 때문이다.

마약왕이 전 세계 부호 순위에 들기도 하는데, 놀랄 일도 아니다. 멕시코, 콜롬비아와 같은 국가에서 활약하는 마약왕과 조직원들이 악하게 모은 돈의 규모는 수십 조 단위다. 상상할 수도 없는 규모의 돈을 벌어들이면서, 엄청난 악을 저지른다. 인터넷 도박으로 벌어들이는 돈의 규모를 봐라. 발각되는 사건마다 수백억 규모다. 사람들의 피눈물을 내서 거두어들이는 돈이다.

돈을 깨끗하게 모으려면 무척 마디고 마디다. 아주 조금씩, 그야말로 개미가 금탑 쌓듯 해야 어떤 일을 도모할 수 있다. '돈 낟가리를 쌓는다', '돈 낟가리에 앉았다'고 할 수 있는 경우는 뭔가 큰 발명품이나, 명품을 만들어내기 전에는 쉽지 않다.

'똥 싼 놈이 큰 체한다'고 하는데, 이 세상은 그렇게 돌아가기 마련이다. 큰돈을 가지고 있으면 우선 배짱이 커진다. 자잘하게 돈을 쓰든지 벌어서는 큰소리를 칠 수 없다. 돈을 욕심껏 키워야 치고 빠지기 쉽다. 악마의 소굴에서 배운 기술로 한탕 해서 잘 먹고 잘살겠다는 심보다.

'도둑질만 하지 말고 다 해먹어라', '도둑질 빼고는 다 배워라' 하지만, 이들에게 도둑질 빼고 배울 게 없다. '도둑질도 배우는 두랬다'고 했다. 배워만 두랬지, 써먹으라는 말은 아니다. '도둑질 빼고는 세상에 쉬운 돈벌이 없다'는 게 이들의 신념이다.

예컨대 보이스 피싱으로 돈을 빼앗는 자들을 보자. 피와 땀 한 방울 안 흘리고, 남의 피땀으로 모은 돈을 몽땅몽땅 빼앗아간다. 한결같이 큰돈이다. 최소한 수천에서 수십 억에 이르기도 한다. 그런 돈을 빼앗기 위해 거대한 조직을 만들고 실행하는데 얼마나 공을 들였을까. '도둑질을 해도 손발이 맞아야 한다'고, 손발 맞추는 연습을 수도 없이 되풀이했을 것이다. '도둑질도 알아야 한다'는 경지는 이런 연습 후에 이르는 것이겠다.

마약 공급자들을 봐도 피가 거꾸로 흐를 일이다. 남의 돈을 빼앗는 것도 큰 죄악이지만, 사람의 정신을 착란에 빠지게 하는 건 극악이라 하겠다. '몸밖에 재물이 없다'고 했는데, 마지막 남은 것을 제대로 작동할 수 없게 만들면 죽은 목숨과 다름없다. 도둑한테 한 번 당하면 각성이 따르겠지만, 마약에 당하면 각성은커녕 중독에 빠지니 거의 재기하기 어렵다. 서서히, 사람을 고통에서 죽음으로 끌어가는 것이다.

'도둑이 부자 된 사람 없다'지만, 잠깐만이라도 이들은 부자다. '악으로 모은 부는 부富가 아니라 부腐라'고 하지만, 이들에게 그런 구분이 필요하지 않다. 순박한 이들도, '돈 남아 주체 못한다는 사람 없다'고 하는데, 이들은 더할 나위 없다. '도둑질한 쌀이 헤프다'고 이들의 씀씀이 역시 규모가 다르다. 비싼 차에 호화 주택에서 호의호식한다.

'도둑이 없으면 법도 쓸데없다'고 했는데, 바로 이런 인간들 때문에 더욱 강력한 법이 필요한 것이다. '물이 맑으면 큰 고기가 없다', '물이 너무 맑으면 고기가 모이지 않는다'고 했는데, 더러워도 너무 더러운 인간들이라서 고기가 아니라 물이 떠나갈 정도다. '물이 더러우면 고기도 떠나간다'는 게 아니고 물이 빠진다는 말이다.

'지름길인지 알았더니, 그게 바로 저승길이라'는 말이 있다. 빠르게 출세를 하려고 했는데 그게 오히려 화를 입는 길이었다는 뜻이다. 돈을 많이 버는데 정당한 것보다는 불법인 경우가 훨씬 많을 것이다. 고리대금업을 해서 가난한 사람들의 피를 빨아먹는 식으로 살아서 돈을 쌓는 인간들을 어느 누가 용서하겠는가. 아마도 끝내 저 스스로를 용서할 수 없을 것이다. '악으로 모은 세간 악으로 패한다', '악으로 모은 돈은 악으로 망한다', '악으로 모은 돈은 악으로 없어진다'는 말대로 이뤄지기 바라는 마음뿐이다.

'옳은 일을 하면 죽어도 옳은 귀신이 된다'고 했는데, 나쁜 일을 했던 인간들이 나쁜 귀신이 되어 후생에도 설쳐대지 않을까 걱정이 태산이다.

3) '악인도 운을 타고 난다'

악하게 모은 돈으로 호의호식하는 것은 기본이고, 악한이 권력을 잡을 때도 있다. 남미에서는 마약왕이 국회의원이 된 경우도 있다. 악행을 했다고 해서 금방 벌을 받지 않는다. 한동안 잘 산다. 잘 사는 그

시간 동안은 악인도 복을 받고 있다고 생각해야 할 것이다.

'사람이란 천 층에다 구만 층'이라니 악인도 여러 층일 것이다. 처음부터 악인으로 태어난 것이 아니라, 살다 보니 그렇게 됐으니 악행도 다양하고 악인도 제각각이겠다. 아주 가볍게 남에게 피해를 주었으면, 악행이라 구별할 수도 있겠다. 그렇지 않고 사람을 죽이고 반복적으로 극악한 짓을 했을 때는 악인이라 할 것이다. '사람도 제각각, 죄도 제각각'이니 구별이 필요한 것이다.

'버릴 그릇 없고, 버릴 사람 없다'고 한다지만, 악인을 어디다 쓸까. 예가 없는 것은 아니다. 미국에서는 죄수를 큰 산불을 끄는 데 투입하기도 했다. 사형수를 전선에 투입하는 경우는 허다했다. 기왕에 죽을 목숨 적을 죽여 공을 인정받으면 형을 면제받으니 '누이 좋고 매부 좋고'가 되니 쓸모가 있다 하겠다. 별로 오래되지 않은 세월인데, 죄수들에 쇠사슬을 채우고 교도소 밖에 데리고 나와 일을 시키곤 했다. 이런 가치 때문에 버릴 사람 없다고 하는 걸까. 아니면 인간이 인간을 심판하는 게 부조리한 일이라서 그럴까.

법은 인간이 내릴 수 있도록 약속된 심판이다. 악행이든 악인이든 법에 맡겨 다스리는 게 최선이다. 법망을 촘촘히 짜서 죄인을 고립시키는 게 할 일이다. 그러나 법망이 아무리 조밀하고 튼튼해도 어기려는 자를 다 잡아내지 못한다. '법에는 구멍이 뚫려 있다'는 말 그대로다. '법은 피라미만 잡는다'고 했다. 법이 아무리 좋아도 빠져나가는 죄인이 있다. 이럴 때 악인도 운을 타고 난다고 할 수 있을 것이다.

사실 운을 타고 나는 건지 살다가 우연히 만나는 건지 구별하기는 어렵다. 게다가 제 정성을 들여 만들 수 있는지도 모른다. '적멸보궁은 도둑놈도 정성을 다하면 도둑질을 잘하게 해준다'고 하니까, 정성을 들이면 선과 악을 초월할 수도 있나 보다. '악한 일을 하자니 자손 생각해 못하고, 도적질을 하자니 법 무서워 못하겠네' 하는 것이 법과 도리의 경계다.

'양의 탈을 쓴 늑대보다 늑대 탈을 쓴 늑대가 낫다'고 한다. 위선보다는 차라리 그냥 본성을 보이는 게 낫다는 말이다. 위선은 사람을 속이고 시작하기 때문에 사람에게 그릇된 판단을 하게 한다는 이유다. '널도깨비가 생도깨비를 잡아간다'는 말이 있다. 못된 사람이 더 못된 사람을 해친다는 뜻으로 빗대는 말이다. 처음부터 진짜 악인인 줄 알면 무장해제를 하지 않고, 경계를 풀지 않기에 덜 위험하다는 뜻이겠다.

'선악 보복은 도망하기 어렵다'고 했다. 어렵다는 것이지 불가능하다는 말은 아니다. '감옥에 십 년 있으면 바늘로 파옥한다'고 할 정도의 고수가 있다. '감옥에서도 돈만 있으면 뒷문으로 나간다'고 했는데, 이럴 경우를 운이라 할까, 아니면 능력이라 할 것인가. 둘 다 해당하겠다. 아무리 능력이 좋아 파옥을 했어도 잡히지 않았으니 운이다. '당나귀 도둑놈은 따로 있는데, 말뚝 쥐고 있던 놈이 잡혀간다', '도둑질은 김씨가 하고 오라는 이씨가 져라' 하는 경우도, 도둑 쪽에서 볼 때는 운이다.

'막돼먹은 인간은 나라도 다스리지 못한다'고 했다. 그러나 세상사 마음먹기에 달렸다고 했다. 도적이 마음을 고쳐먹는 순간 인물이 될 수도 있는 것이다. '미꾸라지도 용이 되고, 도적도 성인이 된다'는 말이 그런 뜻이다. '오이는 씨가 있어도 도둑은 씨가 없다'고 했다. '사람도 궁하면 속이게 된다'고도 했다. 궁하면 누구나 도둑이 될 가능성을 가지고 있다는 말이다.

'열 형리 사귀지 말고, 한 가지 죄도 짓지 마라'고 했지만 쉬운 일이 아니다. '탐욕 많은 놈은 재물 때문에 죽는다'고 하는데, 욕심을 한껏 키우는 세태에서 청빈하게 살라는 말이 설득력을 갖지 못한다. '천도깨비 지은 죄에 벼락 맞는다'고, 죄인의 죄를 덮어쓰지 말고, 죄지은 사람을 구별하는 지혜를 가져야 운을 만날 수 있다. 악연도 연분이라고 하는데, 악인과 연분을 피해야 할 것이다. '열 사람의 파수꾼이 한 놈의 도둑을 못 막는다'고 했다. 아무리 악인일지라도 법이 살길을 틔워주고 있으니, 그것이 타고난 운이라 할 것이다.

4) '돈이 농간을 부린다'

'돈이 사람을 속인다'고 해서, 돈이 농간을 부린다고 말한다. 농간弄奸이란 남의 일을 그르치거나 잘못되게 한다는 뜻이다. 착한 행동을 뒤집어 악하게 만드는 것이 농간이겠다. 돈이 착한 사람을 악하게 만든다는 것은 음모다. 돈이 있고 없고에 따라서 세상이 완전히 달리 보이고 인간관계가 다 뒤집히니, 농간을 부린다고 하는데 인간이 흔들려서 그렇다. 인간이 농간을 부리는 것인데, 돈에 뒤집어씌우는 것이다. 사람들이 돈을 두고 무슨 음모를 꾸며도 돈은 무죄다. '사람이 돈을 부리는 것이 아니라, 돈이 사람을 부린다'는 말도 그럴 듯하지만 아니다. 다만 사람이 돈을 잘못 부릴 뿐이다.

'가난하면 마음에 도둑이 든다'고 했다. 그런데 가난하고 상관없다. 있는 사람이 욕심을 더 낸다. 그렇다고 탐심이 있는 모든 사람의 마음에는 도둑이 들어있다고 하면 지나치다. 웬만한 욕심은 인간의 본성으로 여겨야 할 것이다. '돈 떨어지면 일가도 바뀌고 친구도 바뀐다', '돈 떨어지면 정도 떨어지고, 정 떨어지면 임도 떨어진다', '돈 떨어지면 적막강산이라', '돈 떨어진 자리가 그대로 초상난 자리라'고 하는데, 이런 사정이 되면 사람의 마음이 흔들리지 않을 수 없다.

'갑자기 부유해지면 상서롭지 못하다'고 한다. 갑자기 돈을 잃어도,

큰돈이 생겨도 마음은 흔들린다. 평상심이 흔들리면서 지극히 고양되거나 침체된다. 돈 때문에 이제까지 하지 않던 언행을 하게 되면, 돈이 농간한다고 뒤집어씌우기 좋다.

'남이 주는 것을 다 받고 나니 벙어리가 되었다'는 경우도 마찬가지다. 뇌물에도 무너지지 않는 사람도 있지만, 웬만한 사람은 버티지 못하고 무너지기 일쑤다. 그래서 '돈다발로 쳐대는 매질 앞에서 끝까지 버티는 사람 없다'고 했다. 이런 것도 돈이 농간했다고 말할 수 있다. 그러나 역시 마찬가지다. 많은 돈이 생기니 평상심을 잃는 것이다.

'의심이 도적이라'는 말이 있다. 남을 의심하는 것이 좋지 않다는 뜻으로 쓰는 말이다. 제 돈이나 물건을 잃으면, 우선 남을 의심해가기 일쑤다. '의심이 마심魔心이라', '의심이 죄라'고 하지만, 마음이 흔들리면 사람을 가리지 않고 의심을 해댄다. 이것도 돈의 농간이라 할 것인가.

돈이 농간한다고 말하면, 사람의 마음이 크게 흔들려 평상심을 잃은 것으로 알아들으면 된다. 의지가 약해서 그렇다. 소견이 좁으면 아주 하찮은 돈을 잃어도 마음이 흔들린다. '제 돈 세 푼은 아까운 줄 알면서, 남의 돈 칠 푼은 아까운 줄 모른다'고 비난받는 사람은 소견이 비좁은 것이다.

돈도 써 봐야 쓸 줄을 알게 된다. '돈 한 푼 쥐면 손에 땀이 난다'는 정도가 되면, 돈의 농간이 아닌 제 농간에 놀아나게 된다. 가난이 사람을 철들게도 하지만, 너무 움츠리고 자라 마음을 굳건하게 지키지 못할 수도 있다. 그래서 자식 끝이 펴일려면 에미 손끝이 헤퍼야 한다고 한 것이다. 자식이 기를 펴고 살도록 하려면, 어머니가 인심을 한껏 써야 한다는 뜻이다. 그것을 보고 자식도 돈 쓰는 법을 배우게 된다. 그래야 웬만한 규모의 돈에도 평상심을 잃지 않을 뿐만 아니라, 제 마음의 농간을 돈의 농간으로 뒤집어씌우지 않게 된다.

5) '악한 끝은 없어도 후한 끝은 있다'

'죄는 지은 데로 가고 덕은 닦은 대로 간다'는 말은 사필귀정이라 요약할 수 있다. 죄를 지으면 벌을 받는다는 뜻인데, 아무리 벌을 내려도 죄짓는 일이 끊이지 않는다. '악한 것은 끝이 있다'는 말대로라면, 세상에 악행이 줄어들어야 마땅하다. 끝이 있기는커녕 악이 차고 넘친다. 그저 사실대로 "악한 것은 끝이 없다"고 하는 게 낫겠다. '악한 일은 물레 돌 듯한다'는 말은 악의 끝을 볼 수 없다는 말과 같다.

돈 때문에 일어나는 악한 사건이 많다. 세상에 돈이 없다면 극악한 사건은 훨씬 덜할 것이다. '돈에 울고 돈에 죽는다'는 말이 인생사를 요약하는 것 같아 씁쓸하다. '돈에 반하지 사람에 반하지 않는다'는 것이 요즘 세태의 정곡을 찌르고 있는 말이다.

사정이 이러하니 돈을 두고 선악이 팽팽하게 맞서는 것은 당연하다. '돈 있으면 존대 받고, 돈 없으면 천대받는다'고 하는데, 어느 누가 돈에 무심한 채 있을 것인가. 남에게 존대를 받기 위해 돈 벌기에 나설 것이다. 돈을 충분히 벌기 위해서는 강해야 한다. 염치불구하고, 파렴치하다고 할 정도로 덤벼야 틈을 내준다. 당연히 악도 있게 된다.

'악을 쓰는 자는 악으로 망한다'고 하지만 꼭 그런 건 아니다. 악을 써 돈을 많이 챙기고, 꿋꿋하게 버티는 사람이 얼마나 많은가. '한 가지 악행이 백 가지 선행을 쓸어넘긴다'고 하는데, 한 가지 악행이 아니라 숱하게 많은 악행에도 끄떡없이 찬양까지 받는 사람도 적지 않다. 기업인들치고 악행에서 자유로운 사람이 거의 없을 것이다. 그런데도 국가경제에 기여한다고 사면, 복권도 해주지 않는가. 악한 끝도 있는 것이다. '악한 끝은 없어도 선한 끝은 있다', '악하면 악한 끝이 있고, 착하면 착한 끝이 있다'는 말이 꼭 맞지 않는다. 사필귀정이라면 악행이나 악은 훨씬 줄어들 것이다.

악행에 당한 사람은 원수를 두었다고 생각할 것이다. 물론 사소한 손해를 보고 '원수니 악수니 한다'고 할 정도로 감정을 돋구지는 않겠다. '돈 떼어먹은 놈하고는 살아도, 술잔 떼어먹은 놈하고는 못 산다', '돈 떼어먹은 놈하고는 살아도, 표 안 준 놈하고는 못 산다'는 말은 순전히 우스개로 취급할 것이다. 같이 못 산다는 건, 불구대천의 원수라는 뜻이지만, 사소한 일일진대 진정한 원수라 볼 수 없다.

'원수는 세월이 갚고 남이 갚아준다', '원수는 순리로 풀어라', '원수는 은덕으로 갚아라', '옛날 원수 갚으려다 새 원수 생긴다'고 하여, 원수와 직접 맞서는 것을 권하지 않는다. 더 나가 원수를 은덕으로 갚으라는 것은 끝을 남기지 않도록 하기 위한 충고라 할 수 있다. '원수는 골골마다 만난다', '원수는 밥상머리에 앉아 있다'는 말은, 원수는 어디에나 있을 수 있으니 조심하여 후한을 남기지 말라는 뜻이다. 악 또는 악인과 맞서면 선善이나 선한 사람이 이긴다는 생각을 유보하는 것이겠다. '선은 선으로 갚고, 악은 악으로 갚는다', '덕은 덕으로 대하고, 원수는 원수로 대한다'는 생각이 성급하다고 보는 것이다. "선은 선으로 갚지만, 악에는 맞서지 말고 유보하라"는 정도를 지혜로 본다고 하겠다.

죽음을 죄 또는 악의 끝으로 보기도 하고, 그렇지 않다고 생각하기도 한다. '사람은 죽어서 죄를 씻는다', '죽어도 죄만은 남는다', '저승에 가도 죄 값은 못 면한다'는 말들이 그렇다. 그러면서 다음 생까지 이어놓는다. '옳은 귀신이 되려면 마음을 고치랬다'는 말이 그렇다.

15. '돈은 지키기도 어렵다' / 낭비와 절약

'소 잡아 잔치할 것을 닭 잡아 잔치한다'고 하는데, 그러면 절약이다. '닭 잡아 할 제사 소 잡아 한다'면 낭비다. 분별력이 있다면, '소 잡아 대접할 손님 있고, 닭 잡아 대접할 손님 있다'는 것을 알고 행하면 된다. '돈을 물 쓰듯 한다'는 말을 들으면 분명 낭비지만, 돈이 많아 주체를 못 하는 사람이 스스로 낭비한다고 생각할까. '서까래 하나 아끼려다가 대들보 내려 앉힌다', '소금 한 종지 아끼려다 고기 통마리 썩힌다'고 하면, 절약하려다 오히려 손해를 입는 경우다.

절약과 낭비라는 것은 상대적인 개념이다. 가진 돈이나 재물에 비해 얼마나 어떻게 썼느냐를 따져봐야 한다. 연봉이 적으면서 비싼 대형차나 외제차를 타고 다니면 낭비라 한다. 돈깨나 있는 사람이 대중교통만 고집한다면, 구두쇠라고 욕까지 해댈 것이다. 유명 연예인이 자신은 셋방에 살면서 성탄절 성금으로 몇억을 내놨다고 하면, 낭비라 하지 않고 통 큰 기부라 한다. 재벌회사에서 몇억을 내놨다고 하면, 쩨쩨하다거나 회장이 쫄보라 할 것이다.

남이 돈을 낭비하거나 절약하거나 제 깜냥으로 할 것이니, 가족이 아닌 다음에야 간섭할 건 없다. '돈은 주머니와 상의해 봐야 안다'고, 주머니에 든 돈과 타협해서 쓴다면 결코 낭비는 아니겠다. 가진 것보다 훨씬 더 큰 규모의 돈을 미리 당겨서 쓰는 습관이 있으면 낭비라 하겠지만, '돈은 쓰는 재미로 번다'고 했으니 구경이나 할 일이다.

매스컴에서 뭔가를 아끼라는 소리를 들어본 지 참으로 오래다.

6.25 전쟁이 끝난 후부터 한 20여 년은 백성에게 그렇게 근검절약을 호소하던 목소리를 더 이상 들을 수 없게 되었다. 이제는 근검절약 아니라 많이 쓰라고 권장을 해대니, 격세지감이 커도 너무 크다. 산업사회라는 게 자꾸 써대야 돈이 돌고 재생산이 되어, 서로서로 부유하게 되는 구조라는 걸 모르는 것은 아니지만, 요즘 세태는 해도 해도 너무하다는 감정을 가라앉히기 쉽지 않다.

'돈은 주인이 따로 있다'고 하니까, 지금 가지고 있는 돈의 주인이 되려고 할 필요는 없다. 돈은 돌아야 할 운명이다. 돈을 정지시켜 제 금고에 넣어두려 한다면 어리석은 짓이다. 어차피 이 시대에 돈은 숫자일 뿐이다. 욕망의 높이만큼 숫자 단위를 높여가고 있을 뿐인 것이다.

세상을 제대로 읽어내는 사람이라면, 자본주의가 제정신을 못 차리고 질주한다고 염려할 것이다. 모든 나라가 미국을 모델로 삼아 풍요롭게 살아가려고 한다. 실컷 먹고 쓰고, 엄청나게 쏟아지는 쓰레기는 땅에 묻으면 된다고 생각한다. 땅속에 있는 석유나 광물은 깡그리 파내어 싼 맛에 실컷 써버리고 있다. 후손들이 써야 할 것을 우리 세대 사람들이 도둑질해 쓰고 있는 짓을 멈추라고, 아무리 외쳐도 마이동풍 우이독경이다. 쓰던 버릇이 있는데, 하루아침에 고쳐지겠는가.

정말 양심적인 최고 우두머리가 나타나, 미래 후손들을 위해 자본주의의 맹목적 질주를 조절하려고 브레이크라도 밟는다면 야단이 날 것이다. 오로지 경제성장을 내세워야 선거에서 이기는 판에, 정치적 득세를 포기하지 않는 한 가능하지 않다. 세계적 지성인이고, 강대국의 최고 우두머리라도 머지않아 망할 걸 뻔히 알면서도 어쩌지 못하는 형국이다.

현대경제학자 중 바른 소리를 했던 한 사람을 예들 수 있다. 슈마허라는 독일인인데, 절약정신을 강조한다. 특히 불교경제라 말하며 논리를 편다. '불교경제학이 적정 규모의 소비로 인간으로서의 만족을 극대화하려는 데 반해, 근대경제학은 적정 규모의 생산 노력으로 소비를 극대화하려 한다.'[65]고 전제하며, 불교 경제의 장점을 요약한다.

'불교는 중도(中道)이므로 결코 물질적인 복지를 적대시하지는 않는다. 해탈을 방해하는 것은 부 자체가 아니라 부에 대한 집착이다. 즐거움을 향수하는 일 자체가 아니라, 그것을 애타게 추구하는 마음인 것이다. 따라서 불교 경제학의 기조(基調)는 간소(簡疏)와 비폭력이다. 경제학자의 관점에서 불교도의 생활이 훌륭해 보이는 것은, 그 양식이 매우 합리적이기 때문이다. 즉 놀라울 만큼 적은 수단으로 충분한 만족을 얻고 있기 때문이다.'[66]

위와 같은 논리로 소비를 최소화시킬 것을 주문한다. 그의 저서 《작은 것이 아름답다》에 모든 사상이 요약돼 있는 것이다.

'물도 아껴 쓰면 용왕이 복을 준다'는 말이 주는 어감과 생각이 얼마나 아름다운가. 더 이상 갸륵할 수가 없는 마음이다. '새 한 마리로 이레 잔치를 하고, 사돈집에 지고 들어가도 대문에 걸린다'는 말은 정말 엉터리 같은 말이라서 웃음이 나오지만, 나누는 정을 한껏 과장하는 표현법이 재기발랄의 절정이라는 생각을 하게 된다. 절약을 모르는 사람에게는 어이없는 말이겠지만, 절약이 몸에 밴 사람에게는 포근함을 느끼는 말이다.

'돈도 써본 놈이 쓸 줄 알고, 고기는 먹어본 놈이 더 먹는다', '돈 두고 못 쓰면 죽어야 한다'는 말들은 요즘 젊은 세대가 공감하는 속담이겠다. 돈이야 쓰는 재미로 버는 것인데, 잔뜩 쟁여놓기만 하면 뭐하겠는가, 할 것이다. '아끼면 똥 된다', '아끼다 개 좋은 일만 시킨다'고 하면서, 쓸 때는 앞뒤 생각 말고 써야 한다고 재촉할 것이다.

정종진 303

과시적 소비를 하는 사람을 종종 만난다. 누가 봐도 자신은 남들과 다르다는 것을 내세우기 위해 돈을 마구 뿌려대면서 우쭐한다. 돈을 많이 가졌으니 쓰는 일만 남았겠지, 하고 생각하면 오산이다. 그들의 과시적 소비도 목적이 있단다. 써 없애는 게 목적이 아니라 일종의 투자라는 얘기다. 더 높은 욕심을 향한 과소비라는 뜻이다.

부자가 되고 싶다는 욕망은 대부분 사람에게 자연스럽다 하겠다. 교육을 통해 사람의 욕망을 저지시키려 해도 가능하지 않다. 부자가 되어 욕심껏 쓰고 싶은 생각은 너나없이 어쩔 수 없다. 돈 버는 데에도 한계가 있다는 것이 정말 다행이다. '자린고비 쩜쩌먹겠다'고 할 정도로 모으기만 하는 사람도 있고, '배 판 돈 놀음으로 다 날린다'고 잘못된 욕심으로 패가망신하는 사람도 있다. '한 푼어치 팔아 일 원어치를 먹는다'고 할 사람 있고, '동전짝을 쪼개 쓴다'고 할 사람도 있다. '이십 석 가난뱅이는 천 석을 만들지만, 백석으로 줄어든 천석꾼은 이십 석도 못 지킨다'는 말처럼, 돈을 제대로 버는 사람도 있고 한껏 까먹는 사람도 있다.

어떻든 돈을 벌고 쓰는 방법은 제가 선택하는 것이다. 돈을 어떻게 관리하느냐에 따라 인생의 성패가 결정되지만, 그 지혜를 터득한다는 게 결코 쉬운 일이 아니다. 인생이 짧아 지혜를 웬만큼 깨우칠 때쯤이면 죽을 때가 다 된다. 그리고 보면 인생은 '돈돈 하다 죽는다'는 말이 한 치도 틀리지 않는 말이다.

1) '돈은 쓰는 재미로 번다'

쓰지 않으려면 돈을 왜 벌겠는가. '모래알도 모으면 산이 된다'는 생각으로 평생을 모으는 사람도 쓰기 위해 번다. 죽을 때 못 가져가니, 자식에게 남겨주든지 통 큰 기부를 할 것이다. 분명한 것은 이것도 돈을 쓰는 행위다. 저 자신을 위해 쓰지 않는다고 비난이든 칭찬이든 받을 수 있겠지만, 스스로 선택한 것이 저에게는 최선이다.

'버는 놈 따로 있고, 쓰는 놈 따로 있다'고 하는데, 벌기만 하면서 평생을 보내도 억울하지 않으면 문제 될 게 없다. 오래 벌어 짧게 쓰는 사람 있고, 짧게 벌어 오래 쓰는 사람도 있다. 악착같이 벌어 자린고비처럼 못 쓰는 사람이 있는가 하면, 한량이 되어 마음껏 뿌리고 다니는 사람도 있다. 돈은 버는 자랑 말고, 쓰는 자랑 하라고 했는데, 지당한 말씀이다. '돈은 벌기보다 쓰기가 어렵다'고 했기 때문이다.

돈은 쓰는 맛, 또는 쓰는 멋에 번다는데, 그 맛과 멋은 어떤 것인가. '술 잘 먹고 돈 잘 쓰면 금수강산이고, 술 못 먹고 돈 못 쓰면 적막강산이라'는 것을 아는 사람이면, 돈깨나 쓸 수 있을 것이다. '술 잘 먹고 돈 잘 쓰면 한량이라'고, 한량이 돈 쓰는 맛과 멋을 잘 알 것이다. 우선 심리적으로 우쭐해 있다. 비록 허세라도 '한강물이 마르면 마르지, 내 돈지갑이 마르랴' 하고 우쭐대면, 주위 사람들은 심리적으로 제압된다. 돈을 제가 치르겠다고 나서면, 웬만큼 대접을 받기 마련이다. 주머닛돈이 든든한 이상, 분위기를 주도할 수 있기 때문이다. 저보다 잘나고 돈 없는 사람, 돈이 있으면서도 못 쓰는 사람, 돈이 없어 기를 못 펴는 사람들을 모아놓고 한껏 우월감을 내세울 수 있게 된다.

남들 눈을 찌푸리게 하는 낭비를 하며, 돈 쓰는 맛과 멋의 절정에 이를 수도 있다. '빈대 죽이는 맛에 초가삼간 다 태운다'고 하는데, 돈이 많으면 얼마든지 감행할 수도 있는 맛이겠다. '옥을 던져 참새 잡는다'고 했는데, 그것 또한 돈 쓰는 맛에 들겠다. '돈은 드는 줄은 몰라도 나는 줄을 안다'는데, 오히려 '돈이 드는 건 알아도 나는 건 모른다'는 정도가 되면 낭비벽이 중증이라 하겠다.

　의식주가 넉넉한 사람은 휘하에 사람을 두고 싶어 한다. 남을 지배하고 싶은 욕망 때문이다. '하속배는 돈 쓰는 사람에게 붙는다'고, 사람이 속되면 돈 잘 쓰는 사람을 따라다닌다는 뜻이다. 세상에 하속배를 거느리기를 좋아하는 사람이 얼마나 많은가. 권력을 쥔 자는 하속배를 거느리는 재미로 살고, 돈을 쥔 자도 그렇다. 특히 학력과 경력이 일류로만 뽑아낸 사람을 휘하에 두고 부리는 맛은 좋은 정도가 아니라 오진 쾌감일 것이다. '하인을 잘 두어야 양반 노릇도 잘한다', '하인이 양반 만든다'는 말대로 현대판 양반이 되고 싶은 욕망 때문이다.

　'한라산이 금덩이라도 쓸 놈 없으면 못 쓴다'고 했다. 황금 보기를 돌같이 하는 사람들만 모여 산다면 무슨 소용이 있겠는가. '돈 벌 궁리는 안 하고 쓸 궁리부터 한다'는 사람들이 많으니 돈이 도는 것이다. 백화점이나 대형 마트에 가서 물건 욕심 안 내는 사람 있겠는가. 고급 외제차, 명품에 평상심을 유지하기 힘들 것이다. 견물생심見物生心에서 자유로운 사람이 얼마나 되겠는가. '한 푼 없는 놈이 장에 가서 큰 떡 든다', '한 푼 없는 놈이 돼지 다리 통째로 든다'고, 없는 놈도 현혹이 되어도 어쩔 수 없지만 있는 사람이 거리낄 이유가 없을 것이다. '목구멍에서 손이 나올 만큼' 간절할 것이다.

　돈을 쓸 만큼 써야 사람 도리를 하고 산다. '돈 있는 놈이 궁상은 더 떤다', '논 있는 사람이 죽는 소리는 더 한다'고 했는데, 그렇게 살아서 인심 얻기는 불가능하다. '사람이 좋으면 돈이 헤프고, 논이 좋으면 물이 헤프다'고 했다. 베풀어야 사람이 모여들고 인심도 얻게 된다. 제 주머니에 돈 나드는 것을 슬기롭게 관리할 일이다.

2) '돈은 쓰는 사람이 임자'

 돈은 쓰기 위해 번다. 돈 많은 사람이 많이 쓰고 적게 버는 사람은 적게 쓰는 것이 당연한 이치다. 그러나 사람에 따라 다르다. "돈 많은 사람이 부자가 아니라, 많이 쓰는 사람이 부자라" 또는 '쓰는 만큼 부자라'고 말한다. 이런 말과 흡사하게 '다라운 부자가 활수한 빈자보다 낫다', '다라운 부자가 가난한 활수만 못하다'는 말이 있다. 다랍다는 인색하다는 뜻이고 활수란 잘 쓴다는 뜻이다. 서로 상반되는 의미인데, 결국 사람에 따라 다르다는 말이 된다.
 '돈 벌기가 앓기보다 힘들다'는 말이 재미있다. 돈 버는 일과 앓는 일, 둘 중 하나를 택하라면 그래도 돈 버는 일을 택할 것이다. 힘이 더 들지 몰라도 돈이 많이 남으니까 말이다. '돈은 남이 벌어준다'고 했다. 내가 버는 것 같지만, 다른 사람들이 도와주지 않고는 어림도 없다. '마른 일 궂은일 가리지 않는다', '마른 땅 진 땅 다 다녀 봤다'고 할 정도로 고생하면서 번 돈이라고 저 자신을 내세우지만, 결국은 남의 돈 먹는 것이다.
 어렵게 번 돈을 냉큼 쓰기가 어렵겠지만, 그래도 써야 돈이다. 제 돈 쓰기를 주저주저할 경우 다른 사람이 쓰는 수가 있다. '먼저 먹는 것이 장땡이라'는 사람을 만나면, '용의 알처럼 아낀다'고 할 돈이 한순간에 사라질 수 있다. 예컨대 선생 돈은 본 사람이 임자라는 말을 즐겨 한다. 사회 물정을 제대로 모를 정도로 순진하기 때문에, 이런저런 미끼를 써서 빼앗아 먹기가 아주 쉽다는 말이다. '먹자는 놈한테는 못 이긴다'는 말이 이 경우에도 해당된다.
 '한라산이 돈이라도 질빵 없으면 못 지고, 바닷물이 팥죽이라도 숟가락 없으면 못 먹는다'고 했다. 아무리 소중한 것이 많다고 해도 제 노력이 필요하다는 뜻으로 빗대는 말이다. 염려할 바가 아니겠다. '한 푼의 돈도 목숨과 같이 여긴다'고 했는데, 적은 노력을 마다할 리가 있겠는가. '대천 바다가 술이라도 먹을 놈 없으면 못 먹고, 한라산이 금덩이라도 쓸 놈 없으면 못 쓴다'고 했는데, 먹을 놈 쓸 놈은 천지에 널렸다.

'주색에는 선생이 없다'고 했는데, 돈 쓰는데도 마찬가지다. 쓸 줄 몰라 못 쓰는 게 아니라 없어 못 쓸 뿐이다. '할아버지가 돈을 벌면, 아비는 쓰고 손자는 거지 된다'고 하는데, 어지간히 무능한 자손을 두었다 할 것이다. 아버지 돈에 의지하는 버릇을 가르치는 게 무엇보다 중요하다. 제가 버는 것으로 제 앞가림을 하고, 유산은 유산으로 이어지도록 버릇을 가르쳐야 한다. 아버지 돈을 먼저 쓰는 사람이 임자라고 생각하면, 가문의 몰락은 '따놓은 당상', '따놓은 호박'이라 하겠다.

제 돈 말고 남의 돈을 쓰는 경우도 있겠다. 남이라고 해봤자, 제 식구 정도의 범위. '영감이 번 돈은 헤프지 않아도, 자식이 번 돈은 헤프다'고 했다. 자식의 돈은 쓰지 않으면 남의 것이 되기 쉬우니 헤프게 써진다는 뜻이다. '아들 주머닛돈은 사돈네 돈이고, 남편 주머닛돈은 내 돈이라'고 했으니 그럴 수밖에 없겠다.

돈 쓰는 데는 남녀를 구분할 수 없다. '여편네 통은 커봤자 깡통이라'는데, 뭘 몰라도 한참 모르는 소리다. '여편네 손이 크면 시루에 물 붓기'라는 말이 맞다. 여자가 명품에 중독되면 남자의 씀씀이는 새발에 피라 하겠다.

'열 푼 없앨 궁리는 있어도, 한 푼 벌어들일 재주는 없다'고 할 사람이 적지 않다. 벌 줄 몰라도 걱정이지만 쓸 줄 몰라도 걱정이다. 잘 벌고 잘 써야 지혜로운 사람인데, 드는 돈과 나는 돈에 대한 균형감각이 없는 사람들이 허다하다. '집안을 망칠 자식은 돈 쓰기를 똥 버리듯 한다'고 했다. 쓰는 사람이 임자면 뭘 하나. 낭비 후에 후회만 남을 뿐이다.

3) '사람이 좋으면 돈이 헤프다'

'작은 돌이 큰 머리 까는 줄 모른다', '가랑비에 옷 젖고, 반짐에 골병 든다'고 하는데, 작은 돈이 '개미 메 나르듯' 오랫동안 주머니를 빠져나가면 가난뱅이가 될 수밖에 없다. 그런데 이걸 알면서도 속수무책인 사람이 적지 않다. 그놈의 정 때문에 그렇다. '정이란 서로 나눌수록 커진다'는 정도로 분별이 있어야 하는데, 아예 폭포처럼 쏟아부으면 사달이 생긴다. '정이 원수요, 정이 병이라'는 지경에 이르는 것이다.

'사내의 정은 들물과 같아 여러 갈래로 흐르고, 여편네의 정은 폭포와 같아 왼골로 쏟아진다'는 말처럼, 남녀의 일반적 성향을 말하는 게 아니다. 남녀를 불문하고 유난히 정에 약한 사람이 있다. 주위 사람이 조금만 어려움을 겪어도 제 일인 것처럼 편하게 있지를 못한다. 적은 돈은 당연히 지갑을 먼저 열고, 큰돈도 냉큼 내주기도 한다. 급기야 제 돈이 없으면 남의 돈을 빌려서라도 꿔준다. 돈에 개념이 전혀 없다고 할 정도다.

'배포가 배 밖으로 나왔다'는 말은 대개 배짱이 좋은 사람에게 쓰는 말이다. 그런데 정에 약하디약한 사람에게도 쓴다. 이것저것 안 가리고 남에게 퍼주기를 즐기니, 배포가 크다고 빗대는 것이다. '정이 깊으면 병도 깊어진다'는 말은 이런 경우도 해당하는 것이다. 남에게 주다주다 배신감을 한두 번 느끼겠는가. 속이 숯검댕이가 되어 사는 것이다. 이런 사람이 돈을 모으기는 영 글렀다 해야 한다.

'속 좋은 년이 생강 장사한다'는 말이 있다. 비위가 상할 때 생강을 먹는 데서 비롯된 말이다. 정을 주다 배신을 당하면 속이 뒤집히는 건 필연이다. '속이 좋은 놈이 생선 장수한다'는 속담도 있다. 생선 장수는 에누리가 많기 때문에 흥정을 잘 하기 마련이라는 뜻으로 하는 말이다.

'에누리 많기로는 생선 행상'이라는 말대로, 한껏 에누리를 해주다 못해 덤까지 얹어주려면 속이 좋아야 한다. 속 좋다는 게 결국 정이 많다는 말이다. 돈을 쉽게 벌 유형의 사람이 아니다.

'늙으면 입은 닫고 지갑은 열어라'고 한다. 늙으면 언행이 답답해지기 일쑤다. 생각은 보수적이고, 오지랖도 좁아진다. 입으로 말도 잘 만들어내지 못하고, 행동은 굼떠 어디 시원한 구석이 없다. 말이 안 되는 입으로 잔소리는 열심히 주절거린다. 여기다 돈까지 아껴봐라. '늙으면 죽어야 어른이라'는 소리만 듣게 될 것이다. 그래서 '늙으면 욕이 많다'고 한 것이다.

이런 점을 상쇄하기 위한 것이 돈을 쓰는 일이다. 큰돈은 힘들겠지만, 적은 돈은 열심히 내줘야 한다. 사람이 좋다는 소리를 못 들을망정, 다소 필요한 구석이 남아 있다는 말을 들어야 하겠다. 저 자신이 낭비라 할 만큼 써야 산 사람 취급을 받게 된다.

'샘물을 냇물 쓰듯 한다'는 말대로 돈을 물 쓰듯 하면 패가망신은 잠깐이다. 그놈의 정에 겨워 대들보를 부러뜨리게 된다. '망하는 살림 머슴 밥 많이 준다', '망하는 집 머슴은 배불러도, 부잣집 머슴은 배고프다'는 식으로 살면, 망하기는 했어도 사람은 좋았다는 소리는 들을 것이다. '싸전 집 강아지가 굶어죽는다'는 격으로, '모래알이 모여 강변 된다'는 신념으로 살면 주위 사람들이 고통당하는데 누가 인간미 있다고 하겠는가.

물론 '논 팔아 반지 할 년'이라거나 '없어도 비단치마만 입는다'고 할 정도로 제 사치에만 열중하면 욕감탱이가 될 건 뻔하다. 남을 위해서 지갑을 열어놓는 것이 아니다. 내가 사람답게 살기 위해 다소간 헤픈 것이 좋다. 젊어 쫀쫀하게 살았다면, 늙어서는 좀 헤프게 사는 게 아름다워 보인다.

헤프게 산다고 해서 꼭 돈이 많아야 되는 건 아니다. '없을수록 마음을 바로 먹으랬다', '없을수록 사람 도리를 해야 한다', '없이 살수록 심덕이 깊어야 복이 온다'고 했다. 큰돈이 들어가는 일은 슬기롭게 피하고, 적은 돈 들어가는 일에만 흔쾌히 지갑을 열면 된다. '맛 좋고 값싼 갈치 자반'이라도 실컷 사준다는 생각으로 살면 된다.

4) '돈은 있을 적에 절약해야 한다'

'돈은 있을 적에 아껴야 하고, 건강은 건강할 적에 잘 지켜야 한다'거나 '부유할 때 아끼지 않으면, 가난할 때 뉘우치게 된다'는 말은 귀가 따가울 정도로 듣는 소리다. 사실 있는 사람이 들어야 할 소리지, '절약도 있어야 절약한다', '없는 놈은 절약도 못 한다'고 할 수밖에 없다. 당장 쓸 곳이 많은 터에 절약하라는 건 배부른 소리다.

'사람이 돈을 따라다녀서는 안 된다'고 하는데, 따라다니고 싶은 사람이 어디 있겠나. 돈이 자꾸 피해가니까 잡아보려 발버둥치는 것일 뿐이다. '돈 뒷하고 여자 뒷하고는 분명하고 깨끗해야 한다'는 말도 마찬가지다. 돈이 웬만큼 여유가 있으면 왜 남들에게 원망 듣는 행동을 하겠는가. 돈이 말을 듣지 않으니까 어쩔 수 없다고 항변을 할 것이다.

돈을 벌려면 푼돈부터 시작해야 한다. 참으로 답답한 일이지만 어쩔 수 없는 순서다. '푼돈이 목돈 된다', '푼돈이 모여 모갯돈 된다'는 말은 당연하다. '푼돈에는 영악해야 한다'고 했다. 하찮은 계산에 밝아야 돈을 모을 수 있다는 말이다. 사람마다 푼돈에 너그러운 건 아니다. '푼돈에 살인 난다'는 말도 있잖은가.

조정래의 장편 《태백산맥》에 푼돈을 아껴야 한다는 뜻의 글귀가 있다. "일 전을 보고 물밑으로 오십 리를 기어라. 하루에 십 전을 벌기로 작정했는데 구 전밖에 못 벌었으면 굶고, 십일 전을 벌었으면 일 전 어치만 먹어라. 한 번 수중에 든 돈은 이문을 물고 들어오지 않는 이상 절대로 내놓지 말아라. 이익이 남는 장사를 하는데 손님이 열 번 밟으면 백 번 밟히는 시늉을 해라. 돈을 빌려주지 말고 차라리 마누라를 빌려줘라."[67]하는 말이 그것이다. 싸릿대를 엮어 만든 숯가마니를 지게에 지고 행상을 다니는 염무칠이 가슴에 새겨져 있는 말을 되뇌는 부분이다. 푼돈을 아주 지독하게 아껴야 큰돈을 모을 수 있다는 믿음으로 사는 인물이다.

푼돈을 아끼고 불리는 방법에 능숙해야 큰돈을 불러들인다. '소 팔아 소고기 사 먹는다', '소 팔아 닭 산다'는 행동이 반복되면 망하는 지름길에 들어선 것이다. '한 냥짜리 굿하다 백 냥짜리 징 깨뜨린다', '한 푼 아끼다 백 냥 잃는다'는 것도 마찬가지다. 아무리 '한 푼어치 팔고 두 푼이 밑져도 파는 것이 장사'라고 하지만, 가끔 있어야 할 일이다.

'부잣집이 망해도 삼 년 간다'고 하지만 삼 년은 짧다. '사냥개도 이 빠지면 산토끼의 조롱 받고, 부자 신세도 운이 다하면 문전걸식한다'는 처지가 되면 누구라도 별 수 없다. '어제의 부귀가 한바탕 꿈이라'는 한탄으로 보내야 하는 것이다.

'아이는 귀여워하는 사람에게 따르고, 돈은 아끼는 사람에게 따른다'는 말은 맞다. 사람이고 돈이고 아끼고 존중해야 제게 머문다. 있는 사람이 더 무섭다는 말을 왜 하겠나. 아끼는 버릇이 굳어졌는데, 그 버릇이 쉽게 고쳐지겠는가. '돈 있는 집 머슴이 배고프다', '돈 있는 집 밥 사발이 작다', '있는 잔치에는 작은 잔이요, 없는 잔치에는 큰 잔이라'고 할 정도로 아꼈으니 부자가 된 것이겠다. 때때로 '대들보 썩는 줄 모르고 기왓장 아낀다', '아끼던 쌀은 바구미가 다 먹었다', '아끼다가 개 좋은 일만 시켰다'는 일도 겪고, 또한 교훈도 얻었을 것이다. 그래도 그 중 아끼는 것이 최선이라는 것을 터득한 결과겠다.

'지전을 켜서 쓰려 한다'는 말이 있는데, "종이돈을 조각내어 쓰려 한다"고 하면 쉽게 알아들을 것이다. 매우 인색한 사람을 두고 빗대는 말이다. '이마에 송곳을 박아도 진물 한 점 나오지 않겠다'는 말을 듣는 사람과 같은 부류다. '한 푼도 목숨과 같이 여긴다', '한 푼의 돈을 업신여기면 한 푼의 돈에 울게 된다', '한 푼 모아 두 푼 되고, 두 푼 모아 한 돈 된다', '한 푼을 쥐면 펼 줄을 모른다'는 생각을 실천하는 일이 쉽지 않은 것은 물론이다. 그래서 '저금하는 놈과 공부하는 놈은 못 당한다'는 말이 있는 것이다.

돈을 아끼려면 서로 간에 야박하다는 소리를 듣기 마련이다. '값은 깎아도 물건 나무라지 말라', '값은 깎아도 되는 잘 줘라'고 돈 아끼는 것을 인정하고 시작한다. '원하고 급창이 거래를 해도 흥정에 에누리가 있고 덤이 있다', '세상에 에누리 없는 장사 없다', '세상에 에누리 없는 흥정 없다'는 말들에서 알게 된다. '일 전 오 리 밥 먹고, 한 푼 모자라 백 번 사정한다'는 말에서 푼돈이 때로는 얼마나 절실한지 추측하게 된다.

'한 놈이 먹을 건 백 놈이 먹어도, 백 놈이 먹을 건 한 놈이 못 먹는다'는 말이 있다. 분량이 적으면 아끼고 아껴 많은 사람이 먹어도, 양이 아무리 많다 해도 함부로 먹어대면 한 사람의 몫으로도 부족하다는 뜻이다. 돈도 마찬가지다. 돈 많은 사람이야 절약이 절실하지 않겠지만, 없는 사람일수록 절약이 생활습관이어야 한다.

5) '집안을 일으킬 자식은 똥도 돈같이 아낀다'

'미우니 어쩌니 해도 제 자식밖에 없다', '미우나 고우나 제 자식 제 부모'라는 말처럼, 자식의 잘잘못을 어쩌지 못한다. '자식 이기는 부모 없다'니까 말이다. 그래서 '돈 벌기는 어려워도 쓰기는 쉽고, 사람 만들기는 어려워도 버리기는 쉽다'고 한 것이다. 특히 큰돈 잃는 사고를 치더라도 '죽일 놈 잡도리하듯' 할 수도 없는 노릇이다. 예컨대 남에게 보증이라도 덜컥 서주면 족보에서 도려낼 수도 없다. '남의 보증 안으면, 아기 낳지 말고 일해야 한다', '돈 보증 서는 자식은 낳지도 말라'고 했지만, 부모의 충고를 귓등으로 듣고 만다. 그래서 '모든 자랑은 다 해도 자식 자랑은 장담 못 한다'고 했다.

'밖에서 무엇이든 가지고 들어오는 자식은 집을 흥하게 하고, 집에 있는 것을 가지고 나가는 자식은 망하게 한다'는 말이 있다. 집 재산을 내다 버리는 버릇을 들여서는 안 된다는 뜻이다. '바깥에서 드는 도적은 지켜도, 안에서 나는 도적은 못 막는다'는 말과 통한다. 자식의 낭비와 일탈을 막기 위해 자린고비 정신을 강조하고 실행하며, 자식에게 절약 정신을 일깨워주려는 부모가 적지 않다.

'자린고비 찜쪄먹겠다'는 비난도 달게 받으며 자식에 절약의 모범이 되고자 하는 것이다. '키질하다가 싸라기 한 알이 떨어져도 주워담는다'는 행위가 좀스럽다고는 하나, 결코 잘못된 행동일 수 없다. '자린고비는 조기만 쳐다보고 밥 먹는다', '자린고비는 조기를 거저 주어도 밥도둑놈이라고 버린다', '진주 자린고비가 된장 빨아먹은 파리를 잡아서 도로 빨아먹는다'는 전설적 인물을 흉내 내며, 부자간의 정신적 유산으로 삼는 것이다.

소설가 윤영수는 〈자린고비의 죽음을 애도함〉이라는 아주 짧은 소설에서 자린고비형 인물을 창안해낸다. 부수적으로 자린고비와 같은 뜻을 지닌, '짚신장승', '절반임자'란 말을 알게 해준다. '짚신장승'이란 말에는 짚신을 아끼려 맨발로 다니다가 아는 사람을 만나면 얼른 신고, 그 사람과 헤어질 때까지 장승처럼 한자리에 서 있었다는 이야기를 달고 있단다. '절반임자'란 말은 땔감장수에게 나뭇짐을 시켰다가 다시 가져가도록 하여 마당에 남은 나무 부스러기를 공짜로 얻는 전략을 편다는 이야기를 가지고 있다는 것이다. 자린고비란 말은 무척 흔하게 쓰지만, 짚신장승, 절반임자라는 말은 낯설지만 새롭게 쓸 수 있겠다.

'놀부 돈 제사 지내듯 한다'는 속담도 자린고비 정신을 빗대는 말이다. 자린고비 정신으로 사는 사람들은 놀부를 롤모델로 삼을 만하겠다. '자린고비도 마누라와 쥐가 먹는 것은 아깝게 여기지 않았다'는 게 예외적이다. 쥐가 훔쳐먹는 것은 어쩔 수 없다 하겠지만, 제 부인에게는 관대했다는 것이 갸륵한 부분이다. 아마도 마누라의 잔소리가 귀찮거나 무서웠을 것이다.

집안이 망하는 지름길은 자식의 게으름이다. '소 잡아먹을 게으름을 핀다'고 하듯이, 너무 게으름을 피워 가장 소중한 재산인 소까지 팔아먹을 정도로 게으름을 핀다는 뜻이다. 근검절약을 몸에 배게 가르치지 않으면, '든 호걸에 난 병신', '든 버릇 난 버릇'으로 살게 될 것이다. 집안에서만 큰소리치고 나가서는 등신 노릇을 한다는 뜻이다. '서까래 뽑아 도끼자루 깎는다'고 하면 최악이겠다. 게으름보다 더한 집안 도둑이 되는 것과 한가지다.

아무리 대량생산에 대량소비의 시대라고 흥청대지만, 세태가 잘못 돌아가는 것은 사실이다. 아끼는 건 여전히 미덕이 되어야 한다. 세상 자원은 한이 있기 때문이다. '물을 아끼면 용왕님이 도와주고, 나무를 아끼면 산신님이 도와주고, 곡식을 아끼면 도랑신이 도와준다'고 하지

정종진 315

않는가. 자식을 '막내둥이 응석받듯' 길러서 좋을 것 없다. '막 기른 자식 덕 본다'고 했다. '집안 도둑은 기르지 말랬다'고 했는데, 응석받이로 기른 자식은 집안 도둑이 되기 일쑤다.

'아들 장가가면 반 남이 되고, 딸 시집가면 온 남이 된다', '아들은 말 태워놓으면 사촌이 되고, 딸은 시집보내면 육촌이 된다', '아들 자랑은 반 미친놈이 하고 딸 자랑은 온 미친놈이 한다'는 생각은 돈과도 연관되어 있다. 자식이 혼인하게 되면, 집안의 돈이 사돈네로 옮겨간다는 생각이 들어있는 말들이다. 자식으로부터 뭔가 대접받는 걸 따져 딸을 선호하는 세태가 되었다. 자식을 혼인시켜 내보내더라도 돈이나 물건을 아끼는 습관을 길러줘야 한다.

16. '재물이란 천지 간의 의리도 배추 밑 도리듯 한다' / 돈과 의리

'세상에 부모만 한 게 없다'고 했다. '형제는 수족 같고, 처첩은 의복 같다'는 말도 있다. 처첩은 옷 같아서 갈아입을 수도 있지만, 형제는 언제나 돕고 살아야 하는 처지라는 뜻이다. '친구란 함께 살지 않는 처, 동기가 아닌 형제라'하고, '이웃사촌끼리는 황소 한 마리 값이 아니면 다투지 않는다'고 했다. 제 주위의 숱한 사람들이 얼마나 소중한지 깨우치게 하려는 속담들이다.

부모 형제, 친구, 이웃이 모두 의리로 맺어 있다. 최소한의 도리를 지켜야 함은 물론, 때로는 '제 살을 베어 먹일 듯' 정성을 쏟아야 할 때가 있다. 돈보다 훨씬 값진 인정으로 묶여 있기에, 그릇된 마음이 스며들 수 없는 관계다.

'사람은 의리가 주장이라'고 했다. '의리는 바위처럼 무겁고, 죽음은 깃털처럼 가볍다', '의리는 태산 같고 죽음은 홍모 같다'고도 했다. 목숨을 희생시키고서라도 의리를 지켜내야 한다는 말이다. 의리라는 게 꼭 특별한 공동체에서만 소중하게 여기는 것은 아니다. 사람과 사람 사이에 지켜야 할 도리, 정분, 정의, 그 모든 총체다. '의가 좋으면 금바위도 나누어 가진다', '의가 좋으면 삼 모녀가 도토리 한 알만 먹어도 산다'는 말들에서 '의義'는 의리다. 쉽게 말해 의리가 있다는 것은 인간관계가 좋다는 말이다.

돈이 이런 의리를 해치는 경우가 참으로 많다. '가까운 사이에는 돈

거래를 하지 말라'고 했지만, 피할 수 없는 때가 있다. 부모와 자식 간에야 돈이 오가되 거래로 여겨지기 쉽지 않다. 주고 싶은 도둑놈이 자식이라니까, 굳이 되돌려 받으려 하지도 않을 것이겠다.

 친구와 돈거래가 가장 난처하다. '친구도 돈이 있을 때 친구라' 하는데, 친구와 돈거래를 전제로 하는 말은 아니다. '친구 간에는 거래를 말랬다', '친구 잃고 돈 잃는다'고 했으니, 아주 황급한 때가 아니면 피할 일이다. 만약 돈을 빌렸다면 '과부의 장변을 내서라도' 빨리 갚는 게 좋다. '친구 간에 회계 빨라야 한다'는 말은 꼭 새겨두고 지켜야 한다. '땅 팔아 친구 산다'고 했다. '어미 팔아 동무 산다'고도 했다. 그렇게 공을 들여놓은 친구를 돈 때문에 한순간에 잃게 되면, 그보다 더 큰 손해는 없을 것이다.

 '사람은 돈거래를 해봐야 알고, 쇠는 불에 달궈봐야 한다'고 했다. 돈거래는 인간 됨됨이를 알아보는 척도가 된다는 말이다. 그도 그럴 것이, 돈으로 인간의 속물근성이 가장 잘 드러나기 때문이다. 돈이 있고 없고에 따라 마음 씀씀이가 '오뉴월 감주맛 변하듯 하기' 때문이다. 평상심을 굳게 지킬 수 있는 사람이라야 믿고 돈거래를 할 수 있다.

 사람에게 항심恒心이라는 게 필요한 법인데, 가진 돈이 많으냐 적으냐에 따라 마음이 쉽게 바뀐다. '없는 놈이 밥술이나 먹게 되면 과객밥 한술 안 준다', '없는 놈이 벼락부자가 되면 안하무인이 되고, 있는 놈이 패가를 하면 등신이 된다'는 말내로, '마음이 열두 번씩 변사를 한다'. 변사變詐란 마음이 요렇게 조렇게 자주 바뀐다는 뜻이다.

 '돈은 있어도 걱정이고 없어도 걱정이라'고 했듯이, 어차피 걱정거리 품목에서 떨어져 나가지 않는다. 죽어야 비로소 사라지는 근심 걱정거리다. "걱정해서 걱정이 없어지면 걱정이 없겠네" 하는 티벳 속담대로, 아무리 걱정을 해도 사라지지 않는다. 오죽하면 걱정이 없는 것도 걱정이라 하겠는가. 누구든지 죽을 때까지 걱정에서 빠져나올 수 없는 게 세상사다.

'돈이 있는 곳엔 사람이 모인다'고 했다. 사람이 모인 곳에 돈이 있다고 해도 마찬가지겠다. 그러니 돈으로 관계를 맺는 사람이 허다하다. 오로지 돈이 목적이고, 정이나 의리가 목적이 아니면 그 관계가 지속적인 것은 아니다. '돈으로 사귄 사람은 돈 떨어지면 그만이라', '돈으로 맺은 연분은 돈 떨어지면 그만이라'는 말이 그 뜻이다. '부잣집 문턱은 닳아 없어진다'는 말이 무엇을 뜻하겠는가. 다만 돈 때문이지 않겠는가.

'돈에는 부자간에도 속인다'고 했다. 그런가 하면 '돈만 있으면 의붓자식도 효도한다'고도 했다. 삼강오륜 중 으뜸 항목인 부자유친의 관계도 이럴진대, 다른 인간관계에서는 말할 것도 없겠다. '돈에 들어가서는 일가친척도 없다'는 말이 그 모든 것을 요약한다. 돈이 함부로 끼어들면 인간관계에서 정이나 의로움도, 배추 밑 도려지듯 싹둑 베어진다니 덧없는 것일 뿐이다.

1) '돈독이 오르면 사람이 안 보인다'

'두 길마 세 길마를 본다'는 말이 있다. 돈을 투자하는데, 어느 한쪽에 손해가 날 것을 대비해 여러 군데에 손을 댄다는 뜻이다. 그러기 위해서는 온몸을 쏟아부어야 한다. 돈을 찾아다니기 때문에, 인간관계에 신경 쓸 겨를이 없다고 말한다. 그러니 돈이 우선이다. "사람이 먼저다" 하고 표어처럼 쓰는 세태를 보면, 아하 돈이 먼저인 세상이구나, 하고 깨우칠 것이다. 오로지 '돈 있으면 살고, 돈 없으면 죽는다'는 일념으로 사는데, 사람이 눈에 들어오겠는가. 돈을 향해 욕심을 키우면 키울수록, 사람은 건성으로 대할 뿐이다.

'마당발은 못 믿는다'는 말이 있다. 세상에 모르는 사람이 없다고 할 정도로 인간관계가 좋은 사람이 적지 않다. 사교성이 다소 부족한 사람들이 멋모르고 롤모델로 삼는 부류다. 주로 크고 작은 사업가 아니면 정치가들이다. 이들은 사람을 잠재적인 이용가치로 본다. 제게 돈을 보태주거나 표를 줄 때만 친한 체하는 게 몸에 익은 사람이다. 진정성이나 항심이 없는 관계가 될 뿐이다. 제 이익만 보이고 사람을 보지 않는 사람들이다.

'돈은 거머쥐지 않으면 도망친다', '돈은 임자가 따로 없다', '돈은 손에 들어와야 내 돈이라'니까, 모두가 바쁘게 사는 게 정상이다. 사람이 극단적 이기주의에 매몰되면 입으로 먹고, 배로 먹을 욕심만 난다. '꿩 먹고 알 먹고 둥지 헐어 불쏘시개 하고 깃털 뽑아 이 쑤시고 다리 잘라 등 긁고 꼬리깃 뜯어 부채 만든다'는 격으로 철저히 빼먹으려고 점잖은 미치광이가 된다. '꿈에 현몽한 돈도 찾아먹는다'고 할 정도로 돈에 몰입하게 되는 것이다.

'재부財富와 결혼 말고 사람과 결혼해라'고 했지만, 쉽지 않은 일이다. 요즘처럼 집값이 비싸고 혼인에 드는 비용이 터무니없이 클 때는 서로 논의하지 않을 수 없다. '혼인에 재물을 논하는 것은 오랑캐 풍속이라'고 하지만, 지난 시대의 생각일 뿐이다. 그렇게 생각한다면 지금 시대는 거의 오랑캐 풍속에 산다고 할 수 있겠다. 양쪽이나 한쪽 집안에 돈이 아주 많을 경우는 좀 다를 수도 있다. 사람됨이 워낙 출중하고 장래가 보장되면 한쪽에서 투자처럼 돈을 댈 수도 있겠다. 그렇지만 사람이란 게 그게 그거다. 직업이 좋다고 인품도 남다른 경우는 드물다. 부부가 될지라도 돈이나 재물에 싸여 있으면, 오히려 인간미를 덜 느낄 수도 있다.

'돈을 잘 쓰면 얼금뱅이도 호남자요, 돈 못 쓰면 호남자라도 얼금뱅이에 못 미친다'고 말한다. 사람의 가치를 돈을 잘 쓰느냐 못 쓰느냐에 따라 판단하는데, 거기에 무슨 의리나 도덕이 있겠는가. 돈에 묻혀 사람이 보일 수 없다. '돈에 반하지 사람에 반하지 말랬다'는 말은 통상 화류계에서 쓰는 말이다. 그렇다면 일상인들은 "사람에 반하지 돈에 반하지 말랬다"는 말을 경구로 삼아야 할 것이다.

'돈으로 정을 떼기는 쉬워도 붙이기는 어렵다'고 했다. 왜 그렇지 않겠는가. 돈은 일시적인 처방효과밖에 얻지 못하는 경우가 대부분이다. 특히 직업의식으로 사람을 대할 때 그렇다. '널 짜는 목수는 사람 죽기만을 기다린다', '말 죽은 원통보다는 체 장수 몰려드는 것이 더 속상하다'는 말만 들어도 알겠다. 죽은 사람이나 동물과 관계있는 사람은 슬픈 일인데, 돈벌 기회가 온 사람에게는 오히려 기쁨이겠다. 어찌 정을 붙이기 쉽겠는가.

'돈에 환장하면 부모 자식도 몰라본다'고 흔히들 말한다. 특별한 경우라고 생각하겠지만, 의외로 예가 되는 일이 많다. 사소한 예를 보자. '송이밭은 딸에게도 알리지 않는다', '송이밭은 부자지간에도 안 가르쳐 준다'는 말이 있다. 송이가 많이 나는 지역에서는 송이버섯 인심이 참으로 고약하다. 워낙 값이 비싸니 덤을 준다든지 저울을 후하게 쳐주는 것을 기대하기 힘들다. 송이 철에는 송이버섯 수보다 송이버섯을 따러 산에 오르는 사람 수가 더 많다고 할 정도다. 그러니 출가한 딸이나 아들에게 송이밭을 가르쳐 주기가 쉽겠는가. 사돈네로 갈 게 뻔한데 말이다. 부모자식 간에도 정보다 돈이 앞서는 경우가 있는 것이다.

'남이야 자동차 바퀴로 단추를 달아 쓰든 말든', '남이야 전봇대를 뽑아 이빨을 쑤시거나 당구를 치거나 말거나', '한 치 건너 두 치'라고 넘기면 상관없는 일일 수 있다. 이웃들이 제 이권과 관련이 없다고 무관심으로 산다면 의리 없는 짓이다. 사람이 돈보다 우선이라는 생각을 항상 가슴에 담고 살면, 덫을 피하는 길로 가게 되리라.

2) '돈은 사람의 마음을 검게 한다'

'돈이 없으면 없는 죄도 있게 되고, 돈이 있으면 있는 죄도 없게 된다'고 했다. 없는 죄를 뒤집어쓰지 않으려면 돈을 버는 수밖에 없다. 돈이 있으면 있는 죄도 없어진다니, 죄를 지어서라도 돈을 벌면 지은 죄가 없어질 것이라는 논리가 된다. 그러니 죄를 지어서라도 돈을 벌겠다고 나서는 것이다. 권력 쥔 자는 권력으로, 사기꾼은 사기를 쳐서라도 열심히 거두어들이려고 애쓴다. '옛날은 거둬들이고 지금은 받아들이기가 바쁘다'고 했는데, '엎어치나 메어치나' 그게 그거다. '역병 난 동네에 도깨비 팔자'처럼 신나게 거두어들인다.

'물도 너무 맑으면 고기가 살지 않는다', '맑은 물 맑은 바닥에 돈 안 고인다'고 했다. 이런 말은 곧 돈은 깨끗하지 못한 곳에 모여든다는 말이다. 저 사는데 돈이 돌지 않는다면 부정不淨한 곳은 아니라고 생각할 수 있겠다. '돈을 벌면 친구를 갈고, 벼슬을 하면 아내를 간다', '지위가 높아지면 돈도 많아진다'고 했는데, 나라에서 돈을 많이 줘서 부자가 됐겠는가. 많이 받아먹어서 그렇다. 마음이 맑고 검지 않다면 어찌 뒷돈을 받겠는가. 돈을 벌면 가장 가까운 사람을 새것으로 교체한다니, 마음이 검은 줄 알겠다.

'돈이 없으면 악만 남는다', '돈이 없으면 세상이 귀찮다'고 했다. 착한 사람은 가난해도 악을 쓰지 않는다. '착한 끝은 있어도 독한 끝은 없다'는 걸 믿기 때문이다. 스스로 감정을 격하게 만들어 세상을 비관하지 않고, 꾸준히 일할 뿐이다. '가난이 제격이라'고 자책을 할 뿐, 남 탓을 하지 않으니 마음이 검지 않다.

돈에 반하지 사람에 반하지 않는다고 했는데, 참으로 고약한 말이다. 돈을 가진 사람으로부터 돈을 떼어 내야 하니까 말이다. 사람으로부터 돈을 떼어 내는 것인가, 아니면 돈으로부터 사람을 떼어 내는 것인가. 마찬가지 말인가? 어쨌든 돈을 빼앗자면 속내에 흑심을 품고 실천해야 한다. '좋은 일에 마魔가 많다'고 하는데, 좋지 않은 일에는 얼마나 많은 마가 떼로 달려들 것인가.

'산속에 있는 열 놈의 도둑은 잡아도, 제 마음속에 있는 한 놈의 도적은 못 잡는다'는 말은 돈이나 재물에 대한 욕심을 다스리기가 어렵다는 뜻이다. 욕심의 그늘이 검을 수밖에 없다. '속 검은 놈일수록 흰 체한다', '속 검은 사람일수록 비단 두루마기를 입는다'고 하듯, 겉으로는 순박한 체해도 제 마음은 제가 안다. '술은 얼굴을 붉게 하고, 돈은 마음을 검게 한다'는 말이 맞다는 것을 모를 리 없다.

'돈이 있으면 담도 커진다'고 했다. '담이 동이 덩어리 만하다'고 하면, '물불 가리지 않는다'는 말과 같다. '돈이 떨어져 봐야 사람의 마음을 알 수 있다', '돈이 떨어져 봐야 세상 인심도 안다'는 말은, 세상이 무척 냉정한 걸 깨닫게 된다는 뜻이다. 그 냉혹한 인심이 두려워 좋은 일 나쁜 일 가리지 않고 덤벼든다는 말이다. 그러니 돈을 두고는 '속도 창자도 없이' 행동하기 일쑤다.

'부자에게 양심이 있으면 강물이 거꾸로 흐른다'고 하면, 부자를 도매금으로 욕하는 것이다. 양심 있는 부자가 적지 않으니 말이다. 속담대로라면 강물이 바로 흐르다 거꾸로 흐르기를 반복해야 할 것이다. 다만 축재과정에서 비정상적인 속내는 누구나 있겠다. 번 돈을 많은 사람에게 베풀지 않는 것도 검은 마음이라면 그럴 수도 있다. 자식에게 유산을 물려주기 위한 술수도 부릴 것이다. 세금을 덜 내기 위해 잔머리도 굴렸을 것이다. 이런 것들이 검은 마음이고 비양심적이라 할 수 있겠다.

'돈이 조상이라'고 한다. 그런데 '돈이라면 신주도 팔아먹는다'니, 조상보다도 돈이 위에 있다. 조상에는 좋은 사람도 있을 테고, 그렇지 않은 사람도 있을 것이다. 나쁜 조상이라고 안 모시나? 마찬가지로 돈이 나쁘다 하여 모시지 않을 수 없는 노릇이다. 이래저래 '돈이 화근이라'는 말이 맞다.

'욕은 한 사람 입으로 들어가고, 죄는 지은 사람이 받는다', '덕은 닦은 대로 가고, 죄는 지은 대로 간다'고 했다. 작은 죄는 작게 치르고 큰 죄는 크게 치르면 되겠다. 누가 벌을 내릴지 모르고, 어떤 방법으로 벌을 받는지 모를 뿐이다. 돈이 마음을 검게 하니, 맑은 마음으로 다스리면 될 것이다.

3) '돈은 있어도 걱정이고 없어도 걱정이라'

'세상천지를 돗자리 말 듯 한다'는 기세로 사는 사람들을 보면 참 신기하다. 돈이 많거나 권력이 센 사람들, 유명한 예체능인들이 대부분이다. '세상이 덩덩 하니까 제 할애비 메밀떡굿인 줄 알고 덤벙거린다'고 해야겠다. 사람 '목숨이 기러기털보다 가볍다'는 것을 잘 알아서 그런지 몰라서 그런지, "참을 수 없는 존재의 가벼움"을 느끼게 해준다.

유명인들의 일화에서 돈과 재물이 인간관계를 얼마나 어지럽히는지 본보기를 본다. 지인이라는 사람들은 물론 가족관계까지 파탄을 내는 돈거래를 흔히 보게 된다. '콩가루로 떡칠 집안'이라는 것이 만천하에 공개되기 일쑤다. '친족마다 물 궂게 만드는 사람 있다'는 것을 새삼 터득하게 해준다. '동지 가운데 원수가 숨어 있고, 한 집안에서 눈 흘기는 사람이 있다'는 말을 다시 깨닫게 해주는 것이다.

'돈이 없으면 무서운 것도 없다'고 하면서 또 '돈이 있으면 무서워진다'고 하니, 도대체 '말인지 막걸리인지' 알 수가 없다고 하겠다. '돈이 많으면 겁도 많다'고 하고, '돈이 없으면 사람값도 못한다'고 하니, 돈을 가져야 할지 말아야 할지 갈피를 잡기 어렵다고 할 것이다. '등짐장수 짐 받아도 걱정, 안 받아도 걱정'이라더니, 꼭 그 꼴이다.

'돈이 있으면 겁이 나고, 돈이 없으면 근심이 생긴다'고 했는데, 왜 그럴까. '돈이 쌓이면 원망도 쌓인다'고, 우선 주변 인심이 나빠지기 때문에 그렇다. '독 속에 숨긴 돈도 남이 먼저 안다', '돈이 많으면 도둑이 엿보게 된다'고, 도둑을 맞거나 해를 당할까 봐 걱정하는 것이다. 그러니 '돈 있는 사람이 돈 걱정은 더 한다'는 말이 맞다.

'돈이 많으면 일도 많다'고 했다. 부자가 호의호식하면서 실컷 놀 것만 같은데, 일이 많다는 게 이해가 안 될 것이다. 우선은 놀기에 바쁠 것이다. 그런데 노는 것도 슬기롭게 놀아야지, 무턱대고 놀면 금방 지루해지기 마련이다. '노느니 개 팬다', '노느니 염불한다'고 했다. 할 일 없이 지내는 것보다 뭐라도 하는 게 낫다는 뜻이다. 노는 것도 하루 이틀이지, 오래 놀면 지겨워서 견뎌내지 못한다. '놀고먹으면 부자도 망한다'고 했으니, 마냥 놀 수도 없다. '노는 돈에는 난봉 나기가 쉽다' 했으니, 조심하지 않으면 패가망신할 게 뻔하다.

돈 지키는 일이 절대로 쉽지 않다. '여자에게 돈 맡기는 것은 아이에게 칼 맡기는 것과 같다'는 시대착오적인 말은 들어서, 제가 바쁘게 오가야 한다. 혹시 돈을 굴리려고 빚을 주면, '내 것도 남의 손에 들어가면 사정해야 한다'고, 당연히 바삐 나들어야 한다. '의심 많은 사람과는 돈거래를 하지 말라'고 하니, 주변 사람을 늘 조심해야 한다. '돈은 쓰면 쓸수록 나올 구멍이 많다'는데, 돈구멍을 찾는 일도 바쁘다. 무엇보다도 '천 석 부자 삼대를 못 간다'는 말이 돈 많은 사람을 괴롭힐 것이다. 자손 대대로 부귀영화를 누리도록 돈을 물려주고 싶은데, 어느 자식놈이 내려가는 돈복을 차버릴지 죽을 때까지 걱정이 될 수밖에 없다.

'논밭이 아무리 많아도 하루 먹을 양식은 두 되라'고 하는데, 땅이나 건물 많은 것도 걱정이 될 것이다. 토지관리, 건물관리를 하자면 '몸을 두 쪽으로 내도 모자란다'고 할 정도로 바쁠 것이다. 그래서 자식에게 다 넘기고 홀가분하게 살고 싶다는 생각을 할 때도 있을 것이다. 과감히 "돈으로부터의 자유"를 외치고 도망가고 싶기도 하겠다.

'돈이 없다는 사람은 있어도, 돈이 남는다는 사람은 없다'고 하니 다행이다. 돈이 지겹도록 너무 많아 살맛을 잃었다는 사람 없으니, 그리 절망적인 사회는 아닌가 보다. '돈 잃고는 살아도 인심 잃고는 못 산다'는데, 부자들이 인심을 잃지 않으려고 노력은 하겠지, 하며 믿고 살아야 한다. 이런 사회의 믿음을 저버리지 않으려면, 가진 돈을 덜어내어 고통받는 이들을 도우면 될 것이다. 없는 고통도 심하지만, 있는 고통도 예사롭지 않을 것이다.

4) '돈에는 부자지간에도 남이다'

'남편은 두레박, 아내는 항아리'라는 말이 있다. 남편이 재물을 벌어들이면, 부인은 그것을 잘 간직한다는 뜻으로 비유하는 말이다. 부부가 '상추쌈에 된장 궁합'으로 알뜰하게 돈을 모으는 게 정상이다. 그렇게 모은 돈을 자식이 가져다 쓴다. 자식이 장성한 후에도 가져다 쓴 돈을 갚으라고 하는 부모는 없다. '자식 놓고는 웃어도, 돈 놓고는 못 웃는다'는 말처럼, 자식이 보배로 생각되니 어쩌지 못한다.

'부모는 먹지 않고 자식에게 주고, 자식은 먹고 남아야 부모에게 준다'고 했다. 자식이야 냉큼냉큼 받아먹는 게 일이다. '제 논에 물 들어가는 것과, 자식 입에 밥 들어가는 것은 보기 좋다'고 하는 것처럼, 자식에 돈 들어가는 것이 싫을 리 없다. 그런데 자식이 커버리면서 부모의 돈과 자식의 돈을 구별하게 된다. 어느 날 상전으로 생각이 되기 시작한다. '부모 뱃속에는 부처가 들어있고, 자식 뱃속에는 범이 들어있다'는 말이 맞다고 여기게 된다. '셈 센 아버지가 참는다'고 했는데, 당연하다.

'부모 마음 열에 하나만 알아줘도 효자라'고 했지만, 자식에게는 그 정도도 감당하기 쉽지 않은 모양이다. '내 말 맨 다음에 어버지 말 맨다', '어미 팔아 친구 산다', '부모 은덕도 춥고 배고프면 생각할 겨를이 없다'는 정도로 변화해간다. '부모자식 간에도 일이 사랑이라'는데, 돈이 사랑이 된다. 더 많은 돈을 지원받지 못해 안달이 난다. '부모 촌수보다 돈 촌수가 가깝다'고 여겨진다.

'동업은 아버지하고도 안 한다'고 했다. 원래 동업이 어렵다는 뜻으로 빗대는 말이다. 사실 부자간에 동업을 하면 절대적으로 자식에게 유리하다. 아버지의 노하우를 이어받고, 이익도 반분이 아니라 독차지하는 수도 있다. 그런데 자식은 일은 소홀히 하고 돈만 차지하려 한다. '내 노랑 병아리만 내라'는 식으로 돈만 탐하는 경우가 허다하다.

사정이 이러니 부자지간에 경계가 필요하다. '셈이란 부자지간에도 따질 것 따져야 한다'는 생각을 하게 된다. '부자지간에도 돈은 세어주고 세어 받는다', '부자지간에도 돈지갑은 보이지 않는다'고 했다. '돈 떨어지면 정도 떨어지고, 정 떨어지면 임도 떨어진다'고 했는데, 돈이 떨어지지 않아도 정떨어지는 경우가 부자간에도 생기기 일쑤다.

'돈에 환장하면 돈밖에 모른다', '돈독이 오르면 돈밖에 안 보인다', '돈에 환장하면 사람도 보이지 않는다', '돈에 환장하면 죽는 것도 모른다'는 말이 다른 사람을 두고 하는 말인지 알았는데, 부모 자식간도 예외가 아니라는 것도 깨우치게 된다. '돈에는 부모도 속인다', '돈에 홀리면 부모자식도 몰라본다'는 정도가 되면, 부모의 '가슴에 돌무더기 구르는 소리가 난다'고 할 것이다. 가슴이 무너져내린다는 뜻이다.

유진 오닐의 희곡 《밤으로의 긴 여로》은, 재산을 두고 갈등을 빚는 부자간의 이야기다. 돈이 생기면 땅만 사고 가족에게는 인색한 아버지에 대해 자식들은 늘 불만을 드러낸다. 가족들의 병원비까지 아끼려는 아버지에게 노랭이 영감이라 부르며 적대감을 갖는다. 두 아들은 적극적으로 돈을 벌려고 하지도 않고, 아버지가 돈 풀기를 갈망할 뿐이다. 돈 때문에 가족간의 도리나 의리가 바닥을 치는 예를 볼 수 있는 작품이다.

'도둑놈은 집안에서 찾아라'고 하는 말이 농담으로 하는 줄 알았더니, 자식이 나이를 먹으면 먹을수록 큰 도둑으로 변한다는 것을 알게 된다. '작으면 작은 걱정, 크면 큰 걱정'이라더니 꼭 맞는 말이라는 것을 터득하게 되는 것이다. 자식이 마치, '송아지 한 마리에서 가죽 두 장을 벗겨내겠다'고 부모에게 덤벼드는 듯 여겨질 것이 뻔하다.

자식은, '아버지 주머니 돈도 제 주머니 돈만 못하다'고 여긴다. 굳이 아버지 돈을 빼앗아 제 주머니 속에 두어야 안심을 하는 것이다. 어머니는, '남편 주머니 돈은 내 돈이고, 아들 주머니 돈은 사돈네 돈이라'는 생각을 하게 된다. '도둑에도 의리가 있고 땅꾼에도 꼭지가 있다', '도둑놈도 의리가 있고, 갈보에도 절개가 있다'고 했다. 그런데 삼강三綱의 부위자강父爲子綱, 즉 아버지와 자식 간의 도리가 돈으로 쉽게도 무너진다. '속 많이 썩인 자식이 효자 노릇 한다'고 했는데, 혹시 모르겠다. 뒤늦은 효도를 하려고 부모 속을 그리 썩이는지를 말이다.

5) '돈주머니를 채우면 인색 주머니가 된다'

'돈맛을 알면 인색해진다'고 했다. 돈맛이라면 돈을 쓰는 맛일 터인데, 돈을 쓰지 않는 맛도 있다는 말이 된다. 돈을 쓰지 않고 모아 숫자를 높여가는 쾌감이겠다. 호의호식하는 즐거움을 유보한 채, 상상으로 쓰는 맛을 느끼는 것이다. 이런 버릇이 들면, '두고도 못 쓰는 것이 돈이라'는 생각에 고착된다.

찰스 디킨즈의 소설 《크리스마스 캐럴》의 주인공 스크루지는 수전노의 대명사다. "스크루지는 맷돌 손잡이를 꽉 움켜쥔 손아귀처럼 인색하기 짝이 없는 사람이었다. 쥐어짜고, 누르고, 움켜쥐고 벅벅 긁어모으고, 한번 잡으면 절대 놓지 않는 탐욕스러운 늙은 죄인!"[68]으로 소개된다. 동업자인 말리에 의해 스크루지의 언행과 성품이 잘 드러나게 된다. 유령으로 나타난 말리는 스크루지에게 돈을 우상으로 삼고 있다고 비난한다. 유령들에게 끌려다니며 제 잘못을 깨달은 스크루지는 선량한 인물로 재생한다.

스크루지만 돈을 우상으로 삼겠는가. 현대인 대부분이 돈을 우상으로 삼는다. 다만 우상으로 섬기면서 웬만큼 쓰고 한껏 벌어들인다는 점이 다를 뿐이다. 인색하게 하는 것이 오히려 손해라는 것을 알기 때문이다.

'뒷간에 기와 올리고 살겠다'는 속담은, 무척 인색하게 구는 사람을 두고 빗대는 말이다. 예전에는 화장실이 아니라 변소라 했다. 변소는 본채에서 멀리 떨어져, 대부분 초가지붕으로 허름하게 지어놓았다. 변소에 기와를 올리는 건 부잣집에서나 가능했다. 돈좀 아끼자면 비웃음 당해야 했다. '해묵은 쌀밥 먹는 사람과는 말도 하지 마라'는 말을 서슴지 않았고, '참새 한 마리로 동네 잔치한다'고 놀리기도 했다. 아끼고 아끼는 사람은 놀림의 대상이었다.

'내 돈이 있어야 세상 인심도 좋아진다', '내 돈도 남의 손에 들어가면 내 돈이 아니라'는 생각 때문에 돈을 쓰지 못하는 사람이 의외로 많다. '들어가는 돈은 봐도, 나오는 돈은 못 본다'고 할 만큼, 돈 쓰는 게 두려운 것이다. '돈 있는 사람은 주머니를 꿰맨다', '돈주머니와 입은 동여매야 한다'는 신념으로 산다. 돈 쓰다가 무슨 트라우마를 겪은 사람들인가 의심할 정도다. 돈을 누가 달라거나 꿔 달라고 할까 봐 사뭇 노심초사하는 사람이 있다.

가난해서 돈을 쓰지 못하는 사람과, 있는데 안 쓰는 사람은 당연히 다르다. '가난하면 돈도 못 쓴다'는 경우야 당연하다. 가난한 사람에게는 인색이 아니라 절약이라는 말을 써야 한다. 당연히 돈이 많으면서 안 쓰는 것이 문제다. '돈을 벌면 인색해진다', '욕심 많은 사람치고 인색하지 않은 사람 없다'는 소리를 듣는 게 명예롭지 못한 일이겠다.

'인색한 부자보다 손덕 있는 가난뱅이가 낫다'는 말도 하고, '인색한 부자가 손 쓰는 가난뱅이보다 낫다'는 말을 하기도 한다. 상반되는 말인데, 어느 쪽이 맞고 틀리냐를 따질 것도 없다. 사람에 따라 다르다. 돈을 잘 쓰고 못 쓰는 것은 돈이 많고 적음과 관계가 없다. 이른바 오지랖이 좁으냐 넓으냐에 따른다.

아끼고 사는 사람은 마음이 늘 위축되어서 살기 때문에 자존감이 떨어진다. 스스로 제 마음을 조이기 때문이다. '마음이 풀어지면 하는 일이 가볍다'고 했는데, 돈에 대해 강박증을 갖다 보니 몸과 마음이 무거울 수밖에 없다. 그러다 보면 '참깨가 기니 짧으니 한다'는 심리상태가 된다. 마음이 작으니 성취하는 일도 자연스럽게 작아진다. '잔돈 밝히다가 큰 돈 잃는다', '작은 이체를 위하다가 큰 이를 놓친다'는 건 예사로 저지르는 일이다.

인색한 사람은 '앉았던 자리에 풀도 안 난다'는 소리를 듣게 돼 있다. 뭐든 곧이곧대로, 원칙만 고수하는 사람에게도 쓰는 말이지만 인색한 사람을 부정적으로 쓰는 말이기도 하다. '참새 다리에 피를 빼먹겠다', '동무 동무하면서 담배 한 대 안 나눠 피운다'는 말들과 상통하는 의미다.

'너무 아끼면 개의 똥 된다'는 말은 돈의 경우도 마찬가지다. 물건만 썩는 것이 아니다. 돈도 아끼다 보면 남 좋은 일 시키는 경우가 있고, 어느 귀신이 채갈지도 모른다. '돈은 쓰기에 달렸다'고 했다. 벌기에 달린 것이 아니라는 말이다. '돈은 힘이고, 옷은 날개라'는 말이 있는데, 돈이 힘이 되려면 잘 써야 한다. 잘 쓴다는 말은 함부로 쓴다는 것이 아니라 적재적소에 최적最適으로 쓴다는 뜻이다.

17. '늙으면 자식 촌수보다 돈 촌수가 더 가깝다' / 돈과 노년

몸이 늙어지면 재물에 대한 욕심도 서서히 움츠러들게 된다. 돈에 대한 태도가 공격적인 것으로부터 보수적인 것으로 바뀐다. 돈을 불리고 싶은 욕심은 굴뚝 같더라도 열정이나 판단력이 둔해질 수밖에 없다. 소수의 늙은이가 돈에 대한 욕심을 포기하지 않지만 노욕老慾, 노추老醜로 욕이나 먹을 뿐이다.

농경시대에는 노인이 왕초 노릇을 했다. '촌놈은 나이가 명함이라', '귀신도 나이 먹은 귀신이 낫다', '늙은 개는 건성 짖지 않는다'고 했는데, 요즘 세태에서는 모두 '귀신 씻나락 까먹는 소리'로 여길 것이다. '장마도깨비 여울 건너가는 소리'고, '새가 뒤집어 날아가는 소리한다'고 여길 것이다. '개 풀 뜯어 먹는 소리한다'고도 조롱하겠다.

'지혜는 늙은이에게서, 힘은 젊은이에게서 빌려야 한다'고 하는데, 지혜라는 것을 모르기 때문에 문제다. 요즘 세태는 정보를 지혜로, 정보를 지식으로 알고 있으니 탈이다. 요즘 세태에서는 늙은이가 왕이 아니라, 정보 검색을 잘하는 사람이 왕이다.

지혜는 오랜 경험에서 얻어지는 것이다. 최적의 언행을 하기 위한 판단력은 숱한 시행착오를 거쳐 깨우칠 수 있기 때문이다. 정보야 온갖 미디어를 통해 유통되는 지식의 파편이라서 거짓도 많지만, 지혜는 거짓까지 구별해 내는 능력이다. 지식이야 숱한 책을 읽고 제 생각과 판단을 개입시켜 만들어내는 체계적이고 지적인 활동이라서 전문가가 따로 있다. 전문가도 아닌 사람이 몸으로 부딪쳐 깨우치는 게 지혜다. 그래서 늙은이는 곧 지혜로운 사람이라고 생각하는 것이다.

이제는 지혜롭게 사는 게 최선이란 생각을 하지 않는 시대다. 지혜야 어떻게 됐든 돈만 많이 벌어 풍요롭게 사는 게 정보와 지식과 지혜의 총합이라고 생각한다. 제 정신 단련에 힘쓰는 것에 의미를 두지 않고, 통장 잔고의 숫자가 커지는 것에만 관심을 둔다. 지난 시대를 살아온 늙은이의 가치관으로는 도저히 적응할 수 없으니, 외로움의 수렁에 빠지게 된다.

늙으면 외로움, 그리고 병과 싸움이 시작된다. '외로운 장수가 없다', '외로운 뿌리 잘 살지 못한다'고, 삶에 패색이 짙어진다는 것을 스스로 느끼기 시작한다. 홀로 살며 혼밥, 혼술로 여생을 버틴다는 건 '외로운 군사에 약한 병졸'이 행군하는 것과 마찬가지다. '외로운 나무에 외동백', 즉 한 그루 나무에 열매마저 하나밖에 남지 않은 것과 같은 신세다.

상태가 이러한데, '눈 위에 서리 친다'고 돈까지 말라버리면, '숨은 쉬니 송장은 아니라'는 취급을 받을 게 뻔하다. '숨 쉬는 미이라mirra'라 할지라도 돈이 있으면 '까마귀 어물전 보고 날 듯' 하는 자손들이 모여들 텐데, 등 비빌 언덕이 없다.

'비상 먹고는 살아도 나이 먹고는 못 산다', '천만 가지 다 먹고는 살아도, 나이 먹고는 못 산다'고 했지만, '나이가 농간한다'는 터에 몸부림으로 생각할 수밖에 없다. "내 나이가 어때서", "나이야 가라"를 아무리 불러도 허전한 가슴이 달라질 수 없겠다. '세월에 속아 산다'고 하지만, 세월이 사람을 속일 수 없다. 제아무리 '세상천지를 돗자리 말 듯 한다'는 사람이라도 '세월 앞에 안 늙는 장사 없다'.

'예순 살부터는 해마다 늙고, 일흔 살부터는 달마다 늙고, 여든 살부

정종진 333

터는 날마다 늙고, 아흔 살부터는 시간마다 늙는다'고 하는데, 심리적인 시간일 뿐이다. 늙으면 그만큼 초조해진다는 증거다. 지혜로움이 견고하면 오히려 느긋하게 노년을 즐길 텐데, 지혜로움이 이 시대에 쓸모가 없다고 생각하니 한없이 위축되는 것이다. 그래서 '예순에는 배운 놈이나 배우지 않은 놈이나 같고, 일흔에는 마누라 있는 놈이나 없는 놈이나 같고, 여든에는 가진 놈이나 못 가진 놈이나 같고, 아흔에는 공동묘지에 있는 놈이나 집에 있는 놈이나 같고, 백 살에는 공동묘지에 있는 놈이 더 행복하다'는 말을 주절거린다. 그만큼 학벌, 돈 때문에 받았던 차별에서 해방됐다는 홀가분함의 표현이겠다.

'세월이 약이라', '나이보다 더 좋은 약은 없다'고 했지만, 죽을 날이 가까워진다는 생각에 무슨 약이 되는지 성찰할 겨를이 없다. 과도한 욕심을 부리는 것은 제값을 깎아 먹는다는 것을 깨우치는 게 약이다. 돈만 바라다가 삶을 즐기지 못했다는 깨달음도 약이다. 부모형제와 주위 사람들에게 다정하게 대하지 못했다는 깨우침도 약이다.

'콩 세 알을 못 세는 부모도 부모라'고 했는데, 자식은 제 부모의 무식함을 부끄럽게 여기기 일쑤다. 지식이 없다는 무식이지만, 지혜가 없다는 말은 아니다. 지혜가 없는 지식인이 생각보다 많다. '집안엔 늙은이 하나와 걸레 하나는 반드시 있어야 한다'는 생각을 왜 하겠는가. 늙은이는 집안의 대소사를 지혜롭게 해결하기 때문이다. 핵가족 시대라서 많은 노인이 홀로 지내고 있지만, 그들을 소외시킨 것은 지혜를 필요로 하지 않는 세태 때문이다. '손자 홍시 주워주면 개똥 묻은 것은 제 할미 주고, 안 묻은 것은 제 아비 준다'고 할 정도로 집안에서 무시를 당하니, 홀로 세상사를 감당할 수밖에 없다.

'죽기보다 늙기가 섧다'고 하는데, 어차피 홀로 사는데 서러워할 것도 없다. '여든 살이라도 마음은 어린애라', '여든 난 늙은이가 고손자한테 배운다'고 하니, 새로운 풍조를 배울 일이다. '세월아 너는 먼저 가라 한다'는데, 그렇게 외치면서 새롭게 힘을 가질 일이다. '어깨가 귀를 넘어까지 산다'고 조롱 섞어 말하는데, 서운해할 것도 없다. '치오 푼 저쪽에 저승이 있다'고 해도 의식할 것도 없다.

'사람의 늦복은 모른다'고 했다. '나이가 약이다', '나이 덕이나 입자', '나이가 가르친다'고 했는데, 나이가 무기가 될 수 있다. 정확히 말하면 오랫동안 깨우친 지혜야말로 최고의 무기다. '늙은 소가 밭을 더 깊게 간다', '늙은 나귀는 집을 잊어버리지 않는다'고 했는데, 시대가 몰라줘도 아쉬워할 것도 없다. '용마는 늙어도 용마다', '오뉴월 도깨비도 하루볕 더 쬔 도깨비가 더 지혜롭다'고 했다. 큰 재산이다.

늙으면 돈 부족에 시달리는 사람이 적지 않다. 돈이 없으니 자식도 외면하기 일쑤다. '못난 자식이 조상 탓한다'고 하는데, 돈을 많이 못 벌면 제 탓이지 왜 부모를 탓하나. '돈을 보면 눈이 뒤집힌다'는 이 시대에, '등 굽은 나무가 선산 지킨다'고 자긍심을 가져야 한다. 자식 앞세우고 길을 가면 배가 고파도, 돈을 지니고 가면 배 안 고프다고 했는데, 돈 없이 견디는 지혜를 터득하고 물려줄 일이다. 자식 촌수가 멀어져도, 돈 없이 견디는 지혜로 돈의 촌수도 극복해볼 일이다.

1) '늙으면 용마도 삯마만 못하다'

'늙어서 맛있는 건 호박뿐이라'고 한다. 사람 늙으면 환영받지 못한다는 뜻으로 빗대는 말이다. '염소 뿔 오래 묵힌다고 해서 사슴 뿔 되나' 하고 묻지 않아도 잘 안다. '나이 먹으면 속이 들고, 나이 더 먹으면 속이 찬다'고 하지만, 나이를 먹다 먹다 늙어지면 속이 빈다는 것을 부정하지 못한다. 달도 차면 기운다는 이치가 인생사에도 어김없이 들어맞는다.

'늙으면 산 인생 파먹고 산다', '늙으면 잠이 벗이라'는 말들처럼 하나도 진취적인 것들이 없다. 거의 퇴행적인 모습만 보이니까, 젊은이들에게 무시당하기 마련이다. 아무리 '늙은 쥐가 독 뚫는다', '늙은 쥐는 쇠뿔도 뚫는다', '늙은 조개에서 진주 난다'고 해봤자, '씨도 안 먹힐 소리'다. 돈을 벌기는커녕 쓰기만 하는데, 대우해줄 리 만무다. 굼뜬 언행으로 돈벌이에 바쁜 사람들을 귀찮게 하는데, 환영받을 수가 없다.

늙으면 한숨을 많이 쉰다고 한다. 한평생을 살아왔는데 어찌 회한이 적을 것인가. 한숨이 많은 건 당연하다. '한숨을 쉬면 삼십 리 안 걱정이 다 들어온다', '한숨을 쉬면 팔자가 세어진다'고 하는데 어차피 늙었는데 이판사판이다, 하며 피하지 말 일이다. 다만 혼자 있을 때 실컷 한숨을 쉬면 좋겠다. 오랜 세월 고통을 겪는 데 익숙해져 있으니, 남에게 연약한 모습을 보이지 말 일이다. 남들의 측은지심이나 빈말은 전혀 도움이 되지 않는다.

'한 살이라도 젊어서 하는 고생이 약이라'고는 하지만, 어차피 인생길은 고행길이다. 늙으면 편히 살아야 한다는 생각이 굳어져서 그렇지, 늙었다고 해서 작은 고생이 두려운 것만은 아니다. 다 마음먹기에 달렸다. '뒤를 돌아보고 울기보다는 앞을 바라보고 웃으랬다'고 했다. 당연히 그래야 한다. 의지와 체력이 약해져서 회한에 젖는 것이다. 홀로 발악을 하듯 체력을 길러라. 남에게 신세를 지지 않고 남은 삶을 산다고 늘 결심해야 한다. 늙어갈수록 자식도 남이라고 생각하면 좋다. 자식 기를 때 얼마나 희생을 했는지를 다 잊어야 한다. 키울 때 들었던 돈이 자식으로부터 되돌아오려니 생각하지 말 일이다.

'슬하가 쓸쓸하면 오뉴월에도 무릎이 시리다'고 했다. 늙으면 유일한 희망을 자식에게 두기 쉽다. 저는 죽더라도, 제 피를 이어받은 자식은 이어간다는 '유사영생'이 위로가 되는 것은 분명하다. 그러나 그것도 위로일 뿐이다. 삶과 죽음은 어차피 혼자 감당해야 하는 일이다. "무소의 뿔처럼 혼자서 가라" 하는 불교의 경구를 힘으로 삼으면 좋다.

'애들은 자고 나면 예쁜 짓을 하고, 늙은이는 자고 나면 미운 짓을 한다'고 했다. '아이와 노인은 달게 하는 데로 간다', '아이와 늙은이는 괴는 데로 따른다'고도 했다. 기운이 떨어지니 제 몸을 감당하지 못해 등 비빌 언덕을 찾아서 그런다. 늙을수록 정신 줄을 느슨하게 하면 안 된다. 정신을 바짝 차리고 정신 줄을 더욱 팽팽하게 당겨야 한다. '소에 물린 놈 같다'고 할 정도로, 상처도 없으면서 빌빌대면 싫은 소리를 들을 수밖에 없겠다.

'나이 이길 장사 없다', '아이 크는 것은 알아도, 저 늙는 것은 모른다'고 했지만, 나이, 세월이라는 건 자연에서 본래 없다. 사람이 만든 개념이다. 자연에서는 순환 반복이 있을 뿐이다. 그러니 숫자로 제 해 돌이, 즉 나이테를 헤아리지 말 일이다. 나이를 애써 잊어라. '늙은 장수 쓸데없다'고 하지만, 현대의 장수들이 몸으로 싸우는가. 지혜로 싸운다. 스포츠 감독 코치들이 몸으로 가르치기보다는 지혜로 가르친다. '늙은이치고 젊어서 호랑이 안 잡은 사람 없다', '늙은이 기운 좋은 것과 가을 날씨 좋은 것은 믿을 수 없다'고 했다. 늙은이가 끝까지 날뛰면 되겠는가. 차분하게 살다가 문득 사라지는 게 아름다운 일이다.

'사슴이 오래된다고 기린 되지 않는다'고 한다. 사슴보다 기린이 더 고귀하다고 생각하는 사람이 지어낸 말이겠다. 모든 생명은 동등하다. 사람이란 종種이 어리석어 차별을 하는 것일 뿐이다. 한없이 어리석은 게 인간이어서, 같은 종끼리 전쟁을 하고 차별하고 지배를 하고 설쳐댄다. 어리석다고 무시당하는 사람이나 훌륭하다고 칭송받는 사람이나 그게 그거다. 생전에 큰일을 못했다고 서러워 말 일이다. 단지 욕심이 없었을 뿐이다.

'천리마는 나이가 들어서 이루어진다', '천리마는 늙었어도 천 리 가던 생각만 한다', '마구간에 누운 늙은 천리마가 여전히 달리고 싶어 한다'는 말들이 좋다. 경마장이나 전쟁터에서 명성을 떨치지 못하고 야생에 놀았어도 천리마는 천리마다. '소문이 난 것은 두 자고, 소문이 안 난 것은 석 자라'고 하지 않는가. 제 능력이 소문이 안 났을 뿐이다. '늙을 때까지 배워도 다 못 배우고 죽는다', '늙을수록 마음은 젊어진다'고 했다. 늙었어도 부지런히 배우고 일할 수 있다.

'돈이 있어야 할애비 노릇도 한다'고, 항상 돈으로 평가한다. 없으면 할 수 없지만, 있으면 한껏 써야 한다. 대신 대가를 바라지 마라. '지팡이는 큰아들보다 낫다'고 했다. 지팡이를 짚고 어디라도 훌훌 떠날 일이다. '쑥바자도 바람을 막는다'고 했다. 튼튼한 울타리만 바람을 막을 수 있는 건 아니다. 쓰러질 듯, 쓰러질 듯 하는 허름한 울타리도 바람을 막는다, 늙었어도 남이 겪는 고통을 다소간 막아줄 수도 있다.

2) '늙으면 돈도 안 따른다'

당연한 말이다. 젊은이한테도 돈이 따르기 쉽지 않은데, 늙은이를 따르겠는가. 돈도 욕심과 열정으로 뭉친 젊은이한테 몰려드는 게 이치다. 젊은이는 벌어들이고, 늙은이는 나누어 풀어주는 것이 할 일이다. 어쩌다 돈을 모으지 못해 늙어 수난을 겪는 사람들이 적지 않다. 노약자를 위해 복지로 쓰여야 할 돈은, 세금 도둑놈들의 주머니로 다 들어간다. 정치가는 권력다툼으로 세월을 보내니, 노약자나 가난뱅이만 고통을 겪는다.

'나이가 많을수록 가진 것이 있어야 한다', '돈이 있어야 늙어도 대접을 받는다'는 걸 몰라서 돈을 못 모으는 게 아니다. 인생을 살자면 숱한 시행착오를 겪는다. 특히 유난히 모험심이 강한 사람은, 돈도 '모 아니면 도' 식으로 투자나 투기를 한다. 주색잡기에 빠지기도 하고, 사기를 당해 모은 돈을 다 잃기도 한다. 인생이 적어도 두 차례는 돼야, 새롭게 출발도 할 수 있는데, 일회성 인생이라 '굽도 젖도 못한다'고 한탄이겠다.

'손발에 풀기가 없어지면 돈도 안 붙는다'고 했다. 붙기는커녕 '손사이로 뱀장어 빠지듯' 하며, 어딘가로 돈과 재물이 흘러 들어갈 것이다. 대부분 자식 기르는 데 쓰겠지만, 그야말로 '밑 빠진 시루에 물 붓기'라서 남아나는 게 없겠다. '젊어서 싸움은 사랑싸움이고, 늙어서 싸움은 돈 싸움이라'고 하는데, 젊을 때부터 내내 돈 싸움만 해댄 사람이 많을 것이다.

'늙고 병든 몸은 눈먼 새도 안 앉는다', '늙고 병들면 귀신밖에 찾아오지 않는다', '늙고 병들면 눈먼 새도 안 찾아온다', '늙고 병들면 눈먼 새도 안 쳐다본다'는 말들을 봐라. 어느 것 하나 늙은이들에게 우호적인 게 없다. 우호적이기는커녕 밀쳐내지 못해 안달한다. 생전 보지도 못한 사람들까지 나서서, 늙으면 죽어야 한다면서 눈총을 쏘아댄다. 제 놈들은 안 늙나 하고 푸념만 할 뿐이다.

늙을수록 자립심이 더 강해져야 한다. 배우자나 자식, 병원이나 노인복지시설에 의존하지 않으려고 애써야 한다. 흔히 말한다. 늙을수록 병원과 상점, 호텔 가까이 살아야 한다고 말이다. 그래야 수명을 좀 더 연장할 수 있다는 것이다.[69] 돈을 벌 생각은 아예 생각지도 말라고 한다. 괜히 좀 더 벌려다 있는 돈까지 다 날린다는 충고 일색이다. '잡은 꿩 놓아주고, 날아가는 꿩 잡으려 한다'는 격이라 한다.

늙으면 시골로 가야 한다는 생각이다. 더 건강하고 오래 살기 위해서는 흙을 밟고 손에 흙을 손에 놓지 않아야 한다. 병이 위중한 사람들이 시골에 터전을 잡아 치유되는 예가 많다. 병원과 편의시설이 부족해 위험하다고 말하는 사람은 식견이 좁은 것이다.

도시에서 그 비싼 아파트를 깔고 앉아, 그것도 홀로 거주한다면 더 안타까운 일이다. 농촌의 허름한 주택을 마련하고 텃밭을 가꾸어 봐라. 세상 왜 이런 기쁨을 일찍 누리지 못했는가, 하고 후회를 할 것이다.

돈은 안 쓰면 버는 것이다. 굳이 돈이 따라오기를 왜 바라는가. 텃밭이나 마당에 농약이나 제초제를 쓰지 않으면, 가꾸지 않아도 야생채소가 저절로 가득 차게 된다. 할 것이 없어 풀과 전쟁을 하는가? 잡초와 벌레가 싫어 귀농 귀촌을 못 하겠다고 한다. '호랑이 무서워 산에 못 간다'는 말이 차라리 낫겠다. 풀은 필요한 만큼만 뽑으면 된다. 오히려 풀 속에 어울려 자란 채소가 훨씬 더 건강하다. 건강한 채소와 곡식을 먹어야 몸도 건강할 수 있다. 시골에서 병원이 멀리 있어야 당연하다.

'죽어서도 돈이 있어야 제사도 얻어먹는다'고 한다. 장남이 제사를 지낼 거라고, 가진 돈을 다 물려주고 한껏 공을 들인다. 어리석은 짓이다. 귀신이 되어 굶주릴까 봐 제사를 부탁하는데, 믿을 걸 믿어라. '차라리 방귀를 동이는 게 낫다'고 생각할 일이다. '이생망 저생무', 즉 이생의 삶은 망쳤고, 저생은 없다는 생각으로 씩씩하게 살 일이다.

3) '노인 오기 고집이 황소를 잡아먹는다'

고집은 자기방어일까. 정보의 빈약함, 지식의 부재, 지혜의 부족에서 오는 약점을 노출하지 않으려는 허세다. '고집은 용을대 고집이라', '고집은 항우 고집이고, 꾀는 조조라'고 말한다. 용을대는 병자호란 때 쳐들어온 오랑캐 장수 이름이다. 용을대, 항우의 고집이 얼마나 강했는지 모르지만, 보통사람 중에서 경험하는 고집만 해도 혀를 내두르게 하는 노인들 많고도 많다. 사람들은 성씨를 가지고 순위를 매기기도 한다. 당나귀 고집 정 씨, 앉은 자리에 풀도 안 나는 최 씨, 안 씨 윤 씨……, 학설이 분분하다. 성씨가 아니라 사람에 따라 다르다고 하는 사람이 별로 없다. 고지식해서 그렇다. 가문을 불명예스럽게 하는 짓이겠다.

동물과 비교하여 고집이 세다는 것을 빗대는 경우가 있다. '고집이 닭의 고집이다', '고집이 당나귀 뒷발굽같이 세다', '고집이 소고집이라'고 말들 하지만, 닭, 소, 당나귀는 이도 안 났다고 할 노인들 적지 않다. 늙을수록 자신의 모든 것이 약해진다는 걸 알게 된다. 약한 것을 남이 알면 이용당하게 된다는 생각을 하게 되는 것이다. 자신의 허점을 노출하지 않으려는 전략이 오로지 고집인 것이다. 그러니까 고집이란 성씨와 관계없이 늙으면 웬만큼 가지게 될 수밖에 없다.

'고집도 사촌보다 나을 때가 있다'고 하는데, 정말 그럴 경우가 있다. 한 번의 고집으로 생명과 재산을 지키는 경우도 적지 않다. '고집이 집안 망친다'는 경우도 허다하다. '만 마리의 소도 못 당할 고집이라'지만, 잘 피운 고집일 때도 있다. 노인의 말을 들을 때는 들어야 한다.

늙으면 스스로 제 아집我執부터 서서히 약하게 해야 한다. 보고 들은 것, 스스로 학습한 것이 빈약할수록 아집은 강해진다. 아집에 근거한 자기주장은 주위 사람을 힘들게 한다. '노인 말 그른 데 없고, 어린아이 말 거짓 없다'지만, 꼭 그렇지는 않다. 정신이 초롱초롱하고 평생토록 세상사를 꾸준히 학습하고 숙성한 지식과 지혜가 있을 때 한정되는 말이다.

제가 믿는 바를 완강하게 지키는 것을 고집이라 한다면, 때로 제 잘못을 알더라도 남에게 지기 싫어 강하게 버티는 걸 오기라 할 것이다. 식견이 좁은 노인들의 경우 오기로 버티는 습관을 버리기 쉽지 않다. 이런 것까지를 망령이라고 비난할 때도 있다. '늙은이는 밥상 차려 놓으면 나간다'고 하는데, 심술이다. 말은 안 해도 뭔가에 심통이 뒤틀린 것이다. '늙은이 망령은 고기로 달래고, 아전의 망령은 돈으로 달랜다'고, 뒤틀린 심통을 달래줘야 한다.

'속에 대감이 몇 개 들어앉아 있다'거나, '속에 구렁이가 들어 있다'는 말은, 능청이나 속셈을 잔뜩 품고 있다는 뜻이다. 늙어 생각은 고착되었으니, 제 생각만 옳다고 믿는다. '오기로 망한다'는 경우가 생기는 것이다. '오기 바람에 쥐 잡는다'고, 물론 어떤 일에 성공할 때도 있겠다. 그러나 주위 사람과 갈등은 칡덩굴 꼬이듯 하게 마련이다. '어린 아이 말에 거짓말 없고, 늙은이 말에 그른 말 없다'는 소리는 해보는 소리일 수 있다. 그른 말을 할 때도 많다. 세태에 맞지 않으면, '여드레 삶은 호박에 이도 안 들어갈 소리만 한다'는 핀잔만 받을 것이다.

늙은이의 고집은 돈에 관련되면 더 강해진다. 긴장을 풀면 제 돈을 누군가 몽땅 빼앗을 거라는 생각에 움켜쥐고 누구의 말도 듣지 않는다. 죽기 전에 교통정리를 잘 해야 자식들이 화목함을 유지할 텐데, 기회를 놓치고 만다. 죽은 뒤 자식들이 진흙 속에 개싸움을 벌이게 될 뿐이다. 같은 나무에 다른 가지라고 하는 자식들의 가지를, 아예 찢어놓는 것으로 비유할 수 있다.

'늙은이 가죽 두껍다', '늙은이 건달부린다'고 했다. 늙으면 죽음을 앞두었다는 불안 때문에 겉으로는 다소간 파렴치한 행동을 하게 된다. '늙은 유세하고 사람 치고, 병 유세하고 개 잡아먹는다'고 할 정도다. '새도 죽을 때가 되면 울음소리가 착해진다'는데, 갈수록 태산이라서 미운 감정이 생기는 것은 어쩔 수 없다. 그러니 '들면 박대요, 나면 천대라' 할 대우를 받게 된다.

솔직히 말하면, 늙은이에게 남은 사람이 기대하는 건 돈이나 재물이다. 지혜도 아니고 잔소리는 더욱 아니다. 오로지 제 몫의 유산이다. 받을 돈이나 재물이 없으면 그야말로 찬밥 신세다. 늙어서 쉰밥 신세가 되지 않고 그나마 임종 지키는 자식을 보려면 적은 돈이라도 지니고 있어야 한다. 고집은 돈이 되지 못하니 누가 좋아하겠는가.

4) '노욕이 지나치면 삼대를 망하게 한다'

늙어지면 제 존재감이 느슨해진다. 주위의 모든 사람으로부터 소외되기 시작한다. 가장 가깝다는 친구도, 자식도 한 발 두 발 멀어져 가기만 한다. 뭔가 잡고 있어야 하는데 믿을 만한 게 없다. 돈, 재물이라도 움켜쥐고 있어야 무시당하지 않겠다는 생각이 점점 굳어진다.

'늙으면 요 밑에 돈이 있어야 한다', '늙으면 베개 속에 돈을 숨겨 두어야 한다'는 말이 변함없는 진리처럼 여겨진다. '늙으면 자식 촌수보다 돈 촌수가 더 가깝다'는 말과, '늙으면 돈보다 자식이라', '늙어 낳은 자식에 있다'는 말 사이에서 혼란스러워한다. 사람들은 저로부터 거리감을 두는 것 같으니 돈을 더 가까이 끌어 앉고 있어야겠다는 생각이 점점 강해진다.

'늙으면 그저 저승길 닦는 일밖에 안 남는다'고 하는데, 어떻게 해야 저승길을 잘 닦는 것인지 낯설 뿐이다. '늙어서 고적한 것은 죽음보다 세 갑절 무겁다'는데, 누군가 참 기막히게 맞는 말을 했구나 싶다. '늙어 친구가 젊어 벼슬보다 낫다'고 한 말도, 네 귀가 딱 맞다고 생각된다. 그러나 저승길을 닦는 것, 고적한 것에서 벗어나는 것, 친구를 사귀는 일이 모두 돈이 드는 일이라서 주저하는 게 늙은이다. 돈마저 빠져나가면 의지할 것이 아무 것도 없다는 생각뿐이겠다.

'욕을 많이 먹어야 오래 살고, 악담을 많이 들어야 명이 길다', '욕도 늙마에 먹으면 명줄이 늘어난다'는 말을 믿어서 그런지, 누가 싫은 소리나 욕을 해도 막무가내다. '늙은이 성미는 죽 끓듯 한다'고, 주위 사람들이 도무지 감당하기 어려운 언행을 한다. 돈에 인색한 노인은 당연히 욕을 먹게 마련이다. '늙을수록 돈 욕심은 커진다'고 한다. 죽을 때 가지고 갈 것도 아니면서, 돈을 쓰지 않는다고 욕을 먹는다. 특히 죽을 때까지 자식들에게 재산을 나누어주지 않고 꼭 쥐고 있는 사람이 있다. 자식들은 물론 주위 사람들에게 욕감태기가 된다.

괜스레 자식들에게 잔소리를 해대는 노인들이 적지 않다. 제 존재를 분명히 하고 싶은 욕심이지만, 자식들은 들으려 하지 않는다. 장성한 자식들을 끝까지 손아귀에 넣으려고 하는 욕심 때문이다. '늙고 못난 개라고 공연히 짖을까' 하겠지만, 설득력이 떨어진다는 생각을 하지 못한다. '늙을수록 느는 건 잔소리뿐이라'는 생각이 확고한 터에, 아무리 자식이라지만 곱게 들어줄 리 없다. '늙으면 욕이 많다'는 것을 깨우쳐, 될 수 있는 한 입을 닫고 살아야 한다는 걸 모른다.

노인이 오래 살 욕심으로 보신 음식을 밝히는 경우가 많다. 늙으면 죽어야지, 하고 뇌까리면서도 건강보조식품이나 영양제를 찾는다. 초복 중복 말복에 보양식을 찾아 먹는 건 물론이고, 틈틈이 보약을 챙긴다. '복더위에 민어찜은 일품, 도미찜은 이품, 보신탕은 삼품' 해가면서 주위 사람을 불편하게 한다. '강릉 최 부자가 새치 껍데기에 고래등 같은 기와집 세 채를 날렸다'는 말을 하면서, 유별난 음식을 찾기 일쑤다. 행보, 식보, 육보, 약보 운운하며 건강에 욕심을 갖는다. '늙은 소도 콩깍지 실러 갈 때는 재다'는 말처럼, 늙었어도 제 몸에 좋은 것을 챙기는 데는 재빠르다.

'욕심 따라 기도 승해진다'고 하니, 늙어질수록 욕심을 크게 부리면 기력도 강성해지는 것은 당연하다. 심술, 오기, 고집이 뭉쳐 뻗대면 황소고집은 저리 가라는 정도가 된다. '심사가 놀부 뺨치겠다'고 할 경우도 잦다. '지나친 욕심은 패가망신의 장본이라'는 것을 알면서도 욕심을 부린다. '늙은 말이 서 마지기 콩밭을 뜯어먹는다', '아흔아홉까지 살아도 한 살 더 살기를 바라는 게 사람 마음이라'는 것처럼 욕심을 억제하지 못한다.

'나쁜 사람도 나이를 먹으면 좋게 된다'는데, 성품이 나쁜 것도 아닌데 주위 사람에게 못되게 굴기 일쑤다. '늙으면 아이 탈 쓴다'는 말이 맞다. 아니 아이는 귀여운 맛이라도 있는데, 노인은 미운 구석만 보인다. '세 살 적 버릇 여든이 나도 그대로 있다'는 말이 틀림없다.

'자식 없이 사는 고생이 제일 마지막 고생이라'고 했다. 자식 없이 사는 고생이 고생 중에서 가장 편한 고생이라는 뜻이다. '자식을 두지 못한 이는 수壽를 누린다'고 했는데, 자식과 관계없는 것이 수명이다. '무자식이 상팔자'라서 편안하게 오래 사는 사람이 있는가 하면, 많은 자식을 두고도 오래 사는 사람도 있다. '자식은 애물이라'고 여겼던 생각이 바뀌어 "늙은이는 애물이라"는 생각을 하는 것이다. 늙어 애물이 되지 않기 위해서는 모든 욕심을 덜어내고 수도승처럼 사는 게 가장 좋은 모습일 것이다.

5) '사람이 죽더라도 돈이 있어야 한다'

'저승길에도 돈이 있어야 한다', '천당도 돈이 있어야 간다'고 했다. 죽어보지 않았으니, 죽어서 돈을 어디다 써야 하는지 알 턱이 없다. '염라대왕도 돈 앞에서는 한쪽 눈을 감는다'고 해서 사후에 돈이 필요한 것인가. '길 떠나면 돈이 염라대왕이라'고 했으니, 저승길도 길은 길이라니 돈이 들 수 있겠다. 하긴 '저승길이 구만 리'라는데, 그 먼 길에 돈이 안 들겠는가. '길동무가 좋으면 먼 길도 가깝다', '저승길도 동무가 있으면 걸음이 가볍다', '저승길도 벗이 있어야 좋다'고 했는데, 이승의 친구와 같이 죽을 수 없으니 저승길에서 새로 사귀어야 할 것이다. 새 동무를 사귀려면 돈이 들겠다.

저승길에 들기 전에 정말 많은 돈이 필요하다. 노후자금이라 한다. 늙으면 돈 벌기가 어려우니 젊을 때 저축해두는 돈이다. 이 땅의 노인빈곤율이 OECD국가들 중 가장 높다고 한다. 노동시간은 Top3 안에 드는데, 늙어서 쓸 돈이 왜 부족한 것일까. 여러 원인이 있겠지만, 가장 큰 원인이 자식에게 드는 돈이 너무 많다는 것이다. 사교육비가 엄청나고, 자식 결혼비용이나 집을 구입할 때 보태주는 규모가 너무 크기 때문이다. 번 돈을 싹싹 긁어서 주고 나니, 노후자금을 충분히 비축하지 못하게 된다. 그렇다고 자식에게 돌려달라고 할 수는 없는 일이다.

노후를 자식에게 의지한다는 생각은 아예 싹부터 없애야 한다. '자식의 입에 밥 들어가는 것만 봐도 배부른 게 부모 마음이라'지만, 자식에 대한 애정이 아주 쉽게 배신감으로 변하기 때문이다. '자식을 키우는 데만 오만 자루의 품이 든다'고 했다. 그런 노고를 돌려받자고 생각하는 부모는 거의 없을 것이다. 그러나 진이 빠지고 늙어버리면 그런 신념을 지키기 어려울 수가 있다. 게다가 어떤 잘못으로 노후자금을 날

려버리면 절망의 구렁텅이에 빠질 수밖에 없다. 그럴 때 은근히 자식이 도와주기를 바랄 수 있다.

'열 자식이 한 부모 못 모신다'고 했다. '한 부모는 열 자식을 거느려도, 열 자식들은 한 부모를 못 거느린다'는 말을 확신할 수 있는 예를 얼마든지 볼 수 있다. '자식 사랑은 내리사랑이라'서 그렇다. 본능적으로 무한한 사랑을 베푸는 것은 부모만이 가능한 것이다. 치사랑으로 부모를 섬기는 자식은 극히 드물다. 자식들은 부모를 돌보지 못하는 핑계로 돈을 먼저 내세운다. 정성이 부족한 줄 아는데, 돈이 없어 부모를 돌보지 못한단다.

자식들이 이 모양이니, 돈이 필요한 것은 정작 죽기 직전이다. 병원의 신세를 져도 돈이다. 요즘처럼 죽기 전에 거치는 요양원을 가재도 돈이다. '나올 때도 맨손이고, 죽을 때도 맨손이라'지만, 죽기 전에 돈이 가장 절실히 필요하다는 것을 알아야 한다. 미리 돈을 쟁여놓지 못한 게 정말 안타깝게 여겨질 것이다.

'죽어서도 베개 속에 돈을 두고 죽어야 한다', '사내는 죽을 때 계집과 돈을 머리맡에 놓고 죽으랬다'는 말이 있다. 사내로서 자존심을 죽을 때까지 지켜야 한다는 뜻으로 하는 말이겠다. 가장이 죽으면 대들보가 내려앉는 느낌이라는데, 살아있는 아내가 고통을 받는 것은 뻔하다. 그나마 위로를 받을 수 있는 게 돈밖에 없다. 그러니 비자금이라도 만들어 두었다가 내놓고 가야 하는 것은 의무다.

'돈이 있어야 저승 가는 길도 편히 간다'는 말이 그런 뜻일 게다. 살아남은 사람에게 돈을 남겼다는 안도감이겠다. '돈이 있어야 저승에 가도 대접받는다'는 말은, 돈을 남기고 죽으니 할 일을 다 해서 대접을 받는다는 뜻이리라. '힘없고 돈 없는 놈에겐 저승길도 안 열린다'는 말이 있다. 돈을 남겨놓지 못하는 안타까움 때문에, 편안하게 눈을 감을 수 없다는 뜻으로 해석할 수 있겠다.

'죽고 나면 여섯 자'라고 했지만, 없는 사람에게는 여섯 자 땅도 마련하기 쉽지 않다. 각종 공원묘지가 있지만 적지 않은 돈이 있어야 정해진 세월을 누워있을 수 있다. 15년 또는 20년을 단위로 수백만 원의 유지비를 내지 않으면 묘지를 없앤다 하니, 사람이 죽더라도 돈이 있어야 한다는 말이 꼭 맞다.

18. '병이 도둑이다' / 돈과 병

'병이 생기면 죽겠지' 하고 체념하면서 죽음을 기다리는 사람이 얼마나 될까. 돈을 좇다가 얻은 상처를 고치려면 또 돈이 필요해진다. '병약은 심약을 부른다'고, 마음까지 약해진 뒤에야 '돌고 도는 것이 세상사'라는 걸 깨우치게 된다. 돈 너머 다른 세상을 보지 못했음을 탓하게 되는 것이다. '아파 봐야 아픔을 알게 된다'고, 제 삶과 병을 성찰해보면, 사는 과정 모두가 사실상 아픔이었다는 것도 깨닫게 된다.

'병 앞에 장사 없다'고, 심한 병에 걸리면 오래 버틸 재간이 없다. '병이 도둑'이라는 말이나 '병은 가난 동무'라는 말은 같은 뜻이다. 가난한 사람이 병에 걸리기 쉽다거나, 병에 걸리면 가난해지기 마련이라는 뜻이다. '여자가 앓으면 살림이 안 되고, 남자가 앓으면 집안이 안 된다'고 했다. 어느 한쪽이라도 아프면 문제가 큰데, 모두 건강하기란 쉬운 일이 아니다.

건강하지 못하면 돈을 벌어들이지도 못할 뿐만 아니라, 병을 고치거나 몸보신을 해야 하니 돈이 드는 것은 뻔한 일이다. '건강이 돈'이란 말이 진리 중 진리다. '병 장담 못 하고 자식 장담 못 한다'고 했다. 아무리 건강을 자랑하는 사람이라도 언젠가는 병을 얻게 된다. '병이란 눈썹에서 떨어진다'고, 병은 갑자기 들이닥치는 것이다. 건강 나이가 지나면 결국 돈으로 삶을 지탱해야 한다.

백세시대를 노래 부르며, 건강에 대한 관심이 지나칠 정도다. TV를 비롯한 매체마다 건강문제를 기본적으로 깔고 나선다. 의사들이 단

체로 나와 연예인 뺨칠 정도로 재롱을 떨기도 하고 충고도 한다. 학식이 없다는 사람들도 건강 관련 외래어를 줄줄 외고 다닐 정도다. 백세시대라고는 하지만, 명 짧은 사람이 훨씬 더 많다. 병에 시달리다 팔십도 못 살다 죽는 사람 적지 않다. 돈이 많다면 명줄을 조금 더 오래 잡고 있을 수 있지만, 없다면 잡은 명줄의 힘도 느슨해지기 마련이다. '병들어 장수 없다', '병 앞에 장사 없다', '병에 견디는 장수 없다'고 했다. 생로병사는 생명을 가진 존재라면 겪어야 하는 차례다.

'돈주머니가 무거워지면 병주머니가 가벼워지고, 병주머니가 무거우면 돈주머니가 가볍다'는 말이 재미있다. 돈이 많으면 병치레도 덜하고, 돈이 없으면 병치레도 많이 하게 된다는 뜻으로 하는 말이다. '의사한테 갈 때는 돈을 준비해야 되고, 무당한테는 떡쌀 담가 놓고 가라'는 말이 그 말이다. '짐하고 병은 가벼울수록 좋다'고 했지만, 가벼운 병이라면 누가 큰 걱정을 하겠는가. '자다가 얻은 병인가 졸다가 얻은 병인가' 알 수도 없는 병도 있겠다. '자다가 얻은 병은 이각離却을 못한다'고 했다. 갑자기 걸린 병은 떼어버리지 못한다는 뜻이다. 병의 종류도 수만 가지라서 의사가 분별해내지 못하는 병도 많다.

'술은 묵을수록 맛이 좋고, 의사는 늙을수록 용하다'고 했다. 그러나 늙은이의 병이 그리 쉽게 고쳐질까. 어쩌다 나왔다면 '소가 뒷걸음질하다가 쥐 잡았다'고 할 수 있겠다. '의원이 죽을 병 고치면 사람마다 장생불사하게' 하는 말 그대로다. '의원이 제 병 못 고친다', '무당이 제 굿 못하고, 의원이 제 병 못 고친다'는 말대로 의사가 고치는 병은 아주 제한적이다. '장과 의사는 오래 묵을수록 좋다', '의사는 늙은 의사라야 하고, 무당은 젊은 무당이라야 한다'고 하지만, 아무리 경험 많고 실력 있는 의사라도 병을 다 고쳐내지는 못한다. 예컨대 '이 세상 백 병 중에 제일 아픈 병이 상사병이라' 했지만, 상사병으로 진단하고 처방을 해주는 의사가 있을지 모르겠다. 세상에 '이름 모를 병이 열두 가지'라고 했는데, 말도 안 되는 소리다. 열두 가지만 되겠는가.

약도 일시적인 효과가 있을 뿐이다. '싸워서 이로운 데 없고, 약 먹어 해로운 데 없다', '약은 빚을 내서라도 사먹는다', '약은 돈 주고 사먹어야 약효가 있다', '약은 갈라먹으면 효력이 없다'는 말들처럼, 약에 대한 이런저런 충고가 있다. 그중 정말 필요한 말은 '병은 자랑을 해야 한다', '병은 자랑해야 명의를 만난다', '병은 자랑해야 양약을 구한다', '병은 팔아야 약이 나온다'는 것이다. 병에 걸리면 부끄러워하기가 쉽지만, 용기를 갖고 말해야 한다. '병은 숨겨놓고 약만 달란다'고 하면 고치기 어렵다. '병은 숨길수록 커진다'는 말이 맞다.

명약이라 해봤자 역시 제한적이다. '상감이 약 없어 죽는다더냐'는 말이 정곡을 찌른다. 약이 모든 걸 해결해주지 못한다. 그뿐만 아니라 까딱 잘못 먹으면 목숨이 위태로워진다. '약은 사람을 죽여도, 병은 사람을 죽이지 않는다'는 말이 그것이다. '약은 정성이 반'이라지만 한계가 있다. 약 중의 약은 밥이다. 밥을 잘 먹으면 병 치료에 도움이 크다. '약보보다는 식보가 낫다'는 말이 그래서 있다. '약보보다 식보가 낫고, 육보보다 식보가 낫다'는 충고를 잘 따라야 한다. '인삼 녹용도 배부른 뒤에야 약이 된다'는 말을 명심할 일이다.

'일신이 천금'이라 했다. 뭐니 뭐니해도 제 몸뚱이 자체보다 더 값진 건 없다. '볕 드는 집안에는 의사가 필요없다'고 했다. 잘 먹고, 햇볕 아래 부지런히 일하면 병도 쉽게 접근하지 못할 것이다.

안타깝지만 오래오래 살았으면 하는 바람은 제 소원일 뿐이다. 주위 사람들이 부디 오래 살라고 말은 하지만, 속내는 다를 수도 있다. 도움이 전혀 되지 않으면, 오래 살라는 말이 나올 리 없다. 오래 살더라도 말썽을 부리지 않아야 미움을 사지 않는다. 가끔 정치권에서도 늙은 사람들이 너무 오래 산다고, 그만 죽는 게 좋다는 말을 공공연히 하지 않는가. '긴 병에 효자 없다'는 말은 무슨 뜻일까. 이제 그만 가셨으면 좋겠다는 말이다. 도움이 되기는커녕 말썽만 부리는데, 왜 그렇지 않겠는가.

'저승길에 노소가 없다'고 했다. '익은 감도 떨어지고 생감도 떨어진다'고 했을 때, 생감은 사고 아니면 병으로 죽는다. 언제 죽을지 상상하기 어렵다. 그러나 늙은이의 죽음은 때를 알기가 훨씬 쉽다. 이런저런 준비도 가능하다는 뜻이다.

'저승길과 변소 길은 대신 가지 못한다'는 말처럼 병病도 다른 사람이 대신 앓아줄 수 없다. 그래서 '무거운 짐은 나누어져도, 병은 못 나눠진다'고 말한다. '병 떼러 갔다가 병을 얻어 가지고 온다'고 했다. 늙으면 사면팔방에서 병이 기습할 틈을 노린다. '복 중에는 건강복이 제일이라'고 했는데, 복도 복이겠지만 건강을 지키려는 노력이 더 중요하다.

1) '병의 화근은 마음에 있다'

'뭇 사람에게 손가락질받으면 병 없이도 죽는다'고 했는데, 따지고 보면 뭇 사람에게 손가락질받는다는 것 자체가 아주 위중한 병인 것이다. 인품과 덕망이 부족해 손가락질을 받는 것이니, 심각한 병이다. 그렇지만 인품에 병이 들면 당장 죽지는 않는다. 의사도 고치지 못하는 병이지만, 오래 반면교사反面教師 노릇을 하다가 천천히 죽는다. 마음에 든 병이라서 그렇다.

'병을 고치려면 먼저 마음의 병을 이겨야 한다'고 했다. 인품이 저급한 것도 병이라 했다. 또한 마음이 견고하지 못한 것도 병이다. 제 중심을 잡지 못하면 병이 된다는 말이다. 세상사에 위태로움을 느끼게 하는 것이 부지기수다. '이리저리 흔들다 오뚝'이라고 뒤늦게라도 제 중심을 잡으면 다행이지만, 그렇지 못하면 모든 게 걱정이 된다. 그래서 '수심병과 상심병은 약방의 약도 소용 없다'고 했다. 걱정으로 시름시름 한다면 처방을 내기가 어려울 것은 당연하다. 스트레스라는 것이 이런 병 중이다. 마음이 허약해지기 쉬운 게 사람이니까, '미신도 믿어두면 마음이 든든하다'고 하지 않는가.

큰 병이 들면 절망감에 한껏 움츠러들 것이다. 인생의 무상함을 크게 느끼면 앞날에 대한 기대를 거두어들이기 시작한다. '병은 외고 펴야 한다'고 했다. 제 아픔과 근심을 내보여야 고칠 수 있는데, 그럴 기력마저 생겨나지 않을 것이다. '병고로써 약을 삼으라' 했다. 병이 있으면 그것을 통해 심신을 단련하는 계기로 삼으라는 말인데, 실천하기 쉬운 게 아니다. '병약은 심약을 부른다'고 했는데, 거꾸로 말해도 마찬가지다. "심약은 병약을 부른다"고 말이다. 평소에 늘 바지런하게 움직이고, 웬만한 일에 근심 걱정을 앞세우는 버릇을 없애도록 해야 한다.

'감기몸살은 만병의 근원이라'는 말은 흔히 한다. 그런데 '질투는 만병의 근원이라'는 말도 있다. 심한 마음의 병이다. '질투는 제 몸을 망친다'고 했으니, 질투로 몸과 마음을 다 망치게 되는 것이다. 시기나 질투란 말이 다소간 어감 차이는 있지만, 남이 잘되는 것을 못마땅해하는 마음을 뜻한다. 돈을 많이 가진 사람을 부러워하다 못해 시기 질투하는 일은 예사다. 남이 잘되면 시기심을 죽이고 한껏 칭찬하는 습관을 들여야 한다. 자기 질투심을 한껏 솟아나게 내버려 두는 것은, '자신이 타고 앉은 나뭇가지에 자기 손으로 톱질을 한다'는 말에 비유할 수 있을 것이다.

제 성깔을 잘 다스리는 사람이 장수하는 걸 본다. '성이 나서 바위 차면, 제 발등만 아프다'고, 늙어서도 그 버릇 못 고치는 사람이 적지 않다. '성질 나쁜 소가 내를 건너도 그 성질 안 부릴까' 말하는데, 충분히 늙었을 때가 마지막 기회다. 성격은 바뀌지 않지만, 죽음이 가까워지면 변한다. '죽으려면 마음부터 변한다'고 했는데, 좋게 변하는 쪽이다. 착한 모습으로 늙고 죽어야 진정한 어른이다.

'앓는 소리와 셈 소리는 높아야 한다'고 했다. 아픈 것을 남들이 알도록 하라는 뜻이다. 남에게 측은지심을 구걸하라는 말이 아니다. 아픈 걸 알게 하면, 좋은 약이나 좋은 의사를 만나게 된다는 뜻이다. 앓는 소리마저 시답지 않으면 사람이 더 시시해 보인다. '평소에 병 없던 사람이 앓으면 몹시 앓는다'고, 기왕 앓으려면 힘있게 앓아야 한다. '평생을 고랑고랑 하며 칠순 넘긴다'고 하면 존재감도 희미해진다.

'잠이 보약이다', '잠이 보약보다 낫다', '잠이 보배라'는 말을 잘 받아들여야 한다. 근심이 많으면 잠을 잘 잘 수 없게 된다. 잠이 충분하지 못하면 몸과 마음이 흔들린다. 판단력도 흐려지고 몸도 꿋꿋함이 없어진다. '늙으면 잠이 없다'고 하듯, 수심이 깊어 잠을 잃는다. 한편으로는 '늙으면 잠이 벗이라'고 하는데, 기력이 쇠약해서 잠밖에 안 온다는 뜻이다. 쇠약해서 저절로 오는 잠이 아니라, 부지런히 활동해서 피곤으로 오는 잠을 자야 한다.

'건강은 돈보다 낫다', '행보行補가 육보보다 낫다'는 말을 깊이 새기고 항상 실천해야 한다. 내 병은 내가 제일 잘 알아야 하고, 내가 제일 잘 고친다는 신념으로 살아야 한다. 겉만 잠깐 살피고 마는 의사에게 뭘 믿고 제 건강을 맡긴단 말인가.

2) '사람의 염량 후박은 병 중에 알기 쉽다'

염량후박炎涼厚薄이란 본래 더위와 서늘함이란 뜻이다. 그러나 세력의 성함과 쇠함, 선악과 시비를 분별하는 슬기로움이란 뜻도 있다. 뭉뚱그리면 결국 인품이란 말이다. 인품이 충분히 성숙해 있느냐, 그렇지 못하냐를 말하는 것이다.

아무리 병중이라도 인품의 구별이 있다. 제 몸만 중요한 것처럼 온갖 엄살은 다 떨고, 바쁜 사람 오가게 하고, 없는 돈 쓰게 하는 사람 적지 않다. 반면에 아픈 것을 숨겨 남모르게 앓고 마는 사람도 있다. 그까짓 병, 아무것도 아니라는 듯 의연하게 맞고 보내는 사람은, 인품으로 사람을 압도한다. '부는 이웃을 살리고, 덕은 만인을 살린다'고 했는데, 주위 사람들에게 덕으로 용기를 준다.

사람의 됨됨이는 그가 어려움에 당했을 때 쉽게 알아본다. 인품이 얄팍하면 온갖 소란을 다 떤다. 남에게 측은지심을 구걸하며 제 존재감을 강화하려 한다. 그 언행이 역효과를 낸다는 것을 모른다. 사람들은 "참을 수 없는 존재의 가벼움"을 느끼는데, 저만 자기연민에서 빠져나오지 못한다. 역경에 처했어도 의연한 언행을 하는 사람을 보면 존경심이 저절로 들기 마련이다.

늙어도 자기연민에 빠지지 말아야 한다. 병이 들었어도 의연해야 한다. 주위의 하찮은 것은 '오봉산에 도토리 털 듯' 털어버리고 늘 새롭게 출발해야 한다. 말이 쉽지 늙은이가, 또는 병자가 용기를 낼 기력이 있겠는가. 있다, 수많은 역경을 겪어온 경력으로 얼마든지 의연할 수 있다. '늙은 용은 말이 없다'는 모습으로, '물클어져도 준치, 썩어도 생치'라는 배포로 품격을 흩뜨리지 말아야 한다.

'병은 한 가지, 약은 천 가지', '병은 한 가지인데 약은 만 가지'라고 했다. 지금이야 수술로 고치고, 약으로 고치는데 약 종류가 얼마나 많은가. '병는 약으로 고치고, 기갈은 밥으로 고친다'고 하지만, 약이든 의사든 모든 병을 낫게 할 수는 없다. '병 만나기는 쉬워도 병 고치기는 어렵다'는 말은 그래서 있다. 더군다나 '노병老病에는 약도 없다'고 했다. 늙고 병들었다고, 자기연민에 빠져 꾀병을 부리면 처량해 보인다. '앓는 병에는 죽지 않아도, 꾀병에는 죽는다'는 말을 잘 새길 일이다.

'가지가 꺾이고 잎이 떨어진 나무에는 병든 새도 안 찾아든다'는 속담은, 늙고 병든 사람을 비유하는 말이다. 상대해 주는 사람이 없으니 서럽다. '병들어야 설움을 안다'고 했는데 당연하다. 그래서 건듯하면 서운해하고, 노여워한다. '엉킨 실은 풀어도 노염은 못 푼다'는데, 병중에 노염은 독이다. 자신을 베는 칼일 뿐이다. '청승은 늘어가고 팔자는 오그라진다'고 할 수밖에 없다.

'병은 밥상머리에서 떨어진다', '병은 밥상 아래 내려앉는다'고 하는데, 웬만한 병은 밥만 잘 먹어도 낫는다는 뜻이다. 그러나 밥맛이 제대로 날 리가 없다. 병 핑계하고 편하게 누워만 있으면 건강을 회복할 수가 없다. '편한 개 팔자 부러워하지 말랬다', '편하게 살고 싶거든 관속으로 들어가랬다'고 했는데, 조롱하려는 말이 아니다. '성품이 안정되면 나물죽도 향기롭다'고, 이유도 없는 노염을 누그러뜨려야 한다. '여닫는 문의 돌쩌귀에 녹이 슬지 않는다'고 했다. 열심히 움직이며 작은 일이라도 해내야 건강을 회복할 수 있다.

'사람이 망하려면 머리부터 망한다'고 했다. 치매나 건망증을 뜻할 수도 있고, 지혜와 판단력이 약해진다는 뜻일 수도 있다. '사람은 철들면서 죽는다'는 말을 듣지 말고, 철이 들었으면 오래도록 건강한 삶을 누려야 할 것이다. 제 몸에는 제가 의사 노릇을 해야 한다. 제 몸을 잘 관찰하고 돌보면 의사가 따로 없다. '선병자先病者가 의醫라', '팔 세 번 부러져 본 의사가 명의 된다'는 말을 잘 새길 일이다. 아울러 '부유하게 되면 집이 윤택해지고, 덕이 있으면 몸이 윤택해진다'는 말도 명심해야 한다.

3) '병자랑은 해도 돈 자랑은 말라'

'대병大病은 팔자에 태어나고, 소병少病은 관리 소홀이라'고 말하는데, 그럴듯하다. 그런데 팔자에 타고난다는 큰 병이란 어떤 것인가. 선천적으로 몸이 불편한 장애인을 두고 말하는 것일까. 그것만이 아닐 것이다. 수많은 종류가 있는 암이 제일 무섭다고 하지 않는가. 아니 암보다 더 무섭다고 말하는 의부증, 의처증은 어떤가. 타고나지 않은 마약 중독, 알콜 중독은 큰 병 아닌가. 가정 파괴자라는 치매는 작은 병인가.

'도깨비는 방망이로 쫓고, 병은 의원한테 물어라'고 했지만, 의사한테 맡겨서 고칠 수 있는 병은 얼마 되지 않는다. '병이 생기면 그 병을 낫게 하는 약초가 반드시 있다', '병이란 숨겨두면 도지고 밝히면 약이 생긴다'고 했다. 거의 모든 약을 식물에서 구했던 시대부터 생긴 말로, 한의학에서 본초학本草學의 바탕이 되는 말이다. 지금처럼 온갖 도구와 화학물질로 효능을 밝혀내고 만드는 게 아니라, 오직 경험에 의해 약효를 찾아내던 시대의 말이다. 이제는 식물뿐만 아니라 광물에서도 약성 물질을 추출해 낸다. 필요한 물질만으로 치료를 하기에 단시일에 효과를 확인할 수 있는 것이다.

'죽을 약 곁에 살 약이 있다', '죽을 병에도 살 약이 있다'는 믿음으로 불로초를 찾아 세상을 헤매는 사람도 있었다. 아무리 경험으로 약효를 밝혀낸다고는 해도, 아주 작은 부분이다. "잡초는 없다"고 내세우며 나서도, 식용과 약용 식물이란 경계를 명확히 내세우기 쉽지 않다. 식용과 약용을 동시에 만족하는 식물이라는 것을 확인하는 정도다. "전세계에서 사용되는 모든 처방약의 약 25퍼센트가 천연 식물성 물질에서 유래한 것이라는 사실"[70]만 알아도, 식물 섭취를 소홀히 할 수 없을 것이다. 야생에서 자연스럽게 자라는 것을 야생채소라 할 수 있겠다.

예컨대 인삼을 예들 수 있겠다. 인삼은 도라지처럼 식용으로도, 약용으로도 먹을 수 있다. 약용으로만 생각하여 오래 먹는다 해도, 쉽게 효험을 볼 수 있는 것은 아니다. 다양한 종류 중에서 산삼, 산삼 중의 산삼이라는 천종삼을 여러 뿌리를 먹는다 해도 금방 약효를 확인할 수 있는 건 아니다. '산삼은 죽은 사람도 살린다'고 했는데, 과장되고 신비화됐을 뿐이다. '산삼 한 뿌리 먹으려면 삼대가 적덕해야 한다'는데, 적덕과 관계는 멀다면 돈으로 사 먹을 수밖에 없는 노릇이다. 그러니 있는 사람의 돈 자랑일 뿐이라는 생각을 하게 된다.

본래 자연은 식용과 약용을 명확히 구분하여 생겨나지 않았다. 현대에서 약효가 되는 요소만 분리해 내어 이용하게 되고서야 약용식물이라는 구분을 하고 있을 뿐이다. 독초毒草라고 분류를 하지만, 그것도 이른 봄의 새싹은 나물로 먹을 수 있다고 하지 않는가. 식용과 약용의 구분 없이, 이것저것 가리지 않고 계속해서 먹으면 몸에 이롭게 되는 것이다.

'안으로 앓는 병은 입으로 팔아야 쓸만한 처방이 생긴다', '병은 여기저기 팔수록 약이 생긴다', '허물은 감추고 병은 자랑해라'는 말들이 있지만, 어떤 식물을 집중해서 먹는다 해도 단시일에 큰 효험을 볼 수 있는 건 아니다. 그러니 평소에 여러 식물을 잘 섭취하면서 병을 예방하는 게 중요하다. 특히 농약을 비롯한 화학물질에 오염되면, 본래의 약성마저 효과가 줄어들거나 독성으로 변질될 수 있으니 주의할 일이다.

매일 먹고 있는 채소는 본래 자연에서 자라면 약성이 훨씬 강해진다. 쑥이나 냉이를 비롯한 수많은 야생식물은, 재배한 것에 비해 맛과 향의 차이가 크다. 그만큼 약효가 더 있다는 증거가 된다. 당연히 야생에서 구한 걸 먹는 게 좋다는 말이다. 채소를 기르더라도 풀과 함께 야생에 가깝게 기르면 약성과 영양이 훨씬 나을 것이다.

값진 약을 잔뜩 진열해 놓고 한껏 먹는 사람이 많다. 건강보조식품이란 건 다 챙겨 먹고, 영양제도 한껏 먹어댄다. 간접적인 돈 자랑일 뿐, 효험이 대단할 것도 없다. 그저 야생에 가깝게 기른 채소를 구해 먹는 게 훨씬 좋을 것이다. 제 몸을 잘 관찰하고 필요한 것을 구하면, 어느 정도는 효험을 볼 수 있는 것들을 구할 수 있다. 무엇보다도 '육보보다 행보가 낫다'는, 건강의 제일 경구를 잊지 말아야 한다.

육보에 대한 반성도 죽기 전에 할 일이다. 제가 먹는 음식이 제 몸을 이룬다고 했다. 한평생 동안 먹은 생명체, 특히 가축과 야생동물에 대한 속죄가 필요하겠다. "우리는 주위 환경을 굴복시키고, 식량생산을 늘리고 도시를 세우고, 제국을 건설하고, 널리 퍼진 교역망을 구축했다. 하지만 우리가 세상의 고통의 총량을 줄였을까? 인간의 역량은 크게 늘어났지만, 개별 사피엔스의 복지를 개선시키는 데는 이르지 못했다. 뿐만 아니라 그로 인해 다른 동물에게는 큰 불행을 야기하는 일이 되풀이되었다"[71]는 하라리의 지적을 새겨들어야 한다. 또한 "인류는 지금까지 진화해 왔지만 사실 짐승의 세계와 겨우 백지 한 장 차이밖에 나지 않는다. 또한 인성이란 사실 한번 쿡 찌르면 그대로 찢어지는 얇고 힘없는 백지장 한 장이나 다를 바 없다"[72]는 모옌의 주장도 잘 받아들여야 할 것이다. 육식주의자가 되는 것은 야만이다.

병은 제 몸이 스스로 고치도록 해야 한다. 돈이 많아 명의를 찾는다고 쉽게 낫지는 않는다. 육보나 식보도 중요하기는 해도 육식이나 보약이 크게 도움이 되는 것도 아니다. 평소에 야생채소를 꾸준히 먹는 버릇을 들이면, 건강하게 자연수명까지 살 수 있을 것이다.

4) '땡감도 떨어지고 물렁감도 떨어진다'

'소여小輿 대여에 죽어 가는 것이 헌 옷 입고 볕에 앉아 있는 것만 못하다'고 했다. 소여 대여는 옛날로 말하면 상여지만, 오늘날에는 버스나 승용차다. 요즘은 하나같이 리무진으로 모신다. 죽어 번들번들한 리무진으로 모시면 무엇하랴. 허름하게 살아있느니만 못한 게 당연하다. 살아있는 사람의 체면이나 자존심을 내세우는 것이지, 죽은 사람에게 도움이 되는 것은 아니다.

'나이가 들면 뼛속에서도 찬바람이 인다'고 했다. 왜 안 그렇겠는가. 청년기까지 한껏 컸다가, 곧바로 늙기 시작하는 게 사람의 몸뚱이다. 오랫동안 써먹은 몸에서 에너지가 한껏 빠져나가는 건 당연하다. 노익장을 과시한다고 떠들어대는데, 그냥 해보는 소리일 뿐이다. '늙은이 건강은 장담할 수 없다', '여름날 사흘 좋은 것하고, 노인네 사흘 근력 좋은 것하고는 아무도 모른다'고 했다.

이제는 인생칠십고래희人生七十古來稀라는 말이 쑥 들어가 버렸다. 칠십이면 애들이란 말이 결코 과장이 아니다. '보리 못된 것이 망종에 한창이고, 인간 못된 것이 환갑에 한창이라'는 말이 있는데, 환갑이 아니라 칠순에도 한창인 사람이 있다. 더군다나 그를 두고 못된 인간이라고 여기지 않는다. '여든에 죽어도 구들 동티에 죽었다지' 하는 말이 있다. 죽을 때가 되어 죽은 것에 괜한 핑계를 댄다는 뜻이다. 그런데 이제는 그런 핑계가 충분히 통하는 시대다. 90세 이상을 살아야 서운하다는 생각을 하지 않는 세태인 것이다.

초고령 사회란다. 처음으로 70대가 20대보다 많은 나라가 되었단다. 여기저기서 노인들이 너무 오래 산다고 말한다. 그러니 나이 먹는 데 죄의식을 갖게 된다. 사회가 좀더 압력을 가하면 노인들은 집단 히

스테리를 잃게 될 수도 있다. 누가 이렇게 장수사회를 만들었을까.

의사들은 자기들과 첨단의료기기 덕분이라 한다. 의료정책이 잘 되어서라고도 한다. 경제력이 강해진 덕분이라고도 한다. 다 맞는 말이다. 결국 돈이다. 돈이 있으니 잘 먹고 잘 쉰 덕분인 것이다. 돈이 없으면 의사를 자주 볼 수도 없고, 필요한 약을 구할 수도 없다. 보약은 구경조차 못 하고, 이 나라에서 나지 않는 건 직접 구입해 쓸 수도 없다. 이 모든 게 가능해져 장수국이 된 것이다. 그런데 이제는 늙어가며 죄책감을 느껴야 한다고?

'앓으며 먹는 밥은 피가 되고, 울면서 먹은 밥은 살이 된다'고 했다. 대부분 사람들이 제 피와 살을 그렇게 만들었다. '병이 양식이라'는 말이 있다. 병이 생기면 식욕을 잃어 식량이 그만큼 절약된다는 뜻이다. 어려운 시대를 온몸으로 겪은 사람들이 아직 살아 있고, 이 시대를 살아가는 사람들도 나름대로 어려움을 겪고 있다. 무엇보다도 시대를 잘 타고나야 한다. '십 년 가환에 잘 사는 이 없고, 십 년 태평에 못 사는 이 없다'고 하잖는가. '병은 의원이 다스리고, 명은 하늘이 결정한다'고 하지만, 사실은 시대가 모든 걸 결정한다고 해야겠다.

'늙었다고 먼저 무덤에 가며, 젊었다고 나중에 무덤에 가랴', '죽음에는 노소가 없다'고 했는데, 지당한 말이다. '밥 많이 먹는다고 오래 사나, 귀신 어긋 만나야 오래 살지' 하는 속담은 재미있고 그럴듯하다. 귀신을 어긋나게 만나기보다는, 병을 어긋나게 만나야 한다. '병 맞히는 점쟁이 없고, 병에 장사 없다', '병든 놈 두고 약 지으러 갔더니, 약국도 두건을 썼더라'고 병을 낫게 하는 경우는 거의 없다. 특히 늙은이 병은 그렇다. 약도 그렇고 의사도 한계가 있다. '병은 사람을 못 잡아도 약은 사람을 잡는다', '밥 선 것은 사람 살려도, 의원 선 것은 사람 죽인다', '어설픈 약국이 사람 죽인다'는 말들이 여전히 맞다.

'의술은 인술이라'고 했지만, 의료업도 일찌감치 사업이 되었다. 인술로 여기는 사람이 거의 없으니 '의사와 변호사는 면허증 가진 도둑놈이다', '의사는 허가 난 도둑이다', '의사와 변호사는 나라에서 내놓은 도둑이라'는 말이 합창으로 쏟아지고 있는 것이다.

'죽음에는 빈부귀천이 없다'고 했다. 죽음으로 비로소 인간 평등이 실현되는 것이다. 호화판으로 장례를 하든 묘를 쓰든 죽은 자와는 전혀 상관이 없는 일이다. 그저 '죽음에는 편작도 별 수 없다', '죽음에는 급살이 제일이라', '죽음에는 노소가 없다'는 말들로 안타까움을 표현할 뿐이다. '죽을 수가 닥치면 살 수도 생긴다'는 것은 젊었을 때나 가능한 생각이다. '선의원이 사람 죽이고, 선무당이 사람 살린다'는 것도 마찬가지다.

'삼년 병에 효자 없다', '삼년 구병에 불효 난다'고 했다. 평소에 마음으로 죽는 연습을 많이 해서, 죽음을 의연하게 맞아야 한다. '약 중에 좋은 약은 세월이라'고 했다. 죽기 전에도, 죽은 후에도 마찬가지다. 잊혀지는 게 서럽게 생각되기도 하겠지만, 사실은 가장 좋은 것이다. 살아 있는 동안 많이 드러나 있었잖는가.

5) '병 늙으면 산으로 간다'

'오복 중에 장수가 제일이라'는 말은 늙은이에게는 정답이다. '오복 중의 으뜸이 이빨이라'고 마음껏 먹으면서 장수를 누리는 것보다 좋은 게 있겠는가. '오래 살자니 개골산 신선을 만난다'고 했는데, 그렇게 늙음의 절정을 맛보고 싶은 욕심을 누구나 가질 것이다.

'못난 밤송이 석삼년 매달려 있다'고 하는데, 거의 모든 사람이 못난 밤송이다. 빨리 떨어지고 싶은 사람 거의 없으니까 말이다. '늙고 병들면 귀신밖에 찾아오지 않는다', '늙고 병든 몸은 눈먼 새도 안 앉는다', '늙고 병들면 눈먼 새도 안 쳐다본다'고 하니, 한없이 서럽다. '봄 추위와 늙은이 근력은 오래 가지 못한다', '늙은이 지팡이는 방구석에 세워두고 간다', '늙으면 죽어야 어른이라'는 말에 늙은이들은 한없이 서럽다. 죽음을 앞두면 누군들 안 그렇겠는가.

'오래 묵으면 빗자루도 몽둥이 귀신 된다', '늙은 말이 길을 안다', '늙은 말이 제값 한다'고 늙은 사람의 장점을 말하지만, 유효기간이나 유통기간이 끝나가고 있다는 것을 모를 리 없다. '양기 줄고 식성 줄고 음성 줄면, 저승길이 멀지 않다', '북망산이 멀다 하나 베개 밑이 북망이라'는 것도 잘 안다. '쭈그렁 콩깍지가 석삼년 매달려 있는다', '쭈그렁 밤송이 삼년 달렸다'는 말을 듣기가 거북해진다. '오래 살면 욕이 많다'는 말이 틀림없다고 여기게 되는 것이다. '명부 문턱에 턱을 걸고 있다'는 생각을 하면 참을 수 없다.

'삼천갑자 동방삭이도 저 죽을 날 몰랐다'고 하듯이, 제 죽을 날을 어찌 알겠는가. '발인은 택일을 해도, 죽는 건 날 잡아 죽지 않는다'는 말이 당연하다. '사람 일생에 뜻대로 안 되는 세 가지는 자식 명리 수명이다'는 대로, 더 오래 머물고 싶어도 될 일이 아니다. '떨어진 꽃은 나뭇가지에 다시 올라 피지 못한다', '도끼는 무디면 날을 갈거나 하지, 사람은 죽으면 다시 오지 못한다'고 하듯, 삶을 되돌리지 못한다. 한 번 더 고쳐 살 수 있는 삶이 있다면, 얼마나 쫀쫀하고 값지게 살 수 있을까, 하는 생각을 해도 소용이 없다. '사람이 죽을 때면 옳은 말을 하고 죽는다'고 하지만, 누굴 위해 옳은 말을 할까. 제 딴에는 옳은 말이라고 해도, 주위 사람들에게는 잔소리일 뿐이다. 혹시 돈을 남겨준다는 말이라면 모르겠다.

'돈을 쓰다가 못 쓰면 공동묘지로 가야 한다'고 했다. '이름이 좋아 하늘타리라'고, 공원묘지가 공동묘지다. '발인은 택일을 해도, 죽는 건 날 잡아 죽지 않는다'고 했다. 제 죽음은 아무도 모른다. 고승高僧들은 몸의 에너지를 고갈시키면서 제 죽을 날을 택했다고 하지만, 평범한 사람들은 그럴 수도 없고 그럴 필요도 없다. '절기 좋을 때 죽는 것도 자식에게는 큰 선심이라'고 하는데, 이게 마음대로 되지 않는다.

'죽음 복이 있어야 후생도 편안하다', '죽을 때 편히 죽는 건 오복의 하나라'고 했다. 죽을 때 편히 죽으려면, 이승의 일이 깨끗이 정리되어야 한다. 유산상속의 문제라든지, 채권 채무의 문제 따위가 해결되면 편안하게 죽을 수 있을 것이다. 이런 것들이 해결되지 않으면 사연 많은 죽음이 되는 것이다. 그래서 '사람 죽음에 사연 없는 죽음 없다'고 한다.

'이승의 돈은 은전이고 저승의 돈은 지전이라'는 말이 있다. 저승의 노자를 많이 줘야 한다거나, 저승에 가는 노자가 가벼워야 한다는 뜻으로 이르는 말이다. '천당도 돈이 있어야 간다'고 했으니, 노자를 주는 건 당연하다. 그런데 장례식에 가면 푼돈을 넣어주고 있다. 저승이나 천당이 있다는 걸 믿지 않는 행동이다.

'저승길과 변소 길은 아무도 대신 가지 못한다'는 길을 혼자서 가야 한다. 이제야 비로소 돈을 벌지 않아도 되는 자유인이 되었다고 안도하면서 말이다. 그러나 끝이 아니다. '사람은 죽어도 씨앗은 남긴다', '사람은 죽어 귀신이 되어도 먹을 것을 찾는다'고 하니, 이승에 인연을 완전히 끊어버릴 수도 없다. 그 미련이 남아, '사람은 죽어서도 넋두리가 있다'고 하는 것이다. 그 모든 것을 '사람은 몰라도 저승에선 다 안다'니, 죽어서도 계속 정신을 차리고 있어야 할 판이다.

19. '돈으로 비단은 살 수 있어도 사랑은 살 수 없다' / 돈의 한계

'돈은 일생의 보물이라'고 말한다. 선뜻 내키지는 않지만 인정하는 수밖에 없다. '나무 보배는 열매고, 인간 보배는 자식이라'는 말은 그럴듯한데, 돈을 일생의 보물로 생각하기에는 좀 어설픈 느낌이 드는 게 사실이다. 열매의 근원은 나무고, 자식의 근원은 부모다. 무엇보다도 생명이다. 이에 반해 돈은 근원도 없고 떠도는 뜨내기며, 흔하고 쉴 새 없이 드나들어 정처가 없다. 더더구나 생명도 아니다. 황금을 보물로 보는 것처럼, 종이조각에 불과할지라도 황금에 버금가는 가치가 있다니 보물이라 할 수밖에 없다.

'돈만 있으면 걱정이 없다', '돈만 있으면 만사가 해결된다'고 하면서 보물이라고 한다. 정말 돈은 모든 걸 해결하는가? '어림 반 푼어치도 없는 소리'라고 즉각 대답할 수 있다. 돈으로 모든 것을 해결할 수 없다는 것을 누구나 알고 있다. 그러면서도 돈이 충분하면 웬만한 문제는 거의 다 해결할 수 있다고 믿는다. 돈에 심하게 중독된 사람은, 돈만 있으면 돈 외에 다른 모든 것이 없어도 좋다는 말까지 서슴없이 내뱉는다.

'돈 원수 갚고 죽은 사람 없다'고 했다. 돈이 내 편으로 몰려들면 아군이라 하지 원수라 했겠는가. 나를 피해 남에게만 가니 원수라고 하겠다. 원수를 갚는 방법은 한껏 포로로 잡아 제 곁에 쌓아두는 것이겠다. 돈 원수 갚고 죽은 사람이 없다면 재벌이나 부자는 뭐란 말인가. '돈이 없다는 사람은 있어도, 돈이 남는다는 사람은 없다', '돈이란 아무리 많아도 많지 않다'는 말이 있다. 그러니 재벌이나 부자도 스스로 돈이 많다고 생각하지 않는다는 것이다.

세상 갑부들에게 물어보면 알겠다. 돈이 많으니, 남은 소원이 무엇이냐고 말이다. 서슴지 않고 대답할 것이다. '돈은 맨 마지막 걱정이라'고 말이다. 돈보다 훨씬 더 소중한 것이 많다고 말할 것이다. '돈이 많으면 원망도 많다'고 했다. 걱정이 많다는 말이다.

자본주의가 절정으로 치닫고 있는 세태에 불안을 느낀 많은 지혜로운 사람들이, 돈보다 더 귀한 것들이 많다는 것을 주장하지만 그 말을 들으려는 사람이 많지 않다. 돈에 중독된 사람들에게는 마이동풍馬耳東風, 우이독경牛耳讀經일 뿐이다. '돈은 뜬구름이라'는 말에 설득당할 사람이 있겠는가?

세상에 돈으로 해결하지 못할 일이 많다. 행복을 돈으로 바꿀 수 있을까? 어느 정도까지는 가능하다. 지금 제 욕심을 채울 수 있는 정도의 돈을 쥐고 있으면 행복하다. 그러나 늘 행복할 수는 없다. 욕심은 항상 더 커지기 마련이기 때문이다. '욕심은 끝이 없고, 불평은 한이 없다'는 사람의 속을 어떻게 항상 채우겠는가. 행복은 욕심을 줄여야 가까워진다. 지혜로운 사람은 늘 자기의 욕심을 줄이며 산다.

하노 벡이란 사람은, "행복으로 가는 하나의 길은 없다. 행복을 만드는 특허 조제법은 없다. 행복의 길을 안내하는 내비게이션은 없다. 행복으로 가는 길은 분명히 사람 수보다 많고, 적어도 사람 수만큼 많을 것이다. 하지만 단지 극소수만이 행복을 얻는다."[73]고 하였는데, 그들은 다름 아닌 욕심을 줄일 줄 아는 사람인 것이다.

세상에 사랑을 넘어설 건 없다. 사람 간에 주고받는 정, 의리, 도리, 희생, 배려들의 총합이 사랑이다. '사랑은 배신하는 마음 이외의 모든 약점을 포용한다'고 한다. 사랑도 어느 정도는 돈으로 대신할 수 있다. 당장 먹을 게 없어 고생하는 사람에게 적은 돈을 건네는 것도 사랑이다. 돈으로 바꿀 수 있는 사랑은 아주 일부분이다. '돈은 마음을 검게 한다'고 했는데, 검은 마음에 사랑이 들어설 자리가 있겠는가. 돈으로 사랑을 바꾸려 했을 때, 분노를 일으키는 것을 보면 알 것이다.

능력이나 권위는 돈으로 살 수 없다. 누구나 몸과 마음을 다해 닦아 얻은 것이 능력이다. 오랜 내공으로 도달한 경지라서, 아무리 돈을 들여도 금방 사들일 수 없다. '기술은 부자간에도 털털하며 죽는다'는 말이 있는데, 기술이나 능력은 부자간에도 쉽게 가르쳐 줄 수 없다는 뜻이다.

권위는 능력의 정점에 이른 경지다. 권위를 합리적 권위와 불합리적 권위로 구분할 수 있다. 불합리적 권위는 우리 사회에 곳곳에서 볼 수 있는데, 기득권으로 누리고 있는 이득이다. 학연, 지연, 혈연 따위로 끼리끼리 주고받는 이익이다. 합리적 권위는 오로지 제 내공에 의한 것이어서 누가 감히 넘볼 수 없기 때문에 권위라고 한 것이고, 진정한 권위는 겸손까지를 포함하는 개념이다. 이에 반해 권력은 돈으로 살 수 있다. '권세란 고기맛 같아서, 맛들이기 시작하면 아비 어미도 몰라본다'는 말이 있다. 권세란 권력과 세력을 합한 말인데, 모두 돈으로 살 수도 있는 것이다. 그러니까 욕심을 한껏 키운 속물들이 모여 이전투구 泥田鬪狗를 벌이기 일쑤다.

지혜를 돈으로 바꾸려고 한다면 슬기롭지 않다. 세상사 많은 것을 돈이 요리하지만, 돈을 요리하는 건 지혜다. 지혜는 때에 따라 제 욕심을 늘이기도 하고 줄이기도 한다. 때에 따라 오만하기도 하고 겸손하기도 하다. 능력과 권위가 있으면서도 없는 체, 없으면서도 있는 체한다. 때로는 선하기도 하고 악하기도 하다. 의연할 때 의연하고, 부드러울 때 부드럽다. 상황에 따라 제 마음과 몸의 크기를 줄였다 키웠다 하는 재간이다. 능소능대能小能大를 자유롭게 구사하는 것이 지혜다. 삶의 기술이 능통한 경지가 지혜다.

지혜로운 사람을 잘못 판단하면 간교하다고 할 것이다. 그러나 진정한 지혜는 스스로의 간교함에 빠지지 않는다. 세상은 선과 악이 늘 공존한다. '여우는 데리고 살아도, 소하고는 못 산다'고 하는데, 여자만을 말하는 게 아니다. 지혜는 세상에 놓여 있는 숱한 덫을 피하는 방법이다. '도둑은 소인이나 지혜는 군자보다 낫다'는 말이 있는데, 이 경우는 진정한 지혜를 말하는 건 아니다. 잔머리를 잘 쓴다고 해야겠다.

초지일관이라는 게 좋게 여겨지지만 때로는 어리석음일 수도 있다. 지혜는 잔꾀와 잔머리를 쓰는 게 아니다. 예컨대 철새 정치인처럼, 제 이익에 따라 당적을 바꾸는 것은 잔머리를 굴리는 것이지 지혜는 아니다. 지혜는 세상을 살아가는 최상, 또는 최적의 정신이다.

돈으로 물질세계의 많은 부분을 바꿀 수 있다. 그러나 정신세계의 많은 부분을 바꿀 수 없다. 돈으로 병든 세상을 끝내 고치지 못한다.

1) '악착스럽게 번 돈 져서 못 간다'

'돈 지고 저승 가는 사람 없다', '빈손으로 왔다가 빈손으로 돌아간다'는 것이 삶이다. 악착스럽게 번 돈을 저 생으로 가져가지 못한다는 게 얼마나 다행스러운 일인가. 만약 저승이 있고 돈과 재물을 가져갈 수 있다면, 이승과 저승이 오염되는 건 잠깐일 것이다. 이승에 사는 사람들은 욕심을 한껏 더 키울 것이고, 훨씬 더 아수라장이 될 것이다. 이승에서 악하게 돈을 긁어모아 저승으로 잽싸게 도망을 할 것이다. 뭐 안락사를 택하든 자결을 해서라도 이승을 빠져나갈 것이다. 이승에서 돈에 원수를 진 사람도 이승을 포기하고 저승으로 서둘러 갈 것이다.

저승이 있는 것을 확신한다면, '지주는 죽어도 땅문서 안고 죽는다'는 게 당연할 것이다. 혹시나, 하고 말이다. '죽은 후 재산이 소용 없다'는 말도 할 수 없을 것이다. '늙은 개는 새 재주를 배우지 않는다'고 했지만, 저승에서 써먹기 위해 새로운 재주를 연마할 것이다. '상여에 매단 약방문', '상사 뒤에 약방문'도 필요할 것이다. 이승의 병을 저승까지 그대로 가지고 간다면, 그 약방문으로 고쳐야 하니까 말이다.

저승이 있다면 이승을 아무렇게나 사는 사람 많을 것이다. 저승에서 마음 고쳐 살면 된다고 하겠다. '진갑에 죽으나 환갑에 죽으나', 크게 괘념하지 않을 것이다. '편하게 죽는 것도 오복의 하나라'지만, 좀 불편해도 상관이 없다고 하겠다.

인간의 삶이 일회성이라서, 아무것도 아니라는 말도 이해는 간다. 하지만 저승이 또 기다린다는 확신이 있다 해도, 인간의 삶이 근본적으로 변할 것 같지는 않다. 오히려 악행이 더 강해질 것이다. 그러니 일회성인 게 참 다행이라고 생각할 수 있다. 인간이란 종種의 진화적인 측면에서 말이다. 제인 구달이 절망을 하면서도, 동시에 희망을 갖는 인간의 정신적인 완성도가 문제인 것이다.

이승에서 한탕 질펀하게 해먹은 사람들이 많은데, 이들이 공公적인 면에서 무엇을 얼마만큼 기여했는지 따져보나 마나다. 명분만 나라와 백성을 위한다고 했지, 사실은 온갖 속임수로 오로지 제 이익만 도모했다는 걸 다 안다. 사지四知, 즉 하늘이 알고 땅이 알고 네가 알고 내가 안다. 아마도 제 자신이 나쁘다는 것을 제가 제일 잘 알겠다. '쇠가 쇠를 먹고, 불이 불을 먹는다', '쇠가 쇠를 먹고, 살이 살을 먹는다'는 말이 있다. 같은 부류나 같은 처지에 있는 사람들이 서로서로를 제물로 삼는 것을 빗대는 말이다. 나라와 백성을 팔고, 고객을 제물로 배부르고 등 따습게 살아왔다는 것을 알 것이다.

이런 부류들이 딱 한 번만 살고 죽는다는 게 정말 다행이다. 혹시 저승이 있더라도 이런 인간들이 돈을 가져가지 못하는 것이 얼마나 다행스러운 일인지 모른다. 이들이 저승을 닦는다고 늙어 돈 쓰는 일이 허사가 된다고 생각하면 천만다행이다.

돈으로 안 되는 것 중 제일이 죽음을 못 막고, 저승길에 돈은 반입금지라는 사실이다. 이것처럼 통쾌한 일이 있을 것인가. 사람 위에 사람 없다는 말은, 살아 있는 동안에는 헛소리에 불과하다. 비로소 죽으면서 진리가 된다.

'죽은 석숭보다 산 돼지가 낫다'는 말이 통쾌하다. '내가 쓴 돈만 내 것이라'는 말이 맞다. 돈을 가지고 한다는 게, 기껏 제 자식에게 물려주거나 호의호식하는데 쓴다는 것이 어리석은 것임을 알아야 한다. 돈이 마술을 부린다면, 한껏 마술을 부리게 만들 일이다. 어차피 가지고 가지 못하는 것이니, 이승에다 한껏 풀어놓고 마술을 부려볼 일이다.

턱없는 생각일지라도 제가 딛고 있는 땅 한 부분이라도 이상세계로 만드는 데 돈을 쓰면 좋겠다. 작은 박물관, 도서관도 좋고, 작은 공원을 꾸며도 좋다. 주색잡기로 버릴 돈을, 땅 위에 창조하는 일보다 좋은 일이 어디 있겠는가. 혼자 어둠 속에서 즐기는 것보다, 많은 사람이 햇빛 아래 환호하는 것이 훨씬 창조적인 일이다. 우리나라 밖의 나라에서는 이미 그런 사람들이 아주 많다. 자식에 많은 돈을 물려줘 자식을 버리는 것보다는, 대의명분에 쓰면 돈도 환호성을 지를 것이다. '사람은 죽어서 관뚜껑을 덮은 뒤에라야, 자손과 재물이 쓸데없음을 알게 된다'는 말을 잘 새겨야 한다. 저를 위하지 않고, 남에 대한 사랑을 실천하는 정신을 돈으로 살 수 있겠는가.

2) '돈도 명예도 죽은 후 소용 없다'

'도끼라고 다시 날을 달아 쓸까' 하는 말이 있다. 늙어지면 되돌려 살 도리가 없다는 뜻으로 빗대는 말이다. '도끼에 날을 달아서 살아도 내가 볼 것이다' 하고 덤벼들어도 소용없는 게 이승의 삶이다. 하찮은 인간의 객기客氣에 좌우될 세상이 아니다. 때가 되면 에너지가 소진되어 죽는 게 모든 생명의 원리다. 예외적 인간이 날뛴다고 특별히 우대할 수 없는 것이 자연의 원리다.

명예라는 것이 제 이름을 남들이 기억하게 만든다는 뜻이다. '범은 가죽을 아끼고, 사람은 이름을 아낀다', '사람은 죽어서 이름을 남기고, 범은 죽어서 가죽을 남긴다'면서, 열심히 노력해야 한다는 가르침을 받고 자랐다. 각종 역사서나 지역사회 신문이라도 오르내리면 가문의 영광으로 생각하게 된다. 후세까지 이름이 전해지지 않는다면 당대 매스컴이나 사람들 입줄에라도 오르내리면 좋겠다는 욕심으로 산다. 하지만 출세했다는 것을 따지고 보면, 오로지 제 한 몸을 위해서만 애썼다는 말이다. 남들은 사회나 나라를 위해 어떻게 힘을 보탤까 하고 고심을 할 때, 극단적 이기심에 빠져 있었다는 혐의에서 벗어날 수 없다.

이 세상을 절망하게 하는 두 가지 인간의 속물근성이 다름 아닌 돈과 명예라는 것이다. 제 인생을 알뜰하고 소박하게 살면 성공한 인생인데, 꼭 남이 알아주기를 바란다. 남과 다른 출중함이 있다는 것을 인정해주기를 바라는 것이다. 크게 다를 바 없다. 옷 까내리고 배설을 하는 자신을 생각해 봐라. 잘 살펴보면 자신이 남들보다 나은 것이 없다는 것을 알게 된다.

각급 학교에 역사관을 만드는 게 유행이다. 역사관에도 그렇거니와 학교의 역사를 쓰는데, 학교의 명예를 빛낸 인물이라는 항목을 집어

넣는다. 제일 먼저 정치가를 나열한다. 학교 교문 주위를 봐라. 수많은 현수막에 국회의원, 장차관, 장성, 판검사가 제 학교 졸업생이라고 선전을 해댄다. 지역 곳곳에도 그 지역 출신으로 출세를 했다는 사람들의 이름이 현수막으로 나부낀다. 학교와 지역사회를 빛내고 나라를 빛낼 것이라고 자랑이나. 과연 그런가. 이들이 그렇게 빛냈다는 사회와 나라가 이 모양 이 꼴인가. 정상적이라면 나날이 발전해야 한다. '자랑 끝에 불난다', '자랑 끝에 쉬 슨다'고 했다. 보나 마나다.

명예를 빛냈다는 것이 거의 진실과 멀다. 오로지 제 개인의 명예를 빛냈을 뿐이다. 아니 사회와 나라를 욕되게 했다면, 그것도 아니다. 저 자신까지 욕되게 한 것이다. 사회나 나라가 옳게 가도록 힘을 보태지 않고, 저를 위해 제 공부만 했다면 기대하지 않는 것이 좋다.

돈과 명예를 같은 걸로 생각해서는 안 된다. '돈 있는 사람은 집만 봐도 알고, 덕 있는 사람은 겉만 봐도 안다'고 했는데, 덕이 있다고 인정받으면 명예지만, 좋은 집에 산다고 명예는 아니다. '생전 부귀요, 사후 문장이라'고 하는데, 부귀는 별 볼 일 없다. 좋은 글을 남겨 세상 사람들에게 힘을 주는 문장가들이야 말을 하지 않아도 잘 알 것이다.

'사람 죽는 마당에 잘난 사람 없다'고 했다. '죽어 부자보다 살아 가난이 낫다', '있노라고 거들거리지 말라'고도 했다. 고작 몇십 년 잘난 체해봐야 저만 우스운 꼴 된다.

가짜 명예에 몸 바쳐 평범한 사람들을 현혹하면 안 된다. 진짜배기 명예는 사회나 나라가 옳게 나가도록 끊임없이 저항하고 투쟁하는 사람들에게 주어져야 한다. 권력투쟁이나 하는 정치가들, 비겁한 방법으로 돈이나 챙기는 기업인들이 있는 한, 정의의 투사는 계속 나와야 하고 명예는 그들의 것일 따름이다. 어떤 시인이 오적五賊이라고 부른 언제든지 나오기 마련이다. 남미에서 체 게바라가 계속 존경받는 것을 봐

라. 그게 진정한 명예다. 이런 명예를 돈 주고 살 수 있는가.

3) '지혜는 돈 주고도 못 산다'

지혜는 곧 덕이다. 덕을 젊은 사람에게 기대하기는 어렵고 웬만큼 나이가 들어야 기대를 할 수 있다. 나이 들어 덕이 없으면, '속 없는 춘풍'이란 소리나 들을 뿐이다. '도깨비도 나이 먹은 도깨비가 낫다'고, 제 속에 덕을 쌓는 일은 나이 든 사람이 할 일이다. '선 미련, 후 슬기', '미련은 먼저 나고, 지혜는 나중 난다'고 했다. 지혜나 덕은 살아온 길을 되짚어 반성하면서 터득하기 때문이다. 젊어서야 경험이 부족하니까 하는 일마다 미련스럽지만, 나이가 들고 시행착오를 많이 겪으면서 지혜를 터득하게 된다. '사람이 오래면 지혜요, 물건이 오래면 귀신이라'는 말이 그래서 있다.

'덕으로 이긴 사람은 흥하고, 힘으로 이긴 사람은 망한다'고 했는데, 사실 덕이 있는 사람은 삶에서 승부를 초월해 있다. 남을 이기려 하지 않기 때문에 허세가 전혀 없다. '덕을 원수로 갚는다'고 하지만, '덕이 있는 사람과 대적할 수 없다'고 했다. 왜냐하며 '덕이 있으면 복이 따른다'고 했기 때문이다. '대답 없는 말 없고, 보답 없는 덕 없다'고도 했다. 그래서 '덕이 많고 어진 사람의 외모는 어리석어 보인다'고 하는 것이다. 그러고 보면 돈이 감히 대적할 수 없는 사람은, 바로 덕이 있는 사람이겠다.

지혜가 있는 사람이 되기 위해서는 견문을 넓혀야 한다. 그것도 몸으로 익히지 않고, 책이나 매체로 익히면 피상적인 공부밖에 되지 않는다. 몸으로 부딪혀야 배포도 생긴다. '문건이 좁으면 국량 배포도 좁아진다'는 말이 진리다. 큰 지혜는 '산전수전 공중전 다 겪었다'는 사람에게서 보게 된다. 아니, 산전수전, 공중전에 괴릴라전까지 보태면 더 좋다. 그래서 굴린 계란은 병아리 되고 손에 쥔 계란은 곯는다거나 굴린 달걀은 병아리 되고, 굴린 사람은 쓸모가 있다고 하는 것이다. 자식을 가르친나는 것은 지식보다 지혜를 터득하는 조건을 마련해 준다는 것으로 생각했던 것이다. 조건이라야 밖에 내놓고 놔먹인다는 것일 뿐이다.

'선비가 물 수 자를 잃어버린다'고 했는데, 늙으면 정보나 지식은 잊을 수 있다. '속에 육조판서가 들었으면 무엇한다더냐' 하는 말은, 아무리 학식이 뛰어나도 인품이 따라주지 않으면 소용이 없다는 뜻이다. '지식은 도적도 아니 맞고, 천하에서 제일 가벼운 보물이라'고 했다. 그래서 이제는 '지적 재산권'이란 말이 생겼다. 지식이 재산이란 말이다. '지식은 힘이라'는 속담이자 경구고 명언은 이제 "지식은 돈이라"고 말하게 되었다. '아무리 재주가 좋아도 남의 뱃속 글을 옮겨 넣지 못한다', '아는 놈 당하지 못한다'고 하는데, 그보다 한 단계 위가 있다. "지혜로운 놈은 못 당한다"고 해야 하겠다.

'아는 게 병이고 탈이라'고 말한다. '아는 것이 많으면 팔자가 세다', '아는 게 많으면 배가 고프다'고 조롱조로 말하기도 한다. 탈이 되는 까닭은 어설피 알고 있기 때문이다. 아무리 많이 안다고 해도, 모르는 게 더 많다. 그래서 지식으로는 감당하지 못하는 게 있다. '설익은 유식보다는 무식이 낫다'고 한다. 무식하면 무식한 대로 지혜가 발동되기 때문이다. '세 사람이 모이면 문수보살의 지혜가 나온다'고 했듯이, 그 상황에서 최적의 대응책을 생각해 내면 되기 때문이다. 문수보살은 불교에서 말하는, 지혜를 담당하는 보살이다. 몇 사람만 모이면 온갖 지혜를 다 낼 수 있다는 뜻으로 하는 말이다.

'오십에 사십구 년의 그름을 안다'는 말이 있다. 지혜로운 사람은 항상 저 자신을 반성한다. 그러다 보니 제 인생사는 전부 마음에 차지 않는다는 것이다. 저에 대한 기대를 스스로 하지만 늘 실망하게 된다는 생각인데, 겸손하니까 가능한 모습이다. 칠십을 산다면, "칠십에 육십구 년의 그름을 안다"고 할 것이다. 이런 반성과 겸손이 지혜에 포함된다. '물은 낮은 대로 흐르고, 공은 쌓은 데로 간다'는 말은, 겸손하게 뜻을 이루라는 말이다. 사람의 품격은 지식으로 평가되는 것이 아니라 지혜의 정도로 평가된다. 지식은 잊어도 그동안 닦아온 지혜는 잊을 수 없다. 몸에 밴 정신이기 때문이다.

'족한 줄을 아는 사람은 부유하다'고 했는데, 이것이 지혜다. 생태주의자들의 사상적 핵심이 '자발적 가난'인데, 비슷한 뜻이다. 허세로 세상을 살지 않고, 세상을 더럽히지 않는다는 생각으로 사는 사람들이다. '사람이 너무 똑똑하면 귀신이 질투를 한다'고 했지만, 지혜로운 사람은 귀신도 어쩌지 못할 계책을 즉각 창안해낼 줄 안다. 그러니 지혜로운 자식을 키울 일이다. '자손의 현명은 돈으로도 못 산다'고 했다.

4) '청풍명월은 돈 주고도 못 산다'

돈과 청풍명월을 함께 생각할 수가 있을까. 아무래도 신성모독 같다는 생각이 들 것이다. 그런데도 인간세계에서는 사고팔고, 빼앗고 빼앗긴다. 시애틀 추장의 연설문을 한번 읽어본 사람은 우선 그 애틋한 문장이 떠오를 것이다. "우리가 어떻게 공기를 사고 팔 수가 있단 말인가? 대지의 따뜻함을 어떻게 사고판단 말인가? 우리로선 상상하기조차 어려운 일이다. 부드러운 공기와 재잘거리는 시냇물을 우리가 어떻게 소유할 수 있으며, 또한 소유하지도 않은 것을 어떻게 사고팔 수 있단 말인가? 햇살 속에 반짝이는 소나무들, 모래사장, 검은 숲에 걸려 있는 안개, 눈길 닿는 모든 곳, 잉잉대는 꿀벌 한 마리까지도 우리의 기억과 가슴속에서는 모두가 신성한 것들이다"[74] 했던 명연설 말이다. 미국의 이주민들이 원주민들에게 땅을 팔라고 강요한 데 대한 반론인데, 온유하면서도 강직한 자연주의자의 품격이 풍긴다. 자연을 돈으로 거래하는 것은 신성모독이다.

평생 속을 썩이는 돈으로부터 웬만큼 자유로워질 수 있는 곳은 자연 속이다. 돈과 좀 거리를 둘 수 있다는 뜻이지, 완전히 자유로워질 수 있는 것은 아니다. 이미 도시 생활에 길들어서, 어느 날 갑자기 귀촌 귀농을 하기란 쉽지 않다. 은퇴했거나 딸린 식구가 없다면 도시에 더 이상 붙어있을 필요는 없겠다.

'산기슭에도 사람 살고, 물기슭에도 사람 산다', '산이 높아도 오를 사람이 있고, 길이 멀어도 갈 사람이 있다'고 했지만, 누구라도 깃들 수 있는 것은 아니다. 용기가 필요하다. 적막과 고요, 어둠과 외로움을 견뎌낼 수 있는 사람이어야 한다. 도시에서 사람과 건물, 소음과 빛, 자동차와 상품에 현혹되던 몸과 마음으로 농촌과 어촌, 산촌에서 적응해 살기란 쉽지 않을 것이다.

'산천도 사람을 만나야 한다'고 했다. 오랫동안 자연을 찾는 사람이 없으면, 산과 들은 점점 울창해지고 거칠어져 감당하기 힘들 정도가 된다. '산천초목은 나날이 젊고, 인생 청춘은 나날이 늙는다'는 생각에 친화력이 약해질 수밖에 없다. 시골에 살면 소견이 좁아진다고 하는데, 오히려 그런 말을 하는 사람이 정말 소견이 좁은 것이다. "세상은 한 권의 거대한 책이라"고 했는데, 도시는 그 책의 몇 쪽에 불과하다. 자연에 대한 소견이 좁은 게 가장 큰 흠이다. 그러니 도시에 살면 소견이 좁아져, 산촌의 나무와 바람이 저와는 전혀 관계가 없는 줄 안다. 더더욱 아마존 숲과 제 생명이 무슨 관계가 있는 줄 알 수가 없다.

청풍명월淸風明月이란 말에는 바람과 달이라는 사물만 있지만, 자연 전체를 의미한다. 산과 들, 물과 불, 바람과 구름, 해와 달이 다 포함된 말이다. 사람도 자연의 일부지만, 인공물과 함께 자연의 구성요소에 넣기를 꺼린다. 그러다 보니 도시는 아예 배제되기 일쑤다. 사실 인간이 자연을 더럽히기만 하니, 자연 속에 인간이 포함되는 것을 인간도 꺼릴 수밖에 없다.

자연은 인간을 위해 제 질서를 바꾸지 않는다. 자연은 제 원리에 따라 충실할 뿐이다. 인간은 저를 위해 자연이 협조해주기를 원하지만 가소로운 생각이다. 일기가 좋지 않다고 불평하거나 파도가 높다고 기도를 해도 자연은 들은 체도 안 한다. 우리 눈에 보이는 산과 들 강과 바다보다 상상할 수도 없는 우주의 또 다른 원리가 있기 때문이다.

자연을 인간이 보호한다고 덤비는 것은 터무니없다. 자연은 내버려 두면 된다. 자연은 인간이 끼어들지 않으면 자연스럽게 자연이 된다. 될 수 있는 한 인간은 제 흔적을 남기지 않고 자연 속에서 쉬면 된다. 그 자체에서 위대한 가르침을 깨우치게 되고 건강을 회복하거나 유지하게 된다. 인간이 자연의 품에서 좀 더 신선하게, 또는 신성하게 살고 싶다면 귀농, 귀어라는 방법이 있다. 제 소중한 평생의 한 부분을 농촌, 산촌, 어촌에 의지할 수 있다는 것은 정말 복으로 생각해야 한다.

유튜브에는 절대 귀농 귀촌을 하지 말라는 충고가 많다. 몇 년 농촌을 살아보고, 경험에 의한 것이라며 장단점을 제법 논리적으로 나열한다. 첫째가 원주민들이 배타적이어서 잘 어울릴 수 없다는 것이다. 둘째는 지자체에서 주는 정착지원금과 융자를 받아 땅을 사고 농사를 짓게 되면 빚쟁이로 전락할 수밖에 없다는 점이다. 셋째로는 잘 지은 집이 몇 년 지나면 제 값을 못 받아 손해가 크다는 것이다. 넷째, 농기구 값이 만만치 않게 든다는 것 다섯째, 나이가 들면서 노동에 힘들다는 점들이 그 이유다.

자연으로 들어가려면 동네 한가운데로 들어갈 필요가 없다. 동네에서 약간 벌어진 곳이 좋다. 농촌에는 거의 나이가 많은 노인들이 살고 있다. 인사를 먼저하고 겸손하게 행동하는 것은 기본이다. 귀농 귀촌은 소박하게 해야 한다. 작은 집을 짓든지, 헌집을 사서 리모델링을 해서 살면 좋다. 집으로 생기는 감가상각을 최소화하는 방법이다. 농업을 산업처럼 크게 벌인다면 실패할 확률이 크다. 자기가 몸으로 감당할 수 있는 만큼만 땅을 구입하면 좋다. 값비싼 대형 농기구 없어도 감당할 수 있는 만큼만 하면 된다.

흔히 풀과의 전쟁이 겁 나서 귀농을 하지 못한다고 한다. 또 벌레가 무서워 못한단다. 농촌의 어둠과 적막함이 두려워 못하겠다 한다. 용기가 없으면 어차피 핑계가 많아지기 마련이다. 도시에 살면서 야생성이 완전히 사라져서 그렇다. 야생성이 완전히 없어진 몸에 창조적 삶이란 기대하기 어렵다.

깊은 산속에는 수도修道하는 사람도 적지 않다. 어떤 깨달음을 얻기 위한다고 하지만, 지극히 개인적인 목표다. 그러나 많은 수도자들이 대의명분을 내세우는 것도 보게 된다. 백성과 나라의 안녕을 위해 기도하고 수련한다는 것이다. 이들이 듬직해 보이는 것은 고행을 자초한다는 점이다. 악의악식惡衣惡食하면서 자기단련에 힘쓴다. 이들의 생활방식은 도시인들이 감히 흉내 낼 수 없는 경지를 꿈꾼다. 그래서 '산 아래 사는 사람은 산 위에 사는 사람을 말하지 말라'는 말이 있는 것이다. 속학함이나 속물근성을 벗어난 이런 사람들이 적지 않기에 나라 장래에 희망이 있다고 말한다.

제 몸을 바람에 내놓지 않고 활기찬 삶을 살려고 한다는 것은, '삶은 달걀에서 병아리 나오기를 기다린다'는 것과 같다. 모험이나 용기가 따르지 않으면 생기발랄한 삶은 없다. 모험심은 젊은이에게만 필요한 것이 아니다. 나이가 들면 들수록 모험심을 더 키우지 않으면, 늙은이 냄새가 나고 꼰대 소리를 듣기 마련이다.

산 재주 있어 나무 잘하는 사람 있고, 논 재주 있어 우렁 잘 캐는 사람 있다고 했다. 사람은 어디서나 잘 살 수 있는 적응력이 있다. '물이 너르면 송사리와 청룡이 더불어 모여들고, 산이 깊으면 토끼와 대호가 함께 산다'는 포용력을 기를 수 있다. '바람 불어 산 무너지랴', '바람은 바위를 흔들지 못한다'는 배포를 가질 수 있다. '바람으로 빗질하고, 빗물로 목욕한다', '산을 베개 삼고 하늘을 이불 삼는다' 하는 기개를 키울 수 있다. '물결치는 대로, 바람 부는 대로' 살고, '바람 핑계 구름 핑계' 대면서 산다는 너그러움도 익힐 수 있다.

자연의 품을 벗어나 아무리 잘난 체해봤자 천박함을 감추지 못한다. '바람 먹어서 바람 똥 싸는 사람 없다'는 걸 깨달으면 겸손해진다. '산간에 앉아 철 가는 줄 모른다'는 경지에 쉽게 이를 수 없다. 아무리 돈이 많아도 배울 수 없는 경지다.

5) '편안하고 즐거운 것은 돈하고도 안 바꾼다'

나이가 들고 생활이 안정된 사람들에게, 젊음으로 돌아가고 싶으냐고 물으면 절레절레 고개를 흔든다. 절대로 젊어지고 싶지 않다는 것이다. 경쟁과 돈벌이에 찌들어, 사는지 죽는지도 모르게 보내는 젊음이 무슨 의미가 있느냐고 되묻기 일쑤다. 활기차게 보이는 젊음보다는 평온한 노년이 훨씬 행복하다고 말한다.

젊었을 때 멋모르고 끓었던 피가 얼마나 천박스럽고 위험했던 것인가를 뒤늦게 깨닫기 때문에 그렇다. 카잔차키스의 《영혼의 자서전》에서 주인공은, "인간의 영혼이 무섭고 위험한 용수철임을 깨달았다. 의식하지도 못하는 사이에 우리들은 모두 살과 비계 속에 굉장한 폭발물을 담고 다닌다"[75]고 말하는데 꼭 맞는 말이다. 나이가 들어 제 주제를 알고 정서를 차분하게 안정시킬 수 있다는 건, 한평생 한 일 중에서 가장 잘한 일이다.

'편안은 고생문을 연다'고 하지만, 편안도 편안 나름이겠다. 일을 열심히 하면서 마음의 평화를 갖는 건 또 다른 차원이다. 편하다는 것은 게으름과 다르다. 걱정 근심이 없다는 뜻이다. 마음이 편한 사람은 아주 힘겨운 일을 해도 즐기면서 한다. '즐거운 일 년은 짧고, 고생스러운 하루는 길다'는 걸 늘 경험하며 사는 것이다. 편안하고 즐겁다는 것은 자기조절 능력 때문이다. 인생사가 마음먹기에 달렸기 때문에, 만사가 즐겁다고 생각하면 고된 일도 즐거운 것이다.

'속이 여름 두엄벼늘 속 홍어 속이라', '속이 갈고리 삼킨 것 같다', '속이 숯검댕이가 되었다'고 하는데, 이런 상태를 만드는 것은 저 자신이다. 살면서 온갖 고통과 수모를 받게 된다. 평생 부귀를 누리고 사는 것 같은 사람도 늘 꽃길을 걸을 수 없다. 고생은 장 고생이라고 자책하는 사람도 가시밭길만 걷지 않는다. 고락苦樂은 누구나 되풀이해서 찾아오는데, 고통을 즐거움으로 바꾸는 기술이 있어야 한다. '마음 잘 먹으면 북두칠성이 굽어본다' 했다. '마음이 풀어지면 발걸음이 가볍다'고 했는데, 맺혔던 한이나 걱정이 해결되면 경쾌한 마음이 된다는 말이다. 맺힌 한을 당장 직접 물리적으로 해결할 수는 없다. 일단 마음으로 풀어놓아야 한다. '원수는 세월이 갚고 남이 갚아준다'는 생각으로 매듭을 느슨하게 해두라는 말이다.

'속이 편해야 먹는 것도 살로 간다'고 했다. 요즘 사람들이 그토록 싫어하는, 살찐다는 뜻으로 해석하면 안 되겠다. 건강을 유지한다는 의미로 받아들여야 한다. 스트레스가 만병의 근원이라고 하는데, 속이 편하면 당연히 건강 걱정은 덜하게 될 것이다. "인간은 평온함에 만족해야 한다고는 하지만 그 요구는 실상 무리한 것이다. 인간은 활동해야 하는 존재로서 활동의 기회가 찾아오지 않으면 자신이 능동적으로 그것을 만들어 내야 한다"는 말은, 에밀리 브론테의 세계적 명작 《제인 에어》에서 주인공의 생각이다[76].

몸이 편해서는 안 되니 일거리를 찾아서라도 활동해야 한다는 말이다. 소설의 주인공이 흙수저에서 보람찬 삶을 창조해 내는 인물로 발전하게 만든다. 숱한 고통이 주인공의 인생에 융단폭격을 해대는 데도, 가치 창조에 게을리하지 않는 투혼을 보여준다. 절망할 일에 절망이 없으니, 삶을 충분히 즐기는 것이라 하겠다.

'소나무 그늘에 바둑판 하나', '도끼자루 썩는지 모른다'는 말대로, 신선놀음이 속 편함의 절정이겠다. 이런 경지를 자주 가질 수 있어야 행복한 삶이라 하겠다. 그저 '사서삼경을 다 읽어도 누울 와(臥) 자가 제일이라'고 해서, 시도 때도 없이 몸 편히 눕는 것만으로는 속 편한 인생이라고 할 수 없다. 지속적인 편안함을 추구해야 한다. 왜 '팔백 냥으로 집을 사고, 천금으로 이웃을 산다'고 하겠는가. 왜 '맹물에 도끼 대가리를 삶아 먹더라도 제 멋에 산다', '맹물에 조약돌을 삶아 먹어도 제 분수라'고 하는가. 속 편한 삶이 좋기 때문이다. '헐어도 내 땅이 낙원이라'는 경지가 그것이다.

사람에게 '행복 자본'은 다양하다. 가족, 친구, 신앙 따위가 다 그렇다. 돈은 그중 하나일 뿐이다. 그러나 이 모든 것 위에 있는 게 속 편한 것이다. 행복이란 말과 거의 비슷한 개념이겠다. 인생은 무척 짧다. 깨우치고 보면 제 인생의 '일각이 천금이라'는 것을 알게 된다. '죽을 먹고 살아도 속이 편해야 산다'는 것을 빨리 깨닫는 사람의 생이 더 행복할 것은 물론이다. '하루 죽을 줄은 모르고, 열흘 살 줄만 안다'는 어리석음에서 벗어나는 것이 곧 행복이다.

6) '쇠똥에 굴러도 이승이 좋다'

'대천지 한바닥에 뿌리 없는 나무가 인생이라', '인생은 뿌리 없는 부평초라' 했다. 누구나 맨몸으로 왔다 맨몸으로 가는 인생이다. 조금 더 풍족하게 살았다고 자랑할 것도 없고, 없이 산 삶을 못 살았다고 할 수도 없다. 월스트리트에서 억만금을 벌었던 인생이나, 미시시피강 하류에서 바지선을 몰던 인생이 별 차이 없다. 여의도에서 돈다발을 주무르면서 살던 인생이나, 괴산 강가에서 투망을 던지며 살던 인생이 별다를 게 없다. 이것저것 장단점을 상쇄해 봐라. 오히려 돈의 소용돌이를 피해 산 것이 비겁하기보다 지혜로운 삶일 수도 있다.

'인생 백 년이 말 달리듯 한다', '인생 백 년이 풀 끝에 이슬이라'는 것을 잘 알고 있잖은가. '인생 제백사는 줄타기 놀음이라' 했다. '돈 지고 저승 가는 사람 없다'고 했다. 돈과 승부를 보려는 대신 삶을 즐길 방법을 생각하는 게 좋다. '생각하고 또 생각하면 귀신과도 통할 수 있다'고 하잖는가. 남들이 사는 대로 따라 살지 말고, 제 독창적인 삶이 무엇인가를 부단히 생각해야 한다. 소중한 제 인생을 남들이 어찌 충고해 줄 수 있겠는가. 제가 저를 살펴서 생각해내고, 스스로 충고하는 삶이 가장 창조적인 삶이 된다.

'바닥이 얕은 실개천은 진주를 키우지 못한다'고 했다. 보물로 생각하는 진주도 깊은 곳에서 얻어야 하듯이, 사람의 보물도 마음속 깊은 곳에서 기를 수 있다. '돈이 왕이라'는 말만 믿고 좇는, 참을 수 없이 가벼운 존재가 되어 어찌 가슴속 깊은 사랑을 기를 수 있겠는가. 돈과 권력을 좇다 보면 남들은커녕 자신조차도 사랑할 수 없게 된다.

존 스타인벡의 소설 《진주》라는 소설의 주제가 그것이다. 주인공 어부는 깊은 바닷속에서 엄청 크고 아름다운 진주를 얻는다. 그러나 그 진주로 인해 삶이 고통스러워지자, 그것을 바다에 던져버린다는 이야기다. 주인공이 얻은 교훈은 밖에서 들어온 보물은 제 내면의 보물을 내쫓을 수 있기에 함부로 받아들여서는 안 된다는 것이다. 정작 제 가슴에 있는 애정, 사랑이 가장 큰 보물이라는 생각이다.

'아래를 보고 살면 마음이 부자 된다'고 했다. 없이 사는 사람이 행복하게 살 수 있는 왕도는 남들과 비교하지 않는 것이라 했다. 정말 비교하거나 경쟁하지 않으며 살 수는 있는 건가? '참고 사는 것이 인생이라', '참는 게 장사라', '참는 뒤끝은 있다'고 했다. 참는 대상이야 여러 가지가 있겠다. 남들이 잘 사는 걸 보고 시기, 질투하지 말고 참아라. 가슴속 깊은 곳에서 너그러운 마음이 솟을 때까지 참고 견뎌야 한다. '석류는 떨어져도 안 떨어지는 유자 부럽지 않다'는 자존심, 자긍심으로 중심을 잡으면 좋다. 주위 사람들이 잘 사니, 나한테 도와달라고 하지 않아 행복하다는 생각이 들 때까지 기다려라. '소가지가 꼬막껍질에 긁어 담아도 하나 차지 않겠다'는 말보다는 오지랖이 넓다는 소리를 들어야 한다.

'먹다가 죽은 대장부나 밭갈이하다 죽은 소나, 죽기는 일반이라'고 한다. 때로는 먹다가 죽는 대장부 쪽을 택하라. 한편으로는 밭갈이하는 소 쪽을 택하라. '사람 한 생애 길은 구절양장 고갯길이라'는 생각이

들면, 소처럼 밭갈이를 하라. '사람 한평생 살아가는 것은 눈 깜짝할 사이다' 하는 생각이 들면, 먹고 즐겨라. 이승에서 돈을 쓰지 못하면 돈 쓸 기회는 영영 없어지고 만다는 것을 잊지 말아야 한다.

'사내는 개똥밭에 굴러도 명만 길면 된다'고 했다. 남자의 평균수명이 여자보다 짧아서 생긴 말이 아니다. 남존여비의 언행이 일상이었던 시대에 남자들이 합동으로 만든 말이라서 그렇다. 반대로 여자는 오래 살더라도 개똥밭에 굴러서는 안 된다는 배려심에서 했던 말인지도 모른다. '너무 오래 살면 욕 되는 일이 많다'고 하지만, 오래 살아야 한다. '오래 살면 맏며느리 얼굴에 수염 나는 것을 본다'고 할 정도로 살아야 한다. 그런데 오래 살아봐야 기껏 백 년이다. 시절이 하도 수상해서, 오래 사는 것에 죄책감을 들게 한다. 장수를 축복해 줘야지 왜 죄책감인가. 세상이 어지러워 자식을 낳지 않으니까 그렇다. 세상을 이끌어갈 젊은이들이 줄고 있으니, 늙은이라도 오래 살아 무너져 내리지 않도록 안간힘을 써야 한다.

'사람이 살려면 이런 일도 보고 저런 일도 본다'고 했다. 어찌 좋은 일만 볼 수 있겠는가. "꽃길만 걸으셔요", "좋은 일만 있으셔요" 하고 덕담을 하는데, '서천 소가 웃을 일'이다. 냉수 한 잔만도 못한 말이다. 인생사에 어찌 꽃길만 있고 좋은 일만 있겠는가. 그러면 인생 지루해서 못 산다. 덕담 같은 악담이겠다. 인생길을 가다가 힘에 겨워 엎어지면, '엎어진 김에 쉬어간다', '엎드러진 김에 자고 간다'는 생각으로 살 일이다.

'뜬구름도 다 뜻이 있어서 흘러가는 법이라'고 했다. 구름이 제 뜻대로 떠가는 것이냐, 바람의 뜻대로 흘러가는 것이냐를 따지는 건 어리석다. 인생도 뜻이 있어 살아가는 것인데, 무슨 뜻이냐를 묻는 건 어리석다. 뜻을 없애는 것도 뜻이다. 다만 제가 저에게 성심을 다하느냐만 살

펴라. '성심을 다한 사람의 힘은 하늘도 움직인다'고 했으니, 성심으로 하늘과 통하라.

'저승의 정승보다 이승의 말똥이 낫다', '땡감을 따먹고 개똥밭에 굴러도 이승이 좋다', '물구나무를 서도 이승이 좋다'고 했다. 잘 깨우쳐 정말 진하고 쫀득쫀득한 삶을 살도록 일촌광음一寸光陰을 아끼고, 일거수일투족에 힘을 실어야 한다. '못 사는 이승이 잘 사는 저승보다 낫다'는 말을 온몸에 새기고 살 일이다.

20. '사노라면 사막도 낙원이다' / 마무리

'사람은 살아서 백 년을 넘기기 어렵고, 죽어서 백 년 동안 무덤을 지키기 어렵다'고 했다. 줄여서 '사람은 살아 백 년, 죽어 백 년'이라 한다. 길다면 긴 것 같지만, 짧다는 생각이 더 크다. 주위의 수많은 나무를 봐라. 예컨대 웬만한 나무는 '살아 천 년, 죽어 천 년'이라고 한다. 주목의 경우, '살아 천 년, 죽어 천 년, 썩어 천 년'이라고 했다. 세상에 살고 있는 몇몇 종류의 나무는 수천 년을 기본으로 사는 것도 허다하다. 이것들에 비하면 사람의 한평생은 얼마나 짧은 것인가. '닭은 사람 크는 것을 보지 못하고, 사람은 바위 크는 것을 보지 못한다'는 말처럼, 수명이 짧으면 세상사를 조금만 경험할 뿐이다. 마치 '매미는 봄 가을을 알지 못한다'는 격이다.

이렇게 짧은 인생도 아주 고통스러운 시간이 허다하다. 고통도 소중한 제 인생이라지만, 잘라내고 싶은 사람도 있겠다. '차 떼고 포 떼 장기' 격으로 남는 것이 없는 인생이라고 생각하는 사람 적지 않을 것이다. 늙어 성찰해보면, 살았다고 할 그 무엇이 없어 허탈하다고 한다. '인생 백 년이 꿈결 같다'는 말이 맞다,

'사람은 백 번 된다'고 하지만 그게 그거다. '사람은 저 잘난 맛에 산다'면서 가로 뛰고 세로 뛰며 설치지만, 쳇바퀴를 벗어나지 못한다. 인품도 거의 달라지지 않는다. 사람이 달라지려면 자기성찰 자기단련의 기회가 충분해야 하는데, 마치 훈련이 덜 된 훈련병을 전쟁에 투입하는 것과 같이 어설프기만 하다. 어쩌다 부모가 되니 어설프게 자식을 기르

게 된다. 아직 미숙한데 선생이 되니 학생들을 제대로 가르치지 못한다. 어설프게 돈벌이를 하고, 어설프게 늙는다. 그래서 인생은 한평생 미완성으로 살고 가는 것이다.

미성숙하게 살다가 미완성으로 끝나는 삶이 부끄러워할 것도, 죄가 될 것도 없다. 어차피 인간은 진화하는 과정이기 때문이다. 인간의 DNA가 침팬지와 98.4% 닮았다는 건, 인간도 100% 동물이라는 것을 증명한다. 그런 것을 고려하면 인간은 많이 진화했고, 더 많이 진화해야 한다는 것을 깨우치게 될 것이다.

인생이 돈이라는 것 때문에 진화가 더 이상 계속되지 않는다. 계속되기는커녕 역진화한다는 생각이 든다. '돈이 사람을 부린다'고, 돈 때문에 사람의 길이 막혔기 때문이다. 오로지 돈만 생각하고 제 정신의 단련에 소홀하기 때문이다. 몸도 한껏 부려야 진화하거늘, 인류 역사상 평균적인 활동량이 훨씬 줄어들고 있기 때문이다. 모든 것을 핸드폰이나 AI에 맡기고 있으니, 당연한 일이다.

인생은 리허설이 없이 바로 연기를 해야 한다. 무대가 낯설고, 언행이 굼뜨더라도 어쩔 수 없다. 어설피 살아도 그것이 진짜 삶이 되니 되돌릴 수도 없다. 저승이 있다고 믿어, 이승의 삶을 유보한다고 생각하면 다소간 위로가 될 수도 있겠다. '이승의 삶은 한 시절이고, 저승의 삶은 천만 겁이라'니, 이승의 삶은 총연습이려니 생각하며 살 수도 있겠다. 그러나 저승을 믿지 않는 사람은 한시라도 아주 절박한 듯 살아야 할 것이다.

'인생 백 년에 고락이 상반이라' 했다. 상반이란 반반이란 뜻이다. 사람에 따라 다르겠다. 고구낙일苦九樂一부터 고일낙구苦一樂九까지 스펙트럼이 넓게 펼쳐질 것이다. 분명한 것은 완전히 즐거웠다거나 완전히 고통스러웠다는 사람은 없다고 하겠다. '사람 살기는 생각하기 나름'이라니, 제 느낌일 뿐이지 어떤 잣대가 있을 것인가.

'비탈길을 오르다가도 쉬어갈 곳은 있다'고 했다. '산에 가면 산길이 있고, 물에 가면 물길이 있다'고도 했으니, 인생은 살만하다고 생각해야 한다. 인생의 즐거운 반쪽은 반겨 맞아 한껏 즐기고, 고통스러운 반쪽은 잘 다독거려 무해無害하게 넘기는 버릇을 들여야 한다. '물 좋고 반석 좋고 정자 좋은 데가 있으랴' 했다. 좋은 일만 펼쳐지는 삶이란 누구에게도 없다.

'만석꾼네 고방쌀보다 내 쌀 한 되가 낫다', '바람 밥 먹고 구름 똥 싼다'는 사람 없다. 남들이 잘 살아도 배 아파하지 말고, 제 삶에 정성을 다하면 낙원이 따로 없다고 여겨질 것이다. '인생이 사막길이라'고 하지만, 낙원이라 생각하면 낙원이다.

인생을 계산해보면 자연수명까지 거의 살아온 것은 분명 행복이다. 행복과 불행을 상쇄해서 행복한 시간이 더 많았다고 해서 행복하다는 것은 아니다. "행복이란 불쾌한 순간을 상쇄하고 남는 여분의 즐거움의 총합이 아니라, 그보다는 개인의 삶을 총체적으로 의미 있고 가치 있는 것으로 바라보는 데서 오는 것"[77]이란 말이 참으로 그럴 듯하다. 그러니까 삶에 대한 의욕과 희망이 있으면 행복한 삶이라는 말이다. 삶에 대한 기대가 없으면 노년까지 살아왔겠는가. 행복한 삶이었다고 결론을 내릴 수 있어야 한다. 사막길을 걸어왔어도 희망을 품고 왔으니까 행복이라 여길 일이다.

1) '가난이 스승이다'

거의 모든 사람은 가난하다. 돈이 없어 가난한 사람도 있고, 돈이 많은데 제 욕심을 충족시키지 못해 가난한 사람도 있다. 욕심쟁이는 돈을 쌓아두지 않으면 근심이 된다고 하니, 가난하거나 부자거나 걱정 근심으로 살게 된다. 돈에 부족함 없고, 마음으로 만족한 사람들이 그리 많지 않다. 거지가 '가는 곳마다 내 땅이요, 자는 집마다 내 집이라'고 한다는데, 부자도 마찬가지다. 곳곳에 땅도 집도 많은 부자도 똑같은 말을 할 것이다. 거지와 부자의 차이는 소유권이 있고 없고의 문제일 뿐이다.

'논밭이 천년이면 팔백 번 주인이 바뀐다'고 했듯이, 부동산의 소유권은 수시로 바뀐다. 지금은 내 앞으로 등기가 돼 있지만, 머지않아 바뀌게 된다. 돈은 정처 없이 날아다닌다. 그러고 보면 동산이든 부동산이든 주인이 따로 없는 것이다. 잠시 맡았다가 다른 사람에게 넘겨주는 것을 반복할 뿐이다. 그러니 아주 평범한 말, '돈은 있다가도 없어지고, 없다가도 생기는 법이라'는 속담이 네 귀에 딱 맞는다.

'부자 욕하는 건 없는 놈이다', '아는 사람 욕하는 것은 무식한 사람이고, 양반 욕하는 건 상놈이라'니, 욕하지 않으려면 부자의 처지를 이해하거나 돈 버는 법을 배워야 한다. '배워야 면장이라'고, 돈 버는 법을 배워야 무시당하지 않는다는 생각을 누구나 한다. 요즘에 쏟아져 나오는 자기계발 서적은 대부분 돈 버는 법에 대한 것이다. 자신의 값어치를 높이는 방법에서 시작해서 돈을 어떻게 긁어모으느냐로 끝난다. 국내외의 투자전문가들이 '가로 왈 세로 왈 한다.' 부자들한테서 배우라는 것이다. '배우는 것은 어른 아이 따로 없다', '배우는 것은 죽을 때까지 배워도 다 못 배운다'고 하니, 배워야 한다. '배워서 남 주나' 하니, 내 것이 되도록 해야겠다. 그런데 부자가 되는 방법만 말한다. 돈과 재물이 없어도 어떻게 잘사는가를 배우도록 하지는 않는다.

부자한테서 배울 것은 무엇일까. 자수성가한 부자와 아버지 잘 둔 부자하고는 구별해야 할 것이다. 자수성가한 부자한테서는 배울 게 무척 많겠다. 당연히 돈 버는 방법을 배울 수 있다. 절약하는 법, 큰 빚을 지지 않는 법, 위기를 극복하는 법, 사람을 쓰는 법……, 배울 게 부지기수일 것이다. 몸소 고생해서 얻은 비법이니, 말마다 힘이 실릴 것이다.

아버지 잘 둔 부자한테서 배울 것은 사람에 따라 큰 차이가 있겠다. 유산을 물 쓰듯 하는 사람에게서야 낭비하는 법밖에 배울 것이 없겠다. 반면 유산을 잘 관리해 한껏 키우는 사람한테서는 자수성가한 사람만큼 배울 게 많을 것이다. 그러나 자수성가한 사람에 비해 힘이 덜 실릴 것이다. '돈이 많으면 장사를 잘하고, 소매가 길면 춤추기가 좋다'는 생각에 그렇다. 무엇보다도 아버지 잘 둔 부자는, 하찮은 돈으로 고생하며 시작하지 않았기 때문에 가난한 사람에게 설득력이 약하겠다. 아무래도 "눈물 젖은 빵을 먹어보지 않은 사람과 인생을 논하지 말라"는 선입견이 있을 것이다.

가난한 아버지를 둔 자식과 가난한 나라의 백성을 견주어 생각해 볼 수도 있겠다. 우리나라는 지하자원이 없어 오히려 다행스러웠다고 말하면, 웬 '귀신 이 앓는 소리 한다'고 할 것이다. "한국은 다이아몬드 광산과 유전이 없어 복 받은 나라, 달리 말하면 다이아몬드와 석유로 인한 문제로 피해를 입지 않은 복 받은 나라일 수 있습니다" 하고 말한 사람은 제러드 다이아몬드 교수다.[78] '거지가 도승지 불쌍하다고 한다'는 말이 아니다. 아프리카의 여러 나라를 예들어, 자원은 풍부하지만 가난하게 사는 원인을 밝힌다. 남미 여러 나라를 보아도 알 수 있을 것이다. 돈이고 재물이고 풍부하다면 내우외환에 끊임없이 시달리게 된다는 뜻이다. 안에서는 독재자가 돈을 삼키고, 밖에서는 강대국들이 차지하려고 호시탐탐 노린다는 말이다.

우리나라는 근현대사에서 지독한 가난을 겪었다. 가난에서 얻은 힘으로 이제는 비교적 잘 사는 나라가 되었다. "슬픔도 힘이 된다"는데, 가난도 힘이 되지 말라는 법은 없다. 가난은 일찍 철들게 하는데, 나라도 마찬가지다. 가난한 사람이 합리적이라면, 나라도 마찬가지다. 물론 제대로 된 위정자와 각성한 백성이라야 가능하다. 개인의 가난 경험은 필수적이다. '젊어서 하는 고생은 약이라'는 말이 그래서 있다.

가난한 사람에게 배울 점은 수도 없이 많겠다. 적은 돈을 쪼개 쓰는 방법, 의식주라는 기본생활에서의 근검절약 법, 빚을 얻는 법과 갚는 법, 자존심을 내려놓는 법, 모욕을 참는 법, ……, 주로 비참한 처지를 벗어나는 방법이겠다. 돈이 없으면 얼마나 비참한 처지가 되는가에 대해서도 배울 것이 있겠다. 가난하면서도 절망하지 않는 법, 가난을 벗어나는 기쁨을 누리는 것도 역시 배울 수 있다.

'가난은 개도 안 먹는다'고 했다. 가난하면 누구나 업신여기기 일쑤다. 그러나 적당한 가난은 자식을 기르는 데 도움이 된다고 했다. '유년 고생은 양식 지고 다녀야 한다'는 이유가 있다. 가난에서 무엇을 배울 수 있나. '가난하면 돈은 아껴 쓰게 된다'고, 당연히 구두쇠처럼 아낄 것이다. '가난하면 아내의 어짊을 알게 된다'고, 아내에게 고마운 마음을 가질 것이다. '가난하면 못 하는 일이 없다'고, 무슨 일이든 적극적이게 된다. '가난한 사람은 덕이 있다', '없는 놈 사정은 없는 놈이 안다'고 측은지심을 잃지 않는다. '가난한 집에는 형제가 많아도 우애가 좋다', '가난 속에서 효자 효녀 난다'고, 가족간 우애를 좋게 한다. '가난한 활수가 돈 있는 부자보다 낫다'고 하여 인정을 잃지 않는 장점이 있다. 활수滑手란 아끼지 않고 시원하게 잘 쓰는 행동을 말한다. 없는 놈은 꿈으로 산다고 꿈을 잃지 않고 희망으로 산다. '없는 놈은 이밥 조밥 가리지 않는다'고 의식주에 허영심을 갖지 않는다.

정종진

물론 장점만 나열한 것이다. 이것 이상으로 단점도 많은 것은 당연하다. 그러나 배움이란 무엇인가. 좋은 점만 골라 따르는 것이다. '바람에 잘 견디는 나무는 튼튼하다'고, 힘든 세상사에 꿋꿋하게 대응하기 위해서는 고행 경력이 예사롭지 않아야 한다. '보리 개떡으로 찰떡 인심 난다'고 했다. 돈이 많으면 맑은 생각보다 탁한 생각을 먼저 하는 것이 인간이다. 가난하면 탁한 생각이 허용되지 않는다. '물의 근원이 맑아야 흐름도 맑다'고, 없는 집안에서는 맑은 기운이 흐르기 마련이다. 탐욕을 부릴 수 없기 때문이다. '물은 낮은 데로 흐르고, 정은 가까운 데로 기운다'고, 없이 살면 겸손해지고 정으로 사람을 대하기 마련이다.

중국의 철학자 임어당은, "따뜻하고 관대한 정신을 갖고 세상에 나가려면 그 몸을 지켜줄 철학이 하나 반드시 필요하다. 왜냐하면 세상은 가혹하여 온정만으로는 충분치 않기 때문이다. 여기서 정情·지智·용勇의 유대가 요청된다. 내 생각으로 지와 용은 같은 것이다. 왜냐하면, 용이란 인생을 잘 이해한 데서 생겨나기 때문이다. 인생을 완전히 이해하고 있는 자는 늘 용감하다. 아무튼 우리에게 용을 주지 못하는 지智는 아무 쓸모가 없다"[79]고 말했다. 그러니까 용기 있고 지혜를 갖추면 가혹한 세상사를 이겨낼 수 있다는 말이다.

가난은 위대한 스승이다. 그러나 이 스승과 한평생 살기는 고통이 크다. 다만 가난이란 스승으로부터 충분히 배우면, 사람답게 살 수 있는 품격과 웬만큼의 재물도 얻을 수 있을 것이다.

2) '이래도 한세상 저래도 한세상'

"삶은 좋은 것이고, 그것의 상실은 나쁜 것이며, 우리가 해야 할 일은 삶을 충만하게 만드는 것"이란 생각과, "삶은 우리가 생각하는 것처럼 좋은 것이 아니며, 그렇기 때문에 삶의 상실은 나쁜 것이 아니라"는 생각을 각각 서양식 동양식 사고방식으로 구분한 셸리 케이건은 두 번째 생각에 기운다. 서양식으로, 마치 신처럼 살아봤으니, 죽을 때는 동양식으로 생각하자는 속셈이다. 특히 자신은 불교사상에 동조하고 있다고 밝힌다.[80] 영생을 믿음으로 살다가 유사영생의 믿음으로 바꿔 산다고 할 수 있겠다.

종교적 신념을 갖지 않은 사람은 서양식 동양식 사고를 구분하지 않고, '술에 물 타나 물에 술 타나 마찬가지다'는 식으로 생각할 것이다. '들고 치나 메고 치나' 마찬가지라 여기며 살 것이다. '죽고 사는 것은 종이 한 장 차이라'고 여기는 사람들에게, 세세한 사상적 구별은 무의미할 뿐이다. 세상에 던져졌으니 살고, 죽을 때 되었으니 죽는다는 식으로 별 의미를 두지 않는다. 실존주의 사상처럼 부조리不條理한 삶이라는 것을 알되, '참깨가 기냐 짧으냐 한다'는 말 잔치에 끼어들지 않겠다는 생각으로 사는 것이다.

'달걀 같은 세상 둥글둥글 살랬다', '달걀 같은 세상 호박 같이 살랬다'는 말들이 좋다. 자신의 욕심을 무장해제시키고 너그럽게 살라는 충고다. 언뜻 들으면 대단히 평범하고 맥이 빠지는 말 같지만, 오히려 적극적이고 호의적인 처세를 권장하니 잘 새겨야 하겠다. '인생은 다만 백 년이라'고 하면서, 남다르게 살려고 무진 애를 쓰는 사람들이 많다. 경쟁심을 복어의 배처럼 한껏 부풀려, 상대를 압도해 나가려고 별수단을 다 동원한다. 제 능력으로 안 되면 남들의 힘을 빌려 비겁한 성공을 시도하기도 한다.

성공하거나 출세했다는 사람은 세간의 롤모델이 된다. 돈도 거머쥐고 명예도 드높으니, '꿩 먹고 알 먹고', '도랑 치고 가재 잡고', '마당

쓸고 동전 줍고', '고래 치고 재거름 하기' 정도가 아니다. '고래 물 켜듯' 인기도 돈도 휩쓸어 마신다. 매스컴을 독차지하고 세간의 눈과 귀를 다 끌어들인다. 한껏 애정을 받고 때로는 시기 질투도 받는다. 많은 사람이 부러워하는 삶을 누린다.

평범한 사람은 제 평범함에 불만스럽다. 아무리 '잘 먹은 놈은 껄껄 하고, 못 먹은 놈은 툴툴한다'고 하지만, 세상사에 차별이 너무 심하다는 생각을 가지기 일쑤다. '부귀에 급급하지 말고, 빈천에 근심하지 말라'고 하지만, '매화도 한철, 국화도 한철'이다. 짧은 인생에 언제 한철을 누려볼 수 있을까 노심초사할 것이다. '백 년을 다 살아도 삼만 육천 일이라'고 했다. 있는 놈이 목숨은 더 아낀다'고 하지만, 아낀다고 제 욕심처럼 수명이 연장되지 않는다.

'물맛 좋은 샘이 먼저 마르고, 드높은 가지가 먼저 잘린다'고 했다. 훌륭하다고 인정을 받는 인물이 먼저 화를 당하기 쉽다는 뜻으로 비유하는 말이다. 비범非凡이란 지속가능 시간이 짧다. 흔히 짧고 굵게 산다고 말한다. '적게 먹고 가는 똥 싼다'는 말은, 평범이란 길고 가늘게 산다는 뜻이다. 평범이라고 해서 무능력을 뜻하는 것은 아니다. '짧은 혓바닥으로 침 길게 뱉는다', '짧은 해 길게 보낸다'는 의미가 아니라는 말이다. 잠재능력이 충분해도, 남 앞에 나서서 저 잘난 체하기 싫은 사람도 부지기수다. 겸손이 장기長技인데 어쩌겠는가. '백두산 까마귀도 심지 맛에 산다'고 했다. 어떤 곳이나 마음 두기에 달렸다는 뜻인데, 세태에 따를 것이 아니라 저 좋은 대로 길을 잡아야 한다.

'이 세상은 언제나 꽃동산이 아니라'고 했다. 한때가 볕이면 한때는 그늘이라고 생각해야 한다. '이랑이 고랑 되고, 고랑이 이랑 된다'는 것이 철칙이다. 아무리 복이 쏟아지는 사람도 거시적으로 보면 이 원리에서 벗어나지 않는다. 빈부귀천이 수레바퀴 돌 듯한다는 건 필연이다.

평등이란 이 원리가 평등이라는 것이지, 돈의 액수로 평등이 아니다.

'왕거미도 한 해요, 집거미도 한해라'고 했다. '이래도 일생, 저래도 일생'이라고도 한다. 사람 한평생이 거기서 거기라는 말이다. 제 인생을 열심히 살면 되지, 억울해하지는 말아야 한다. 각자 나름대로 최선을 다하는 삶이니, 비난도 찬사도 해댈 필요가 없는 것이다. '잘난 사람은 못난 사람을 보고 배우지만, 못난 사람은 잘난 사람의 흉만 찾는다'고 했으니, 여기저기서 조용히 배우고 익히기만 하면 된다.

'사람이 살자면 여우가 돌봐도 돌봐야 산다'고 했다. 제가 살아가는 배경에는 숱한 사람이 있다. 알게 모르게 그 사람들 덕으로 살고 있는 것이다. '독불장군치고 끝이 좋은 놈 없다'고 했으니, 힘들게 사는 사람 기꺼이 도울 일이다. 힘이 들 때는 저도 도움을 요청할 수밖에 없다. '사랑도 품앗이라'고 했는데, 서로 품앗이하듯 살아가는 게 도리다. '인연도 재산이라'고 했다. 돈과 재물만 재산이라고 여기는 사람은 딱하다. 진짜 재산이 사람인 줄 모르면 헛사는 것이다.

인생은 그저 사는 것이다. 사는 게 목적인데, 돈이 목적이 되어 버렸다. 목적과 수단이 저도 모르게 바뀌곤 한다. 자꾸 속는다. 못 벌면 안 쓰면 된다. 남이 낭비할 때 저는 의연히 아끼면 된다. '자에도 모자랄 것이 있고, 치에도 넉넉할 것이 있다'고 했다. 먹고 입고 사는 데 소박하고, 주위 사람과 슬기롭게 사귀면 제 품격이 높아진다. '물은 골을 따라 흐른다', '산 간 데 물 가고, 물 간 데 산 가는 법이라'고, 자식들도 그 언행을 따른다.

'부드러움이 강함을 이긴다'고 했다. '짚불에 무쇠가 녹는다'는 이치로 세상을 살 일이다. '지나치게 강하면 반드시 부러진다'는 것을 나이가 들수록 잘 깨우쳐야 한다. '황소 고집부리듯 한다'고 하는데, '말은 넌지시 하는 말이 비싸다'고 했다. 말뿐만 아니라 행동도 곱게 해야 슬기로운 사람으로 값이 매겨진다.

'이승과 저승이 피딱지 한 장 차이라'니, 저승 낯설어할 것도 아니다. 한평생 숱한 고통을 겪으며, 죽음에 대해 많이 생각하고 훈련도 충분히 되었으리라. 죽음까지도 편안하면서 자신 있게 맞을 일이다. '인생의 승부는 관뚜껑을 덮어봐야 안다', '인사는 관뚜껑을 덮고 나서 결정된다'고 하지만, 무슨 소용이 있겠는가. 이름조차 남기지 않고 잊혀지는 것이 정말 깨끗한 삶이다. '이승에서 다 못 잔 잠은, 저승에 가서라도 다 벌충한다'고 했다. 꿀잠에 돼지꿈이 더 이상 필요할까. 한평생 돈에 지친 몸과 마음을 쉬며, 한껏 평화를 누려야겠다.

《그리스인 조르바》에 있는 글귀가 그럴 듯하다. "인간의 영혼은 육체란 뼐 속에 갇혀 있어서 무디고 둔한 것이다. 영혼의 지각능력이란 조잡하고 불확실한 법이다. 그래서 영혼은 아무것도 분명하고 확실하게는 예견할 수 없다"[81]는 주인공의 생각이다. 한평생을 누구나 불완전한 영혼으로 사느라 한껏 고통을 겪었다.

몸의 에너지를 다 자연으로 돌린다는 것은 영혼을 자유롭게 풀어놓는 일이다. 육체라는 뼐 속, 돈벌이라는 진흙탕 속에서 자유를 되찾으니 과연 축복일 따름이다. '아흔아홉까지 살아도, 한 살 더 살기 바라는 게 사람 마음이라'지만, 수명이나 돈에 대한 욕심도 반드시 끝이 있는 법이다. '돈으로 안 되는 일 없다'고 했지만, "돈으로 안 되는 일 있다"는 것을 최후로 확인하게 된 것이다. '죽은 놈도 금 소리만 하면 벌떡 일어난다'고 했는데, 스스로 더 이상 부활을 허락해서는 안 된다. 돈으로부터 자유를 찾았는데, 어찌 늪으로 다시 돌아갈까. 돈 지옥을 홀홀 떨쳐버리고, 돈 없는 극락에 당당히 들어설 일이다.

미주

1 J. Stiglitz, The Price of Inequality (이순희 옮김, 《불평등의 대가》, 열린책들, 2013), 36쪽.
2 E. Fromm, The Sane Society (김병익 옮김, 《건전한 사회》, 범우사, 2001), 22쪽.
3 에밀 졸라, 《돈》(유기환 옮김, 문학동네, 2017), 307쪽~308쪽.
4 D. H. 로렌스, 《채털리 부인의 사랑》(오영진 옮김, 범우사, 2006), 171~175쪽.
5 Hanno Beck·Aloys Prinz, What Really Matters in Life (배명자 옮김, 《돈보다 더 중요한 것들》, 다산초당, 2018), 85쪽.
6 T. More, Utopia (황문수 옮김, 범우사, 1998), 115쪽.
7 법정, 《무소유》(범우사, 1997), 33쪽.
8 정호승, 〈무소유에 대한 명상〉(창비, 2017), 21쪽.
9 J. Hilton, The Lost Horizon (이가형 옮김, 《잃어버린 지평선》, 해문출판사, 2007), 81쪽.
10 게오르그 짐멜, 《돈의 철학》(안준섭 외 2인 역, 한길사, 1983), 637쪽.
11 김삿갓, 〈돈錢〉, 《김삿갓 풍자시 전집》(이응수 정리, 실천문학사, 2000), 133~134쪽.
12 E. Fromm, The Sane Society (김병익 옮김, 《건전한 사회》, 범우사, 2001), 25~26쪽.
13 M. Carney, Value(s): Building a Better World for All (이경식 옮김, 《초超가치》, 월북, 2022), 12쪽.
14 W. Faulkner, As I Lay Dying (김명주 옮김, 《내가 죽어 누워 있을 때》, 민음사, 2003), 28~29쪽.
15 안톤 체호프, 〈돈지갑〉《안톤 체호프 전집 1》(홍순미 옮김, 범우사, 2005).
16 박노해, 〈대결〉, 《노동의 새벽》(해냄, 1998), 120쪽.
17 Erich Fromm, TO Have or to be (고영복 이철범 옮김, 《소유냐 삶이냐》, 동서문화사, 2016), 114쪽.
18 류시화, 《좋은지 나쁜지 누가 아는가》(더숲, 2022), 206쪽.
19 Bob Proctor, Change Your Paradigm, Change Your Life (김문주 옮김, 《부의 확신》, 비즈니스북스, 2022), 217쪽.
20 J. Stiglitz, The Price of Inequality (이순희 옮김, 《불평등의 대가》, 열린책들, 2013), 122쪽.
21 나오미 클라인, 《쇼크 독트린》(김소희 옮김, 살림Biz, 2011), 547쪽.

22 스콧 피츠제럴드, 《위대한 개츠비》(서민아 옮김, 위즈덤하우스, 2019), 17쪽.
23 에밀 졸라, 《돈》(유기환 옮김, 문학동네, 2017), 129쪽.
24 위의 책, 306~307쪽.
25 Y. Harari, Homo Deus (김명주 옮김, 김영사, 2017), 79~80쪽.
26 나오미 클라인, 《쇼크 독트린》(김소희 옮김, 살림Biz, 2011), 313쪽.
27 M. Sandel, JUSTICE (이창신 옮김, 《정의란 무엇인가》, 김영사, 2010), 28쪽.
28 余華, 《許三觀賣血記》(최용만 옮김, 푸른숲, 2008).
29 《빠빠라기》(최시림 옮김, 정신세계사, 1996), 65쪽.
30 A. Banerjee·E. Duflo, Poor Economics (이순희 옮김, 《가난한 사람이 더 합리적이다》, 생각연구소, 2020), 22쪽.
31 《원본 김유정 전집》(전신재 편, 강, 1997), 473~474쪽.
32 조세희, 《난장이가 쏘아올린 작은 공》(이성과 힘, 2009), 80쪽.
33 《톨스토이 단편선 1》(박형규 옮김, 인디북, 2008), 48쪽.
34 Goldian Vandenbroeck, Less is More (《자발적 가난》, 이덕임 옮김, 그물코, 2001), 363쪽.
35 김영승, 〈극빈〉, 《무소유보다 더 찬란한 극빈》(나남출판, 2003), 66~68쪽.
36 김수영, 〈돈〉, 《김수영 전집 1》(민음사, 2003), 277쪽.
37 Helen Nearing, Living the Good Life (류시화 옮김, 《조화로운 삶》, 보리, 2000), 35~36쪽.
38 Song Hongbin, Currency Wars (차혜정 옮김, 《화폐전쟁》, 랜덤하우스, 2008), 216쪽.
39 J. Kagan, On Being Human (무엇이 인간을 만드는가, 책세상, 2020), 222~245쪽.
40 천양희, 〈은행에서〉, 《마음의 수수밭》(창작과비평사, 1994), 40~41쪽.
41 E. O'Neill, Long Day's Journey into Night (민승남 옮김, 《밤으로의 긴 여로》, 민음사, 2010), 180쪽.
42 Stephen R. Covey, Habits of Highly Effective People (김경섭, 김원석 옮김, 《성공하는 사람들의 7가지 습관, 김영사, 1999》, 282~303쪽.
43 Erich Fromm, TO Have or to be (고영복 이철범 옮김, 《소유냐 삶이냐》, 동서문화사, 2016), 110~111쪽.
44 M. Harris, Cows, Pigs, Wars and Witches : Riddles of Culture (서진영 옮김, 《음식문화의 수수께끼》, 한길사, 1992), 33~42쪽.
45 Helen Nearing, Living the Good Life (류시화 옮김, 《조화로운 삶》, 보리, 2000),

40쪽.
46 M. Harris, Our Kind (김찬호 옮김,《작은 인간》, 민음사, 1995), 348쪽.
47 임어당,《생활의 발견》(김병철 옮김, 범우사, 1995), 196쪽.
48 Helen Nearing, Loving and Leaving the Good Life (이석태 옮김,《아름다운 삶, 사랑 그리고 마무리》, 보리, 1997), 23쪽.
49 《채만식전집3》(창작사, 1987), 191쪽.
50 A. Miller, Death of Salesman (오화섭 옮김, 범우사, 1998), 143~174쪽.
51 莫言,《蛙》(심규호·유소영 옮김,《개구리》, 민음사) 2016.
52 J. Diamond, UPHEAVAL (강주헌 옮김,《대변동》, 김영사, 2019), 117쪽.
53 R. Kiyosaki · S. Lechter, Rich Dad Poor Dad (형선호 옮김,《부자 아빠 가난한 아빠》, 황금가지, 2001), 91쪽.
54 정약용,〈귀족들에게는 희망이 없습니다-형님께 1〉,《뜬 세상의 아름다움》(박무영 옮김, 태학사, 2001), 140~143쪽.
55 《톨스토이 단편선 2》(박형규 옮김, 인디북, 2008), 9~14쪽.
56 D. Acemoglu · J. Robinson, Why Nations Fail (최완규 옮김,《국가는 왜 실패하는가》, 시공사, 2012), 533쪽.
57 E. O'Neill, Long Day's Journey into Night (민승남 옮김,《밤으로의 긴 여로》, 민음사, 2010), 72쪽.
58 Hanno Beck·Aloys Prinz, What Really Matters in Life (배명자 옮김,《돈보다 더 중요한 것들》, 다산초당, 2018), 165쪽.
59 Hanno Beck·Aloys Prinz, 위의 책, 133쪽.
60 Hanno Beck·Aloys Prinz, 위의 책, 25쪽.
61 니코스 카잔차키스,《그리스인 조르바》(이윤기 옮김, 열린책들, 2000), 495쪽.
62 셰익스피어,〈베니스의 상인〉,《셰익스피어의 4대희극》(이태주 옮김, 범우사, 1999), 66쪽.
63 빅토르 위고,《레 미제라블》(방곤 옮김, 범우사, 1993, 제1권), 38쪽.
64 빅토르 위고, 위의 책, 150쪽.
65 E. F. Schumacher, Small is Beautiful (김진욱 옮김,《작은 것이 아름답다》, 범우사, 1986), 59쪽.
66 위의 책, 60쪽.
67 조정래,《태백산맥》(해냄, 1997), 제1권, 130쪽.
68 윤영수,〈자린고비의 죽음을 애도함〉,《자린고비의 죽음을 애도함》(창작과비평

사, 1998), 7~16쪽.
69 C. Dickens, A Christmas Carol and Other Christmas Writings (이은정 옮김, 《크리스마스 캐럴》, 펭귄클래식 코리아, 2013), 71쪽.
70 J. Carper, The Food Pharmacy (안덕균 옮김, 《약이 되는 먹거리》, 까치, 1993), 25쪽.
71 Y. Harari, Spiens (조현욱 옮김, 《사피엔스》, 김영사, 2016), 587~588쪽.
72 莫言, 〈영아 유기〉, 《모옌 중단편선》(심규호·유소영 옮김, 2018), 14~15쪽.
73 Hanno Beck·Aloys Prinz, What Really Matters in Life (배명자 옮김, 《돈보다 더 중요한 것들》, 다산초당, 2018), 225쪽.
74 류시화, 《나는 왜 너가 아니고 나인가》(김영사, 2003), 16~17쪽.
75 니코스 카잔차키스, 《영혼의 자서전 하권》(안정효 옮김, 열린책들, 2014), 490쪽.
76 브론테, 《제인 에어》 (배영원 옮김, 범우사, 1997. 상권), 175쪽.
77 Y. Harari, Spiens (조현욱 옮김, 《사피엔스》, 김영사, 2016), 552쪽.
78 J. Diamond, Comparing Human Societies (강주헌 옮김, 《나와 세계》, 김영사, 2016), 41쪽.
79 임어당, 《생활의 발견》(김병철 옮김, 범우사, 1995), 156쪽.
80 S. Kagan, DEATH (박세연 옮김, 《죽음이란 무엇인가》, 엘도라도, 2013), 446쪽.
81 니코스 카잔차키스, 《그리스인 조르바》(이윤기 옮김, 열린책들, 2000), 13쪽.

돈과 재물, 속담 속에 길이 있다

초판 1쇄 발행 / 2024년 4월 10일

지은이　정종진
펴낸이　윤재민
펴낸데　종합출판 범우(주)

등록번호　제406-2004-000012호
등록일자　2004년 1월 6일
주소　　(10881) 경기도 파주시 광인사길 9-13 (문발동)
전화　　031)955-6900~4, 팩스 031)955-6905

잘못된 책은 바꾸어 드립니다.

ISBN 978-89-6365-572-7 03810
홈페이지 www.bumwoosa.co.kr
이메일 bumwoosa1966@naver.com